Voigt · Rohleder
Datenquellen für Umweltchemikalien
Monographien · Nachschlagewerke
Datenbanken

Angewandter Umweltschutz

Datenquellen für Umwelt-Chemikalien

Monographien · Nachschlagewerke · Datenbanken

2. Auflage

K. VOIGT
H. ROHLEDER

ecomed

Dieses Werk will Sie informieren. Die Angaben sind nach bestem Wissen zusammengestellt; dennoch sind Fehler nicht vollständig auszuschließen. Aus diesem Grund sind alle Angaben mit keiner Verpflichtung oder Garantie der Autoren und des Verlages verbunden. Sie übernehmen infolgedessen keinerlei Verantwortung oder Haftung für etwaige inhaltliche Unrichtigkeit des Buches.

CIP-Kurztitelaufnahme der Deutschen Bibliothek

Voigt, Kristina:
Datenquellen für Umwelt-Chemikalien : Monographien, Nachschlagewerke, Datenbanken / K. Voigt ; H. Rohleder.
2. Aufl. - Landsberg/Lech : ecomed, 1990
(Angewandter Umweltschutz)
ISBN 3-609-65700-6
NE: Rohleder, Hans:; HST

Datenquellen für Umweltchemikalien: Monographien · Nachschlagewerke · Datenbanken
2. Auflage 1990
Verfasser: K. Voigt und H. Rohleder
Sonderdruck mit freundlicher Genehmigung aus:
Handbuch des Umweltschutzes
Hrsg.: J. Vogel, A. Heigl und K. Schäfer
ecomed verlagsgesellschaft mbH, Landsberg · München
ISBN: 3-609-73150-8

Justus-von-Liebig-Str. 1, 8910 Landsberg/Lech
Telefon (0 81 91) 125-1, Telex 527 114

Satz: abc Fotosatz GmbH, Buchloe
Druck und Bindearbeiten: Kessler Verlagsdruckerei, 8903 Bobingen 1
Printed in Germany 650 700/286 105
ISBN 3-609-65700-6

Datenquellen für Umweltchemikalien

- eine Bibliographie -

2. völlig neu überarbeitete Auflage

von Kristina Voigt *und* Dr. Hans Rohleder

Inhalt

Datenquellen für Umweltchemikalien

Datenquellen für Umweltchemikalien

von KRISTINA VOIGT *und* DR. HANS ROHLEDER

Vorwort

Die vorliegende Bibliographie basiert auf Forschungs- und Entwicklungsarbeiten, die in der Projektgruppe Umweltgefährdungspotentiale von Chemikalien (PUC) der GSF Neuherberg durchgeführt wurden. Seit 1983 werden hier rechnergestützte Modelle entwikkelt, um aus den verfügbaren Daten für Chemikalien das Umweltverhalten besser abschätzen zu können.

Die 1. Auflage dieses Buches entstand im Rahmen eines Forschungsvorhabens im Auftrage des Umweltbundesamtes Berlin. Einen wichtigen Impuls zu dieser Bibliographie gab damals unsere Mitarbeit in einem Projekt der Organisation für Wirtschaftliche Zusammenarbeit und Entwicklung (OECD) dem sog. Existing Chemicals Programme (Altstoff-Programm). Die Experten dieses Projektes gaben uns wichtige Anregungen und Hinweise, für die wir uns an dieser Stelle bedanken wollen.

Seit 1985 erarbeiten wir im Auftrag des Bayerischen Staatsministeriums für Landesentwicklung und Umweltfragen ein Informationssystem Umweltchemikalien, das den Zugriff auf Informationen zu Umweltchemikalien sicherstellen und erleichtern soll. Für das hier vorliegende Buch sind aus diesem Forschungsvorhaben einige Aspekte eingeflossen. Für die Unterstützung unserer Arbeit möchten wir Herrn PD Dr. Dr. W. Mücke und Herrn Dr. H. Höfner unseren Dank aussprechen.

Schließlich möchten wir auch Herrn Dr. H.-G. Zoch von der ecomed-verlagsgesellschaft mbh für die vertrauensvolle und effektive Zusammenarbeit danken.

Die vorliegende Bibliographie wäre nicht denkbar ohne die Hilfe, die uns auch von anderer Seite zuteil wurde. Besonderer Dank gebührt Herrn Dr. M. Matthies, dem Leiter der Projektgruppe Umweltgefährdungspotentiale von Chemikalien (PUC) sowie den Kollegen Herrn Dr. R. Brüggemann und Herrn Dr. J. Benz und Herrn T. Pepping. Ebenso möchten wir uns auch bei Frau M. Reich, der Leiterin der Zentralbibliothek der GSF für ihre Hilfe und Kooperation bei der Auswahl und Beschaffung der Literatur danken.

Neuherberg, im März 1990

Kristina Voigt
Hans Rohleder

Kontaktadresse:
Kristina Voigt
GSF
Projektgruppe Umweltgefährdungspotentiale von Chemikalien (PUC)
Ingolstädter Landstr. 1
8042 Neuherberg

1 Einführung

1.1 Problematik der Alten Stoffe

Auf der Welt werden Chemikalien in großer Zahl für die verschiedensten Anwendungen produziert. Man schätzt, daß ca. 100.000 Chemikalien auf dem Markt sind. Das Europäische Altstoffinventar EINECS (European Inventory of Existing Commercial Chemical Substances) umfaßt mehr als 101.000 Chemikalien. Die Zahl der aus diesen Stoffen hergestellten Zubereitungen übersteigt die Millionengrenze. Für manche Anwendungsbereiche gibt es nationale Gesetze, die eine Prüfung der Substanzen in einem Zulassungsverfahren vor der Vermarktung vorschreiben. Hierzu gehören in der Bundesrepublik Deutschland z.B. Arzneimittel, Pflanzenschutzmittel, Lebensmittelzusatzstoffe, Waschmittel usw. Es ist erwiesen, daß auch andere Chemikalien die Umwelt und die Gesundheit stark beeinträchtigen. Diese Erkenntnis hat gesetzgeberische Maßnahmen in vielen Industrieländern ausgelöst.

In der Bundesrepublik Deutschland ist das Gesetz zum Schutz vor gefährlichen Stoffen (Chemikaliengesetz - ChemG) vom 16. September 1980, (BGBl. I S.1718, geändert durch Gesetz vom 15.9.1986, BGBl.I S.1505) seit dem 1.Januar 1982 in Kraft. Es schreibt vor, daß Stoffe vor dem Inverkehrbringen angemeldet werden müssen (sog. Neue Stoffe) und daß dabei ein Satz an Substanzdaten vorgelegt werden muß. Es besagt weiter, daß für Stoffe, die bereits vor dem Inkrafttreten dieses Gesetzes vermarktet worden sind (sog. Alte Stoffe oder Altstoffe), Daten verlangt werden können, wenn Anhaltspunkte für eine Gefährdung von Mensch oder Umwelt vorliegen. Die Problematik der Alten Stoffe wird in der für 1990 geplanten Änderung des Chemikaliengesetzes noch verstärkt herausgearbeitet. Daraus erwächst die Aufgabe, unter den ca. 100.000 vermarkteten Alten Stoffen diejenigen herauszufinden, für die sich Verdachtsmomente ergeben.

Eine experimentelle Untersuchung, wie sie für Neue Stoffe gefordert wird, ist angesichts des enormen Kosten- und Zeitaufwandes für alle Alten Stoffe unrealistisch. Realistisch erscheint es, mit einer unzureichenden Datenbasis zu beginnen und die vorhandenen Daten so gut wie möglich zu nutzen. Dazu wurde von der OECD ein Leitfaden entwickelt, der Empfehlungen für die Auswahl der geeigneten Daten und für ihre Verwendung zur sog. Prioritätensetzung unter Alten Stoffen gibt (OECD Existing Chemicals Programme, Chemicals on Which Data are Currently Inadequate: Selection Criteria for Health and Environmental Purposes, Final Report, Rom-Berlin, 1984). In der Bundesrepublik Deutschland arbeiten Experten aus den verschiedenen wissenschaftlichen Institutionen im Beratergremium für umweltrelevante Altstoffe (BUA) an der Prioritätensetzung für Alte Stoffe. Für alle selektierten Stoffe werden umfangreiche Stoffdossiers erstellt (BUA Stoffberichte, VCH Verlagsgesellschaft, Weinheim).

1.2 Wege der Datenbeschaffung

Von der ungeheuren Fülle an veröffentlichtem Datenmaterial ist für eine vergleichende Beurteilung des Gefährdungspotentials von Chemikalien nur ein Bruchteil heranzuziehen, da wissenschaftliche Studien meist auf eine spezielle Fragestellung ausgerichtet sind und unter speziellen Versuchsbedingungen durchgeführt werden. Ähnliches gilt auch noch für manche Testmethoden, die erst in neuerer Zeit standardisiert worden sind. Die Vergleichbarkeit der Daten ist bei physikalisch-chemischen Parametern eher gegeben als bei ökotoxikologischen oder toxikologischen Kriterien.

Es existieren bereits viele Handbücher und Tabellenwerke, in denen versucht wird, vergleichbare Daten zusammenzutragen. Insbesondere Monographien über chemische Stoffe sind oft so aufgebaut, daß eine Vergleichbarkeit der Daten möglich ist. Als Beispiele wären zu nennen WHO, FAO, BUA Monographien über Chemikalein.

Bei den Datenbanken unterscheidet man drei Typen:
bibliographische Datenbanken
Volltext-Datenbanken und
Fakten- bzw. numerische Datenbanken.

In bibliographischen Datenbanken, die heute noch den größten Anteil an Chemikalien-relevanten Datenbanken haben, erhält man das Zitat mit oder ohne Kurzreferat. Die Orginalliteratur muß in jedem Falle beschafft werden. Dieses Vorgehen ist meist zeit- und kostenaufwendig. Bei den Volltext-Datenbanken bekommt der Recherchierende den gesamten Artikel online angezeigt. Bei Tabellen und insbesondere bei Abbildungen gibt es Schwierigkeiten, wenn die eigene Hardware-Konfiguration nicht optimal an die des Datenbankanbieters (Hosts) angepaßt ist. Die Faktendatenbanken enthalten die numerischen Werte über Chemikalien. Darüberhinaus kann man sich die entsprechenden Zitate anzeigen lassen.

Eine andere, erst in den vergangenen Jahren aufgekommene Art der Datensammlung sind die sog. Neuen Medien Diskette und CD-ROM. Unter CD-ROM (Compact Disk/ Read Only Memory) versteht man Datenträger, die mit einem Lichtstrahl abgetastet werden. Erstaunlich ist in diesem Zusammenhang die große Datenmenge, die auf eine solche CD-ROM paßt. So kann man z.B. auf einer einzigen CD-ROM Daten von 250.000 Blatt Papier oder etwa 1500 DS/DD 320 KB Disketten speichern. Es existieren einige Nachschlagewerke bereits auf Disketten oder CD-ROM.

Aussichtsreich sind auch die Ansätze um tiefere Einsicht in die Beziehungen zwischen physikalisch-chemischen Eigenschaften und biologischen Wirkungen untereinander und mit der chemischen Struktur. Dieses Vorgehen wird unter dem Namen Struktur-Aktivitäts-Beziehungen (SAR - Structure Activity Relationships) zusammengefaßt. Es ist heute möglich, z.B. den unbekannten Zahlenwert mancher PC Parameter für eine Substanz in einer homologen Reihe abzuschätzen oder die Größenordnung des Bioakkumulationsfaktors einer Chemikalie aus ihrem n-Oktanol/Wasser- Verteilungskoefizienten vorherzusagen.

1.3 Inhalt der Bibliographie

Bei der Suche nach geeigneten Datenquellen war maßgebend, daß sie möglichst viele Informationen über Umweltchemikalien enthalten sollten. Neben Umweltschutzaspekten wurden aber auch Gesundheitsschutz-, Arbeitsschutz- und Unfallschutz-Kriterien berücksichtigt. Es wurden Handbücher, Tabellenwerke, Enzyklopädien, Loseblattsammlungen, Monographien, kommerzielle Chemikalienverzeichnisse, Reports und Konferenzberichte ausgewertet. Unberücksichtigt blieben Zeitschriftenartikel, die gelegentlich kleinere Datenzusammenstellungen veröffentlichen. Die zitierten Werke wurden bis auf wenige Ausnahmen in Augenschein genommen und auf ihre Brauchbarkeit geprüft.

Neben den 866 gedruckten Dokumenten haben wir für die vorliegende Bibliographie auch 104 Faktendatenbanken ausgewertet. Auf die Inkorporation von bibliographischen Datenbanken wurde verzichtet, da man dort nicht direkt Daten über Chemikalien extrahieren kann.

Die Ergiebigkeit der verschiedenen Datenquellen ist recht unterschiedlich. Bei einigen physikalisch-chemischen Parametern z.B. Schmelzpunkt, Siedepunkt gibt es Datensammlungen, die sehr viele Substanzen umfassen. In anderen Fällen, z.B. dem n-Oktanol/Wasser- Verteilungskoefizienten und der Henry-Konstante ist die Datensituation sehr schwach. Auch bei Abbau-/Akkumulationsparametern und ökotoxikologischen Parametern ist die Basis sehr schmal. Deshalb wurden hier auch weniger ergiebige Datenquellen aufgenommen. Die akute orale Säugetiertoxizität ist relativ gut vertreten. Zu subakuter, subchronischer und chronischer Toxizität gibt es wenig Datenmaterial. Dementsprechend wurde den Quellen, die toxikologische Daten enthalten, breiter Raum gewidmet.

Der Benutzer sollte sich darüber im Klaren sein, daß die Qualität der Daten in verschiedenen Quellen sehr unterschiedlich sein kann. Sekundär- und Tertiärliteratur (Handbücher, Enzyklopädien u.ä.) enthalten in der Regel Daten, die aus anderen Datenquellen und der Orginalliteratur zusammengestellt wurden. Ganz abgesehen von Druckfehlern, sind diese Daten manchmal nicht die sichersten und genauesten, weil große Datenmengen kaum einer kritischen Durchsicht unterworfen werden können. Außerdem lassen sich nach Redaktionsschluß veröffentlichte Daten, erst in einer überarbeiteten neuen Auflage berücksichtigen. Loseblattsammlungen werden mehrmals jährlich aktualisiert und verbessert. Hierbei ergibt sich jedoch durch das Einsortieren ein erhöhter Verwaltungsaufwand. Monographien, Reports und Konferenzberichte enthalten in der Regel Daten, die aus neueren Forschungsarbeiten stammen und im Zusammenhang des Themas verglichen und auf Plausibilität geprüft worden sind. Auch Faktendatenbanken sollten nicht unkritisch benutzt werden, da Datenbeschaffung und Datenpflege sehr unterschiedlich sein können. Datenbanken werden mehrmals im Jahr überarbeitet und neues Datenmaterial wird hinzugefügt. Jedoch sind auch hier die Daten nicht immer bewertet und in Zweifelsfällen sollte die Orginalliteratur beschafft werden.

Das Ziel der Datensuche kann sehr unterschiedlich sein. Hier seien unter anderem neben den Parametern auch die Geschwindigkeit derDatenbeschaffung zu nennen. Diese Bibliographie kann eine Entscheidungshilfe bei der Wahl der geeigneten Datenquelle an die Hand geben. Die Auswahl muß aber dem Benutzer überlassen bleiben.

Sollten noch gedruckte Datenquellen für weitere, hier nicht berücksichtigte Parameter gesucht werden, können folgende Leitfäden nützlich sein:

Maizell R.E.
How to Find Chemical Information
A Guide for Practicing Chemists, Teachers and Students
John Wiley & Sons, New York, 1986
ISBN: 0-471-86767-5

Powell R. H.
Handbooks and Tables in Science and Technology
Oryx Press, 1983
ISBN: 0-89774-039-4

Für Datenbankrecherchen gibt es umfangreiche Nachschlagewerke. Beispielhaft seien hier genannt:

Cuadra C., CUADRA Directory of Online Databases, Host: Datastar, Telesystemes Questel, 1990

Ottahal A., Umweltdatenbank-Führer, Verlag TÜV Rheinland, 1989
ISBN:3-88585-568-2

1.4 Hinweise zur Benutzung

Die vorliegende Bibliographie ist in zwei Teile gegliedert:
A. gedruckte Dokumente
B. Faktendatenbanken

Jedem Teil folgen zwei Register:

A. bei gedruckten Dokumenten ein Titelregister und ein Sach- bzw. Parameter Register

B. bei Faktendatenbanken ein Datenbanknamensregister und ein Sach- bzw. Parameter-Register

Die Datenquellen sind alphabetisch geordnet, bei den gedruckten Dokumenten nach dem Erstautor und bei den Datenbanken nach der Kurzbezeichnung.

Bei jedem gedruckten Dokument folgen auf die bibliographischen Angaben Autor, Titel, Verlag, Erscheinungsort, Erscheinungsjahr, ISBN- bzw. ISSN-Nummer noch weitere Informationen, die den Inhalt der Datenquelle beschreiben:
- Charakterisierung des Inhalts
- Anzahl der Substanzen
- Datentyp, d.h. Parameter, die in den Datenquellen abgehandelt werden.

Im Gegensatz zur 1. Auflage dieser Bibliographie werden hier die Parameter einzeln aufgeführt und nicht mehr in Obergruppen zusammengefaßt. So kann der Benutzer

direkt die Parameter, die die gedruckten Dokumente enthalten, ablesen.
Folgende in Tabelle 1 nach Sachgruppen geordnete Parameter kommen in der Bibliographie vor:

Tabelle 1: Parameter nach Sachgruppen geordnet

Allgemein:	
organische Stoffe	
anorganische Stoffe	
Daten (Zahlenwerte)	
Informationen	(Beschreibungen, qualitative Angaben)
Experimentelle Methoden	(Guidelines, GLP, Synthesen)
Theoretische Methoden	(Irreversible Thermodynamik, mathematische Methoden, ...)
Systemanalytische Methoden	(Risikoanalysen, Modell theorie, Datenbanken)
Fallstudien	(Definierte Ökosysteme, Feldversuche..)
Situationsstudien	(Monitoring, Bestandsaufnahme, ...)
Offizielle Texte	(Gesetze, nationale Altstoffprioritä- ten, ...)
Umweltpolitik	(Publizistik, ...)
Zusammenfassende Arbeiten	(Lehrbücher, ...)
Indices:	
Chemikalien Index	
Synonyma Index	
Strukturformel Index	
MG Index	
CAS-Nr. Index	
Beilstein-Nummern-Index	
UN-Nummern-Index	
EG-Nummern-Index	
RTECS-Nummern-Index	
Summenformel Index	(Formel Index)
Siedepunkt Index	
Schmelzpunkt Index	
Dissoziationskonstanten Index	
Relative Dichte Index	
Anwendungs-Index	
Hersteller Index	
Artikel Nr. Index	
Gruppen Register Index	

Identitätsmerkmale:

Bezeichnung	(Name des Stoffes)
Synonym	(Handelsname etc.)
CAS-Nummer	
EG-Nummer	
NIOSH-Nummer	
RTECS-Nummer	
UN-Nummer	
Summenformel	
Strukturformel	
Beilstein-Nummer	
Wiswesser Line Notation	
Spektraldaten	
Stoffbeschaffenheit	

Angaben zur Verwendung:

Verwendungsart
Anwendungsmuster

Ökonomische Daten:

Produktionsvolumen	
Vermarktungsmenge	
Synthese	
Einfuhr/Ausfuhr	
Abfallaufkommen	(Recycling)
Entsorgung	
Hersteller	

Vorkommen in der Umwelt:

Atmosphäre	(Luft)
Pedosphäre	(Boden)
Sediment	
Hydrosphäre	(Meer)
Hydrosphäre	(Süßwasser)
Biosphäre	(Biozönosen)
Lebensmittel	(tierische und pflanzliche Gewebe)
Trinkwasser	
Klärschlamm	
Grundwasser	

PC Eigenschaften:

Schmelzpunkt
Siedepunkt
Flammpunkt

Zündtemperatur
Explosionspunkt
Zersetzungspunkt
Entzündlichkeit

Molekulargewicht
Molvolumen
Kristallvolumen

Relative Dichte
Dampfdruck
Oberflächenspannung
Viskosität
Brechungsindex

Wasserlöslichkeit
Wasserdampfflüchtigkeit
Löslichkeit in org. Lösemitteln
andere Löslichkeiten

Dissoziationskonstante
Henry-Konstante
Verteilungskoeffizienten (Kow, Kd, Koc)

thermodynamische Daten
sonstige PC-Grössen

Abbau/Akkumulation:

Bioabbau/Biotische Abbaubarkeit
Direkter Photoabbau
Abiotische Abbaubarkeit (Hydrolyse)

Bioakkumulation
Geoakkumulation

Ökotoxizität/Wirkung auf freilebende Organismen:

Alge
Daphnia
Fisch
Amphibien
Würmer
Krustaceen
Mollusken
Protozoen
Pflanzen
Bakterien
Insekten
Bienen

Vögel
Reptilien

Toxizität (Säugetiere):

akute orale Toxizität Säugetier
dermale Toxizität Säugetier
inhalativ Säugetier
percutan Säugetier
akute intraperitorneale Säugetier
akute intertravenöse Säugetier
Hautreizung Säugetier
Augenreizung Säugetier

Subakute-subchronische Toxizität Säugetier
Chronische Toxizität Säugetier

Reproduktionstoxizität, Teratogenität
Mutagenität
Carcinogenität
Neurotoxizität

Wirkung auf Immunsystem Säugetier
Andere Wirkungen, z.B. Verhalten,
Kombinationswirkungen Säugetier

Erfahrungen beim Menschen:

Metabolismus (Mensch)
akute Vergiftungen (Mensch)
Hautreizung (Mensch)
Augenreizung (Mensch)
epidemiologische Daten (Mensch)
chronische Vergiftungen (Mensch)
Hinweise auf mutagene/kanzerogene Wirkungen (Mensch)
Biotransormation/Toxikokinetik

Hinweise zum Arbeitsschutz

Arbeitsschutz

Transport

Kennzeichnung

Schutzmassnahmen, Lagerung und Handhabung

R, S-Sätze
MAK-Werte
TRK-Werte

BAT-Werte
TLV-Werte
HazChem-Code
Kemler Zahl
Zündgruppe
Explosionsklasse
Gefahrensymbole, Gefahrenbezeichnung
Gesundheitsschutz (Schutzkleidung, -ausrüstung)
Brand- und Explosionsschutz Entsorgung

Maßnahmen bei Unfällen und Bränden
Maßnahmen bei Verschütten/Auslaufen/Gasaustritt
Löschmittel
Erste Hilfe

Giftklassen

Zu 78 Parametern werden in den beiden Sachregistern (gedruckte Dokumente, Datenbanken) die entsprechenden Quellen angegeben. In der 1. Auflage haben wir nur 37 Parameter bearbeitet. Insbesondere haben wir in der vorliegenden neuen Auflage Parameter, die zur Identifizierung einer Chemikalie gehören, aufgenommen. Darüberhinaus haben wir die Kriterien, die zum Gesundheitsschutz und Arbeitsschutz gehören, deutlich erweitert. Es kann jedoch auch jetzt noch in keinster Weise von Vollständigkeit in diesem Zusammenhang gesprochen werden.
Bei den Zitaten von Datenbanken stimmen die inhaltserschließenden Felder Charakterisierung, Anzahl der Substanzen und Datentyp mit denen der gedruckten Dokumente überein. Bei Datenbanken sind unter den bibliographischen Angaben der Name der Datenbank, der Hersteller mit vollständiger Adresse und der Datenbankanbieter (Host) genannt. Die ausgeschriebenen Namen und Adressen der Datenbankanbieter sind in Tabelle 2 zusammengestellt.

Tabelle 2: Datenbankanbieter (Hosts)

ARAMIS
SWEDISH CENTER for WORKING LIFE
Documentation Department
Box 5606
11486 Stockholm
Sweden
Tel.: 46-8-7909500

CIS
Chemical Information System
7215 York Road
Baltimore MD 21212
USA
Tel.: 301 321-8440
Telex: 800 247-8737

DATA-STAR
Ostbahnhofstr.13
6000 Frankfurt 1
Tel.: 069 490643

DC Datacentralen
Att. DC host centre
Landlystvej 40
2650 Hvidorvre
Denmark
Tel.: 451 758122
Telex: 27122 dc dk
Telefax: 451 750550

DIALOG Information Retrieval Service
P.O.Box 188
Oxford, OX1 5AX
Great Britain
Tel.: 44 0865-730275
Telefax: 44 0865-736354

DIMDI
Deutsches Institut für Medizinische Information und Dokumentation
Postfach 42 05 80
Weisshausstr.27
Tel.: 0221 4724-1
Telex: 8 881 364

ECOMED Verlagsgesellschaft mbH
Justus-von-Liebig Straße 1
8910 Landsberg/Lech
Tel.: 08191- 125265

HR
Human Resource Selection Network Inc.
3 Cabot Place
Stroughton, A 02072
USA
Tel.: 617 341-1968

IFW
Institut für Wasserforschung GmbH
Reggingstr. 40
4600 Dortmung 1

JURIS GmbH
Gutenberg Str.23
6600 Saarbrücken 1
Tel.: 0681-5866-206
Telefax: 0681-5866-239

Newsnet, Inc.
945 Haverford Road
Bryn Mawr, PA 19010
USA
Tel.: 215 527-8030

Pergamon ORBIT InfoLine, Inc.
8000 Westpark Drive
McLean, VA 22102
Tel.: 703 442-0900
Telefax: 703 893-4632

STN International
Scientific and Technical Information Network
Postfach 2465
7500 Karlsruhe 1
Tel.: 07247 808-555
Telex: 17724710
Telefax: 07247 808-606

Telesystemes Questel
83-85, Boulevard Vincent Auriol
75013 Paris
France

Tel.: 33-1-4582-6464
Telex: 204 594
Telefax: 33-1-4585-4308

TNO
Institute of Applied Geoscience
P.O. Box 285
2600 AG Delft
Schoemakerstraat 27
Delft
Niederlande
Tel.: 31-15697172

Umweltbundesamt
UMPLIS
Bismarckplatz 1
1000 Berlin 33
Tel.: 030-8903-0
Telex: 183 756
Telefax: 030-8903285

2 Gedruckte Dokumente

2.1 Bibliographie

[1] ABRAHART E.N.
DYES AND THEIR INTERMEDIATES
EDWARD ARNOLD PUBLISHERS LTD., LONDON, 1977
ISBN: 0-7131-2580-2
Anzahl der Stoffe: 300
Deskriptoren: ORGANISCHE STOFFE, DATEN, INFORMATIONEN, ANWENDUNGSMUSTER
Bemerkungen: AUSGEZEICHNETE ABHANDLUNG UEBER DIE CHEMIE DER FARBSTOFFE, DATENTYP: FARBSTOFFE

[2] ADAMSON A.W.
PHYSICAL CHEMISTRY OF SURFACES
JOHN WILEY & SONS, NEW YORK, 1982
ISBN: 0-470-78778
Anzahl der Stoffe: 200
Deskriptoren: ORGANISCHE STOFFE, ANORGANISCHE STOFFE, DATEN, INFORMATIONEN, BEZEICHNUNG, OBERFLAECHENSPANNUNG

[3] AFGHAN B.K., MACKAY D.
HYDROCARBONS AND HALOGENATED HYDROCARBONS IN THE AQUATIC ENVIRONMENT
PLENUM PRESS, NEW YORK, LONDON, 1980
ISBN: 0-306-40329-3
Anzahl der Stoffe: 200
Deskriptoren: ORGANISCHE STOFFE, DATEN, INFORMATIONEN, EXPERIMENTELLE METHODEN, SITUATIONSSTUDIEN, BEZEICHNUNG, ATMOSPHAERE, PEDOSPHAERE, HYDROSPHAERE SUESSWASSER, TRINKWASSER, MOLEKULARGEWICHT, WASSERLOESLICHKEIT, VERTEILUNGSKOEFFIZIENT N-OCTANOL/WASSER, POW, ALGE, OEKOTOXIZITAET

[4] AIR POLLUTION CONTROL ASSOCIATION
TOXIC SUBSTANCES IN THE ENVIRONMENT
AIR POLLUTION CONTROL ASSOCIATION, PITTSBURGH, 1977
Anzahl der Stoffe: 100
Deskriptoren: ORGANISCHE STOFFE, ANORGANISCHE STOFFE, DATEN, INFORMATIONEN, BEZEICHNUNG, ATMOSPHAERE
Bemerkungen: TOXISCHE SUBSTANZEN IN DER UMWELT

[5] AIZAWA H.
MITSUBISHI-KASEI INSTITUTE OF TOXICOL. A. ENVIRONM.
METABOLIC MAPS OF PESTICIDES
ACADEMIC PRESS, NEW YORK, LONDON, 1982
ISBN: 0-12-046480-2
Anzahl der Stoffe: 250
Deskriptoren: DATEN, ORGANISCHE STOFFE, BEZEICHNUNG, BIOABBAU, METABOLISMUS SAEUGETIER, METABOLISMUS MENSCH

[6] AKADEMIE FUER NATURSCHUTZ UND LANDSCHAFTSPFLEGE
OEKOLOGIE UND UMWELTHYGIENE
AKADEMIE FUER NATURSCHUTZ UND LANDSCHAFTSPFLEGE, LAUFEN/SALZACH, 1981
ISBN: 0173-7724
Anzahl der Stoffe: 50
Deskriptoren: ORGANISCHE STOFFE, ANORGANISCHE STOFFE, DATEN, INFORMATIONEN, BEZEICHNUNG, ATMOSPHAERE, PRODUKTIONSVOLUMEN

[7] ALDRICH CHEMIE GMBH
ALDRICH FEINCHEMIKALIEN
ALDRICH CHEMIE, STEINHEIM, 1986
Anzahl der Stoffe: 20000
Deskriptoren: ORGANISCHE STOFFE, ANORGANISCHE STOFFE, CHEMIKALIEN INDEX, FORMEL INDEX, BEZEICHNUNG, CAS-NUMMER, BEILSTEIN NUMMER, SCHMELZPUNKT, SIEDEPUNKT, FLAMMPUNKT, MOLEKULARGEWICHT, RELATIVE DICHTE, BRECHUNGSINDEX

[8] ALDRICH CHEMIE GMBH
ALDRICH MICROFICHE LIBRARY OF CHEMICAL INDICES
ALDRICH CHEMIE, BELGIEN, 1983
Anzahl der Stoffe: 37000
Deskriptoren: ORGANISCHE STOFFE, ANORGANISCHE STOFFE, DATEN, INFORMATIONEN, CHEMIKALIEN INDEX, BEZEICHNUNG, SYNONYMA, CAS-NUMMER, SCHMELZPUNKT, SIEDEPUNKT, RELATIVE DICHTE
Bemerkungen: GROESSTE SAMMLUNG VON CHEMIKALIEN IN DER WELT

[9] ALDRICH CHEMIE GMBH
ALDRICH-EUROPE CATALOG/HANDBOOK OF ORGANICS AND BIOCHEMICALS
ALDRICH CHEMIE, BELGIEN, 1986
Anzahl der Stoffe: 14000
Deskriptoren: ORGANISCHE STOFFE, DATEN, INFORMATIONEN, CHEMIKALIEN INDEX, CAS-NUMMER, BEZEICHNUNG, SYNONYMA, SCHMELZPUNKT, SIEDEPUNKT, FLAMMPUNKT, RELATIVE DICHTE

[10] ALDRICH CHEMIE GMBH
KATALOG HANDBUCH FEINCHEMIKALIEN
ALDRICH CHEMIE, STEINHEIM, 1988
Anzahl der Stoffe: 25000
Deskriptoren: ORGANISCHE STOFFE, ANORGANISCHE STOFFE, DATEN, INFORMATIONEN, BEZEICHNUNG, SYNONYMA, CAS-NUMMER, STRUKTURFORMEL, SUMMENFORMEL, BEILSTEIN NUMMER, SCHMELZPUNKT, SIEDEPUNKT, FLAMMPUNKT, HAUTREIZUNG SAEUGETIER

[11] ALLEN N.S.
DEVELOPMENTS IN POLYMER PHOTOCHEMISTRY-2
APPLIED SCIENCE PUBLISHERS LTD., ESSEX, 1981
ISBN: 0-85334-936-3
Anzahl der Stoffe: 200
Deskriptoren: ORGANISCHE STOFFE, ANORGANISCHE STOFFE, DATEN, INFORMATIONEN, CHEMIKALIEN INDEX, BEZEICHNUNG, DIREKTER PHOTOABBAU
Bemerkungen: DATENTYP: POLYMERE, PHOTOCHEMIE VON POLYMEREN

[12] ALLEN P.W.
NATURAL RUBBER AND SYNTHETICS
JOHN WILEY & SONS, NEW YORK, 1972
ISBN: 0-258-96857-5
Anzahl der Stoffe: 50
Deskriptoren: ORGANISCHE STOFFE, DATEN, INFORMATIONEN, CHEMIKALIEN INDEX, BEZEICHNUNG, PRODUKTIONSVOLUMEN, VERWENDUNGSART
Bemerkungen: DATENTYP: GUMMI

[13] ALLEN R.L.
COLOUR CHEMISTRY
BITMAN PRESS, BATH, 1971
ISBN: 17-761719-9
Anzahl der Stoffe: 500
Deskriptoren: ORGANISCHE STOFFE, DATEN, INFORMATIONEN, CHEMIKALIEN INDEX, BEZEICHNUNG, VERWENDUNGSART
Bemerkungen: FARBSTOFFE UND DEREN CHEMIE, DATENTYP: FARBSTOFFE

[14] ALLPORT J., CASEY S., COOK J.
ASI
A STUDY OF INDUSTRIAL DATA ON CANDIDATE CHEMICALS FOR TESTING
US ENVIRONMENTAL PROTECTION AGENCY, WASHINGTON D.C., 1977
Anzahl der Stoffe: 1791
Deskriptoren: ORGANISCHE STOFFE, CAS-NUMMER INDEX, DATEN, INFORMATIONEN, SYSTEMANALYTISCHE METHODEN, BEZEICHNUNG, CAS-NUMMER, STRUKTURFORMEL, VERWENDUNGSART, PRODUKTIONSVOLUMEN, VERMARKTUNGSMENGE, EINFUHR/AUSFUHR, MUTAGENITAET SAEUGETIER

[15] ALTMAN P.L., DITTMER D.S.
ENVIRONMENTAL BIOLOGY
FEDERATION OF AMERICAN SOCIETIES FOR EXPERIMENTAL BIOLOGY, BETHESDA, 1966
Anzahl der Stoffe: 500
Deskriptoren: ORGANISCHE STOFFE, ANORGANISCHE STOFFE, DATEN, ATMOSPHAERE, HYDROSPHAERE MEER, HYDROSPHAERE SUESSWASSER, PEDOSPHAERE, AKUTE ORALE TOXIZITAET SAEUGETIER
Bemerkungen: TABELLEN UND DIAGRAMME UEBER UMWELTCHEMIKALIEN

[16] ALVAREZ A.R.
UNTERSUCHUNGEN ZUM CARRY-OVER DES FUNGIZIDS HEXACHLORBENZOL (HCB) AUS DEN FUTTERMITTELN IN DEN TIERISCHEN ORGANISMUS BEI MASTSCHWEINEN
TIERAERZTLICHE HOCHSCHULE, HANNOVER, 1977
Anzahl der Stoffe: 1
Deskriptoren: ORGANISCHE STOFFE, DATEN, INFORMATIONEN, EXPERIMENTELLE METHODEN, FALLSTUDIEN, SITUATIONSSTUDIEN, BEZEICHNUNG, STRUKTURFORMEL, SUMMENFORMEL, STOFFBESCHAFFENHEIT, ANWENDUNGSMUSTER, ATMOSPHAERE, LEBENSMITTEL PFLANZLICH UND TIERISCH, WASSERLOESLICHKEIT, LOESLICHKEIT IN ORGANISCHEN LOESEMITTELN, LOESLICHKEIT IN FETT, BIOABBAU, BIOAKKUMULATION, VOEGEL, AKUTE ORALE TOXIZITAET SAEUGETIER, INHALATIV SAEUGETIER, REPRODUKTIONSTOXIZITAET, CHRONISCHE TOXIZITAET MENSCH, METABOLISMUS SAEUGETIER, ANDERE WIRKUNGEN, AKUTE VERGIFTUNGEN, CHRONISCHE VERGIFTUNGEN MENSCH
Bemerkungen: DISSERTATION

[17] AMANN W.
BAYERISCHES LANDESAMT FUER WASSERWIRTSCHAFT
BEWERTUNG WASSERGEFAEHRDER STOFFE
ABSCHLUSSBERICHT 1982-1989
BAYERISCHES LANDESAMT FUER WASSERWIRTSCHAFT, MUENCHEN, 1989
Anzahl der Stoffe: 500
Deskriptoren: ORGANISCHE STOFFE, ANORGANISCHE STOFFE, DATEN, INFORMATIONEN, CHEMIKALIEN INDEX, BEZEICHNUNG, SYNONYMA, CAS-NUMMER, STRUKTURFORMEL, STOFFBESCHAFFENHEIT, RELATIVE DICHTE, WASSERLOESLICHKEIT, SIEDEPUNKT, SCHMELZPUNKT, VERTEILUNGSKOEFFIZIENT N-OCTANOL/WASSER, POW, VISKOSITAET, DAMPFDRUCK, DISSOZIATIONSKONSTANTE, LOESLICHKEIT IN ORGANISCHEN LOESEMITTELN, AKUTE ORALE TOXIZITAET SAEUGETIER, FISCH, BAKTERIEN, DAPHNIA, ALGE, BIOABBAU, BIOAKKUMULATION, METABOLISMUS MENSCH, METABOLISMUS SAEUGETIER, ABIOTISCHE ABBAUBARKEIT, DIREKTER PHOTOABBAU, VERWENDUNGSART, MAK-WERTE, CARCINOGENITAET SAEUGETIER, MUTAGENITAET SAEUGETIER
Bemerkungen: UMFANGREICHE DATENPROFILE, ENTHAELT AUCH GEMISCHE, GRUNDLAGEN ZUR EINSTUFUNG IN WASSERGEFAEHRDUNGSKLASSEN, EIGENE TESTERGENISSE FUER BIOABBAU, FISCH, DAPHNIEN, BAKTERI, TOXIZITAETEN

[18] AMANN W., STEINHAEUSER K.G.
BEWERTUNG WASSERGEFAEHRDENDER STOFFE
ZUSAMMENFASSENDER ZWISCHENBERICHT ZUM FORSCHUNGSVORHABEN 82-102 05 308
BMI, MUENCHEN, 1986
Anzahl der Stoffe: 438
Deskriptoren: ORGANISCHE STOFFE, ANORGANISCHE STOFFE, DATEN, INFORMATIONEN, EXPERIMENTELLE METHODEN, SYSTEMANALYTISCHE METHODEN, FALLSTUDIEN, SITUATIONSSTUDIEN, OFFIZIELLE TEXTE, CHEMIKALIEN INDEX, BEZEICHNUNG, SYNONYMA, CAS-NUMMER, STOFFBESCHAFFENHEIT, VERWENDUNGSART, ANWENDUNGSMUSTER, HYDROSPHAERE SUESSWASSER, SCHMELZPUNKT, SIEDEPUNKT, MOLEKULARGEWICHT, RELATIVE DICHTE, WASSERLOESLICHKEIT, VERTEILUNGSKOEFFIZIENT N-OCTANOL/WASSER, POW, SONSTIGE PC-GROESSEN, BIOABBAU, ABIOTISCHE ABBAUBARKEIT, DIREKTER PHOTOABBAU, BIOAKKUMULATION, ALGE, FISCH, DAPHNIA, BAKTERIEN, AKUTE ORALE TOXIZITAET SAEUGETIER, CHRONISCHE TOXIZITAET MENSCH, MUTAGENITAET SAEUGETIER, CARCINOGENITAET SAEUGETIER, METABOLISMUS SAEUGETIER, ANDERE WIRKUNGEN, UN-NUMMER, SCHUTZMASSNAHMEN, LAGERUNG UND HANDHABUNG, MAK-WERTE
Bemerkungen: ANLAGEN UND ZUSTAEZLICHE KOPIEN AUS LITERATUR

[19] AMANN W.
KATALOG WASSERGEFAEHRDENDER STOFFE
LANDESAMT FUER WASSERWIRTSCHAFT, MUENCHEN, 1985
Anzahl der Stoffe: 500
Deskriptoren: ORGANISCHE STOFFE, ANORGANISCHE STOFFE, DATEN, INFORMATIONEN, OFFIZIELLE TEXTE, CHEMIKALIEN INDEX, UN-NUMMER, BEZEICHNUNG
Bemerkungen: DATENPROFILE

[20] AMECKE H.-B.
CHEMIEWIRTSCHAFT IM UEBERBLICK
PRODUKTE.MAERKTE.STUKTUREN

VCH VERLAGSGESELLSCHAFT, WEINHEIM, 1987
ISBN: 3-527-26540-6
Anzahl der Stoffe: 300
Deskriptoren: ANORGANISCHE STOFFE, BEZEICHNUNG, DATEN, INFORMATIONEN, ORGANISCHE STOFFE, PRODUKTIONSVOLUMEN, SITUATIONSSTUDIEN, SYNONYMA, SYNTHESE, VERWENDUNGSZWECK, ZUSAMMENFASSENDE ARBEITEN

[21] AMERICAN ASSOCIATION OF TEXTILE CHEMISTS AND COLORISTS
AMERICAN ASSOCIATION OF TEXTILE CHEMISTS AND COLORISTS
TEXTILE CHEMIST AND COLORIST
BUYER'S GUIDE
AMERICAN ASSOCIATION OF TEXTILE CHEMISTS AND COLORISTS, TRIANGLE PARK, 1986
ISBN: 0040-490X
Anzahl der Stoffe: 5000
Deskriptoren: DATEN, BEZEICHNUNG, SYNONYMA, VERWENDUNGSART

[22] AMERICAN ASSOCIATION OF TEXTILE CHEMISTS AND COLORISTS
COLOUR INDEX
AMERICAN ASSOCIATION OF TEXTILE CHEMISTS AND COLORISTS, BRADFORD, 1977
Anzahl der Stoffe: 8000
Deskriptoren: ORGANISCHE STOFFE, DATEN, INFORMATIONEN, VERWENDUNGSART
Bemerkungen: DATENTYP: FARBSTOFFE

[23] AMERICAN CHEMICAL SOCIETY
CHEMCYCLOPEDIA
AMERICAN CHEMICAL SOCIETY, WASHINGTON D.C., 1988
Anzahl der Stoffe: 5000
Deskriptoren: ORGANISCHE STOFFE, ANORGANISCHE STOFFE, DATEN, INFORMATIONEN, CHEMIKALIEN INDEX, BEZEICHNUNG, ANWENDUNGSMUSTER, ARBEITSSCHUTZ
Bemerkungen: INFORMATIONEN UEBER HANDELSUEBLICHE CHEMIKALIEN

[24] AMERICAN CHEMICAL SOCIETY
REAGENT CHEMICALS
AMERICAN CHEMICAL SOCIETY, WASHINGTON D.C., 1984
ISBN: 0-8412-0210-9
Anzahl der Stoffe: 500
Deskriptoren: ORGANISCHE STOFFE, ANORGANISCHE STOFFE, DATEN, INFORMATIONEN, BEZEICHNUNG, CHEMIKALIEN INDEX, SIEDEPUNKT, RELATIVE DICHTE, WASSERLOESLICHKEIT, LOESLICHKEIT IN ORGANISCHEN LOESEMITTELN

[25] AMERICAN CONFERENCE OF GOVERMENTAL INDUSTRIAL HYGIENISTS
THRESHOLD LIMIT VALUES AND BIOLOGICAL EXPOSURE INDICES FOR 1987-1988
AMERICAN COFERENCE OF GOVERMENTAL INDUSTRIAL HYGIENISTS, CINCINNATI, 1987
ISBN: 0-936712-72-4
Anzahl der Stoffe: 800
Deskriptoren: ORGANISCHE STOFFE, ANORGANISCHE STOFFE, DATEN, INFORMATIONEN, THEORETISCHE METHODEN, BEZEICHNUNG, CAS-NUMMER, TLV-WERTE

[26] AMERICAN PETROLEUM INSTITUTE
TECHNICAL DATA BOOK
AMERICAN PETROLEUM INSTITUTE, WASHINGTON D.C., 1971
Anzahl der Stoffe: 10000
Deskriptoren: ORGANISCHE STOFFE, ANORGANISCHE STOFFE, INFORMATIONEN, DATEN, CHEMIKALIEN INDEX, BEZEICHNUNG, SCHMELZPUNKT, SIEDEPUNKT, RELATIVE DICHTE, DAMPFDRUCK, OBERFLAECHENSPANNUNG, THERMODYNAMISCHE DATEN, SONSTIGE PC-GROESSEN
Bemerkungen: CHEMIKALIEN, DIE FUER DIE OELINDUSTRIE VON BEDEUTUNG SIND

[27] AMERICAN PHARMACEUTICAL ASSOCIATION
EVALUATION OF DRUG INTERACTIONS
AMERICAN PHARMACEUTICAL ASSOCIATION, WASHINGTON D.C., 1978
Anzahl der Stoffe: 144
Deskriptoren: ORGANISCHE STOFFE, ANORGANISCHE STOFFE, DATEN, INFORMATIONEN, CHEMIKALIEN INDEX, BEZEICHNUNG, ANWENDUNGSMUSTER
Bemerkungen: PHARMAKOLOGISCHE WIRKUNGEN UND MECHANISMEN, KLINISCHE DATEN, DATENTYP: PHARMAZEUTIKA

[28] AMERICAN SOCIETY FOR TESTING AND MATERIALS
TOXIC MATERIALS IN THE ATMOSPHERE
SAMPLING AND ANALYSIS
AMERICAN SOCIETY FOR TESTING AND MATERIALS, BALTIMORE, 1982
ISBN: 04-786000-17
Anzahl der Stoffe: 100
Deskriptoren: ORGANISCHE STOFFE, ANORGANISCHE STOFFE, DATEN, INFORMATIONEN, BEZEICHNUNG, ATMOSPHAERE

[29] AMERICAN SOCIETY OF MECHANICAL ENGINEERS
THERMODYNAMIC DATA FOR WASTE INCINERATION
AMERICAN SOCIETY OF MECHANICAL ENGINEERS, NEW YORK, 1979
Anzahl der Stoffe: 2000
Deskriptoren: ORGANISCHE STOFFE, ANORGANISCHE STOFFE, DATEN, INFORMATIONEN, CHEMIKALIEN INDEX, BEZEICHNUNG, DAMPFDRUCK, SONSTIGE PC-GROESSEN, THERMODYNAMISCHE DATEN

[30] ANZ G.J.
THERMODYNAMIC PROPERTIES OF ORGANIC COMPOUNDS
ESTIMATION METHODS, PRINCIPLES AND PRACTICE
ACADEMIC PRESS, NEW YORK, 1967
Anzahl der Stoffe: 200
Deskriptoren: ORGANISCHE STOFFE, DATEN, INFORMATIONEN, CHEMIKALIEN INDEX, BEZEICHNUNG, SYSTEMANALYTISCHE METHODEN, THERMODYNAMISCHE DATEN, SONSTIGE PC-GROESSEN
Bemerkungen: ABSCHAETZUNGSMETHODEN, PRINZIPIEN UND ANWENDUNGEN

[31] APPLEGATE V.C., HOWELL J.H., HALL A.E., SMITH M.A.
TOXICITY OF 4346 CHEMICALS TO LARVAL LAMPREYS AND FISHES
U.S. DEPARTMENT OF INTERIOR, FISH AND WILDLIFE SERVICE, WASHINGTON D.C., 1975
Anzahl der Stoffe: 4346
Deskriptoren: ORGANISCHE STOFFE, ANORGANISCHE STOFFE, DATEN, INFORMATIONEN, CHEMIKALIEN INDEX, BEZEICHNUNG, CAS-NUMMER, FISCH

[32] ARBEITSGEMEINSCHAFT FUER DIE REINHALTUNG DER ELBE
CHLORIERTE KOHLENWASSERSTOFFE
DATEN DER ELBE VON SCHNACKENBURG BIS ZUR SEE 1980-1982
ARBEITSGEMEINSCHAFT FUER DIE REINHALTUNG DER ELBE, HAMBURG, 1983
Anzahl der Stoffe: 41
Deskriptoren: ORGANISCHE STOFFE, DATEN, INFORMATIONEN, BEZEICHNUNG, SCHMELZPUNKT, SIEDEPUNKT, WASSERLOESLICHKEIT, RELATIVE DICHTE, DAMPFDRUCK, VERWENDUNGSART, BIOAKKUMULATION

[33] ARBEITSKREIS CHEMISCHE INDUSTRIE UND KATALYSE
GIFT MACHT GELD
DIE CHEMISCHE INDUSTRIE UND STRATEGIEN ZU IHRER ENTGIFTUNG
KOELNER VOLKSBLATT VERLAGS GMBH & CO. BETRIEBSKG, KOELN, 1986
ISBN: 3-923243-17-0
Deskriptoren: ORGANISCHE STOFFE, ANORGANISCHE STOFFE, DATEN, INFORMATIONEN, FALLSTUDIEN, SITUATIONSSTUDIEN, OFFIZIELLE TEXTE, ZUSAMMENFASSENDE ARBEITEN, BEZEICHNUNG, VERWENDUNGSART, ANWENDUNGSMUSTER, PRODUKTIONSVOLUMEN, EINFUHR/AUSFUHR, VERMARKTUNGSMENGE, ABFALLAUFKOMMEN, BIOAKKUMULATION, SUBAKUTE-SUBCHRONISCHE TOXIZITAET SAEUGETIER, CHRONISCHE TOXIZITAET MENSCH, MUTAGENITAET SAEUGETIER, CARCINOGENITAET SAEUGETIER, METABOLISMUS SAEUGETIER, AKUTE VERGIFTUNGEN, CHRONISCHE VERGIFTUNGEN MENSCH, EPIDEMIOLOGISCHE DATEN, HINWEISE AUF MUTAGENE/KANZEROGENE WIRKUNGEN(MENSCH), MAK-WERTE

[34] ARCHER S.R., MC CURTEY W.R., RAWLINGS G.D.
MONSANTO RESEARCH CORPORATION
SOURCE ASSESSMENT:PESTICIDE MANUFACTURING AIR EMISSION- OVERVIEW AND PRIORIZATION
EPA 600/2-78-004D
EPA, WASHINGTON D.C., 1978
Anzahl der Stoffe: 80
Deskriptoren: ORGANISCHE STOFFE, DATEN, THEORETISCHE METHODEN, SYSTEMANALYTISCHE METHODEN, SITUATIONSSTUDIEN, BEZEICHNUNG, SYNONYMA, STRUKTURFORMEL, SUMMENFORMEL, VERWENDUNGSZWECK, PRODUKTIONSVOLUMEN, SYNTHESE, ABFALLAUFKOMMEN, ATMOSPHAERE, MOLEKULARGEWICHT, DAMPFDRUCK, WASSERLOESLICHKEIT, ENTSORGUNG
Bemerkungen: PC-DATEN NUR FUER AUSGESUCHTE CHEMIKALIEN

[35] ARENA J.M.
POISONING
CHARLES C. THOMAS, SPINGFIELD, 1979
Anzahl der Stoffe: 1000
Deskriptoren: ORGANISCHE STOFFE, ANORGANISCHE STOFFE, DATEN, INFORMATIONEN, CHEMIKALIEN INDEX, BEZEICHNUNG, AKUTE VERGIFTUNGEN, ARBEITSSCHUTZ
Bemerkungen: SCHWELLENWERTE FUER VERGIFTUNGEN, SYMPTOME

[36] ARMSTRONG LOWE D., STILES A.R.
WORLD HEALTH ORGANIZATION
PESTICIDES
NOMENCLATURE, SPEZIFICATIONS, ANALYSIS, USE AND RESIDUES IN FOODS

WORLD HEALTH ORGANIZATION, WIEN, 1974
ISBN: 92-4-154101-6
Anzahl der Stoffe: 300
Deskriptoren: ORGANISCHE STOFFE, INFORMATIONEN, EXPERIMENTELLE METHODEN, BEZEICHNUNG, SYNONYMA, VERWENDUNGSART, ANWENDUNGSMUSTER, LEBENSMITTEL PFLANZLICH UND TIERISCH, ARBEITSSCHUTZ, SCHUTZMASSNAHMEN, LAGERUNG UND HANDHABUNG
Bemerkungen: HINWEIS AUF ORGANISATIONEN AUF DEM GEBIET DER PESTICIDE , DATENTYP: PESTIZIDE

[37] ARONSON C.E.
VETERINARY PHARMACEUTICALS AND BIOLOGICALS, 1982-1983
VETERINARY MEDICINE PUBLISHING CO., EDWARDSVILLE, 1983
ISBN: 0-932036-80-5
Anzahl der Stoffe: 2000
Deskriptoren: ORGANISCHE STOFFE, DATEN, INFORMATIONEN, CHEMIKALIEN INDEX, BEZEICHNUNG, VERWENDUNGSZWECK
Bemerkungen: ZUSAMMENSETZUNG, INDIKATION, GEGENREAKTION, VORSICHTSMASSNAH, DATENTYP: PHARMAZEUTIKA

[38] ASINGER F.
DIE PETROCHEMISCHE INDUSTRIE
AKADEMIE VERLAG, BERLIN, 1971
Anzahl der Stoffe: 250
Deskriptoren: ORGANISCHE STOFFE, DATEN, INFORMATIONEN, BEZEICHNUNG, PRODUKTIONSVOLUMEN, SCHMELZPUNKT, SIEDEPUNKT, RELATIVE DICHTE, DAMPFDRUCK
Bemerkungen: EINE AUSGEZEICHNETE ABHANDLUNG UEBER DIE CHEMISCHE INDUSTRIE, DATENTYP: PETROCHEMIKALIEN

[39] ATRI F.R.
CHLORIERTE KOHLENWASSERSTOFFE IN DER UMWELT II
GUSTAV FISCHER VERLAG , STUTTGART, 1985
ISBN: 3-437-30516-6
Anzahl der Stoffe: 6
Deskriptoren: ORGANISCHE STOFFE, DATEN, INFORMATIONEN, SITUATIONSSTUDIEN, BEZEICHNUNG, SYNONYMA, CAS-NUMMER, SUMMENFORMEL, VERWENDUNGSART, STRUKTURFORMEL, ANWENDUNGSMUSTER, PRODUKTIONSVOLUMEN, EINFUHR/AUSFUHR, ABFALLAUFKOMMEN, HYDROSPHAERE MEER, HYDROSPHAERE SUESSWASSER, TRINKWASSER, SCHMELZPUNKT, SIEDEPUNKT, FLAMMPUNKT, ZUENDTEMPERATUR, MOLEKULARGEWICHT, DAMPFDRUCK, RELATIVE DICHTE, OBERFLAECHENSPANNUNG, VISKOSITAET, BRECHUNGSINDEX, WASSERLOESLICHKEIT, LOESLICHKEIT IN FETT, VERTEILUNGSKOEFFIZIENT N-OCTANOL/WASSER, POW, SONSTIGE PC-GROESSEN, PROTOZOEN, ALGE, FISCH, DAPHNIA, PFLANZEN, BAKTERIEN, MAK-WERTE

[40] AURAND K., HAESSELBARTH H., LABMANN E., MUELLER G., NIEMITZ W.
ORGANISCHE VERUNREINIGUNGEN IN DER UMWELT
ERKENNEN, BEWERTEN, VERMINDERN
ERICH SCHMIDT VERLAG, BERLIN, 1978
ISBN: 3-503-01713-5
Anzahl der Stoffe: 50
Deskriptoren: DATEN, EXPERIMENTELLE METHODEN, BEZEICHNUNG, ORGA-

NISCHE STOFFE, SYSTEMANALYTISCHE METHODEN, SITUATIONSSTUDIEN, OFFIZIELLE TEXTE, UMWELTPOLITIK, VERWENDUNGSART, PRODUKTIONSVOLUMEN, ATMOSPHAERE, HYDROSPHAERE SUESSWASSER, BIOABBAU, FISCH, CHRONISCHE TOXIZITAET MENSCH, AKUTE ORALE TOXIZITAET SAEUGETIER, ARBEITSSCHUTZ, MAK-WERTE, OEKOTOXIZITAET

[41] AYLWARD G.H., FINDLAY T.J.V.
DATENSAMMLUNG CHEMIE IN SI-EINHEITEN
VCH VERLAGSGESELLSCHAFT, WEINHEIM, 1986
ISBN: 3-527-21084-9
Anzahl der Stoffe: 500
Deskriptoren: ANORGANISCHE STOFFE, ORGANISCHE STOFFE, DATEN, BEZEICHNUNG, SUMMENFORMEL, STRUKTURFORMEL, SCHMELZPUNKT, SIEDEPUNKT, MOLEKULARGEWICHT, RELATIVE DICHTE, WASSERLOESLICHKEIT, GRUPPENINDEX, SYNONYMA

[42] BAES C.F., MESMER R.E.
THE HYDROLYSIS OF CATIONS
JOHN WILEY & SONS, NEW YORK, 1976
ISBN: 0-471-03985-3
Anzahl der Stoffe: 500
Deskriptoren: ABIOTISCHE ABBAUBARKEIT, DISSOZIATIONSKONSTANTE, ORGANISCHE STOFFE, ANORGANISCHE STOFFE, DATEN, INFORMATIONEN, BEZEICHNUNG, CHEMIKALIEN INDEX

[43] BAIER C., HURLE K., KIRCHHOFF J.
DVWK
DATENSAMMLUNG ZUR ABSCHAETZUNG DES GEFAEHRDUNGSPOTENTIALS VON PFLANZENSCHUTZMITTELWIRKSTOFFEN FUER GEWAESSER
PAUL PAREY, HAMBURG, BERLIN, 1985
ISBN: 3-490-07497-1
Anzahl der Stoffe: 91
Deskriptoren: ORGANISCHE STOFFE, DATEN, BEZEICHNUNG, SYNONYMA, SUMMENFORMEL, STRUKTURFORMEL, VERWENDUNGSART, HYDROSPHAERE SUESSWASSER, SCHMELZPUNKT, WASSERLOESLICHKEIT, DAMPFDRUCK, BIOABBAU, ALGE, FISCH, AKUTE ORALE TOXIZITAET SAEUGETIER, PEDOSPHAERE, BIOAKKUMULATION, DAPHNIA, INSEKTEN, PFLANZEN, OEKOTOXIZITAET

[44] BAILAR J.C., EMELEUS H.J., NYHOLM R.
COMPREHENSIVE INORGANIC CHEMISTRY
VOLUME 1-5
PERGAMON PRESS LTD, NEW YORK, 1973
ISBN: 0-08-015655-X
Anzahl der Stoffe: 5000
Deskriptoren: ANORGANISCHE STOFFE, DATEN, INFORMATIONEN, CHEMIKALIEN INDEX, BEZEICHNUNG, SCHMELZPUNKT, SIEDEPUNKT, DAMPFDRUCK, RELATIVE DICHTE, OBERFLAECHENSPANNUNG, WASSERLOESLICHKEIT, LOESLICHKEIT IN ORGANISCHEN LOESEMITTELN, THERMODYNAMISCHE DATEN
Bemerkungen: HANDBUCH DER ANORGANISCHEN CHEMIE

[45] BAKER J.T.
LABORCHEMIKALIEN

LIEFERPROGRAMM 88/89
BAKER CHEMIKALIEN, GROSS-GERAU, 1986
Anzahl der Stoffe: 1700
Deskriptoren: ORGANISCHE STOFFE, ANORGANISCHE STOFFE, DATEN, INFORMATIONEN, CHEMIKALIEN INDEX, BEZEICHNUNG
Bemerkungen: CHEMIKALINEKATALOG

[46] BALSAM M.S., SAGARIN E.
COSMETICS: SCIENCE AND TECHNOLOGY
3 VOLUMES
JOHN WILEY & SONS, NEW YORK, 1972
ISBN: 0-471-04646-9
Anzahl der Stoffe: 1000
Deskriptoren: ORGANISCHE STOFFE, ANORGANISCHE STOFFE, DATEN, INFORMATIONEN, CHEMIKALIEN INDEX, BEZEICHNUNG, VERWENDUNGSART
Bemerkungen: KOSMETIKA UND DEREN ZUSAMMENSETZUNG, DATENTYP: KOSMETIKA

[47] BARIN I., KNACKE O., KUBASCHAWSKI O.
THERMOCHEMICAL PROPERTIES OF INORGANIC SUBSTANCES
SPRINGER VERLAG, BERLIN, HEIDELBERG, 1977
ISBN: 3-540-08031-7
Anzahl der Stoffe: 2000
Deskriptoren: ANORGANISCHE STOFFE, DATEN, INFORMATIONEN, CHEMIKALIEN INDEX, BEZEICHNUNG, SCHMELZPUNKT, SIEDEPUNKT, DAMPFDRUCK, SONSTIGE PC-GROESSEN

[48] BARKE E., HAPKE H.-J., HEESCHEN W., SCHREIBER W.
DEUTSCHE FORSCHUNGSGEMEINSCHAFT DFG
RUECKSTAENDE IN LEBENSMITTELN TIERISCHER HERKUNFT
SITUATION UND BEURTEILUNG
VERLAG CHEMIE, WEINHEIM, 1983
ISBN: 3-527-27324-7
Anzahl der Stoffe: 50
Deskriptoren: ORGANISCHE STOFFE, ANORGANISCHE STOFFE, DATEN, INFORMATIONEN, THEORETISCHE METHODEN, SITUATIONSSTUDIEN, BEZEICHNUNG, SYNONYMA, VERWENDUNGSZWECK, LEBENSMITTEL PFLANZLICH UND TIERISCH, HINWEISE AUF MUTAGENE/KANZEROGENE WIRKUNGEN-(MENSCH)

[49] BARLOW S.M., SULLIVAN F.M.
REPRODUCTIVE HAZARDS OF INDUSTRIAL CHEMICALS
AN EVALUATION OF ANIMAL AND HUMAN DATA
ACADEMIC PRESS, LONDON, NEW YORK, 1982
ISBN: 0-12-078960-4
Anzahl der Stoffe: 100
Deskriptoren: ORGANISCHE STOFFE, ANORGANISCHE STOFFE, DATEN, INFORMATIONEN, BEZEICHNUNG, SYNONYMA, STRUKTURFORMEL, VERWENDUNGSART, CAS-NUMMER, REPRODUKTIONSTOXIZITAET, TERATOGENITAET SAEUGETIER, MUTAGENITAET, CARCINOGENITAET SAEUGETIER, HINWEISE AUF MUTAGENE/KANZEROGENE WIRKUNGEN(MENSCH), ARBEITSSCHUTZ, SCHUTZMASSNAHMEN, LAGERUNG UND HANDHABUNG, TLV-WERTE

[50] BARTHOLOME
ULLMANN'S ENCYCLOPEDIA
35 VOLUMES
VCH VERLAGSGESELLSCHAFT, WEINHEIM, 1985
Anzahl der Stoffe: 1000
Deskriptoren: ORGANISCHE STOFFE, ANORGANISCHE STOFFE, DATEN, INFORMATIONEN, CHEMIKALIEN INDEX, BEZEICHNUNG, SYNONYMA, PRODUKTIONSVOLUMEN, ATMOSPHAERE, HYDROSPHAERE SUESSWASSER, HYDROSPHAERE MEER, PEDOSPHAERE, VERWENDUNGSART, SCHMELZPUNKT, SIEDEPUNKT, RELATIVE DICHTE, DAMPFDRUCK, WASSERLOESLICHKEIT, CAS-NUMMER, LOESLICHKEIT IN ORGANISCHEN LOESEMITTELN, OBERFLAECHENSPANNUNG, VISKOSITAET, FLAMMPUNKT, ZERSETZUNGSPUNKT, ABIOTISCHE ABBAUBARKEIT, BIOABBAU, BIOAKKUMULATION, AKUTE ORALE TOXIZITAET SAEUGETIER
Bemerkungen: ENZYKLOPAEDIE DER TECHNISCHEN CHEMIE, ERST WENIGE BAENDE VERFUEGBAR

[51] BARTHOLOME
ULLMANNS ENZYKLOPAEDIE DER TECHNISCHEN CHEMIE
4. NEUBEARBEITETE UND ERWEITERTE AUFLAGE
VERLAG CHEMIE, WEINHEIM, 1974
ISBN: 3-527-20000-2
Anzahl der Stoffe: 1000
Deskriptoren: ORGANISCHE STOFFE, ANORGANISCHE STOFFE, DATEN, INFORMATIONEN, BEZEICHNUNG, SYNONYMA, CHEMIKALIEN INDEX, CAS-NUMMER, PRODUKTIONSVOLUMEN, VERWENDUNGSART, ATMOSPHAERE, HYDROSPHAERE MEER, HYDROSPHAERE SUESSWASSER, PEDOSPHAERE, SCHMELZPUNKT, SIEDEPUNKT, DAMPFDRUCK, RELATIVE DICHTE, OBERFLAECHENSPANNUNG, WASSERLOESLICHKEIT, LOESLICHKEIT IN ORGANISCHEN LOESEMITTELN, VISKOSITAET, FLAMMPUNKT, ZERSETZUNGSPUNKT, AKUTE ORALE TOXIZITAET SAEUGETIER
Bemerkungen: ENZYKLOPAEDIE DER TECHNISCHEN CHEMIE, DATEN UND TECHNOLOGIE, DEUTSCHES UND ENGLISCHES REGISTER

[52] BARTON A.F.
CRC HANDBOOK OF SOLUBILITY PARAMETERS AND OTHER COHESION PARAMETERS
CRC PRESS INC., BOCA RATON FLORIDA, 1983
ISBN: 0-8493-3295-8
Anzahl der Stoffe: 1000
Deskriptoren: ORGANISCHE STOFFE, ANORGANISCHE STOFFE, DATEN, INFORMATIONEN, EXPERIMENTELLE METHODEN, BEZEICHNUNG, WASSERLOESLICHKEIT, SONSTIGE PC-GROESSEN, ANDERE LOESLICHKEITEN, THEORETISCHE METHODEN

[53] BARTON D.
COMPREHENSIVE ORGANIC CHEMISTRY
THE SYNTHESIS AND REACTIONS OF ORGANIC COMPOUNDS
PERGAMON PRESS LTD, OXFORD, 1979
ISBN: 0-08-021313-8
Anzahl der Stoffe: 2000
Deskriptoren: ORGANISCHE STOFFE, DATEN, INFORMATIONEN, CHEMIKALIEN INDEX, BEZEICHNUNG, SPEKTRALDATEN, SCHMELZPUNKT, SIEDEPUNKT, WASSERLOESLICHKEIT, LOESLICHKEIT IN ORGANISCHEN LOESEMITTELN, DIREKTER PHOTOABBAU

[54] BASELT R.C.
DISPOSITION OF TOXIC DRUGS AND CHEMICALS IN MAN
BIOMEDICAL PUBLICATIONSBIO, CANTON, 1982
ISBN: 0-931890-00-4
Anzahl der Stoffe: 200
Deskriptoren: ORGANISCHE STOFFE, DATEN, INFORMATIONEN, CHEMIKALIEN INDEX, BEZEICHNUNG, VERWENDUNGSART, EPIDEMIOLOGISCHE DATEN
Bemerkungen: DISPOSITION VON CHEMIKALIEN UND ARZNEIMITTELN IM MENSCHEN, DATENTYP: PHARMAZEUTIKA

[55] BAUER L.
AUER TECHNIKUM
AUERGESELLSCHAFT GMBH, ABT. WUOE, BERLIN, 1985
Anzahl der Stoffe: 2700
Deskriptoren: ORGANISCHE STOFFE, ANORGANISCHE STOFFE, DATEN, INFORMATIONEN, OFFIZIELLE TEXTE, CHEMIKALIEN INDEX, BEZEICHNUNG, SUMMENFORMEL, ZUENDTEMPERATUR, SIEDEPUNKT, FLAMMPUNKT, MOLEKULARGEWICHT, RELATIVE DICHTE, DAMPFDRUCK, CARCINOGENITAET SAEUGETIER, AKUTE VERGIFTUNGEN, HINWEISE AUF MUTAGENE/KANZEROGENE WIRKUNGEN(MENSCH), UN-NUMMER, SCHUTZMASSNAHMEN, LAGERUNG UND HANDHABUNG, R, S-SAETZE, MAK-WERTE, TRK-WERTE, BAT-WERTE, TLV-WERTE, GEFAHRENSYMBOLE,GEFAHRENBEZEICHNUNG, MASSNAHMEN BEI UNFAELLEN UND BRAENDEN
Bemerkungen: PDK-WERTE (UDSSR), 11. AUSGABE

[56] BAUER W.
DYNAMAC CORPORATION
ENVIRONMENTAL HAZARD ASSESSMENT FOR 250 PRIORITY EXISTING CHEMICALS
FINAL REPORT
UMWELTBUNDESAMT, BERLIN, 1985
Anzahl der Stoffe: 50
Deskriptoren: ORGANISCHE STOFFE, ANORGANISCHE STOFFE, DATEN, INFORMATIONEN, BEZEICHNUNG, CAS-NUMMER, SUMMENFORMEL, VERWENDUNGSART, PRODUKTIONSVOLUMEN, SCHMELZPUNKT, SIEDEPUNKT, MOLEKULARGEWICHT, RELATIVE DICHTE, DAMPFDRUCK, WASSERLOESLICHKEIT, ANDERE LOESLICHKEITEN, VERTEILUNGSKOEFFIZIENT N-OCTANOL-/WASSER, POW, BIOABBAU, DIREKTER PHOTOABBAU, BIOAKKUMULATION, ALGE, FISCH, DAPHNIA, BAKTERIEN, PFLANZEN, KRUSTACEEN, AKUTE ORALE TOXIZITAET SAEUGETIER, DERMALE TOXIZITAET SAEUGETIER, INHALATIV SAEUGETIER, HAUTREIZUNG SAEUGETIER, AUGENREIZUNG SAEUGETIER, SUBAKUTE-SUBCHRONISCHE TOXIZITAET SAEUGETIER, CHRONISCHE TOXIZITAET MENSCH, REPRODUKTIONSTOXIZITAET, MUTAGENITAET SAEUGETIER, METABOLISMUS MENSCH, ARBEITSSCHUTZ

[57] BAUM F.
PRAXIS DES UMWELTSCHUTZES
R. OLDENBOURG, MUENCHEN, 1979
ISBN: 3-486-22631-2
Anzahl der Stoffe: 100
Deskriptoren: ORGANISCHE STOFFE, ANORGANISCHE STOFFE, DATEN, INFORMATIONEN, BEZEICHNUNG, ATMOSPHAERE, HYDROSPHAERE SUESSWASSER
Bemerkungen: TECHNISCHE ASPEKTE DES UMWELTSCHUTZES

[58] BAYER LEVERKUSEN

BAYER LEVERKUSEN
HAANDBUCH FUER DIE GUMMIINDUSTRIE
BAYER LEVERKUSEN, LEVERKUSEN, 1970
Anzahl der Stoffe: 500
Deskriptoren: ORGANISCHE STOFFE, DATEN, INFORMATIONEN, CHEMIKALIEN INDEX, BEZEICHNUNG, VERWENDUNGSZWECK, SONSTIGE PC-GROESSEN
Bemerkungen: ABHANDLUNG UEBER DIE GUMMIINDUSTRIE, ZUSATZSTOFFE FUER DIE GUMMIINDUSTRIE, DATENTYP: GUMMI

[59] BAYERISCHE LANDESANSTALT FUER WASSERFORSCHUNG
BEHANDLUNG VON INDUSTRIEABWAESSERN
R. OLDENBOURG, MUENCHEN, 1977
ISBN: 3-486-20551-X
Anzahl der Stoffe: 100
Deskriptoren: ORGANISCHE STOFFE, ANORGANISCHE STOFFE, DATEN, INFORMATIONEN, BEZEICHNUNG, HYDROSPHAERE SUESSWASSER
Bemerkungen: BEHANDLUNG VON INDUSTRIEABWAESSERN

[60] BAYERISCHES LANDESAMT FUER UMWELTSCHUTZ
DOKUMENTATION UEBER DIE LUFTHYGIENISCHE LAGE IM NORDOST-BAYERISCHEN GRENZGEBIET
BAYERISCHES LANDESAMT FUER UMWELTSCHUTZ, MUENCHEN, 1982
Anzahl der Stoffe: 10
Deskriptoren: ORGANISCHE STOFFE, ANORGANISCHE STOFFE, DATEN, INFORMATIONEN, BEZEICHNUNG, ATMOSPHAERE
Bemerkungen: MONITORING VON LUFTSCHADSTOFFEN

[61] BAYERISCHES LANDESAMT FUER UMWELTSCHUTZ
LUFTHYGIENISCHER JAHRESBERICHT 1982
HEFT 57
R. OLDENBOURG, MUENCHEN, 1983
ISBN: 0723-0028
Anzahl der Stoffe: 10
Deskriptoren: ORGANISCHE STOFFE, ANORGANISCHE STOFFE, DATEN, INFORMATIONEN, THEORETISCHE METHODEN, SYSTEMANALYTISCHE METHODEN, FALLSTUDIEN, SITUATIONSSTUDIEN, OFFIZIELLE TEXTE, BEZEICHNUNG, SUMMENFORMEL, ATMOSPHAERE

[62] BAYERISCHES LANDESAMT FUER UMWELTSCHUTZ
LUFTHYGIENISCHER JAHRESBERICHT 1982
HEFT 57
BAYERISCHES LANDESAMT FUER UMWELTSCHUTZ, MUENCHEN, 1983
ISBN: 0723-0028
Anzahl der Stoffe: 50
Deskriptoren: ORGANISCHE STOFFE, ANORGANISCHE STOFFE, DATEN, INFORMATIONEN, BEZEICHNUNG, ATMOSPHAERE
Bemerkungen: MONITORING VON LUFTSCHADSTOFFEN

[63] BECKER K.H., BIEHL H.M., BRUCKMANN P.
KERNFORSCHUNGSANLAGE JUELICH
METHODS OF THE ECOTOXICOLOGICAL EVALUATIONS OF CHEMICALS
PHOTOCHEMICAL DEGRADATION IN THE GAS PHASE
KERNFORSCHUNGSANLAGE JUELICH, JUELICH, 1984
ISBN: 0343-7639

Anzahl der Stoffe: 100
Deskriptoren: ORGANISCHE STOFFE, DATEN, EXPERIMENTELLE METHODEN, BEZEICHNUNG, DIREKTER PHOTOABBAU

[64] BECKER K.H., BIEHL H.M., BRUCKMANN P.
METHODS OF THE ECOTOXICOLOGIC EVALUATION OF CHEMICALS, PHOTOCHEMICAL DEGRADATION IN THE GAS PHASE
VOL 6.: OH REACTION RATE CONSTANTS AND TROPOSPHERIC LIFETIMES
KERNFORSCHUNGSANLAGE JUELICH, JUELICH, 1984
ISBN: 0343-7639
Anzahl der Stoffe: 89
Deskriptoren: ORGANISCHE STOFFE, ANORGANISCHE STOFFE, DATEN, INFORMATIONEN, BEZEICHNUNG, DIREKTER PHOTOABBAU

[65] BEHECHTI A., FREITAG D., GOTO M.
GESELLSCHAFT FUER STRAHLEN UND UMWELTFORSCHUNG MUENCHEN
KRITERIEN ZUR AUSWAHL UMWELTGEFAEHRLICHER ALTER STOFFE; MOBILITAET EINSCHLIESSLICH ABBAUBARKEIT UND AKKUMULATION
GSF, NEUHERBERG, 1986
Anzahl der Stoffe: 16
Deskriptoren: ORGANISCHE STOFFE, DATEN, INFORMATIONEN, EXPERIMENTELLE METHODEN, SYSTEMANALYTISCHE METHODEN, SITUATIONSSTUDIEN, OFFIZIELLE TEXTE, BEZEICHNUNG, PRODUKTIONSVOLUMEN, PEDOSPHAERE, HYDROSPHAERE SUESSWASSER, LEBENSMITTEL PFLANZLICH UND TIERISCH, WASSERLOESLICHKEIT, VERTEILUNGSKOEFFIZIENT KOC, BIOABBAU, DIREKTER PHOTOABBAU, BIOAKKUMULATION, DAPHNIA, PFLANZEN

[66] BEILSTEIN INSTITUT FUER LITERATUR DER ORGANISCHEN CHEMIE
BEILSTEIN'S HANDBUCH DER ORGANISCHEN CHEMIE
SPRINGER VERLAG, BERLIN, HEIDELBERG, 1982
ISBN: 3-540-12022-X
Anzahl der Stoffe: 50000
Deskriptoren: ORGANISCHE STOFFE, DATEN, INFORMATIONEN, CHEMIKALIEN INDEX, BEZEICHNUNG, SYNONYMA, SCHMELZPUNKT, SIEDEPUNKT, DAMPFDRUCK, RELATIVE DICHTE, WASSERLOESLICHKEIT, LOESLICHKEIT IN ORGANISCHEN LOESEMITTELN, DISSOZIATIONSKONSTANTE, SONSTIGE PC-GROESSEN, THERMODYNAMISCHE DATEN, AKUTE ORALE TOXIZITAET SAEUGETIER
Bemerkungen: STANDARDWEK DER ORGANISCHEN CHEMIE, QUELLENANGABE FUER JEDE EINZELNE VERBINDUNG, TEILE AUCH ALS DATENBANK VORHANDEN

[67] BENARIE M. M.
ATMOSPHERIC POLLUTION
PROCEEDINGS OF THE 15TH INTERNATIONAL COLLOQUIUM, MAY 1982
ELSEVIER, AMSTERDAM, OXFORD, NEW YORK, 1982
ISBN: 0-444-42083-5
Anzahl der Stoffe: 10
Deskriptoren: DATEN, INFORMATIONEN, EXPERIMENTELLE METHODEN, SYSTEMANALYTISCHE METHODEN, SITUATIONSSTUDIEN, BEZEICHNUNG, ATMOSPHAERE, ANORGANISCHE STOFFE

[68] BENNETT H.
CONCISE CHEMICAL AND TECHNICAL DICTIONARY
CHEMICAL PUBLISHING CO. INC., USA, 1986

ISBN: 0-7131-3584-0
Anzahl der Stoffe: 20000
Deskriptoren: ORGANISCHE STOFFE, ANORGANISCHE STOFFE, DATEN, BEZEICHNUNG, SYNONYMA, STRUKTURFORMEL, VERWENDUNGSART, SCHMELZPUNKT, SIEDEPUNKT, MOLEKULARGEWICHT, RELATIVE DICHTE, WASSERLOESLICHKEIT, ANDERE LOESLICHKEITEN
Bemerkungen: 4.AUFLAGE

[69] BENNINGHOFF H.
CHEMIKALIEN INDEX FUER DIE OBERFLAECHENTECHNIK DER METALLE
CARL HAUSER, MUENCHEN, 1974
ISBN: 3-446-10278-7
Anzahl der Stoffe: 1034
Deskriptoren: ORGANISCHE STOFFE, ANORGANISCHE STOFFE, DATEN, INFORMATIONEN, CHEMIKALIEN INDEX, BEZEICHNUNG, SCHMELZPUNKT, SIEDEPUNKT, RELATIVE DICHTE, WASSERLOESLICHKEIT, LOESLICHKEIT IN ORGANISCHEN LOESEMITTELN
Bemerkungen: ENGLISCH, FRAENZOESISCH UND DEUTSCH

[70] BERATERGREMIUM FUER UMWELTRELEVANTE ALTSTOFFE (BUA)
GESELLSCHAFT DEUTSCHER CHEMIKER (GDCH)
BROMMETHAN
BUA-STOFFBERICHT 14
VCH VERLAGSGESELLSCHAFT, WEINHEIM, 1988
ISBN: 3-527-26910-X ISSN: 0179-2601
Anzahl der Stoffe: 1
Deskriptoren: ORGANISCHE STOFFE, DATEN, INFORMATIONEN, EXPERIMENTELLE METHODEN, OFFIZIELLE TEXTE, ZUSAMMENFASSENDE ARBEITEN, BEZEICHNUNG, SYNONYMA, CAS-NUMMER, STRUKTURFORMEL, SUMMENFORMEL, VERWENDUNGSART, PRODUKTIONSVOLUMEN, VERMARKTUNGSMENGE, EINFUHR/AUSFUHR, ABFALLAUFKOMMEN, ATMOSPHAERE, HYDROSPHAERE MEER, HYDROSPHAERE SUESSWASSER, LEBENSMITTEL PFLANZLICH UND TIERISCH, PEDOSPHAERE, SEDIMENT, SCHMELZPUNKT, SIEDEPUNKT, ZUENDTEMPERATUR, EXPLOSIONSPUNKT, ZERSETZUNGSPUNKT, ENTZUENDLICHKEIT, MOLEKULARGEWICHT, RELATIVE DICHTE, DAMPFDRUCK, WASSERLOESLICHKEIT, LOESLICHKEIT IN ORGANISCHEN LOESEMITTELN, VERTEILUNGSKOEFFIZIENT N-OCTANOL/WASSER, POW, HENRY-KONSTANTE, VERTEILUNGSKOEFFIZIENT KOC, BIOABBAU, ABIOTISCHE ABBAUBARKEIT, DIREKTER PHOTOABBAU, BIOAKKUMULATION, FISCH, BAKTERIEN, VOEGEL, PFLANZEN, PILZE, AKUTE TOXIZITAET, AKUTE ORALE TOXIZITAET SAEUGETIER, HAUTREIZUNG SAEUGETIER, AUGENREIZUNG SAEUGETIER, INHALATIV SAEUGETIER, SUBAKUTE-SUBCHRONISCHE TOXIZITAET SAEUGETIER, CHRONISCHE TOXIZITAET SAEUGETIER, REPRODUKTIONSTOXIZITAET, TERATOGENITAET SAEUGETIER, MUTAGENITAET SAEUGETIER, CARCINOGENITAET SAEUGETIER, METABOLISMUS SAEUGETIER, WIRKUNG AUF IMMUNSYSTEM, ANDERE WIRKUNGEN, AKUTE VERGIFTUNGEN, EPIDEMIOLOGISCHE DATEN, CHRONISCHE VERGIFTUNGEN MENSCH, HINWEISE AUF MUTAGENE/KANZEROGENE WIRKUNGEN(MENSCH), ARBEITSSCHUTZ, MAK-WERTE, TLV-WERTE, GESUNDHEITSSCHUTZ
Bemerkungen: REVIEW-BAND

[71] BERATERGREMIUM FUER UMWELTRELEVANTE ALTSTOFFE (BUA)
GESELLSCHAFT DEUTSCHER CHEMIKER (GDCH)
CHLORMETHAN

BUA-STOFFBERICHT 7
VCH VERLAGSGESELLSCHAFT, WEINHEIM, 1986
ISBN: 3-527-26650-X ISSN: 0179-2601
Anzahl der Stoffe: 1
Deskriptoren: ORGANISCHE STOFFE, DATEN, INFORMATIONEN, EXPERIMENTELLE METHODEN, THEORETISCHE METHODEN, FALLSTUDIEN, SITUATIONSSTUDIEN, OFFIZIELLE TEXTE, BEZEICHNUNG, SYNONYMA, CAS-NUMMER, STRUKTURFORMEL, EG-NUMMER, SUMMENFORMEL, STOFFBESCHAFFENHEIT, VERWENDUNGSZWECK, VERWENDUNGSART, ANWENDUNGSMUSTER, PRODUKTIONSVOLUMEN, SYNTHESE, ATMOSPHAERE, HYDROSPHAERE MEER, LEBENSMITTEL PFLANZLICH UND TIERISCH, TRINKWASSER, PEDOSPHAERE, SEDIMENT, HYDROSPHAERE SUESSWASSER, SCHMELZPUNKT, SIEDEPUNKT, FLAMMPUNKT, ZUENDTEMPERATUR, ENTZUENDLICHKEIT, MOLEKULARGEWICHT, RELATIVE DICHTE, DAMPFDRUCK, WASSERDAMPFFLUECHTIGKEIT, WASSERLOESLICHKEIT, HENRY-KONSTANTE, VERTEILUNGSKOEFFIZIENT N-OCTANOL/WASSER, POW, BIOABBAU, BIOAKKUMULATION, ABIOTISCHE ABBAUBARKEIT, DIREKTER PHOTOABBAU, ALGE, FISCH, WUERMER, DAPHNIA, BAKTERIEN, VOEGEL, PFLANZEN, AKUTE TOXIZITAET, INHALATIV SAEUGETIER, SUBAKUTE-SUBCHRONISCHE TOXIZITAET SAEUGETIER, CHRONISCHE TOXIZITAET SAEUGETIER, REPRODUKTIONSTOXIZITAET, TERATOGENITAET SAEUGETIER, MUTAGENITAET SAEUGETIER, METABOLISMUS SAEUGETIER, CARCINOGENITAET SAEUGETIER, ANDERE WIRKUNGEN, AKUTE VERGIFTUNGEN, EPIDEMIOLOGISCHE DATEN, CHRONISCHE VERGIFTUNGEN MENSCH, ARBEITSSCHUTZ, TRANSPORT, KENNZEICHNUNG, SCHUTZMASSNAHMEN, LAGERUNG UND HANDHABUNG, R, S-SAETZE, MAK-WERTE, TLV-WERTE, GEFAHRENSYMBOLE,GEFAHRENBEZEICHNUNG, ENTSORGUNG

[72] BERATERGREMIUM FUER UMWELTRELEVANTE ALTSTOFFE (BUA)
GESELLSCHAFT DEUTSCHER CHEMIKER (GDCH)
DICHLORMETHAN
BUA-STOFFBERICHT 6
VCH VERLAGSGESELLSCHAFT, WEINHEIM, 1986
ISBN: 3-527-26649-6 ISSN: 0179-2601
Anzahl der Stoffe: 1
Deskriptoren: ORGANISCHE STOFFE, DATEN, INFORMATIONEN, EXPERIMENTELLE METHODEN, THEORETISCHE METHODEN, FALLSTUDIEN, SITUATIONSSTUDIEN, OFFIZIELLE TEXTE, BEZEICHNUNG, SYNONYMA, CAS-NUMMER, STRUKTURFORMEL, EG-NUMMER, SUMMENFORMEL, STOFFBESCHAFFENHEIT, VERWENDUNGSART, VERWENDUNGSZWECK, ANWENDUNGSMUSTER, PRODUKTIONSVOLUMEN, VERMARKTUNGSMENGE, SYNTHESE, EINFUHR/AUSFUHR, ATMOSPHAERE, HYDROSPHAERE MEER, LEBENSMITTEL PFLANZLICH UND TIERISCH, TRINKWASSER, PEDOSPHAERE, SEDIMENT, HYDROSPHAERE SUESSWASSER, SCHMELZPUNKT, SIEDEPUNKT, FLAMMPUNKT, ZUENDTEMPERATUR, ENTZUENDLICHKEIT, MOLEKULARGEWICHT, RELATIVE DICHTE, DAMPFDRUCK, WASSERLOESLICHKEIT, WASSERDAMPFFLUECHTIGKEIT, HENRY-KONSTANTE, VERTEILUNGSKOEFFIZIENT N-OCTANOL/WASSER, POW, VERTEILUNGSKOEFFIZIENT KOC, SONSTIGE VERTEILUNGSKOEFFIZIENTEN Z.B. KD, KBIO, BIOABBAU, BIOAKKUMULATION, ABIOTISCHE ABBAUBARKEIT, DIREKTER PHOTOABBAU, ALGE, FISCH, DAPHNIA, BAKTERIEN, VOEGEL, PFLANZEN, AKUTE TOXIZITAET, AKUTE ORALE TOXIZITAET SAEUGETIER, DERMALE TOXIZITAET SAEUGETIER, AKUTE INTRAPERITONEALE TOXIZITAET SAEUGETIER, AUGENREIZUNG SAEUGETIER, INHALATIV SAEUGETIER, SUBAKUTE-SUBCHRONISCHE TOXIZI-

TAET SAEUGETIER, CHRONISCHE TOXIZITAET SAEUGETIER, REPRODUKTIONSTOXIZITAET, TERATOGENITAET SAEUGETIER, MUTAGENITAET SAEUGETIER, CARCINOGENITAET SAEUGETIER, METABOLISMUS SAEUGETIER, ANDERE WIRKUNGEN, AKUTE VERGIFTUNGEN, EPIDEMIOLOGISCHE DATEN, ARBEITSSCHUTZ, TRANSPORT, KENNZEICHNUNG, SCHUTZMASSNAHMEN, LAGERUNG UND HANDHABUNG, R, S-SAETZE, MAK-WERTE, BAT-WERTE, TLV-WERTE, GEFAHRENSYMBOLE,GEFAHRENBEZEICHNUNG, ENTSORGUNG
Bemerkungen: NO-EFFECT-LEVEL (SAEUGETIER)

[73] BERATERGREMIUM FUER UMWELTRELEVANTE ALTSTOFFE (BUA)
GESELLSCHAFT DEUTSCHER CHEMIKER (GDCH)
DINITROTOLUOLE (METHYLDINITROBENZOLE)
BUA-STOFFBERICHT 12
VCH VERLAGSGESELLSCHAFT, WEINHEIM, 1987
ISBN: 3-527-26839-1 ISSN: 0179-2601
Anzahl der Stoffe: 6
Deskriptoren: ORGANISCHE STOFFE, DATEN, INFORMATIONEN, EXPERIMENTELLE METHODEN, THEORETISCHE METHODEN, FALLSTUDIEN, SITUATIONSSTUDIEN, OFFIZIELLE TEXTE, BEZEICHNUNG, SYNONYMA, CAS-NUMMER, STRUKTURFORMEL, SUMMENFORMEL, VERWENDUNGSART, VERWENDUNGSZWECK, ANWENDUNGSMUSTER, PRODUKTIONSVOLUMEN, SYNTHESE, EINFUHR/AUSFUHR, ABFALLAUFKOMMEN, SEDIMENT, HYDROSPHAERE SUESSWASSER, SCHMELZPUNKT, SIEDEPUNKT, MOLEKULARGEWICHT, RELATIVE DICHTE, DAMPFDRUCK, WASSERDAMPFFLUECHTIGKEIT, WASSERLOESLICHKEIT, HENRY-KONSTANTE, VERTEILUNGSKOEFFIZIENT N-OCTANOL/WASSER, POW, BIOABBAU, ABIOTISCHE ABBAUBARKEIT, BIOAKKUMULATION, DIREKTER PHOTOABBAU, ALGE, FISCH, WUERMER, PROTOZOEN, DAPHNIA, BAKTERIEN, KRUSTACEEN, PFLANZEN, INSEKTEN, AKUTE ORALE TOXIZITAET SAEUGETIER, AKUTE PERCUTANE TOXIZITAET SAEUGETIER, HAUTREIZUNG SAEUGETIER, DERMALE TOXIZITAET SAEUGETIER, AKUTE INTRAPERITONEALE TOXIZITAET SAEUGETIER, SUBAKUTE-SUBCHRONISCHE TOXIZITAET SAEUGETIER, CHRONISCHE TOXIZITAET SAEUGETIER, REPRODUKTIONSTOXIZITAET, TERATOGENITAET SAEUGETIER, MUTAGENITAET SAEUGETIER, METABOLISMUS SAEUGETIER, CARCINOGENITAET SAEUGETIER, ANDERE WIRKUNGEN, AKUTE VERGIFTUNGEN, CHRONISCHE VERGIFTUNGEN MENSCH, TRANSPORT, KENNZEICHNUNG, SCHUTZMASSNAHMEN, LAGERUNG UND HANDHABUNG, R, S-SAETZE, GEFAHRENSYMBOLE,GEFAHRENBEZEICHNUNG

[74] BERATERGREMIUM FUER UMWELTRELEVANTE ALTSTOFFE (BUA)
GESELLSCHAFT DEUTSCHER CHEMIKER (GDCH)
M-DICHLORBENZOL
BUA-STOFFBERICHT 8
VCH VERLAGSGESELLSCHAFT, WEINHEIM, 1987
ISBN: 3-527-26802-2 ISSN: 0179-2601
Anzahl der Stoffe: 1
Deskriptoren: ORGANISCHE STOFFE, DATEN, INFORMATIONEN, EXPERIMENTELLE METHODEN, THEORETISCHE METHODEN, FALLSTUDIEN, SITUATIONSSTUDIEN, OFFIZIELLE TEXTE, BEZEICHNUNG, SYNONYMA, CAS-NUMMER, STRUKTURFORMEL, SUMMENFORMEL, STOFFBESCHAFFENHEIT, VERWENDUNGSZWECK, VERWENDUNGSART, PRODUKTIONSVOLUMEN, SYNTHESE, ATMOSPHAERE, LEBENSMITTEL PFLANZLICH UND TIERISCH, TRINKWASSER, PEDOSPHAERE, SEDIMENT, HYDROSPHAERE SUESSWASSER, SCHMELZPUNKT, SIEDEPUNKT, FLAMMPUNKT, ZUENDTEMPERATUR, ENT-

ZUENDLICHKEIT, MOLEKULARGEWICHT, RELATIVE DICHTE, DAMPFDRUCK, BRECHUNGSINDEX, WASSERLOESLICHKEIT, LOESLICHKEIT IN ORGANISCHEN LOESEMITTELN, HENRY-KONSTANTE, VERTEILUNGSKOEFFIZIENT N-OCTANOL/WASSER, POW, SONSTIGE VERTEILUNGSKOEFFIZIENTEN Z.B. KD, KBIO, BIOABBAU, BIOAKKUMULATION, ABIOTISCHE ABBAUBARKEIT, DIREKTER PHOTOABBAU, ALGE, FISCH, WUERMER, DAPHNIA, BAKTERIEN, VOEGEL, PFLANZEN, INSEKTEN, AKUTE ORALE TOXIZITAET SAEUGETIER, HAUTREIZUNG SAEUGETIER, AKUTE INTRAPERITONEALE TOXIZITAET SAEUGETIER, INHALATIV SAEUGETIER, SUBAKUTE-SUBCHRONISCHE TOXIZITAET SAEUGETIER, REPRODUKTIONSTOXIZITAET, TERATOGENITAET SAEUGETIER, MUTAGENITAET SAEUGETIER, CARCINOGENITAET SAEUGETIER, METABOLISMUS SAEUGETIER, TRANSPORT, KENNZEICHNUNG, SCHUTZMASSNAHMEN, LAGERUNG UND HANDHABUNG, R, S-SAETZE, ZUENDGRUPPE, GEFAHRENSYMBOLE,GEFAHRENBEZEICHNUNG, BRAND- UND EXPLOSIONSSCHUTZ, ENTSORGUNG

[75] BERATERGREMIUM FUER UMWELTRELEVANTE ALTSTOFFE (BUA)
GESELLSCHAFT DEUTSCHER CHEMIKER (GDCH)
NITRILOTRIESSIGSAEURE
BUA-STOFFBERICHT 5
VCH VERLAGSGESELLSCHAFT, WEINHEIM, 1986
ISBN: 3-527-26680-1 ISSN: 0179-2601
Anzahl der Stoffe: 1
Deskriptoren: ORGANISCHE STOFFE, DATEN, INFORMATIONEN, EXPERIMENTELLE METHODEN, THEORETISCHE METHODEN, SYSTEMANALYTISCHE METHODEN, FALLSTUDIEN, SITUATIONSSTUDIEN, OFFIZIELLE TEXTE, BEZEICHNUNG, SYNONYMA, CAS-NUMMER, SUMMENFORMEL, ANWENDUNGSMUSTER, VERWENDUNGSZWECK, PRODUKTIONSVOLUMEN, SYNTHESE, PEDOSPHAERE, HYDROSPHAERE SUESSWASSER, KLAERSCHLAMM, SCHMELZPUNKT, MOLEKULARGEWICHT, WASSERLOESLICHKEIT, DISSOZIATIONSKONSTANTE, SONSTIGE VERTEILUNGSKOEFFIZIENTEN Z.B. KD, KBIO, BIOABBAU, AMPHIBIEN, FISCH, AKUTE ORALE TOXIZITAET SAEUGETIER, DERMALE TOXIZITAET SAEUGETIER, INHALATIV SAEUGETIER, HAUTREIZUNG SAEUGETIER, AUGENREIZUNG SAEUGETIER, SUBAKUTE-SUBCHRONISCHE TOXIZITAET SAEUGETIER, CHRONISCHE TOXIZITAET SAEUGETIER, REPRODUKTIONSTOXIZITAET, TERATOGENITAET SAEUGETIER, MUTAGENITAET SAEUGETIER, CARCINOGENITAET SAEUGETIER, METABOLISMUS SAEUGETIER, ANDERE WIRKUNGEN, AKUTE VERGIFTUNGEN, GEFAHRENSYMBOLE,GEFAHRENBEZEICHNUNG
Bemerkungen: NO-EFFECT-LEVEL (SAEUGETIER)

[76] BERATERGREMIUM FUER UMWELTRELEVANTE ALTSTOFFE (BUA)
GESELLSCHAFT DEUTSCHER CHEMIKER (GDCH)
NONYLPHENOL
BUA-STOFFBERICHT 13
VCH VERLAGSGESELLSCHAFT, WEINHEIM, 1988
ISBN: 3-527-26909-6 ISSN: 0179-2601
Anzahl der Stoffe: 1
Deskriptoren: ORGANISCHE STOFFE, DATEN, INFORMATIONEN, EXPERIMENTELLE METHODEN, SITUATIONSSTUDIEN, OFFIZIELLE TEXTE, BEZEICHNUNG, SYNONYMA, CAS-NUMMER, STRUKTURFORMEL, SUMMENFORMEL, BEILSTEIN NUMMER, STOFFBESCHAFFENHEIT, VERWENDUNGSZWECK, ANWENDUNGSMUSTER, PRODUKTIONSVOLUMEN, VERMARKTUNGSMENGE, SYNTHESE, EINFUHR/AUSFUHR, PEDOSPHAERE, HYDROSPHAERE SUESSWAS-

SER, KLAERSCHLAMM, ABWASSER, SIEDEPUNKT, FLAMMPUNKT, ZUENDTEMPERATUR, MOLEKULARGEWICHT, RELATIVE DICHTE, DAMPFDRUCK, VISKOSITAET, WASSERLOESLICHKEIT, VERTEILUNGSKOEFFIZIENT N-OCTANOL/WASSER, POW, SONSTIGE PC-GROESSEN, BIOABBAU, BIOAKKUMULATION, FISCH, DAPHNIA, BAKTERIEN, KRUSTACEEN, PFLANZEN, AKUTE INTRAPERITONEALE TOXIZITAET SAEUGETIER, DERMALE TOXIZITAET SAEUGETIER, AKUTE PERCUTANE TOXIZITAET SAEUGETIER, HAUTREIZUNG SAEUGETIER, AUGENREIZUNG SAEUGETIER, AKUTE ORALE TOXIZITAET SAEUGETIER, AKUTE TOXIZITAET, MUTAGENITAET, METABOLISMUS MENSCH, ANDERE WIRKUNGEN

[77] BERATERGREMIUM FUER UMWELTRELEVANTE ALTSTOFFE (BUA)
GESELLSCHAFT DEUTSCHER CHEMIKER (GDCH)
O-CHLORNITROBENZOL
BUA-STOFFBERICHT 2
VCH VERLAGSGESELLSCHAFT, WEINHEIM, 1985
ISBN: 3-527-26494-9 ISSN: 0179-2601
Anzahl der Stoffe: 1
Deskriptoren: ORGANISCHE STOFFE, DATEN, INFORMATIONEN, OFFIZIELLE TEXTE, ZUSAMMENFASSENDE ARBEITEN, BEZEICHNUNG, SYNONYMA, CAS-NUMMER, STRUKTURFORMEL, SUMMENFORMEL, VERWENDUNGSART, PRODUKTIONSVOLUMEN, VERMARKTUNGSMENGE, EINFUHR/AUSFUHR, ABFALLAUFKOMMEN, ATMOSPHAERE, HYDROSPHAERE MEER, HYDROSPHAERE SUESSWASSER, PEDOSPHAERE, SEDIMENT, SCHMELZPUNKT, SIEDEPUNKT, FLAMMPUNKT, MOLEKULARGEWICHT, RELATIVE DICHTE, DAMPFDRUCK, WASSERLOESLICHKEIT, HENRY-KONSTANTE, VERTEILUNGSKOEFFIZIENT N-OCTANOL/WASSER, POW, VERTEILUNGSKOEFFIZIENT KOC, BIOABBAU, BIOAKKUMULATION, ABIOTISCHE ABBAUBARKEIT, DIREKTER PHOTOABBAU, ALGE, FISCH, DAPHNIA, AKUTE TOXIZITAET, SUBAKUTE-SUBCHRONISCHE TOXIZITAET SAEUGETIER, CHRONISCHE TOXIZITAET SAEUGETIER, MUTAGENITAET SAEUGETIER, CARCINOGENITAET SAEUGETIER, METABOLISMUS SAEUGETIER, WIRKUNG AUF IMMUNSYSTEM
Bemerkungen: REVIEW-BAND

[78] BERATERGREMIUM FUER UMWELTRELEVANTE ALTSTOFFE (BUA)
GESELLSCHAFT DEUTSCHER CHEMIKER (GDCH)
O-NITROANISOL (1-METHOXY-2-NITROBENZOL)
BUA-STOFFBERICHT 9
VCH VERLAGSGESELLSCHAFT, WEINHEIM, 1987
ISBN: 3-527-26803-0 ISSN: 0179-2601
Anzahl der Stoffe: 1
Deskriptoren: ORGANISCHE STOFFE, DATEN, INFORMATIONEN, EXPERIMENTELLE METHODEN, THEORETISCHE METHODEN, FALLSTUDIEN, SITUATIONSSTUDIEN, OFFIZIELLE TEXTE, BEZEICHNUNG, SYNONYMA, CAS-NUMMER, STRUKTURFORMEL, STOFFBESCHAFFENHEIT, SUMMENFORMEL, ANWENDUNGSMUSTER, VERWENDUNGSZWECK, ATMOSPHAERE, LEBENSMITTEL PFLANZLICH UND TIERISCH, PEDOSPHAERE, SEDIMENT, HYDROSPHAERE SUESSWASSER, SCHMELZPUNKT, SIEDEPUNKT, FLAMMPUNKT, ZUENDTEMPERATUR, ENTZUENDLICHKEIT, MOLEKULARGEWICHT, RELATIVE DICHTE, DAMPFDRUCK, WASSERDAMPFFLUECHTIGKEIT, WASSERLOESLICHKEIT, LOESLICHKEIT IN ORGANISCHEN LOESEMITTELN, HENRY-KONSTANTE, VERTEILUNGSKOEFFIZIENT N-OCTANOL/WASSER, POW, BIOABBAU, DIREKTER PHOTOABBAU, ABIOTISCHE ABBAUBARKEIT, BIOAKKUMULATION, ALGE, FISCH, WUERMER, DAPHNIA, BAKTERIEN, VOEGEL, AKUTE TOXIZI-

TAET, AKUTE ORALE TOXIZITAET SAEUGETIER, HAUTREIZUNG SAEUGETIER, DERMALE TOXIZITAET SAEUGETIER, SUBAKUTE-SUBCHRONISCHE TOXIZITAET SAEUGETIER, CHRONISCHE TOXIZITAET SAEUGETIER, MUTAGENITAET SAEUGETIER, METABOLISMUS SAEUGETIER, CARCINOGENITAET SAEUGETIER, ANDERE WIRKUNGEN, ARBEITSSCHUTZ, TRANSPORT, R, S-SAETZE, KENNZEICHNUNG, GEFAHRENSYMBOLE,GEFAHRENBEZEICHNUNG, ENTSORGUNG

[79] BERATERGREMIUM FUER UMWELTRELEVANTE ALTSTOFFE (BUA)
GESELLSCHAFT DEUTSCHER CHEMIKER (GDCH)
P-NITROANISOL (1-METHOXY-4-NITROBENZOL)
BUA-STOFFBERICHT 10
VCH VERLAGSGESELLSCHAFT, WEINHEIM, 1987
ISBN: 3-527-26804-9 ISSN: 0179-2601
Anzahl der Stoffe: 1
Deskriptoren: ORGANISCHE STOFFE, DATEN, INFORMATIONEN, EXPERIMENTELLE METHODEN, THEORETISCHE METHODEN, FALLSTUDIEN, SITUATIONSSTUDIEN, OFFIZIELLE TEXTE, BEZEICHNUNG, SYNONYMA, CAS-NUMMER, STRUKTURFORMEL, STOFFBESCHAFFENHEIT, SUMMENFORMEL, VERWENDUNGSZWECK, ANWENDUNGSMUSTER, PRODUKTIONSVOLUMEN, SYNTHESE, ATMOSPHAERE, LEBENSMITTEL PFLANZLICH UND TIERISCH, PEDOSPHAERE, SEDIMENT, HYDROSPHAERE SUESSWASSER, SCHMELZPUNKT, ZUENDTEMPERATUR, ENTZUENDLICHKEIT, SIEDEPUNKT, FLAMMPUNKT, MOLEKULARGEWICHT, RELATIVE DICHTE, DAMPFDRUCK, WASSERLOESLICHKEIT, LOESLICHKEIT IN ORGANISCHEN LOESEMITTELN, BIOABBAU, ABIOTISCHE ABBAUBARKEIT, DIREKTER PHOTOABBAU, ALGE, FISCH, WUERMER, DAPHNIA, BAKTERIEN, VOEGEL, PFLANZEN, AKUTE TOXIZITAET, AKUTE ORALE TOXIZITAET SAEUGETIER, HAUTREIZUNG SAEUGETIER, DERMALE TOXIZITAET SAEUGETIER, AKUTE INTRAPERITONEALE TOXIZITAET SAEUGETIER, SUBAKUTE-SUBCHRONISCHE TOXIZITAET SAEUGETIER, CHRONISCHE TOXIZITAET SAEUGETIER, REPRODUKTIONSTOXIZITAET, MUTAGENITAET, CARCINOGENITAET SAEUGETIER, METABOLISMUS SAEUGETIER, ARBEITSSCHUTZ, TRANSPORT, ENTSORGUNG, KENNZEICHNUNG

[80] BERATERGREMIUM FUER UMWELTRELEVANTE ALTSTOFFE (BUA)
GESELLSCHAFT DEUTSCHER CHEMIKER (GDCH)
UMWELTRELEVANTE ALTSTOFFE II
AUSWAHLKRITERIEN UND 2.STOFFLISTE
VCH VERLAGSGESELLSCHAFT, WEINHEIM, 1988
ISBN: 3-527-26915-0
Anzahl der Stoffe: 143
Deskriptoren: ORGANISCHE STOFFE, ANORGANISCHE STOFFE, DATEN, INFORMATIONEN, SITUATIONSSTUDIEN, CHEMIKALIEN INDEX, BEZEICHNUNG, CAS-NUMMER, PRODUKTIONSVOLUMEN, ATMOSPHAERE, HYDROSPHAERE SUESSWASSER, WASSERDAMPFFLUECHTIGKEIT, BIOABBAU, BIOAKKUMULATION, FISCH, DAPHNIA, AKUTE ORALE TOXIZITAET SAEUGETIER, DERMALE TOXIZITAET SAEUGETIER, INHALATIV SAEUGETIER, MUTAGENITAET, CARCINOGENITAET SAEUGETIER, HINWEISE AUF MUTAGENE/KANZEROGENE WIRKUNGEN(MENSCH)
Bemerkungen: HINWEISE AUF ARBEITEN ZU STOFFEN AUS ERWEITETER STOFFLISTE

[81] BERGMANN H., KIMERLE R.A., MAKI A.W.
ENVIRONMENTAL HAZARD ASSESSMENT OF EFFLUENTS
PERGAMON PRESS LTD, NEW YORK, 1986

ISBN: 0-08-030165-7
Anzahl der Stoffe: 50
Deskriptoren: ORGANISCHE STOFFE, ANORGANISCHE STOFFE, DATEN, INFORMATIONEN, EXPERIMENTELLE METHODEN, SYSTEMANALYTISCHE METHODEN, FALLSTUDIEN, SITUATIONSSTUDIEN, BEZEICHNUNG, GEMISCHE, ABFALLAUFKOMMEN, BIOABBAU, FISCH
Bemerkungen: GEMISCHE

[82] BEROZA M.
CHEMICALS CONTROLLING INSECT BEHAVIOR
ACADEMIC PRESS, NEW YORK, 1970
Anzahl der Stoffe: 200
Deskriptoren: ORGANISCHE STOFFE, DATEN, INFORMATIONEN, BEZEICHNUNG, VERWENDUNGSART
Bemerkungen: SYNTHETISCHE INSEKTENANLOCKUNGSMITTEL

[83] BIKALES N.M.
ENCYCLOPEDIA OF POLYMER SCIENCE AND TECHNOLOGY
PLASTICS, RESINS, RUBBERS, FIBRES
JOHN WILEY & SONS, NEW YORK,
Anzahl der Stoffe: 500
Deskriptoren: ORGANISCHE STOFFE, ANORGANISCHE STOFFE, DATEN, INFORMATIONEN, BEZEICHNUNG, CHEMIKALIEN INDEX, VERWENDUNGSART
Bemerkungen: DATENTYP: POLYMERE

[84] BILL COMMUNICATIONS
RUBBER WORLD BLUE BOOK
MATERIALS, COMPOUNDING INGREDIENTS, AND MACHINERY FOR RUBBER
BILL COMMUNICATIONS INC., AKRON, 1983
Anzahl der Stoffe: 1000
Deskriptoren: ORGANISCHE STOFFE, DATEN, INFORMATIONEN, CHEMIKALIEN INDEX, BEZEICHNUNG, VERWENDUNGSZWECK, SCHMELZPUNKT, SIEDEPUNKT, RELATIVE DICHTE, DAMPFDRUCK
Bemerkungen: VERZEICHNIS FUER DIE GUMMIVERARBEITUNG, DATENTYP: GUMMI

[85] BILLMEYER F.W.
TEXTBOOK OF POLYMER SCIENCE
JOHN WILEY & SONS, NEW YORK, 1971
ISBN: 0-471-07296-6
Anzahl der Stoffe: 100
Deskriptoren: ORGANISCHE STOFFE, DATEN, INFORMATIONEN, BEZEICHNUNG, VERWENDUNGSART, SIEDEPUNKT
Bemerkungen: DATENTYP: POLYMERE

[86] BJORSETH A.
CENTRAL INSTITUTE OF INDUSTRIAL RESEARCH
HANDBOOK OF POLYCYCLIC AROMATIC HYDROCARBONS
MARCEL DEKKER, NEW YORK, 1983
ISBN: 0-8247-1845-3
Anzahl der Stoffe: 85
Deskriptoren: ATMOSPHAERE, BEZEICHNUNG, CARCINOGENITAET SAEUGETIER, DATEN, DIREKTER PHOTOABBAU, EXPERIMENTELLE METHODEN, HINWEISE AUF MUTAGENE/KANZEROGENE WIRKUNGEN(MENSCH), HY-

DROSPHAERE SUESSWASSER, INFORMATIONEN, LEBENSMITTEL PFLANZLICH UND TIERISCH, MOLEKULARGEWICHT, ORGANISCHE STOFFE, METABOLISMUS SAEUGETIER, SCHMELZPUNKT, SEDIMENT, SIEDEPUNKT, SITUATIONSSTUDIEN, STRUKTURFORMEL, SYNONYMA, SYSTEMANALYTISCHE METHODEN, THEORETISCHE METHODEN, WASSERLOESLICHKEIT, ABIOTISCHE ABBAUBARKEIT

[87] BJORSETH A., DENNIS A.J.
POLYNUCLEAR AROMATIC HYDROCARBONS
CHEMISTRY AND BIOLOGICAL EFFECTS
BATTELLE, COLUMBUS, 1980
ISBN: 0-935470-05-0
Anzahl der Stoffe: 100
Deskriptoren: ORGANISCHE STOFFE, ANORGANISCHE STOFFE, DATEN, INFORMATIONEN, EXPERIMENTELLE METHODEN, THEORETISCHE METHODEN, SYSTEMANALYTISCHE METHODEN, FALLSTUDIEN, SITUATIONSSTUDIEN, OFFIZIELLE TEXTE, BEZEICHNUNG, STRUKTURFORMEL, ATMOSPHAERE, SEDIMENT, HYDROSPHAERE SUESSWASSER, LEBENSMITTEL PFLANZLICH UND TIERISCH, MOLEKULARGEWICHT, WASSERLOESLICHKEIT, LOESLICHKEIT IN ORGANISCHEN LOESEMITTELN, BIOABBAU, ABIOTISCHE ABBAUBARKEIT, FISCH, DERMALE TOXIZITAET SAEUGETIER, MUTAGENITAET, CARCINOGENITAET SAEUGETIER, METABOLISMUS SAEUGETIER, ANDERE WIRKUNGEN, HINWEISE AUF MUTAGENE/KANZEROGENE WIRKUNGEN(MENSCH)

[88] BMU
RHEIN-BERICHT
BUNDESMINISTERIUM FUER UMWELT . NATURSCHUTZ UND REAKTORSICHERHEIT, , 1987
Anzahl der Stoffe: 35
Deskriptoren: ORGANISCHE STOFFE, ANORGANISCHE STOFFE, DATEN, INFORMATIONEN, SITUATIONSSTUDIEN, OFFIZIELLE TEXTE, SYNONYMA, ANWENDUNGSMUSTER, TRINKWASSER, SEDIMENT, HYDROSPHAERE SUESSWASSER, FISCH, DAPHNIA, AKUTE TOXIZITAET, AKUTE ORALE TOXIZITAET SAEUGETIER, SCHUTZMASSNAHMEN, LAGERUNG UND HANDHABUNG

[89] BOCKRIS J.O.M.
ENVIRONMENTAL CHEMISTRY
PLENUM PRESS, NEW YORK, 1977
ISBN: 0-306-30869-X
Anzahl der Stoffe: 200
Deskriptoren: ORGANISCHE STOFFE, ANORGANISCHE STOFFE, DATEN, INFORMATIONEN, CHEMIKALIEN INDEX, BEZEICHNUNG, PRODUKTIONSVOLUMEN, VERWENDUNGSART, ATMOSPHAERE, HYDROSPHAERE MEER, HYDROSPHAERE SUESSWASSER, PEDOSPHAERE, BIOABBAU
Bemerkungen: NACHSCHLAGEWERK FUER UMWELTCHEMIE

[90] BODEK I., LYMAN J., REEHL W.F., ROSENBLATT D.H.
ENVIRONMENTAL INORGANIC CHEMISTRY
PROPERTIES, PROCESSES AND ESTIMATION METHODS
PERGAMON PRESS LTD, NEW YORK, 1988
ISBN: 0-08-036833-6
Anzahl der Stoffe: 100
Deskriptoren: DATEN, INFORMATIONEN, ANORGANISCHE STOFFE, THEORETISCHE METHODEN, SYSTEMANALYTISCHE METHODEN, ZUSAMMENFAS-

SENDE ARBEITEN, BEZEICHNUNG, VERWENDUNGSART, ATMOSPHAERE, HYDROSPHAERE MEER, HYDROSPHAERE SUESSWASSER, PEDOSPHAERE, SEDIMENT, DAMPFDRUCK, WASSERLOESLICHKEIT, DISSOZIATIONSKONSTANTE, VERTEILUNGSKOEFFIZIENT KOC, VERTEILUNGSKOEFFIZIENT N-OCTANOL/WASSER, POW, FISCH, PFLANZEN

[91] BOND R.G., STRAUB C.P., PROBER R.
HANDBOOK OF ENVIRONMENTAL CONTROL
VOLUME 1: AIR POLLUTION
CRC PRESS INC., CLEVELAND, 1972
ISBN: 0-87819-270-0
Anzahl der Stoffe: 500
Deskriptoren: ORGANISCHE STOFFE, ANORGANISCHE STOFFE, DATEN, INFORMATIONEN, CHEMIKALIEN INDEX, BEZEICHNUNG, PRODUKTIONSVOLUMEN, ATMOSPHAERE, SCHMELZPUNKT, SIEDEPUNKT, RELATIVE DICHTE, WASSERLOESLICHKEIT, TLV-WERTE, EXPERIMENTELLE METHODEN
Bemerkungen: MONITORING VON LUFTSCHADSTOFFEN

[92] BOND R.G., STRAUB C.P., PROBER R.
HANDBOOK OF ENVIRONMENTAL CONTROL
SOLID WASTE
CRC PRESS INC., CLEVELAND, 1972
ISBN: 0-87819-270-0
Anzahl der Stoffe: 200
Deskriptoren: ORGANISCHE STOFFE, ANORGANISCHE STOFFE, DATEN, INFORMATIONEN, CHEMIKALIEN INDEX, BEZEICHNUNG, PEDOSPHAERE, SEDIMENT, VERWENDUNGSART, PRODUKTIONSVOLUMEN, ABFALLAUFKOMMEN
Bemerkungen: STAEDTISCHE FESTE ABFAELLE, INDUSTRIEABFAELLE, LANDWIRTSCHAFTLICHE ABFAELLE

[93] BONDI A.
PHYSICAL PROPERTIES OF MOLECULAR CRYSTALS, LIQUIDS AND GLASSES
JOHN WILEY & SONS, NEW YORK, 1968
Anzahl der Stoffe: 200
Deskriptoren: ORGANISCHE STOFFE, ANORGANISCHE STOFFE, DATEN, INFORMATIONEN, BEZEICHNUNG, SCHMELZPUNKT, SIEDEPUNKT, RELATIVE DICHTE

[94] BOOTH N.H., MCDONALD L.E., JONES L.M.
VETERINARY PHARMACOLOGY AND THERAPEUTICS
IOWA STATE UNIVERSITY PRESS, AMES, 1982
ISBN: 0-8138-1740-4
Anzahl der Stoffe: 1000
Deskriptoren: ORGANISCHE STOFFE, ANORGANISCHE STOFFE, DATEN, INFORMATIONEN, CHEMIKALIEN INDEX, BEZEICHNUNG, VERWENDUNGSART
Bemerkungen: DATENTYP: PHARMAZEUTIKA

[95] BOUBLIK T., FRIED V., HALA E.
THE VAPOR PRESSURES OF PURE SUBSTANCES
ELSEVIER, AMSTERDAM, 1973
ISBN: 0-444-41097-X
Anzahl der Stoffe: 1000
Deskriptoren: ORGANISCHE STOFFE, ANORGANISCHE STOFFE, DATEN, INFORMATIONEN, CHEMIKALIEN INDEX, BEZEICHNUNG, DAMPFDRUCK

Bemerkungen: DAMPFDRUCKKURVEN

[96] BOWMAN M.
HANDBOOK OF CARCINOGENS AND HAZARDOUS SUBSTANCES
CHEMICAL AND TRACE ANALYSIS
MARCEL DEKKER, NEW YORK, 1982
ISBN: 0-8247-1683-3
Anzahl der Stoffe: 250
Deskriptoren: ORGANISCHE STOFFE, ANORGANISCHE STOFFE, DATEN, INFORMATIONEN, CHEMIKALIEN INDEX, BEZEICHNUNG, EXPERIMENTELLE METHODEN, CARCINOGENITAET SAEUGETIER, HINWEISE AUF MUTAGENE/KANZEROGENE WIRKUNGEN(MENSCH)

[97] BRAKHNOVA I.T., SLEP J.H.
ENVIRONMENTAL HAZARDS OF METALS
TOXICITY OF POWDERED METAL COMPOUNDS
CONSULTANTS BUREAU, NEW YORK, LONDON, 1975
ISBN: 0-306-10897-6
Anzahl der Stoffe: 200
Deskriptoren: ANORGANISCHE STOFFE, DATEN, INFORMATIONEN, CHEMIKALIEN INDEX, BEZEICHNUNG, AKUTE ORALE TOXIZITAET SAEUGETIER, SUBAKUTE-SUBCHRONISCHE TOXIZITAET SAEUGETIER, CHRONISCHE TOXIZITAET SAEUGETIER
Bemerkungen: DATENTYP: METALLE

[98] BRANDRUP J., IMMERGUT E.H., MC DOWELL W.
POLYMER HANDBOOK
JOHN WILEY & SONS, NEW YORK, 1975
ISBN: 0-471-09804-3
Anzahl der Stoffe: 10000
Deskriptoren: ORGANISCHE STOFFE, DATEN, INFORMATIONEN, THEORETISCHE METHODEN, ZUSAMMENFASSENDE ARBEITEN, CHEMIKALIEN INDEX, FORMEL INDEX, ANWENDUNGSINDEX, BEZEICHNUNG, SYNONYMA, STRUKTURFORMEL, SPEKTRALDATEN, STOFFBESCHAFFENHEIT, SCHMELZPUNKT, SIEDEPUNKT, FLAMMPUNKT, ZUENDTEMPERATUR, ZERSETZUNGSPUNKT, MOLEKULARGEWICHT, RELATIVE DICHTE, DAMPFDRUCK, OBERFLAECHENSPANNUNG, VISKOSITAET, BRECHUNGSINDEX, WASSERLOESLICHKEIT, LOESLICHKEIT IN ORGANISCHEN LOESEMITTELN, SONSTIGE VERTEILUNGSKOEFFIZIENTEN Z.B. KD, KBIO, SONSTIGE PC-GROESSEN, ABIOTISCHE ABBAUBARKEIT
Bemerkungen: 2. AUFLAGE

[99] BRAUN F., SCHUESSLER W., WEHTRE R.
BAYERISCHE LANDESANSTALT FUER WASSERFORSCHUNG
ORGANISCHE SCHADSTOFFE
POLYCHLORBIPHENYLE(PCB)+PESTICIDE IM KREISLAUF DES WASSERS: BILANZIERUNG UND BEWERTUNG
DISSERTATIONS-UND FOTODRUCK FRANK, MUENCHEN, 1987
Anzahl der Stoffe: 10
Deskriptoren: ORGANISCHE STOFFE, DATEN, EXPERIMENTELLE METHODEN, INFORMATIONEN, BEZEICHNUNG, ABFALLAUFKOMMEN, LEBENSMITTEL PFLANZLICH UND TIERISCH, TRINKWASSER, HYDROSPHAERE SUESSWASSER, SEDIMENT, PEDOSPHAERE, KLAERSCHLAMM, REGENWASSER, GRUNDWASSER

[100] BRAUN F., SCHUESSLER W., WEHTRE R.
BAYERISCHE LANDESANSTALT FUER WASSERFORSCHUNG
ORGANISCHE SCHADSTOFFE
POLYCHLORBIPHENYLE(PCB)+PESTICIDE IM KREISLAUF DES WASSERS: BILANZIERUNG UND BEWERTUNG-EINZELDATEN
DISSERTATIONS-UND FOTODRUCK FRANK, MUENCHEN, 1987
Anzahl der Stoffe: 15
Deskriptoren: ORGANISCHE STOFFE, DATEN, BEZEICHNUNG, TRINKWASSER, HYDROSPHAERE SUESSWASSER, GRUNDWASSER, NIEDERSCHLAG

[101] BRAUN F., GOSSLING B.
BAYERISCHE LANDESANSTALT FUER WASSERFORSCHUNG
ZUR PCB- UND PESTIZIDBELASTUNG BAYERISCHER GEWAESSER (1977-1982)
BAYERISCHES LANDESAMT FUER WASSERFORSCHUNG, MUENCHEN, 1983
Anzahl der Stoffe: 16
Deskriptoren: ORGANISCHE STOFFE, DATEN, INFORMATIONEN, BEZEICHNUNG, HYDROSPHAERE SUESSWASSER, VERWENDUNGSART
Bemerkungen: MONITORING VON PESTIZIDEN IN BAYERN

[102] BRETHERICK L.
HANDBOOK OF REACTIVE CHEMICAL HAZARDS
BUTTERWORTHS, LONDON, 1985
ISBN: 0-408-01388-5
Anzahl der Stoffe: 5000
Deskriptoren: ORGANISCHE STOFFE, ANORGANISCHE STOFFE, DATEN, INFORMATIONEN, SITUATIONSSTUDIEN, CHEMIKALIEN INDEX, SYNONYMA INDEX, GRUPPENINDEX, BEZEICHNUNG, SYNONYMA, CAS-NUMMER, SUMMENFORMEL, STRUKTURFORMEL, SIEDEPUNKT, ZUENDTEMPERATUR, EXPLOSIONSPUNKT, ENTZUENDLICHKEIT, ARBEITSSCHUTZ, SCHUTZMASSNAHMEN, LAGERUNG UND HANDHABUNG
Bemerkungen: 3. AUFLAGE

[103] BRETHERICK L.
HAZARDS IN THE CHEMICAL LABORATORY
ROYAL SOCIETY OF CHEMISTRY, LONDON, 1986
ISBN: 0-85186-489-9
Anzahl der Stoffe: 1500
Deskriptoren: ORGANISCHE STOFFE, ANORGANISCHE STOFFE, DATEN, INFORMATIONEN, SITUATIONSSTUDIEN, BEZEICHNUNG, CAS-NUMMER, STOFFBESCHAFFENHEIT, SCHMELZPUNKT, SIEDEPUNKT, FLAMMPUNKT, ZUENDTEMPERATUR, ENTZUENDLICHKEIT, WASSERLOESLICHKEIT, AKUTE ORALE TOXIZITAET SAEUGETIER, AKUTE PERCUTANE TOXIZITAET SAEUGETIER, HAUTREIZUNG SAEUGETIER, AKUTE INTRAPERITONEALE TOXIZITAET SAEUGETIER, AUGENREIZUNG SAEUGETIER, AKUTE INTERTRAVENOESE TOXIZITAET SAEUGETIER, SUBAKUTE-SUBCHRONISCHE TOXIZITAET SAEUGETIER, MUTAGENITAET SAEUGETIER, CARCINOGENITAET SAEUGETIER, ANDERE WIRKUNGEN, AKUTE VERGIFTUNGEN, HINWEISE AUF MUTAGENE/KANZEROGENE WIRKUNGEN(MENSCH), ARBEITSSCHUTZ, SCHUTZMASSNAHMEN, LAGERUNG UND HANDHABUNG, TLV-WERTE, GEFAHRENSYMBOLE,GEFAHRENBEZEICHNUNG, GESUNDHEITSSCHUTZ, BRAND- UND EXPLOSIONSSCHUTZ, ENTSORGUNG, MASSNAHMEN BEI UNFAELLEN UND BRAENDEN, MASSNAHMEN NACH VERSCHUETTEN/AUSLAUFEN/GASAUSTRITT, ERSTE HILFE
Bemerkungen: AUCH GESUNDHEITSGEFAEHRDUNG DURCH STRAHLEN, 4. AUFLAGE

[104] BRITT K.W.
HANDBOOK OF PULP AND PAPER TECHNOLOGY
VAN NOSTRAND REINHOLD COMPANY, NEW YORK, 1964
Anzahl der Stoffe: 50
Deskriptoren: ORGANISCHE STOFFE, DATEN, INFORMATIONEN, BEZEICHNUNG, PRODUKTIONSVOLUMEN, VERWENDUNGSART, EXPERIMENTELLE METHODEN
Bemerkungen: HERSTELLUNG VON PAPIER, DATENTYP: PAPIER

[105] BROOKE D.N.
PRINCES RISBORAUGH LABORATORY
BIOCONCENTRATION IN ALGAE, DAPHNIA, AND SHELLFISH
PREDICTION AND COMPARISON WITH FISH BIOCONCENTRATION
DEPARTMENT OF THE ENVIRONMENT, GREAT BRITAIN, 1986
Anzahl der Stoffe: 60
Deskriptoren: ORGANISCHE STOFFE, DATEN, SYSTEMANALYTISCHE METHODEN, LEBENSMITTEL PFLANZLICH UND TIERISCH, VERTEILUNGSKOEFFIZIENT N-OCTANOL/WASSER, POW, BIOAKKUMULATION
Bemerkungen: VERTRAULICH, DARF NICHT ZITIERT WERDEN

[106] BROOKS G.T.
CHLORINATED INSECTICIDES: TECHNOLOGY AND APPLICATIONS
CRC PRESS INC., CLEVELAND, 1974
ISBN: 0-87819-044-9
Anzahl der Stoffe: 50
Deskriptoren: ORGANISCHE STOFFE, DATEN, INFORMATIONEN, CHEMIKALIEN INDEX, BEZEICHNUNG, EXPERIMENTELLE METHODEN, VERWENDUNGSART, SYNONYMA, PRODUKTIONSVOLUMEN, SCHMELZPUNKT, SIEDEPUNKT, DAMPFDRUCK, WASSERLOESLICHKEIT, LOESLICHKEIT IN ORGANISCHEN LOESEMITTELN

[107] BROOKS G.T.
CHLORINATED INSECTICIDES: BIOLOGICAL AND ENVIRONMENTAL ASPECTS
CRC PRESS INC., CLEVELAND, 1974
ISBN: 0-87819-045-7
Anzahl der Stoffe: 100
Deskriptoren: ORGANISCHE STOFFE, DATEN, INFORMATIONEN, BEZEICHNUNG, SYNONYMA, BIOABBAU, AKUTE ORALE TOXIZITAET SAEUGETIER, INSEKTEN
Bemerkungen: VERHALTEN VON CHLORIERTEN INSEKTIZIDEN

[108] BROUL M., NYVLTT J., SOEHNEL O.
SOLUBILITY IN INORGANIC TWO-COMPONENT SYSTEMS
ELSEVIER, AMSTERDAM, 1981
ISBN: 0-444-99763-6
Anzahl der Stoffe: 500
Deskriptoren: ORGANISCHE STOFFE, ANORGANISCHE STOFFE, DATEN, INFORMATIONEN, CHEMIKALIEN INDEX, BEZEICHNUNG, WASSERLOESLICHKEIT
Bemerkungen: LOESLICHKEITEN

[109] BROWN A.W.A.
ECOLOGY OF PESTICIDES
JOHN WILEY & SONS, NEW YORK, 1978
ISBN: 0-471-10790-5
Anzahl der Stoffe: 250

Deskriptoren: ORGANISCHE STOFFE, DATEN, INFORMATIONEN, BEZEICHNUNG, SYNONYMA, CHEMIKALIEN INDEX, PRODUKTIONSVOLUMEN, VERWENDUNGSART, HYDROSPHAERE MEER, HYDROSPHAERE SUESSWASSER, BIOABBAU, DIREKTER PHOTOABBAU, FISCH, DAPHNIA, AKUTE ORALE TOXIZITAET SAEUGETIER
Bemerkungen: OEKOLOGISCHE WIRKUNGEN VON PESTIZIDEN

[110] BROWN S.L., COFER R.L.
SRI INTERNATIONAL
A RANKING ALGORITHM FOR EEC WATER POLLUTANTS
SRI INTERNATIONAL, BERN, 1980
Anzahl der Stoffe: 1500
Deskriptoren: ORGANISCHE STOFFE, ANORGANISCHE STOFFE, DATEN, INFORMATIONEN, CHEMIKALIEN INDEX, BEZEICHNUNG, SYNONYMA, CAS-NUMMER, PRODUKTIONSVOLUMEN, HYDROSPHAERE MEER, HYDROSPHAERE SUESSWASSER, ABIOTISCHE ABBAUBARKEIT, BIOABBAU, BIOAKKUMULATION, FISCH, DAPHNIA, AKUTE ORALE TOXIZITAET SAEUGETIER, CHRONISCHE TOXIZITAET SAEUGETIER
Bemerkungen: METHODE ZUR ABSCHAETZUNG DER WASSERGEFAEHRLICHKEIT VON STOFF

[111] BROWN S.L., CHAN F.Y., JONES J.L.
SRI INTERNATIONAL
RESEARCH PROGRAM ON HAZARD PRIORITY RANKING OF MANUFACTURED CHEMICALS
PHASE II - FINAL REPORT, APPENDIX - LISTING OF REFERENCES
SRI INTERNATIONAL, MENLO PARK, 1975
Deskriptoren: INFORMATIONEN, ZUSAMMENFASSENDE ARBEITEN

[112] BROWN S.L., CHAN F.Y., JONES J.L. ET AL
RESEARCH PROGRAM ON HAZARD PRIORITY RANKING OF MANUFACTURED CHEMICALS
PHASE II - FINAL REPORT (CHEMICALS 1-20)
SRI INTERNATIONAL, MENLO PARK, 1975
Anzahl der Stoffe: 20
Deskriptoren: ORGANISCHE STOFFE, DATEN, EXPERIMENTELLE METHODEN, INFORMATIONEN, BEZEICHNUNG, CAS-NUMMER, PRODUKTIONSVOLUMEN, EINFUHR/AUSFUHR, WASSERLOESLICHKEIT, VERTEILUNGSKOEFFIZIENT N-OCTANOL/WASSER, POW, SONSTIGE PC-GROESSEN, BIOABBAU, ABIOTISCHE ABBAUBARKEIT, DIREKTER PHOTOABBAU, AMPHIBIEN, FISCH, BAKTERIEN, AKUTE TOXIZITAET, REPRODUKTIONSTOXIZITAET, TERATOGENITAET SAEUGETIER, MUTAGENITAET SAEUGETIER, CARCINOGENITAET SAEUGETIER, ANDERE WIRKUNGEN, ATMOSPHAERE, HYDROSPHAERE SUESSWASSER, LEBENSMITTEL PFLANZLICH UND TIERISCH, PEDOSPHAERE, BIOAKKUMULATION
Bemerkungen: GRENZWERTE FUER LEBENSMITTEL

[113] BROWN S.L., CHAN F.Y., JONES J.L. ET AL
RESEARCH PROGRAM ON HAZARD PRIORITY RANKING OF MANUFACTURED CHEMICALS
PHASE II - FINAL REPORT (CHEMICALS 21-40)
SRI INTERNATIONAL, MENLO PARK, 1975
Anzahl der Stoffe: 20
Deskriptoren: ORGANISCHE STOFFE, ANORGANISCHE STOFFE, DATEN, INFORMATIONEN, EXPERIMENTELLE METHODEN, BEZEICHNUNG, CAS-NUMMER, PRODUKTIONSVOLUMEN, EINFUHR/AUSFUHR, ATMOSPHAERE, WASSERLOESLICHKEIT, VERTEILUNGSKOEFFIZIENT N-OCTANOL/WASSER, POW, BIOABBAU, ABIOTISCHE ABBAUBARKEIT, BAKTERIEN, AKUTE ORALE TOXIZITAET SAEUGETIER, REPRODUKTIONSTOXIZITAET, TERATOGENITAET SAEUGETIER, CARCINOGENITAET SAEUGETIER, ANDERE WIRKUNGEN
Bemerkungen: GRENZWERTE FUER LEBENSMITTEL

[114] BROWN S.L., CHAN F.Y., JONES J.L. ET AL
RESEARCH PROGRAM ON HAZARD PRIORITY RANKING OF MANUFACTURED CHEMICALS
PHASE II - FINAL REPORT (CHEMICALS 41-60)
SRI INTERNATIONAL, MENLO PARK, 1975
Anzahl der Stoffe: 20
Deskriptoren: ORGANISCHE STOFFE, DATEN, EXPERIMENTELLE METHODEN, INFORMATIONEN, BEZEICHNUNG, CAS-NUMMER, PRODUKTIONSVOLUMEN, EINFUHR/AUSFUHR, ATMOSPHAERE, WASSERLOESLICHKEIT, SONSTIGE PC-GROESSEN, BIOABBAU, ABIOTISCHE ABBAUBARKEIT, DIREKTER PHOTOABBAU, BAKTERIEN, AKUTE ORALE TOXIZITAET SAEUGETIER, INHALATIV SAEUGETIER, MUTAGENITAET SAEUGETIER, CARCINOGENITAET SAEUGETIER, ANDERE WIRKUNGEN
Bemerkungen: GRENZWERTE FUER LEBENSMITTEL

[115] BROWN S.L., CHAN F.Y., JONES J.L. ET AL
RESEARCH PROGRAM ON HAZARD PRIORITY RANKING OF MANUFACTURED CHEMICALS
PHASE II - FINAL REPORT (CHEMICALS 61-79)
SRI INTERNATIONAL, MENLO PARK, 1975
Anzahl der Stoffe: 20
Deskriptoren: ORGANISCHE STOFFE, DATEN, EXPERIMENTELLE METHODEN, INFORMATIONEN, BEZEICHNUNG, CAS-NUMMER, PRODUKTIONSVOLUMEN, EINFUHR/AUSFUHR, ATMOSPHAERE, WASSERLOESLICHKEIT, SONSTIGE PC-GROESSEN, BIENE, DIREKTER PHOTOABBAU, ABIOTISCHE ABBAUBARKEIT, BIOAKKUMULATION, AKUTE ORALE TOXIZITAET SAEUGETIER, REPRODUKTIONSTOXIZITAET, TERATOGENITAET SAEUGETIER, MUTAGENITAET SAEUGETIER, CARCINOGENITAET SAEUGETIER, ANDERE WIRKUNGEN
Bemerkungen: GRENZWERTE FUER LEBENSMITTEL

[116] BROWNING E.
TOXICITY AND METABOLISM OF INDUSTRIAL SOLVENTS
ELSEVIER, AMSTERDAM, 1965
Anzahl der Stoffe: 135
Deskriptoren: ORGANISCHE STOFFE, DATEN, INFORMATIONEN, CHEMIKALIEN INDEX, BEZEICHNUNG, VERWENDUNGSART, ANWENDUNGSMUSTER, SCHMELZPUNKT, SIEDEPUNKT, RELATIVE DICHTE, DAMPFDRUCK, WASSERLOESLICHKEIT, LOESLICHKEIT IN ORGANISCHEN LOESEMITTELN, FLAMMPUNKT, AKUTE ORALE TOXIZITAET SAEUGETIER, SUBAKUTE-SUBCHRONI-

SCHE TOXIZITAET SAEUGETIER, CHRONISCHE TOXIZITAET SAEUGETIER
Bemerkungen: SUBSTITUTE UND BIOCHEMIE VON ORGANISCHEN LOESEMITTELN, DATENTYP: LOESUNGSMITTEL

[117] BROWNING E.
TOXICITY OF INDUSTRIAL METALS
BUTTERWORTHS, LONDON, 1969
Anzahl der Stoffe: 45
Deskriptoren: ANORGANISCHE STOFFE, DATEN, INFORMATIONEN, BEZEICHNUNG, VERWENDUNGSART, ATMOSPHAERE, HYDROSPHAERE MEER, HYDROSPHAERE SUESSWASSER, SCHMELZPUNKT, SIEDEPUNKT, RELATIVE DICHTE, AKUTE ORALE TOXIZITAET SAEUGETIER, INHALATIV SAEUGETIER, SUBAKUTE-SUBCHRONISCHE TOXIZITAET SAEUGETIER, CHRONISCHE TOXIZITAET SAEUGETIER
Bemerkungen: DATENTYP: METALLE

[118] BROWSTEIN A.M.
TRENDS IN PETROCHEMICAL TECHNOLOGY
THE IMPACT OF THE ENERGY CRISIS
PENN WELL BOOKS, TULSA, 1976
ISBN: 0-87814-070-0
Anzahl der Stoffe: 50
Deskriptoren: ORGANISCHE STOFFE, ANORGANISCHE STOFFE, DATEN, INFORMATIONEN, BEZEICHNUNG, PRODUKTIONSVOLUMEN, VERWENDUNGSART
Bemerkungen: DATENTYP: PETROCHEMIKALIEN

[119] BROWSTEIN A.M.
US PETROCHEMICALS
TECHNOLOGIES, MARKETS, AND ECONOMICS
THE PETROLEUM PUBLISHING COMPANY, TULSA, 1972
ISBN: 0-87814-008-5
Anzahl der Stoffe: 50
Deskriptoren: ORGANISCHE STOFFE, ANORGANISCHE STOFFE, DATEN, INFORMATIONEN, BEZEICHNUNG, VERWENDUNGSART, PRODUKTIONSVOLUMEN
Bemerkungen: DATENTYP: PETROCHEMIKALIEN

[120] BRUIN DE A.
BIOCHEMICAL, TOXICOLOGY OF ENVIRONMENTAL AGENTS
ELSEVIER, AMSTERDAM, NEW YORK, 1976
ISBN: 0-444-41455-X
Anzahl der Stoffe: 1000
Deskriptoren: ANORGANISCHE STOFFE, ORGANISCHE STOFFE, DATEN, INFORMATIONEN, BEZEICHNUNG, METABOLISMUS SAEUGETIER
Bemerkungen: STANDARDWERK

[121] BSTMLU
EMISSIONSKATASTER
ERLANGEN, FUERTH, NUERNBERG
STMLU, MUENCHEN, 1981
Anzahl der Stoffe: 100
Deskriptoren: ORGANISCHE STOFFE, ANORGANISCHE STOFFE, DATEN, INFORMATIONEN, EXPERIMENTELLE METHODEN, SYSTEMANALYTISCHE METHODEN, SITUATIONSSTUDIEN, OFFIZIELLE TEXTE, BEZEICHNUNG, ANWENDUNGSMUSTER, ATMOSPHAERE

[122] BSTMLU
EMISSIONSKATASTER ERLANGEN, FUERTH, NUERNBERG
BAYERISCHES STAATSMINISTERIUM FUER UMWELTFRAGEN (BSTMLU), MUENCHEN, 1983
Anzahl der Stoffe: 20
Deskriptoren: ORGANISCHE STOFFE, ANORGANISCHE STOFFE, DATEN, INFORMATIONEN, BEZEICHNUNG, ATMOSPHAERE
Bemerkungen: MONITORING VON LUFTSCHADSTOFFEN

[123] BSTMLU
KLIMAOEKOLOGISCHE UND LUFTHYGIENISCHE UNTERSUCHUNGEN IM RAUM REGENSBURG
MATERIALIEN 19
BAYERISCHES STAATSMINISTERIUM FUER UMWELTFRAGEN (BSTMLU), MUENCHEN, 1983
Anzahl der Stoffe: 25
Deskriptoren: ANORGANISCHE STOFFE, DATEN, INFORMATIONEN, BEZEICHNUNG, ATMOSPHAERE
Bemerkungen: MONITORING VON LUFTSCHADSTOFFEN

[124] BSTMLU
UMWELTQUALITAETSBERICHT UEBER DEN NORDEN MUENCHENS
BAYERISCHES STAATSMINISTERIUM FUER UMWELTFRAGEN (BSTMLU), MUENCHEN, 1982
Anzahl der Stoffe: 10
Deskriptoren: ORGANISCHE STOFFE, ANORGANISCHE STOFFE, DATEN, INFORMATIONEN, BEZEICHNUNG, ATMOSPHAERE
Bemerkungen: MONITORING VON LUFTSCHADSTOFFEN

[125] BSTMLU
VERWERTUNG VON KLAERSCHLAMM IN DER LAND UND FORSTWIRTSCHAFT
BSTMLU, MUENCHEN, 1980
Anzahl der Stoffe: 20
Deskriptoren: ORGANISCHE STOFFE, ANORGANISCHE STOFFE, DATEN, INFORMATIONEN, SYSTEMANALYTISCHE METHODEN, SITUATIONSSTUDIEN, OFFIZIELLE TEXTE, BEZEICHNUNG, ANWENDUNGSMUSTER, ABFALLAUFKOMMEN, KLAERSCHLAMM
Bemerkungen: HINWEISE AUF ANDERE BERICHTE SPEZIELLER THEMATIK

[126] BSTMLU
VERWERTUNG VON KLAERSCHLAMM IN DER LAND- UND FORSTWIRTSCHAFT
BAYERISCHES STAATSMINISTERIUM FUER UMWELTFRAGEN (BSTMLU), MUENCHEN, 1980
Anzahl der Stoffe: 10
Deskriptoren: ANORGANISCHE STOFFE, DATEN, INFORMATIONEN, BEZEICHNUNG, KLAERSCHLAMM

[127] BUCHWALD, ENGELHARD
HANDBUCH FUER PLANUNG, GESTALTUNG UND SCHUTZ DER UMWELT
DIE BELASTUNG DER UMWELT
BLV VERLAGSGESELLSCHAFT, MUENCHEN, 1978
ISBN: 3-405-12032-2
Anzahl der Stoffe: 50

Deskriptoren: ORGANISCHE STOFFE, ANORGANISCHE STOFFE, DATEN, INFORMATIONEN, BEZEICHNUNG, ATMOSPHAERE, HYDROSPHAERE MEER, HYDROSPHAERE SUESSWASSER, PEDOSPHAERE, AKUTE ORALE TOXIZITAET SAEUGETIER, MUTAGENITAET SAEUGETIER, CARCINOGENITAET SAEUGETIER
Bemerkungen: VORSORGEPRINZIP IM UMWELTSCHUTZ

[128] BUCKINGHAM J.
DICTIONARY OF ORGANIC COMPOUNDS
CHAPMAN AND HALL, TORONTO, 1982
ISBN: 0-412-17000-0
Anzahl der Stoffe: 70000
Deskriptoren: ORGANISCHE STOFFE, DATEN, INFORMATIONEN, CHEMIKALIEN INDEX, CAS-NUMMER INDEX, FORMEL INDEX, HETEROATOM INDEX, BEZEICHNUNG, CAS-NUMMER, SYNONYMA, MOLEKULARGEWICHT, SCHMELZPUNKT, SIEDEPUNKT, FLAMMPUNKT, RELATIVE DICHTE, DISSOZIATIONSKONSTANTE, WASSERLOESLICHKEIT, LOESLICHKEIT IN ORGANISCHEN LOESEMITTELN, BRECHUNGSINDEX, SPEKTRALDATEN, STOFFBESCHAFFENHEIT, SONSTIGE PC-GROESSEN, AKUTE ORALE TOXIZITAET SAEUGETIER, INHALATIV SAEUGETIER, HAUTREIZUNG SAEUGETIER, CARCINOGENITAET SAEUGETIER

[129] BUDAVARI S.
THE MERCK INDEX
AN ENCYCLOPEDIA OF CHEMICALS, DRUGS AND BIOLOGICALS
MERCK & CO., RAHWAY, 1989
ISBN: 0-911910-28-X
Anzahl der Stoffe: 10100
Deskriptoren: ORGANISCHE STOFFE, ANORGANISCHE STOFFE, DATEN, INFORMATIONEN, CHEMIKALIEN INDEX, SYNONYMA INDEX, CAS-NUMMER INDEX, FORMEL INDEX, BEZEICHNUNG, SYNONYMA, SUMMENFORMEL, STRUKTURFORMEL, MOLEKULARGEWICHT, VERWENDUNGSART, HERSTELLUNG, STOFFBESCHAFFENHEIT, SCHMELZPUNKT, SIEDEPUNKT, FLAMMPUNKT, RELATIVE DICHTE, BRECHUNGSINDEX, WASSERLOESLICHKEIT, LOESLICHKEIT IN ORGANISCHEN LOESEMITTELN, AKUTE ORALE TOXIZITAET SAEUGETIER, AKUTE VERGIFTUNGEN, CHRONISCHE VERGIFTUNGEN MENSCH, HAUTREIZUNG MENSCH, AUGENREIZUNG MENSCH, HINWEISE AUF MUTAGENE/KANZEROGENE WIRKUNGEN(MENSCH)
Bemerkungen: AUCH ALS DATENBANK VORHANDEN, NEUESTE AUFLAGE, VGL. WINDHOLZ

[130] BUECHEL K.H.
BAYER AG, ZENTRALBEREICH ZENTRALE FORSCHUNG, LEVERKUSEN
PFLANZENSCHUTZ UND SCHAEDLINGSBEKAEMPFUNG
GEORG THIEME VERLAG, STUTTGART, 1977
ISBN: 3-13-551001-8
Anzahl der Stoffe: 1200
Deskriptoren: ORGANISCHE STOFFE, ANORGANISCHE STOFFE, SYNONYMA, DATEN, INFORMATIONEN, BEZEICHNUNG, VERWENDUNGSART, AKUTE ORALE TOXIZITAET SAEUGETIER, SYNONYMA INDEX

[131] BUNDESAMT FUER GESUNDHEITSWESEN
GIFTLISTE 1
STOFFE
EIDGENOESSISCHE DRUCKSACHEN- UND MATERIALZENTRALE, BERN, 1986
Anzahl der Stoffe: 10000
Deskriptoren: ANORGANISCHE STOFFE, ORGANISCHE STOFFE, INFORMATIONEN, OFFIZIELLE TEXTE, BEZEICHNUNG, GIFTKLASSEN
Bemerkungen: PRIMAERLITERATUR

[132] BUNDESANSTALT FUER ARBEITSSCHUTZ UND UNFALLFORSCHUNG
DOKUMENTATION DER METHODEN UND ERGEBNISSE PUBLIZIERTER TERATOGENESESTUDIEN
VERLAG FUER NEUE WISSENSCHAFT GMBH, BREMERHAFEN, 1983
ISBN: 3-88314-252-2
Deskriptoren: ORGANISCHE STOFFE, ANORGANISCHE STOFFE, DATEN, INFORMATIONEN, BEZEICHNUNG, TERATOGENITAET SAEUGETIER
Bemerkungen: TERATOGENITAETSSTUDIEN IM HINBLICK AUF DEN ARBEITSSCHUTZ

[133] BUNDESMINISTERIUM DES INNERN
BUNDESMINISTERIUM DES INNERN
UMWELTQUALITAETSNORMEN IM SPANNUNGSFELD ZWISCHEN OBJEKTIVER FESTLEGUNG UND SUBJEKTIVER BETROFFENHEIT
ERGEBNIS DER 4. INTERNATIONALEN EXPERTENGESPRAECHE
BUNDESMINISTERIUM DES INNERN, BONN, 1975
Deskriptoren: INFORMATIONEN, THEORETISCHE METHODEN, SYSTEMANALYTISCHE METHODEN, SITUATIONSSTUDIEN, UMWELTPOLITIK, ATMOSPHAERE, HYDROSPHAERE SUESSWASSER, PEDOSPHAERE
Bemerkungen: PRIORITAETENSETZUNG BEI UMWELTQUALITAETSNORMEN, INFORMATIONSSYSTEM ZUR UMWELTPLANUNG, (UMPLIS)

[134] BUREAU OF MINES
U.S. DEPARTMENT OF THE INTERIOR
MINERALS YEARBOOK
U.S. GOVERNMENT PRINTING OFFICE, WASHINGTON D.C., 1988
Anzahl der Stoffe: 1000
Deskriptoren: ANORGANISCHE STOFFE, DATEN, INFORMATIONEN, CHEMIKALIEN INDEX, BEZEICHNUNG, SYNONYMA, VERWENDUNGSART, PRODUKTIONSVOLUMEN
Bemerkungen: ERSCHEINT JAEHRLICH, INFORMATIONSTYP: PRODUKTIONSVOLUMEN

[135] BUTTE W., WILLIG A., ZAUKE G.-P.
UMWELTBUNDESAMT
MESSUNG DER BIOAKKUMULATION VON PHENOLEN IM FLOW-THROUGH FISCH TEST UND IHRE KORRELATION MIT STRUKTURPARAMETERN
FKZ 106 02 024/04 (OECD NR. 305E)
UMWELTBUNDESAMT, BERLIN, 1985
Anzahl der Stoffe: 10
Deskriptoren: ORGANISCHE STOFFE, DATEN, INFORMATIONEN, EXPERIMENTELLE METHODEN, THEORETISCHE METHODEN, FALLSTUDIEN, SITUATIONSSTUDIEN, OFFIZIELLE TEXTE, BEZEICHNUNG, VERWENDUNGSART, ANWENDUNGSMUSTER, PRODUKTIONSVOLUMEN, HYDROSPHAERE MEER, LEBENSMITTEL PFLANZLICH UND TIERISCH, SEDIMENT, HYDROSPHAERE

SUESSWASSER, WASSERLOESLICHKEIT, DAMPFDRUCK, LOESLICHKEIT IN FETT, DISSOZIATIONSKONSTANTE, VERTEILUNGSKOEFFIZIENT, VERTEILUNGSKOEFFIZIENT N-OCTANOL/WASSER, POW, VERTEILUNGSKOEFFIZIENT KOC, SONSTIGE PC-GROESSEN, BIOAKKUMULATION, FISCH, METABOLISMUS SAEUGETIER
Bemerkungen: QUELLEN EINZELN SACHBEZOGEN AUFGEFUEHRT

[136] CAGLE C.V.
HANDBOOK OF ADHESIVE BONDING
MCGRAW-HILL BOOK COMPANY, NEW YORK, 1973
ISBN: 0-07-09588-4
Anzahl der Stoffe: 500
Deskriptoren: ORGANISCHE STOFFE, ANORGANISCHE STOFFE, DATEN, INFORMATIONEN, CHEMIKALIEN INDEX, BEZEICHNUNG, VERWENDUNGSART
Bemerkungen: DATENTYP: KLEBEMITTEL, THEORETISCHE UND PRAKTISCHE ASPEKTE

[137] CAIRS J.
MULTISPECIES TOXICITY TESTING
PERGAMON PRESS LTD, NEW YORK, 1985
ISBN: 0-08-031936-X
Deskriptoren: ORGANISCHE STOFFE, DATEN, INFORMATIONEN, EXPERIMENTELLE METHODEN, FALLSTUDIEN, OFFIZIELLE TEXTE, BEZEICHNUNG, SYNONYMA, PROTOZOEN, ALGE, FISCH, DAPHNIA, BAKTERIEN, PFLANZEN, INSEKTEN, SCHNECKEN
Bemerkungen: WISSENSCHAFTLICHER HINTERGRUND, KAUM DATEN

[138] CALLAHAN M., SLIMAK M.
SRI INTERNATIONAL
WATER-RELATED ENVIRONMENTAL FATE OF 129 PRIORITY POLLUTANTS
EPA-440/4-79-029A
SRI INTERNATIONAL, MENLO PARK, 1979
Anzahl der Stoffe: 129
Deskriptoren: ORGANISCHE STOFFE, ANORGANISCHE STOFFE, DATEN, INFORMATIONEN, CHEMIKALIEN INDEX, BEZEICHNUNG, CAS-NUMMER, HYDROSPHAERE MEER, HYDROSPHAERE SUESSWASSER, ABIOTISCHE ABBAUBARKEIT, BIOABBAU, DIREKTER PHOTOABBAU

[139] CANADIAN CHEMICAL PRODUCERS ASSOCIATION
THE CANADIAN PETROCHEMICAL FACTBOOK
CANADIAN CHEMICAL PRODUCERS ASSOCIATION, OTTAWA, 1980
Anzahl der Stoffe: 50
Deskriptoren: ORGANISCHE STOFFE, ANORGANISCHE STOFFE, DATEN, INFORMATIONEN, BEZEICHNUNG, PRODUKTIONSVOLUMEN, EINFUHR/AUSFUHR
Bemerkungen: STATISTIKEN UEBER VERBRAUCH, VERKAUF, IMPORT UND EXPORT, DATENTYP: PETROCHEMIKALIEN

[140] CARDELLI N.
CONTROLLED RELEASE PESTICIDE FORMULATIONS
CRC PRESS INC., BOCA RATON FLORIDA, 1976
ISBN: 0-8493-5114-6
Anzahl der Stoffe: 100
Deskriptoren: ORGANISCHE STOFFE, DATEN, INFORMATIONEN, BEZEICHNUNG, SYNONYMA, VERWENDUNGSART, ANWENDUNGSMUSTER
Bemerkungen: DATENTYP: PESTIZIDE

[141] CARMICHAEL W.W.
THE WATER ENVIRONMENT
ALGAE TOXINS AND HEALTH
PLENUM PRESS, NEW YORK, 1981
ISBN: 0-306-40756-6
Anzahl der Stoffe: 50
Deskriptoren: ORGANISCHE STOFFE, INFORMATIONEN, BEZEICHNUNG, ALGE
Bemerkungen: WIRKUNGEN VON TOXISCHEN ALGEN

[142] CASHMAN J.R.
HAZARDOUS MATERIALS EMERGENCIES
RESPONSE AND CONTROL
TECHNOMIC PUBLISHING , PENNSYLVANIA, 1983
ISBN: 87762-324-4
Anzahl der Stoffe: 50
Deskriptoren: INFORMATIONEN, SITUATIONSSTUDIEN, ZUSAMMENFASSENDE ARBEITEN, BEZEICHNUNG, SYNONYMA, ORGANISCHE STOFFE, ANORGANISCHE STOFFE, AKUTE VERGIFTUNGEN, ARBEITSSCHUTZ, TRANSPORT, KENNZEICHNUNG, SCHUTZMASSNAHMEN, LAGERUNG UND HANDHABUNG, GEFAHRENSYMBOLE,GEFAHRENBEZEICHNUNG, BRAND- UND EXPLOSIONSSCHUTZ, ENTSORGUNG, MASSNAHMEN BEI UNFAELLEN UND BRAENDEN, MASSNAHMEN NACH VERSCHUETTEN/AUSLAUFEN/GASAUSTRITT, ERSTE HILFE
Bemerkungen: HINWEIS AUF ORGANISATIONEN , HINTERGRUNDINFORMATIONEN, CHEMIEUNFALL-BIBLIOTHEK

[143] CASHMAN J.R.
MANAGEMENT OF HAZARDOUS WASTE
TREATMENT.STORAGE.DISPOSAL.FACILITIES
TECHNOMIC PUBLISHING , PENNSYLVANIA, 1986
ISBN: 87762-453-4
Anzahl der Stoffe: 20
Deskriptoren: ORGANISCHE STOFFE, DATEN, INFORMATIONEN, SITUATIONSSTUDIEN, ZUSAMMENFASSENDE ARBEITEN, BEZEICHNUNG, ABFALLAUFKOMMEN, ABIOTISCHE ABBAUBARKEIT, SCHUTZMASSNAHMEN, LAGERUNG UND HANDHABUNG, ENTSORGUNG, MASSNAHMEN BEI UNFAELLEN UND BRAENDEN, MASSNAHMEN NACH VERSCHUETTEN/AUSLAUFEN/GASAUSTRITT

[144] CHALMERS L.
CHEMICAL SPECIALITIES DOMESTIC AND INDUSTRIAL
GEORGE GODWIN LTD., LONDON, 1979
ISBN: 0-7114-3314-3
Anzahl der Stoffe: 250
Deskriptoren: ORGANISCHE STOFFE, ANORGANISCHE STOFFE, DATEN, INFORMATIONEN, CHEMIKALIEN INDEX, BEZEICHNUNG, SYNONYMA, VERWENDUNGSART, SCHMELZPUNKT, FLAMMPUNKT, RELATIVE DICHTE
Bemerkungen: DATENTYP: HAUSHALTSCHEMIKALIEN

[145] CHALMERS L., BATHE P.
HOUSEHOLD AND INDUSTRIAL CHEMICAL SPECIALITIES
CHEMICAL PUBLISHING CO. INC., NEW YORK, 1979
Anzahl der Stoffe: 200
Deskriptoren: ORGANISCHE STOFFE, ANORGANISCHE STOFFE, DATEN, INFOR-

MATIONEN, CHEMIKALIEN INDEX, BEZEICHNUNG, VERWENDUNGSART, SCHMELZPUNKT, FLAMMPUNKT, RELATIVE DICHTE
Bemerkungen: DATENTYP: HAUSHALTSCHEMIKALIEN, DATENTYP: DETERGENTIEN

[146] CHAMBERS J.E., YARBROUGH J.D.
EFFECTS OF CHRONIC EXPOSURES TO PESTICIDES AND ANIMAL SYSTEMS
RAVEN PRESS, NEW YORK, 1982
ISBN: 0-89004-756-1
Anzahl der Stoffe: 50
Deskriptoren: ORGANISCHE STOFFE, DATEN, INFORMATIONEN, CHEMIKALIEN INDEX, BEZEICHNUNG, SYNONYMA, CARCINOGENITAET SAEUGETIER, MUTAGENITAET SAEUGETIER, TERATOGENITAET SAEUGETIER
Bemerkungen: CHRONISCHE EXPOSITION VON PESTIZIDEN AUF TIERE, DATENTYP: PESTIZIDE

[147] CHEMICAL MARKETING REPORTER
CHEMICAL PROFILES
CHEMICAL MARKETING REPORTER, USA,
Anzahl der Stoffe: 100
Deskriptoren: ORGANISCHE STOFFE, ANORGANISCHE STOFFE, DATEN, VERWENDUNGSART, PRODUKTIONSVOLUMEN, BEZEICHNUNG, CHEMIKALIEN INDEX
Bemerkungen: CHEMIKALIEN MIT HOHEN PODUKTIONSZAHLEN

[148] CHEREMISINOFF N.P., CHEREMISINOFF P.N., ELLERBUSCH F., PERNA A.J.
INDUSTRIAL AND HAZARDOUS WASTS IMPOUNDMENT
ANN ARBOR SCIENCE PUBLISHERS INC., MICHIGAN, 1979
ISBN: 0-250-40280-7
Anzahl der Stoffe: 100
Deskriptoren: ORGANISCHE STOFFE, ANORGANISCHE STOFFE, DATEN, INFORMATIONEN, CHEMIKALIEN INDEX, BEZEICHNUNG, ABFALLAUFKOMMEN, OFFIZIELLE TEXTE, HYDROSPHAERE SUESSWASSER, HYDROSPHAERE MEER, PEDOSPHAERE
Bemerkungen: ABFALLBESEITIGUNG UND ABFALLREGELUNG

[149] CHEREMISINOFF P.N., GIGLILLO K.A.
LEACHATE FROM HAZARDOUS WASTES SITES
TECHNOMIC PUBLISHING , PENNSYLVANIA, 1983
ISBN: 87762-334-1
Anzahl der Stoffe: 200
Deskriptoren: ORGANISCHE STOFFE, ANORGANISCHE STOFFE, DATEN, INFORMATIONEN, EXPERIMENTELLE METHODEN, THEORETISCHE METHODEN, SYSTEMANALYTISCHE METHODEN, FALLSTUDIEN, SITUATIONSSTUDIEN, BEZEICHNUNG, HYDROSPHAERE SUESSWASSER, TRINKWASSER, SONSTIGE PC-GROESSEN, BIOABBAU, ABIOTISCHE ABBAUBARKEIT, FISCH, VOEGEL, KRUSTACEEN, PFLANZEN, AKUTE TOXIZITAET, CHRONISCHE TOXIZITAET SAEUGETIER, ANDERE WIRKUNGEN, AKUTE VERGIFTUNGEN, CHRONISCHE VERGIFTUNGEN MENSCH, SCHUTZMASSNAHMEN, LAGERUNG UND HANDHABUNG, ENTSORGUNG, MASSNAHMEN NACH VERSCHUETTEN/AUSLAUFEN/GASAUSTRITT

[150] CHOUDHARY G.
CHEMICAL HAZARDS IN THE WORKPLACE
AMERICAN CHEMICAL SOCIETY SYMPOSIUM SERIES 149
AMERICAN CHEMICAL SOCIETY, WASHINGTON D.C., 1981
ISBN: 0-8412-0608-2
Anzahl der Stoffe: 100
Deskriptoren: ORGANISCHE STOFFE, ANORGANISCHE STOFFE, DATEN, INFORMATIONEN, CHEMIKALIEN INDEX, BEZEICHNUNG, EXPERIMENTELLE METHODEN, ATMOSPHAERE, HYDROSPHAERE MEER, HYDROSPHAERE SUESSWASSER, CARCINOGENITAET SAEUGETIER, MUTAGENITAET SAEUGETIER, TERATOGENITAET SAEUGETIER, ARBEITSSCHUTZ
Bemerkungen: DATEN MIT BESONDEREM HINBLICK AUF DEN ARBEITSSCHUTZ

[151] CHRISTENSEN H.E., FAIRCHILD E.J., CARROL B.S., LEWIS R.J.
REGISTRY OF TOXIC EFFECTS OF CHEMICAL SUBSTANCES
U.S. DEPARTMENT OF HEALTH, EDUCATION AND WELFARE, WASHINGTON D.C., 1989
Anzahl der Stoffe: 25000
Deskriptoren: ORGANISCHE STOFFE, ANORGANISCHE STOFFE, DATEN, INFORMATIONEN, CHEMIKALIEN INDEX, CAS-NUMMER INDEX, BEZEICHNUNG, CAS-NUMMER, RTECS-NUMMER, NIOSH-NUMMER, SYNONYMA, AKUTE INTERTRAVENOESE TOXIZITAET SAEUGETIER, AKUTE INTRAPERITONEALE TOXIZITAET SAEUGETIER, AKUTE ORALE TOXIZITAET SAEUGETIER, AKUTE PERCUTANE TOXIZITAET SAEUGETIER, AKUTE VERGIFTUNGEN, DERMALE TOXIZITAET SAEUGETIER, INHALATIV SAEUGETIER, HAUTREIZUNG SAEUGETIER, SUBAKUTE-SUBCHRONISCHE TOXIZITAET SAEUGETIER, CHRONISCHE TOXIZITAET MENSCH, CHRONISCHE TOXIZITAET SAEUGETIER, CHRONISCHE VERGIFTUNGEN MENSCH, CARCINOGENITAET SAEUGETIER, MUTAGENITAET, MUTAGENITAET SAEUGETIER, TERATOGENITAET SAEUGETIER, HINWEISE AUF MUTAGENE/KANZEROGENE WIRKUNGEN(MENSCH)
Bemerkungen: AUCH ALS DATENBANK VORHANDEN

[152] CHRISTENSEN H.E., LUGINBYHL T.T., CARROL B.S.
THE TOXIC SUBSTANCES LIST
U.S. DEPARTMENT OF HEALTH, EDUCATION AND WELFARE, WASHINGTON D.C., 1974
Anzahl der Stoffe: 11000
Deskriptoren: ORGANISCHE STOFFE, ANORGANISCHE STOFFE, DATEN, INFORMATIONEN, CHEMIKALIEN INDEX, CAS-NUMMER INDEX, BEZEICHNUNG, CAS-NUMMER, AKUTE ORALE TOXIZITAET SAEUGETIER

[153] CHWALA A., ANGER V.
HANDBUCH DER TEXTILHILFSMITTEL
VERLAG CHEMIE, WEINHEIM, 1977
ISBN: 3-527-25367-X
Anzahl der Stoffe: 250
Deskriptoren: ORGANISCHE STOFFE, ANORGANISCHE STOFFE, DATEN, INFORMATIONEN, BEZEICHNUNG, VERWENDUNGSART
Bemerkungen: DATENTYP: TEXTILHILFSMITTEL

[154] CLANSKY K.B.
SUSPECT CHEMICALS SOURCEBOOK
A GUIDE TO INDUSTRIAL CHEMICALS COVERED UNDER MAJOR FEDERAL REGULATORY AND ADVISORY PROGRAMS

ROYTECH PUBLICATIONS INC., BURLINGAME, 1989
ISBN: 0893-7036
Anzahl der Stoffe: 10000
Deskriptoren: ORGANISCHE STOFFE, ANORGANISCHE STOFFE, DATEN, INFORMATIONEN, OFFIZIELLE TEXTE, CHEMIKALIEN INDEX, CAS-NUMMER INDEX, BEZEICHNUNG, SYNONYMA, CAS-NUMMER, CARCINOGENITAET SAEUGETIER, ARBEITSSCHUTZ, SCHUTZMASSNAHMEN, LAGERUNG UND HANDHABUNG, TWA-WERTE

[155] CLARKE E.G.C., CLARKE M.L.
GARNERS VETERINAERMEDIZINISCHE TOXIKOLOGIE
GUSTAV FISCHER VERLAG , JENA, 1968
Anzahl der Stoffe: 2000
Deskriptoren: ORGANISCHE STOFFE, ANORGANISCHE STOFFE, DATEN, INFORMATIONEN, CHEMIKALIEN INDEX, BEZEICHNUNG, VERWENDUNGSART, SYNONYMA, AKUTE ORALE TOXIZITAET SAEUGETIER
Bemerkungen: DATENTYP: PHARMAZEUTIKA, WIRKUNGEN IN BEZUG AUF TIERAERZTLICHE PROBLEME

[156] CLARKE M.L., HARVEY D.G., HUMPHREYS D.J.
VETERINARY TOXICOLOGY
BAILLIERE TINDALL, LONDON, 1981
Anzahl der Stoffe: 1000
Deskriptoren: ORGANISCHE STOFFE, ANORGANISCHE STOFFE, DATEN, INFORMATIONEN, CHEMIKALIEN INDEX, BEZEICHNUNG, VERWENDUNGSART, SYNONYMA, AKUTE ORALE TOXIZITAET SAEUGETIER, SUBAKUTE-SUBCHRONISCHE TOXIZITAET SAEUGETIER, CHRONISCHE TOXIZITAET SAEUGETIER

[157] CLASSEN H.-G., ELIAS P.S., HAMMES P.W.
PAREYS STUDIENTEXTE 54
TOXIKOLIOGISCH-HYGIENISCHE BEURTEILUNG VON LEBENSMITTELINHALTS-UND-ZUSATZSTOFFEN SOWIE BEDENKLICHER VERUNREINIGUNGEN
PAUL PAREY, BERLIN, 1987
ISBN: 3-489-62514-5
Anzahl der Stoffe: 200
Deskriptoren: ORGANISCHE STOFFE, ANORGANISCHE STOFFE, DATEN, INFORMATIONEN, EXPERIMENTELLE METHODEN, THEORETISCHE METHODEN, SYSTEMANALYTISCHE METHODEN, SITUATIONSSTUDIEN, BEZEICHNUNG, STRUKTURFORMEL, EG-NUMMER, SUMMENFORMEL, VERWENDUNGSZWECK, LEBENSMITTEL PFLANZLICH UND TIERISCH, MOLEKULARGEWICHT, WASSERLOESLICHKEIT, LOESLICHKEIT IN ORGANISCHEN LOESEMITTELN, BAKTERIEN, AKUTE ORALE TOXIZITAET SAEUGETIER, INHALATIV SAEUGETIER, SUBAKUTE-SUBCHRONISCHE TOXIZITAET SAEUGETIER, CHRONISCHE TOXIZITAET MENSCH, REPRODUKTIONSTOXIZITAET, TERATOGENITAET SAEUGETIER, CARCINOGENITAET SAEUGETIER, METABOLISMUS SAEUGETIER, HINWEISE AUF MUTAGENE/KANZEROGENE WIRKUNGEN(MENSCH)

[158] CLAYTON G.D., CLAYTON F.E.
PATTY'S INDUSTRIAL HYGIENE AND TOXICOLOGY
GENERAL PRINCIPLES
JOHN WILEY & SONS, NEW YORK, 1978
ISBN: 0-471-16046-6
Deskriptoren: INFORMATIONEN, EXPERIMENTELLE METHODEN, SYSTEMANALYTISCHE METHODEN, SITUATIONSSTUDIEN, OFFIZIELLE TEXTE, ATMO-

SPHAERE, ARBEITSSCHUTZ
Bemerkungen: STANDARDWERK DER TOXIKOLOGIE

[159] CLAYTON G.D., CLAYTON F.E.
PATTY'S INDUSTRIAL HYGIENE AND TOXICOLOGY
TOXICOLOGY
JOHN WILEY & SONS, NEW YORK, 1981
ISBN: 0-471-16042-3
Anzahl der Stoffe: 3500
Deskriptoren: ORGANISCHE STOFFE, ANORGANISCHE STOFFE, CHEMIKALIEN INDEX, DATEN, INFORMATIONEN, EXPERIMENTELLE METHODEN, BEZEICHNUNG, SYNONYMA, CAS-NUMMER, SUMMENFORMEL, VERWENDUNGSART, PRODUKTIONSVOLUMEN, ATMOSPHAERE, LEBENSMITTEL PFLANZLICH UND TIERISCH, SCHMELZPUNKT, SIEDEPUNKT, FLAMMPUNKT, MOLEKULARGEWICHT, RELATIVE DICHTE, DAMPFDRUCK, BRECHUNGSINDEX, VISKOSITAET, WASSERLOESLICHKEIT, ANDERE LOESLICHKEITEN, DISSOZIATIONSKONSTANTE, AKUTE ORALE TOXIZITAET SAEUGETIER, DERMALE TOXIZITAET SAEUGETIER, INHALATIV SAEUGETIER, HAUTREIZUNG SAEUGETIER, AUGENREIZUNG SAEUGETIER, SUBAKUTE-SUBCHRONISCHE TOXIZITAET SAEUGETIER, CHRONISCHE TOXIZITAET SAEUGETIER, REPRODUKTIONSTOXIZITAET, TERATOGENITAET SAEUGETIER, MUTAGENITAET, CARCINOGENITAET SAEUGETIER, ARBEITSSCHUTZ, SCHUTZMASSNAHMEN, LAGERUNG UND HANDHABUNG, TLV-WERTE, METABOLISMUS MENSCH
Bemerkungen: STANDARDWERK DER TOXIKOLOGIE

[160] CLAYTON G.D., CLAYTON F.E.
PATTY'S INDUSTRIAL HYGIENE AND TOXICOLOGY
TOXICOLOGY
JOHN WILEY & SONS, NEW YORK, 1981
ISBN: 0-471-07943-X
Anzahl der Stoffe: 1100
Deskriptoren: METABOLISMUS MENSCH, ANORGANISCHE STOFFE, CHEMIKALIEN INDEX, DATEN, INFORMATIONEN, EXPERIMENTELLE METHODEN, BEZEICHNUNG, SYNONYMA, CAS-NUMMER, SUMMENFORMEL, VERWENDUNGSART, PRODUKTIONSVOLUMEN, ATMOSPHAERE, LEBENSMITTEL PFLANZLICH UND TIERISCH, SCHMELZPUNKT, SIEDEPUNKT, FLAMMPUNKT, VISKOSITAET, BRECHUNGSINDEX, MOLEKULARGEWICHT, RELATIVE DICHTE, WASSERLOESLICHKEIT, ANDERE LOESLICHKEITEN, DISSOZIATIONSKONSTANTE, AKUTE ORALE TOXIZITAET SAEUGETIER, DERMALE TOXIZITAET SAEUGETIER, INHALATIV SAEUGETIER, HAUTREIZUNG SAEUGETIER, AUGENREIZUNG SAEUGETIER, SUBAKUTE-SUBCHRONISCHE TOXIZITAET SAEUGETIER, CHRONISCHE TOXIZITAET SAEUGETIER, REPRODUKTIONSTOXIZITAET, TERATOGENITAET SAEUGETIER, MUTAGENITAET SAEUGETIER, CARCINOGENITAET SAEUGETIER, SCHUTZMASSNAHMEN, LAGERUNG UND HANDHABUNG, TLV-WERTE, ARBEITSSCHUTZ
Bemerkungen: STANDARDWERK DER TOXIKOLOGIE

[161] CLAYTON G.D., CLAYTON F.E.
PATTY'S INDUSTRIAL HYGIENE AND TOXICOLOGY
TOXICOLOGY
JOHN WILEY & SONS, NEW YORK, 1982
ISBN: 0-471-09258-4
Anzahl der Stoffe: 1600
Deskriptoren: METABOLISMUS MENSCH, ANORGANISCHE STOFFE, CHEMIKA-

LIEN INDEX, DATEN, INFORMATIONEN, EXPERIMENTELLE METHODEN, BEZEICHNUNG, SYNONYMA, CAS-NUMMER, SUMMENFORMEL, VERWENDUNGSART, PRODUKTIONSVOLUMEN, ATMOSPHAERE, LEBENSMITTEL PFLANZLICH UND TIERISCH, SCHMELZPUNKT, SIEDEPUNKT, FLAMMPUNKT, BRECHUNGSINDEX, VISKOSITAET, MOLEKULARGEWICHT, RELATIVE DICHTE, DAMPFDRUCK, WASSERLOESLICHKEIT, ANDERE LOESLICHKEITEN, DISSOZIATIONSKONSTANTE, AKUTE ORALE TOXIZITAET SAEUGETIER, DERMALE TOXIZITAET SAEUGETIER, INHALATIV SAEUGETIER, HAUTREIZUNG SAEUGETIER, AUGENREIZUNG SAEUGETIER, SUBAKUTE-SUBCHRONISCHE TOXIZITAET SAEUGETIER, CHRONISCHE TOXIZITAET SAEUGETIER, REPRODUKTIONSTOXIZITAET, TERATOGENITAET SAEUGETIER, MUTAGENITAET SAEUGETIER, CARCINOGENITAET SAEUGETIER, ARBEITSSCHUTZ, SCHUTZMASSNAHMEN, LAGERUNG UND HANDHABUNG, TLV-WERTE
Bemerkungen: STANDARDWERK DER TOXIKOLOGIE

[162] CLELAND J.G.
MULTIMEDIA ENVIRONMENTAL GOALS FOR ENVIRONMENTAL ASSESSMENT
EPA/600/7-77/136A
US ENVIRONMENTAL PROTECTION AGENCY, RESEARCH TRIANGLE PARK, WASHINGTON D.C., 1977
Anzahl der Stoffe: 650
Deskriptoren: ORGANISCHE STOFFE, ANORGANISCHE STOFFE, DATEN, INFORMATIONEN, CHEMIKALIEN INDEX, BEZEICHNUNG, SYNONYMA, CAS-NUMMER, ATMOSPHAERE, HYDROSPHAERE SUESSWASSER, HYDROSPHAERE MEER, PEDOSPHAERE, SCHMELZPUNKT, SIEDEPUNKT, RELATIVE DICHTE, DAMPFDRUCK, WASSERLOESLICHKEIT, ABIOTISCHE ABBAUBARKEIT, FISCH, DAPHNIA, AKUTE ORALE TOXIZITAET SAEUGETIER, BIOABBAU
Bemerkungen: MULTIMEDIA ENVIRONMENTAL GOALS (MEG'S)

[163] COFFEY S.
RODD'S CHEMISTRY OF CARBON COMPOUNDS
ELSEVIER, AMSTERDAM, 1979
ISBN: 0-444-40664-6
Anzahl der Stoffe: 5000
Deskriptoren: ORGANISCHE STOFFE, ANORGANISCHE STOFFE, DATEN, INFORMATIONEN, CHEMIKALIEN INDEX, BEZEICHNUNG, HERSTELLUNG, SCHMELZPUNKT, SIEDEPUNKT

[164] COLE R.J., COX R.H.
HANDBOOK OF TOXIC FUNGAL METABOLITES
ACADEMIC PRESS, NEW YORK, 1981
ISBN: 0-12-179760-0
Anzahl der Stoffe: 750
Deskriptoren: ORGANISCHE STOFFE, DATEN, INFORMATIONEN, CHEMIKALIEN INDEX, BEZEICHNUNG, SPEKTRALDATEN, SCHMELZPUNKT, RELATIVE DICHTE, AKUTE ORALE TOXIZITAET SAEUGETIER
Bemerkungen: TOXISCHE METABOLITEN VON PILZEN

[165] COMMISSION OF THE EUROPEAN COMMUNITIES
COMMISSION OF THE EUROPEAN COMMUNITIES
CONCERTED ACTION: ANALYSIS OF ORGANIC MICROPOLLUTANTS IN WATER
COST 64B BIS
COMMISSION OF THE EUROPEAN COMMUNITIES, BRUESSEL, 1979

Anzahl der Stoffe: 2500
Deskriptoren: ORGANISCHE STOFFE, ANORGANISCHE STOFFE, DATEN, EXPERIMENTELLE METHODEN, BEZEICHNUNG, PEDOSPHAERE, HYDROSPHAERE SUESSWASSER, LEBENSMITTEL PFLANZLICH UND TIERISCH, TRINKWASSER
Bemerkungen: EINTEILUNG NACH CHEMISCHEN KLASSEN BZW. GESICHTSPUNKTEN, 3. AUFLAGE

[166] COMMISSION OF THE EUROPEAN COMMUNITIES
NOXIOUS EFFECTS OF DANGEROUS SUBSTANCES IN THE AQUATIC ENVIRONMENT
BIOKON APS
COMMISSION OF THE EUROPEAN COMMUNITIES, COPENHAGEN, 1976
Anzahl der Stoffe: 1500
Deskriptoren: ORGANISCHE STOFFE, DATEN, INFORMATIONEN, CHEMIKALIEN INDEX, BEZEICHNUNG, CAS-NUMMER, HYDROSPHAERE MEER, HYDROSPHAERE SUESSWASSER, SEDIMENT, BIOSPHAERE, PRODUKTIONSVOLUMEN, VERWENDUNGSART, ABFALLAUFKOMMEN, BIOAKKUMULATION, BIOABBAU, DIREKTER PHOTOABBAU, FISCH, ALGE
Bemerkungen: UMFRAGE UEBER DAS VERHALTEN VON CHEMIKALIEN

[167] COMMITTEE ON MEDICAL AND BIOLOGIC EFFECTS OF ENVIRONMENTAL
VAPOR-PHASE ORGANIC POLLUTANTS
NATIONAL ACADEMY OF SCIENCES, WASHINGTON D.C., 1976
ISBN: 0-309-02441-2
Anzahl der Stoffe: 100
Deskriptoren: ORGANISCHE STOFFE, DATEN, INFORMATIONEN, BEZEICHNUNG, ATMOSPHAERE, AKUTE ORALE TOXIZITAET SAEUGETIER
Bemerkungen: VOLATILE KOHLENWASSERSTOFFE UND OXIDATIONSPRODUKTE

[168] CONE V., BALDAUF M.F.
U.S. ENVIRONMENTAL PROTECTION AGENCY
CHEMICALS IDENTIFIED IN HUMAN BIOLOGICAL MEDIA
A DATA BASE
NATIONAL TECHNICAL INFORMATION SERRVICE, SPINGFIELD, 1983
Anzahl der Stoffe: 10000
Deskriptoren: ORGANISCHE STOFFE, ANORGANISCHE STOFFE, DATEN, INFORMATIONEN, CHEMIKALIEN INDEX, SYNONYMA INDEX, CAS-NUMMER INDEX, CAS-NUMMER, BEZEICHNUNG, SYNONYMA, SUMMENFORMEL, MENSCHLICHES BIOLOGISCHES MATERIAL
Bemerkungen: AUCH ALS DATENBANK VORHANDEN

[169] CONE V.M., FAUST R.A., BALDAUF M.F.
DEPARTMENT OF ENERGY
CHEMICALS IDENTIFIED IN FERAL AND FOOD ANIMALS
A DATA BASE
EPA, , 1982
Anzahl der Stoffe: 80
Deskriptoren: ORGANISCHE STOFFE, ANORGANISCHE STOFFE, DATEN, INFORMATIONEN, EXPERIMENTELLE METHODEN, SYSTEMANALYTISCHE METHODEN, SITUATIONSSTUDIEN, CHEMIKALIEN INDEX, CAS-NUMMER, BEZEICHNUNG, SYNONYMA, SUMMENFORMEL, LEBENSMITTEL PFLANZLICH UND TIERISCH, SCHMELZPUNKT, SIEDEPUNKT, MOLEKULARGEWICHT, DAMPFDRUCK
Bemerkungen: AUCH ALS DATENBANK VORHANDEN

[170] CONE V.M., WILSON M., POWERS C.D., ROESEL M.E., HAMMONS A.S.
ENVIRONMENTAL PROTECTION AGENCY
CHEMICALS IDENTIFIED IN HUMANS
EPA, , 1987
Anzahl der Stoffe: 300
Deskriptoren: ORGANISCHE STOFFE, ANORGANISCHE STOFFE, DATEN, INFORMATIONEN, EXPERIMENTELLE METHODEN, CHEMIKALIEN INDEX, SYNONYMA INDEX, CAS-NUMMER INDEX, BEZEICHNUNG, SYNONYMA, CAS-NUMMER, SUMMENFORMEL, SCHMELZPUNKT, SIEDEPUNKT, MOLEKULARGEWICHT, DAMPFDRUCK, AKUTE VERGIFTUNGEN, EPIDEMIOLOGISCHE DATEN, CHRONISCHE VERGIFTUNGEN MENSCH, HINWEISE AUF MUTAGENE/KANZEROGENE WIRKUNGEN(MENSCH)
Bemerkungen: WERTE FUER MENSCHLISCHES BLUT/GEWEBE, AUCH ALS DATENBANK VORHANDEN

[171] CONE V.M., WILSON M., POWERS C.D., ROESEL M.E., HAMMONS A.S.
ENVIRONMENTAL PROTECTION AGENCY
CHEMICALS IDENTIFIED IN ANIMALS
EPA, , 1987
Anzahl der Stoffe: 300
Deskriptoren: ORGANISCHE STOFFE, ANORGANISCHE STOFFE, DATEN, INFORMATIONEN, EXPERIMENTELLE METHODEN, CHEMIKALIEN INDEX, SYNONYMA INDEX, CAS-NUMMER INDEX, BEZEICHNUNG, SYNONYMA, CAS-NUMMER, SUMMENFORMEL, BIOSPHAERE, LEBENSMITTEL PFLANZLICH UND TIERISCH, SCHMELZPUNKT, SIEDEPUNKT, MOLEKULARGEWICHT, DAMPFDRUCK
Bemerkungen: AUCH ALS DATENBANK VORHANDEN

[172] CONSIDUE D.M., CONSIDUE G.D.
VAN NOSTRAND'S SCIENTIFIC ENCYCLOPEDIA
VAN NOSTRAND REINHOLD COMPANY, NEW YORK, 1983
ISBN: 0-442-25161-0
Anzahl der Stoffe: 5000
Deskriptoren: ORGANISCHE STOFFE, ANORGANISCHE STOFFE, DATEN, INFORMATIONEN, THEORETISCHE METHODEN, BEZEICHNUNG, SYNONYMA, STRUKTURFORMEL, VERWENDUNGSART, SYNTHESE, SCHMELZPUNKT, SIEDEPUNKT, MOLEKULARGEWICHT, RELATIVE DICHTE, WASSERLOESLICHKEIT, ANDERE LOESLICHKEITEN
Bemerkungen: 6. AUFLAGE

[173] CONWAY R.A.
ENVIRONMENTAL RISK ANALYSIS
VAN NOSTRAND REINHOLD COMPANY, NEW YORK, 1982
ISBN: 0-442-21650-5
Anzahl der Stoffe: 100
Deskriptoren: ORGANISCHE STOFFE, ANORGANISCHE STOFFE, SYSTEMANALYTISCHE METHODEN, THEORETISCHE METHODEN, DATEN, INFORMATIONEN, BEZEICHNUNG, ATMOSPHAERE, PRODUKTIONSVOLUMEN, DAMPFDRUCK, WASSERLOESLICHKEIT, VERTEILUNGSKOEFFIZIENT N-OCTANOL/WASSER, POW, ALGE, FISCH, DAPHNIA, BIOABBAU, BIOAKKUMULATION, HENRY-KONSTANTE, VERTEILUNGSKOEFFIZIENT KOC, AKUTE ORALE TOXIZITAET SAEUGETIER, CARCINOGENITAET SAEUGETIER
Bemerkungen: SYSTEMATISCHER ANSATZ ZUR EINFUEHRUNG DER PRIORITAETENSETZUN

[174] COOKE M., DENNIS A.J.
POLYNUCLEAR AROMATIC HYDROCARBONS
BATTELLE, COLUMBUS, 1981
ISBN: 0-935470-09-3
Anzahl der Stoffe: 50
Deskriptoren: ORGANISCHE STOFFE, ANORGANISCHE STOFFE, DATEN, INFORMATIONEN, EXPERIMENTELLE METHODEN, THEORETISCHE METHODEN, SYSTEMANALYTISCHE METHODEN, FALLSTUDIEN, SITUATIONSSTUDIEN, ANWENDUNGSINDEX, BEZEICHNUNG, STRUKTURFORMEL, ATMOSPHAERE, SEDIMENT, HYDROSPHAERE SUESSWASSER, MOLEKULARGEWICHT, WASSERLOESLICHKEIT, BIOABBAU, DIREKTER PHOTOABBAU, ABIOTISCHE ABBAUBARKEIT, BIOAKKUMULATION, FISCH, DAPHNIA, BAKTERIEN, KRUSTACEEN, MUTAGENITAET SAEUGETIER, CARCINOGENITAET SAEUGETIER, METABOLISMUS SAEUGETIER, ANDERE WIRKUNGEN, HINWEISE AUF MUTAGENE/KANZEROGENE WIRKUNGEN(MENSCH)

[175] COULSTON F., KORTE F.
ENVIRONMENTAL QUALITY AND SAFETY
GLOBAL ASPECTS OF CHEMISTRY, TOXICOLOGY AND TECHNOLOGY
GEORG THIEME VERLAG, STUTTGART, 1975
ISBN: 3-13-516201-X
Anzahl der Stoffe: 500
Deskriptoren: ORGANISCHE STOFFE, ANORGANISCHE STOFFE, DATEN, INFORMATIONEN, CHEMIKALIEN INDEX, BEZEICHNUNG, SYNONYMA, ATMOSPHAERE, HYDROSPHAERE MEER, HYDROSPHAERE SUESSWASSER, PEDOSPHAERE, VERWENDUNGSART, BIOABBAU, BIOAKKUMULATION, DIREKTER PHOTOABBAU, AKUTE ORALE TOXIZITAET SAEUGETIER, SITUATIONSSTUDIEN, CHRONISCHE TOXIZITAET SAEUGETIER, NO-EFFEKT-LEVEL, CARCINOGENITAET SAEUGETIER, MUTAGENITAET SAEUGETIER, TERATOGENITAET SAEUGETIER
Bemerkungen: GLOBALE ASPEKTE DER CHEMIE ANGEWANDT AUF DIE UMWELT

[176] COULSTON F., KORTE F.
PESTICIDES IN ENVIRONMENTAL QUALITY AND SAFETY
GEORG THIEME VERLAG, STUTTGART, 1975
ISBN: 3-13-51001-2
Anzahl der Stoffe: 250
Deskriptoren: ORGANISCHE STOFFE, ANORGANISCHE STOFFE, DATEN, INFORMATIONEN, CHEMIKALIEN INDEX, BEZEICHNUNG, SYNONYMA, SITUATIONSSTUDIEN, BIOSPHAERE, DAMPFDRUCK, WASSERLOESLICHKEIT, VERTEILUNGSKOEFFIZIENT KOC, HENRY-KONSTANTE, ABIOTISCHE ABBAUBARKEIT, BIOABBAU, BIOAKKUMULATION, DIREKTER PHOTOABBAU
Bemerkungen: 3. INTERNATIONAL CONGRESS OF PESTICIDE CHEMISTRY, IUPAC,1973, DATENTYP: PESTIZIDE

[177] COX J.D., PILCHER G.
THERMOCHEMISTRY OF ORGANIC AND ORGANOMETALLIC COMPOUNDS
ACADEMIC PRESS, NEW YORK, 1970
ISBN: 12-194350-X
Anzahl der Stoffe: 500
Deskriptoren: ORGANISCHE STOFFE, INFORMATIONEN, DATEN, CHEMIKALIEN INDEX, BEZEICHNUNG, THERMODYNAMISCHE DATEN, SONSTIGE PC-GROESSEN

[178] CRALLEY L.J., CRALLEY L.V.
PATTY'S INDUSTRIAL HYGIENE AND TOXICOLOGY; THEORY AND RATIONALE OF INDUSTRIAL HYGIENE PRACTICE
THE WORK ENVIRONMENT
JOHN WILEY & SONS, NEW YORK, 1985
ISBN: 0-471-86137-5
Deskriptoren: INFORMATIONEN, EXPERIMENTELLE METHODEN, THEORETISCHE METHODEN, SITUATIONSSTUDIEN, OFFIZIELLE TEXTE, ARBEITSSCHUTZ, SCHUTZMASSNAHMEN, LAGERUNG UND HANDHABUNG, TLV-WERTE
Bemerkungen: STANDARDWERK DER TOXIKOLOGIE

[179] CRALLEY L.J., CRALLEY L.V.
PATTY'S INDUSTRIAL HYGIENE AND TOXICOLOGY; THEORY AND RATIONALE OF INDUSTRIAL HYGIENE PRACTICE
BIOLOGICAL RESPONSES
JOHN WILEY & SONS, NEW YORK, 1985
ISBN: 0-471-82333-3
Deskriptoren: INFORMATIONEN, EXPERIMENTELLE METHODEN, SITUATIONSSTUDIEN, ARBEITSSCHUTZ, SCHUTZMASSNAHMEN, LAGERUNG UND HANDHABUNG, TLV-WERTE
Bemerkungen: STANDARDWERK DER TOXIKOLOGIE

[180] CRANE R.I., FIELDING M., GIBSON T.M., STEEL C.P.
WATER RESEARCH CENTRE
A SURVEY OF POLYCYCLIC AROMATIC HYDROCARBON LEVELS IN BRITISH WATRES
TECHNICAL REPORT
WATER RESEARCH CENTRE, , 1981
Anzahl der Stoffe: 20
Deskriptoren: ORGANISCHE STOFFE, DATEN, INFORMATIONEN, EXPERIMENTELLE METHODEN, SITUATIONSSTUDIEN, BEZEICHNUNG, TRINKWASSER, HYDROSPHAERE SUESSWASSER, HINWEISE AUF MUTAGENE/KANZEROGENE WIRKUNGEN(MENSCH)

[181] CRONIN E.
CONTACT DERMATITIS
CHURCILL LIVINGSTONE, EDINGBURGH, NEW YORK, 1980
ISBN: 0-443-02014-0
Anzahl der Stoffe: 500
Deskriptoren: ORGANISCHE STOFFE, ANORGANISCHE STOFFE, DATEN, INFORMATIONEN, CHEMIKALIEN INDEX, BEZEICHNUNG, HAUTREIZUNG SAEUGETIER

[182] CUMMINS A.B., GIVEN J.A.
SME MINING ENGINEERING HANDBOOK
THE AMERICAN INSTITUTE OF MINING, BALTIMORE, 1973
Anzahl der Stoffe: 500
Deskriptoren: ANORGANISCHE STOFFE, DATEN, INFORMATIONEN, BEZEICHNUNG, CHEMIKALIEN INDEX, HERSTELLUNG, ATMOSPHAERE, VERWENDUNGSART, SONSTIGE PC-GROESSEN
Bemerkungen: BERGBAU, MINERALVERARBEITUNG

[183] CUTLER W.G., DAVIS R.
DETERGENCY: THEORY AND TEST METHODS
SURFACTANT SCIENCE SERIES
MARCEL DEKKER, NEW YORK, 1972
ISBN: 0-8247-1113-0
Anzahl der Stoffe: 100
Deskriptoren: ORGANISCHE STOFFE, DATEN, INFORMATIONEN, BEZEICHNUNG, VERWENDUNGSART, ABFALLAUFKOMMEN, PEDOSPHAERE
Bemerkungen: STOFFLICHE EINWIRKUNGEN AUF DEN BODEN, BESEITIGUNG VON BODEN-GEFAEHRLICHEN STOFFEN, DATENTYP: DETERGENTIEN

[184] D'ANS J., SYNOWIETZ C.
TASCHENBUCH FUER CHEMIKER UND PHYSIKER
MAKROSKOPISCHE PHYSIKALISCH-CHEMISCHE EIGENSCHAFTEN
SPRINGER VERLAG, BERLIN, HEIDELBERG, NEW YORK, 1967
Anzahl der Stoffe: 5000
Deskriptoren: ANORGANISCHE STOFFE, DATEN, BEZEICHNUNG, INFORMATIONEN, SUMMENFORMEL, MOLEKULARGEWICHT, KRISTALLVOLUMEN, RELATIVE DICHTE, DAMPFDRUCK, BRECHUNGSINDEX, VISKOSITAET, SONSTIGE PC-GROESSEN

[185] D'ANS J., SCHAEFER K., SYNOWIETZ C.
TASCHENBUCH FUER CHEMIKER UND PHYSIKER
EIGENSCHAFTEN VON ATOMEN UND MOLEKELN
SPRINGER VERLAG, BERLIN, HEIDELBERG, NEW YORK, 1970
Anzahl der Stoffe: 1000
Deskriptoren: BEZEICHNUNG, DATEN, SUMMENFORMEL, ANORGANISCHE STOFFE, ORGANISCHE STOFFE, SONSTIGE PC-GROESSEN

[186] D'ANS J., SYNOWIETZ C.
TASCHENBUCH FUER CHEMIKER UND PHYSIKER
ORGANISCHE VERBINDUNGEN
SPRINGER VERLAG, BERLIN, HEIDELBERG, NEW YORK, 1983
ISBN: 3-540-12263-X
Anzahl der Stoffe: 7000
Deskriptoren: DATEN, ORGANISCHE STOFFE, BEZEICHNUNG, RELATIVE DICHTE, SONSTIGE PC-GROESSEN, STRUKTURFORMEL, SCHMELZPUNKT, SIEDEPUNKT, SUMMENFORMEL INDEX

[187] D'ITRI F.D., WOLFSON L.G.
RURAL GROUNDWATER CONTAMINATION
LEWIS PUBLISHERS, CHELSEA, 1988
ISBN: 0-87371-100-9
Anzahl der Stoffe: 100
Deskriptoren: ORGANISCHE STOFFE, ANORGANISCHE STOFFE, DATEN, INFORMATIONEN, EXPERIMENTELLE METHODEN, THEORETISCHE METHODEN, SYSTEMANALYTISCHE METHODEN, FALLSTUDIEN, SITUATIONSSTUDIEN, OFFIZIELLE TEXTE, CHEMIKALIEN INDEX, BEZEICHNUNG, SYNONYMA, TRINKWASSER, GRUNDWASSER

[188] DACK M.R.J.
TECHNIQUES OF CHEMISTRY
VOLUME 8: SOLUTIONS AND SOLUBILITIES
JOHN WILEY & SONS, NEW YORK, 1975

ISBN: 0-471-93266-3
Anzahl der Stoffe: 150
Deskriptoren: ORGANISCHE STOFFE, ANORGANISCHE STOFFE, DATEN, CHEMIKALIEN INDEX, BEZEICHNUNG, WASSERLOESLICHKEIT, LOESLICHKEIT IN ORGANISCHEN LOESEMITTELN

[189] DAVENPORT J.E., JOHNSON R.M., GU C., MILL T.
SRI INTERNATIONAL
DEVELOPMENT AND EVALUATION OF A TIERED TEST SYSTEM FOR PHOTOCHEMICAL DEGRADABILITY OF NEW CHEMICALS IN THE ATMOSPHERE
UBA CONTRACT NO. 106-02-017
SRI INTERNATIONAL, MENLO PARK, 1983
Anzahl der Stoffe: 50
Deskriptoren: ORGANISCHE STOFFE, DATEN, INFORMATIONEN, CHEMIKALIEN INDEX, BEZEICHNUNG, SYNONYMA, CAS-NUMMER, DIREKTER PHOTOABBAU

[190] DAVENPORT J.E., MILL T.
SRI INTERNATIONAL
DEVELOPMENT AND VALIDATION OF A PROTOCOL FOR DETERMINING TROPOSPHERIC RATE CONSTANTS AND PATHWAYS
UBA CONTRACT NO. 106-02-017
SRI INTERNATIONAL, MENLO PARK, 1982
Anzahl der Stoffe: 250
Deskriptoren: ORGANISCHE STOFFE, DATEN, INFORMATIONEN, BEZEICHNUNG, SYNONYMA, CAS-NUMMER, DIREKTER PHOTOABBAU, CHEMIKALIEN INDEX
Bemerkungen: REAKTIONSKONSTANTEN FUER CHEMIKALIEN IN DER TROPOSPHAERE

[191] DAVIDSON R.L.
HANDBOOK OF WATER-SOLUBLE GUMS AND RESINS
MCGRAW-HILL BOOK COMPANY, NEW YORK, 1980
ISBN: 0-07-015471-6
Anzahl der Stoffe: 100
Deskriptoren: ORGANISCHE STOFFE, DATEN, INFORMATIONEN, CHEMIKALIEN INDEX, BEZEICHNUNG, SYNONYMA, VERWENDUNGSART, RELATIVE DICHTE, WASSERLOESLICHKEIT, LOESLICHKEIT IN ORGANISCHEN LOESEMITTELN, BIOABBAU, AKUTE ORALE TOXIZITAET SAEUGETIER, SUBAKUTE-SUBCHRONISCHE TOXIZITAET SAEUGETIER, CHRONISCHE TOXIZITAET SAEUGETIER, CARCINOGENITAET SAEUGETIER, MUTAGENITAET SAEUGETIER, TERATOGENITAET SAEUGETIER

[192] DAWSON R.M., ELLIOTT D.C., ELLIOTT W.H., JONES K.M.
DATA FOR BIOCHEMICAL RESEARCH
CLARENDON PRESS, OXFORD, 1986
ISBN: 0-19-855358-7
Anzahl der Stoffe: 500
Deskriptoren: ORGANISCHE STOFFE, DATEN, INFORMATIONEN, EXPERIMENTELLE METHODEN, CHEMIKALIEN INDEX, BEZEICHNUNG, SYNONYMA, STRUKTURFORMEL, MOLEKULARGEWICHT, STOFFBESCHAFFENHEIT, SCHMELZPUNKT, SIEDEPUNKT, WASSERLOESLICHKEIT, LOESLICHKEIT IN ORGANISCHEN LOESEMITTELN, DISSOZIATIONSKONSTANTE
Bemerkungen: DATEN UEBER BIOCHEMIKALIEN

[193] DE BRUIN A.
BIOCHEMICAL TOXICOLOGY OF ENVIRONMENTAL AGENTS
ELSEVIER, NEW YORK, 1976
ISBN: 0-444-41455-X
Anzahl der Stoffe: 1000
Deskriptoren: ORGANISCHE STOFFE, ANORGANISCHE STOFFE, DATEN, INFORMATIONEN, CHEMIKALIEN INDEX, BEZEICHNUNG, BIOABBAU
Bemerkungen: MOLEKULAR-BIOLOGISCHE ASPEKTE VON GEFAEHRLICHEN STOFFEN

[194] DE RENZO D.J.
SOLVENTS SAFETY HANDBOOK
NOYES PUBLICATIONS, PARK RIDGE, NEW JERSEY, 1986
ISBN: 0-8155-1074-8
Anzahl der Stoffe: 335
Deskriptoren: ORGANISCHE STOFFE, DATEN, INFORMATIONEN, BEZEICHNUNG, SYNONYMA, CAS-NUMMER, UN-NUMMER, SUMMENFORMEL, STOFFBESCHAFFENHEIT, SIEDEPUNKT, FLAMMPUNKT, ENTZUENDLICHKEIT, ZUENDTEMPERATUR, MOLEKULARGEWICHT, RELATIVE DICHTE, DAMPFDRUCK, OBERFLAECHENSPANNUNG, VISKOSITAET, WASSERLOESLICHKEIT, SONSTIGE PC-GROESSEN, AKUTE ORALE TOXIZITAET SAEUGETIER, HAUTREIZUNG SAEUGETIER, AUGENREIZUNG SAEUGETIER, CHRONISCHE TOXIZITAET SAEUGETIER, ANDERE WIRKUNGEN, AKUTE VERGIFTUNGEN, ARBEITSSCHUTZ, TRANSPORT, TLV-WERTE, KENNZEICHNUNG, ZUENDGRUPPE, GEFAHRENSYMBOLE,GEFAHRENBEZEICHNUNG, GESUNDHEITSSCHUTZ, BRAND- UND EXPLOSIONSSCHUTZ, ENTSORGUNG, MASSNAHMEN BEI UNFAELLEN UND BRAENDEN, MASSNAHMEN NACH VERSCHUETTEN/AUSLAUFEN/GASAUSTRITT, LOESCHMITTEL, ERSTE HILFE
Bemerkungen: DATENTYP: LOESUNGSMITTEL

[195] DEAN J.A.
HANDBOOK OF ORGANIC CHEMISTRY
MCGRAW-HILL BOOK COMPANY, NEW YORK, 1987
ISBN: 0-07-016193-3
Anzahl der Stoffe: 4000
Deskriptoren: ORGANISCHE STOFFE, ANORGANISCHE STOFFE, DATEN, INFORMATIONEN, FORMEL INDEX, BEZEICHNUNG, STRUKTURFORMEL, SUMMENFORMEL, SCHMELZPUNKT, SIEDEPUNKT, FALLSTUDIEN, MOLEKULARGEWICHT, RELATIVE DICHTE, WASSERLOESLICHKEIT, LOESLICHKEIT IN ORGANISCHEN LOESEMITTELN, DISSOZIATIONSKONSTANTE, THERMODYNAMISCHE DATEN, SONSTIGE PC-GROESSEN
Bemerkungen: ENTHAELT AUCH POLYMERE, GUMMI, FETTE, OELE UND WACHSE, STANDARDWERK DER CHEMIE

[196] DEAN J.A.
LANGE'S HANDBOOK OF CHEMISTRY
MCGRAW-HILL BOOK COMPANY, NEW YORK, 1979
ISBN: 0-07-016191-7
Anzahl der Stoffe: 10000
Deskriptoren: ORGANISCHE STOFFE, ANORGANISCHE STOFFE, DATEN, CHEMIKALIEN INDEX, BEZEICHNUNG, SYNONYMA, SCHMELZPUNKT, SIEDEPUNKT, RELATIVE DICHTE, DAMPFDRUCK, OBERFLAECHENSPANNUNG, WASSERLOESLICHKEIT, LOESLICHKEIT IN ORGANISCHEN LOESEMITTELN, DISSOZIATIONSKONSTANTE
Bemerkungen: HANDBUCH DER PHYSIKALISCH-CHEMISCHEN EIGENSCHAFTEN

[197] DEAN P.M.
DEPATMENT OF PHARMACOLOGY
MOLECULAR FUNDATIONS OF DRUG-RECEPTOR INTERACTION
CAMBRIDGE UNIVERSITY PRESS, CAMBRIDGE, 1987
ISBN: 0-521-30255-2
Anzahl der Stoffe: 50
Deskriptoren: ORGANISCHE STOFFE, ANORGANISCHE STOFFE, DATEN, INFORMATIONEN, THEORETISCHE METHODEN, SYSTEMANALYTISCHE METHODEN, SITUATIONSSTUDIEN, BEZEICHNUNG, STRUKTURFORMEL, VERWENDUNGSZWECK, SONSTIGE VERTEILUNGSKOEFFIZIENTEN Z.B. KD, KBIO, SONSTIGE PC-GROESSEN, HINWEISE AUF MUTAGENE/KANZEROGENE WIRKUNGEN(MENSCH)

[198] DECHEMA
STOFFE IN ALTLASTEN
AUSGEWAEHLTE DATEN ZU CHEMISCHEN ELEMENTEN UND VERBINDUNGEN
DECHEMA, FRANKFURT, 1989
ISBN: 3-926959-14-2
Anzahl der Stoffe: 59
Deskriptoren: ORGANISCHE STOFFE, ANORGANISCHE STOFFE, DATEN, INFORMATIONEN, CHEMIKALIEN INDEX, BEZEICHNUNG, LEBENSMITTEL PFLANZLICH UND TIERISCH, HYDROSPHAERE SUESSWASSER, PEDOSPHAERE, GRUNDWASSER, SCHMELZPUNKT, SIEDEPUNKT, EXPLOSIONSPUNKT, MOLEKULARGEWICHT, RELATIVE DICHTE, DAMPFDRUCK, WASSERLOESLICHKEIT, BIOABBAU, ABIOTISCHE ABBAUBARKEIT, FISCH, AKUTE ORALE TOXIZITAET SAEUGETIER, HINWEISE AUF MUTAGENE/KANZEROGENE WIRKUNGEN(MENSCH), MAK-WERTE, ADI-WERTE

[199] DEICHMANN K.
FUEHRER DURCH DIE TECHNISCHE LITERATUR
KATALOG TECHNISCHER WERKE FUER STUDIUM UND PRAXIS
FR. WEIDEMANNS, HANNOVER, 1988
ISBN: 3-87891-018-5 ISSN: 0071-9748
Deskriptoren:
Bemerkungen: 75. AUSGABE, HINTERGRUNDLITERATUR

[200] DEICHMANN W.B.
TOXICOLOGY OF DRUGS AND CHEMICALS
ACADEMIC PRESS, NEW YORK, 1969
Anzahl der Stoffe: 500
Deskriptoren: ORGANISCHE STOFFE, ANORGANISCHE STOFFE, DATEN, INFORMATIONEN, CHEMIKALIEN INDEX, BEZEICHNUNG, SYNONYMA, FISCH, AKUTE ORALE TOXIZITAET SAEUGETIER, INHALATIV SAEUGETIER, AUGENREIZUNG SAEUGETIER
Bemerkungen: DATENTYP: PHARMAZEUTIKA

[201] DESCOTES J.
IMMUNUTOXICOLOGY SECTION . DEPARTMENT OF PHARMACOLOGY
IMMUNOTOXICOLOGY OF DRUGS AND CHEMICALS
ELSEVIER, AMSTERDAM, 1986
ISBN: 0-444-90363-1
Anzahl der Stoffe: 350
Deskriptoren: ANDERE WIRKUNGEN, ANORGANISCHE STOFFE, BEZEICHNUNG,

CARCINOGENITAET SAEUGETIER, DATEN, HINWEISE AUF MUTAGENE/KANZEROGENE WIRKUNGEN(MENSCH), INFORMATIONEN, ORGANISCHE STOFFE, SITUATIONSSTUDIEN, SYNONYMA, VERWENDUNGSZWECK, SYSTEMANALYTISCHE METHODEN

[202] DEUTSCHE BP AKTIENGESELLSCHAFT
DAS BUCH VOM ERDOEL
REUTER UND KLOECKNER VERLAG, HAMBURG, 1978
ISBN: 3-921174-03-1
Anzahl der Stoffe: 100
Deskriptoren: ORGANISCHE STOFFE, DATEN, INFORMATIONEN, BEZEICHNUNG, ABFALLAUFKOMMEN
Bemerkungen: DATENTYP: PETROCHEMIKALIEN

[203] DEUTSCHE FORSCHUNGSGEMEINSCHAFT DFG
DEUTSCHE FORSCHUNGSGEMEINSCHAFT DFG
DATENSAMMLUNG ZUR TOXIKOLOGIE DER HERBIZIDE, 1.-6. LIEFERUNG
VCH VERLAGSGESELLSCHAFT, WEINHEIM, 1986
ISBN: 0930-4738
Anzahl der Stoffe: 85
Deskriptoren: ORGANISCHE STOFFE, DATEN, INFORMATIONEN, BEZEICHNUNG, SYNONYMA, METABOLISMUS MENSCH, STRUKTURFORMEL, VERWENDUNGSART, PEDOSPHAERE, HYDROSPHAERE SUESSWASSER, SCHMELZPUNKT, SIEDEPUNKT, FLAMMPUNKT, BRECHUNGSINDEX, MOLEKULARGEWICHT, DAMPFDRUCK, WASSERLOESLICHKEIT, ANDERE LOESLICHKEITEN, DIREKTER PHOTOABBAU, FISCH, AKUTE ORALE TOXIZITAET SAEUGETIER, SUBAKUTE-SUBCHRONISCHE TOXIZITAET SAEUGETIER, CHRONISCHE TOXIZITAET SAEUGETIER, REPRODUKTIONSTOXIZITAET, TERATOGENITAET SAEUGETIER, MUTAGENITAET SAEUGETIER, CARCINOGENITAET SAEUGETIER, AKUTE PERCUTANE TOXIZITAET SAEUGETIER, AKUTE INTRAPERITONEALE TOXIZITAET SAEUGETIER, AKUTE INTERTRAVENOESE TOXIZITAET SAEUGETIER

[204] DEUTSCHE FORSCHUNGSGEMEINSCHAFT DFG
DEUTSCHE FORSCHUNGSGEMEINSCHAFT DFG
MAXIMALE ARBEITSPLATZKONZENTRATION UND BIOLOGISCHE ARBEITSSTOFFTOLERANZWERTE 1988
MITTEILUNGEN XXII DER SENATSKOMMISSION ZUR PRUEFUNG GESUNDHEITSSCHAEDLICHER ARBEITSSTOFFE
VCH VERLAGSGESELLSCHAFT, WEINHEIM, 1988
ISBN: 3-527-27353-0
Anzahl der Stoffe: 500
Deskriptoren: ORGANISCHE STOFFE, ANORGANISCHE STOFFE, DATEN, BEZEICHNUNG, SYNONYMA, CAS-NUMMER, STRUKTURFORMEL, DAMPFDRUCK, HAUTREIZUNG SAEUGETIER, MAK-WERTE

[205] DEUTSCHE FORSCHUNGSGEMEINSCHAFT DFG
RUECKSTANDSANALYTIK VON PFLANZENSCHUTZMITTELN
VERLAG CHEMIE, WEINHEIM, 1977
Anzahl der Stoffe: 250
Deskriptoren: ORGANISCHE STOFFE, DATEN, INFORMATIONEN, CHEMIKALIEN INDEX, BEZEICHNUNG, SYNONYMA, EXPERIMENTELLE METHODEN, SCHMELZPUNKT, SIEDEPUNKT, DAMPFDRUCK, WASSERLOESLICHKEIT, LOESLICHKEIT IN ORGANISCHEN LOESEMITTELN
Bemerkungen: DATENTYP: PESTIZIDE

[206] DEUTSCHE GESELLSCHAFT FUER ERNAEHRUNG E.V.
ERNAEHRUNGSBERICHT 1988
DEUTSCHE GESELLSCHAFT FUER ERNAEHRUNG E.V., FRANKFURT, 1988
ISBN: 3-921-606-15-2
Anzahl der Stoffe: 100
Deskriptoren: ORGANISCHE STOFFE, ANORGANISCHE STOFFE, DATEN, INFORMATIONEN, FALLSTUDIEN, SITUATIONSSTUDIEN, ZUSAMMENFASSENDE ARBEITEN, BEZEICHNUNG, SYNONYMA, LEBENSMITTEL PFLANZLICH UND TIERISCH, AKUTE VERGIFTUNGEN, EPIDEMIOLOGISCHE DATEN, CHRONISCHE VERGIFTUNGEN MENSCH

[207] DEUTSCHE KOMMISSION ZUR REINHALTUNG DES RHEINS
ZAHLENTAFELN DER PHYSIKALISCH-CHEMISCHEN UNTERSUCHUNGEN 1986
DEUTSCHE KOMMISSION ZUR REINHALTUNG DES RHEINS, WIESBADEN, 1987
ISBN: 0173-1653
Anzahl der Stoffe: 30
Deskriptoren: ORGANISCHE STOFFE, ANORGANISCHE STOFFE, DATEN, INFORMATIONEN, EXPERIMENTELLE METHODEN, BEZEICHNUNG, HYDROSPHAERE SUESSWASSER

[208] DEUTSCHER ADRESSBUCH-VERLAG
DEUTSCHES BUNDES-ADRESSBUCH
DEUTSCHER ADRESSBUCH-VERLAG, DARMSTADT, 1986
Deskriptoren: INFORMATIONEN, ZUSAMMENFASSENDE ARBEITEN, ADRESSEN, PRODUZENT

[209] DI PALMA J.
DRILL'S PHARMACOLOGY IN MEDICINE
MCGRAW-HILL BOOK COMPANY, NEW YORK, 1971
Anzahl der Stoffe: 100
Deskriptoren: ORGANISCHE STOFFE, DATEN, INFORMATIONEN, CHEMIKALIEN INDEX, BEZEICHNUNG, SYNONYMA, VERWENDUNGSART, WASSERLOESLICHKEIT, LOESLICHKEIT IN ORGANISCHEN LOESEMITTELN, DISSOZIATIONSKONSTANTE, AKUTE ORALE TOXIZITAET SAEUGETIER
Bemerkungen: DATENTYP: PHARMAZEUTIKA

[210] DICKSON K.L., MAKI A.W., BRUNGS W.A.
FATE AND EFFECTS OF SEDIMENT-BOUND CHEMICALS IN AQUATIC SYSTEMS
PERGAMON PRESS LTD, NEW YORK, 1987
ISBN: 0-08-034866-1
Anzahl der Stoffe: 50
Deskriptoren: ORGANISCHE STOFFE, ANORGANISCHE STOFFE, DATEN, INFORMATIONEN, EXPERIMENTELLE METHODEN, THEORETISCHE METHODEN, SYSTEMANALYTISCHE METHODEN, FALLSTUDIEN, OFFIZIELLE TEXTE, BEZEICHNUNG, SYNONYMA, SEDIMENT, HYDROSPHAERE MEER, HYDROSPHAERE SUESSWASSER, LEBENSMITTEL PFLANZLICH UND TIERISCH, VERTEILUNGSKOEFFIZIENT KOC, BIOABBAU, BIOAKKUMULATION, ABIOTISCHE ABBAUBARKEIT, DIREKTER PHOTOABBAU, FISCH

[211] DIRECTORIES PUBLISHING COMPANY
CHEM SOURCES-USA
DIRECTORIES PUBLISHING COMPANY INC., OSMOND BEACH,
Anzahl der Stoffe: 97000
Deskriptoren: ORGANISCHE STOFFE, ANORGANISCHE STOFFE, DATEN, CHEMI-

KALIEN INDEX, SYNONYMA INDEX, BEZEICHNUNG, SYNONYMA, HERSTELLUNG, VERWENDUNGSART, PRODUZENT
Bemerkungen: ERSCHEINT JAEHRLICH

[212] DITTMANN CH.
UNIVERSITAET REGENSBURG
KLIMAOEKOLOGISCHE UND LUFTHYGIENISCHE UNTERSUCHUNGEN IM RAUM REGENSBURG
BSTMLU, REGENSBURG, 1980
Anzahl der Stoffe: 29
Deskriptoren: ORGANISCHE STOFFE, ANORGANISCHE STOFFE, DATEN, INFORMATIONEN, SYSTEMANALYTISCHE METHODEN, FALLSTUDIEN, SITUATIONSSTUDIEN, OFFIZIELLE TEXTE, BEZEICHNUNG, SUMMENFORMEL, ANWENDUNGSMUSTER, ATMOSPHAERE, PFLANZEN, AKUTE ORALE TOXIZITAET SAEUGETIER, INHALATIV SAEUGETIER, ANDERE WIRKUNGEN, AKUTE VERGIFTUNGEN

[213] DOEHRING E., IGLISCH I.
PROBLEME DER INSEKTEN- UND ZECKENBEKAEMPFUNG
OEKOLOGISCHE, MEDIZINISCHE UND RECHTLICHE ASPEKTE
ERICH SCHMIDT VERLAG, BERLIN, 1978
ISBN: 3-503-01582-5
Anzahl der Stoffe: 100
Deskriptoren: ORGANISCHE STOFFE, INFORMATIONEN, OFFIZIELLE TEXTE
Bemerkungen: WISSENSCHAFTLICHER HINTERGRUND, KAUM DATEN, DATENTYP: PESTIZIDE

[214] DOMALSKI E., EVANS W., JOBE T.
THERMODYNAMIC DATA FOR WASTE INCINERATION
AMERICAN SOCIETY OF MECHANICAL ENGINEERS, NEW YORK, 1979
Anzahl der Stoffe: 200
Deskriptoren: ORGANISCHE STOFFE, ANORGANISCHE STOFFE, DATEN, INFORMATIONEN, CHEMIKALIEN INDEX, BEZEICHNUNG, SYNONYMA, ABFALLAUFKOMMEN, THERMODYNAMISCHE DATEN, SONSTIGE PC-GROESSEN

[215] DONNET J., VOET A.
CARBON BLACK
PHYSICS, CHEMISTRY AND ELASTOMER REINFORCEMENTS
MARCEL DEKKER, NEW YORK, 1976
ISBN: 0-8247-6345-9
Anzahl der Stoffe: 20
Deskriptoren: ORGANISCHE STOFFE, DATEN, INFORMATIONEN, BEZEICHNUNG, PRODUKTIONSVOLUMEN, VERWENDUNGSART, RELATIVE DICHTE

[216] DREISBACH R. H.
HANDBOOK OF POISONING
DIAGNOSIS TREATMENT
BLACKWELL SCIENTIFIC PUBLICATIONS, OXFORD, 1971
ISBN: 0-87041-072-5
Anzahl der Stoffe: 1000
Deskriptoren: ORGANISCHE STOFFE, ANORGANISCHE STOFFE, DATEN, INFORMATIONEN, CHEMIKALIEN INDEX, BEZEICHNUNG, SYNONYMA, WASSERLOESLICHKEIT, LOESLICHKEIT IN ORGANISCHEN LOESEMITTELN, AKUTE ORALE TOXIZITAET SAEUGETIER, CHRONISCHE TOXIZITAET SAEUGETIER

[217] DRESCHER-KADEN U., BRUEGGEMANN R., MATTHIES M.
GESELLSCHAFT FUER STRAHLEN UND UMWELTFORSCHUNG MUENCHEN
ORGANISCHE SCHADSTOFFE IN KLAERSCHLAEMMEN
LITERATURSTUDIE
GSF, NEUHERBERG, 1988
Anzahl der Stoffe: 300
Deskriptoren: ORGANISCHE STOFFE, DATEN, INFORMATIONEN, EXPERIMENTELLE METHODEN, SYSTEMANALYTISCHE METHODEN, SITUATIONSSTUDIEN, BEZEICHNUNG, CAS-NUMMER, VERWENDUNGSZWECK, PRODUKTIONSVOLUMEN, PEDOSPHAERE, KLAERSCHLAMM, ABWASSER, MOLEKULARGEWICHT, WASSERLOESLICHKEIT, VERTEILUNGSKOEFFIZIENT, DAMPFDRUCK, HENRY-KONSTANTE, VERTEILUNGSKOEFFIZIENT N-OCTANOL-/WASSER, POW, BIOABBAU, ABIOTISCHE ABBAUBARKEIT, BIOAKKUMULATION
Bemerkungen: ORGANISCHE SCHADSTOFFE IN KLAERSCHLAEMMEN

[218] DREYHAUPT F.J.
LUFTREINHALTUNG ALS FAKTOR DER STADT- UND REGIONALPLANUNG
SCHRIFTREIHE UMWELTSCHUTZ
TUEV RHEINLAND, KOELN, 1971
Anzahl der Stoffe: 100
Deskriptoren: ORGANISCHE STOFFE, ANORGANISCHE STOFFE, DATEN, INFORMATIONEN, BEZEICHNUNG, ATMOSPHAERE

[219] DUBOIS J.H., JOHN F.W.
PLASTICS
VAN NOSTRAND REINHOLD COMPANY, NEW YORK, 1981
ISBN: 0-442-26263-9
Anzahl der Stoffe: 50
Deskriptoren: ORGANISCHE STOFFE, DATEN, INFORMATIONEN, BEZEICHNUNG, VERWENDUNGSART, SCHMELZPUNKT, SIEDEPUNKT
Bemerkungen: DATENTYP: POLYMERE

[220] DUEWEL L. ZUENDORF O.-J.
ERHEBUNG UND KATASTERMAESSIGE DOKUMENTATION DER EMISSION LUFTFREMDER STOFFE IN DIE ATMOSPHAERE
SCHRIFTREIHE UMWELTSCHUTZ
TUEV RHEINLAND, KOELN, 1974
ISBN: 3-921-059-23-2
Anzahl der Stoffe: 200
Deskriptoren: ORGANISCHE STOFFE, ANORGANISCHE STOFFE, DATEN, INFORMATIONEN, BEZEICHNUNG, ATMOSPHAERE
Bemerkungen: DISPERSION VON CHEMIKALIEN IN DIE ATMOSPHAERE

[221] DUKES M.N.G.
SIDE EFFECTS OF DRUGS
A WORLDWIDE YEARLY SURVEY OF NEW DATA AND TRENDS
ELSEVIER, AMSTERDAM, 1979
ISBN: 90-219-3045-5
Anzahl der Stoffe: 1000
Deskriptoren: ORGANISCHE STOFFE, DATEN, INFORMATIONEN, CHEMIKALIEN INDEX, BEZEICHNUNG, SYNONYMA, VERWENDUNGSART, ANDERE WIRKUNGEN
Bemerkungen: DATENTYP: PHARMAZEUTIKA

[222] DUNN W.J, BLOCK J.H., PEARLMAN R.S.
PARTITION COEFFICIENT
DETERMINATION AND ESTIMATION
PERGAMON PRESS LTD, NEW YORK, 1986
ISBN: 0-08-033649-3
Anzahl der Stoffe: 150
Deskriptoren: ORGANISCHE STOFFE, DATEN, INFORMATIONEN, SYSTEMANALYTISCHE METHODEN, THEORETISCHE METHODEN, BEZEICHNUNG, MOLVOLUMEN, WASSERLOESLICHKEIT, HENRY-KONSTANTE, VERTEILUNGSKOEFFIZIENT N-OCTANOL/WASSER, POW, SONSTIGE VERTEILUNGSKOEFFIZIENTEN Z.B. KD, KBIO

[223] DUTCH ASSOCIATION OF SAFETY EXPERTS'
DUTCH CHEMICAL SAFETY ASSOCIATION
STUURGROEP CHEMIEKAARTEN
HANDLING CHEMICALS' SAFETY
DUTCH SAFETY INSTITUTE, AMSTERDAM, 1980
ISBN: 90-70185-03-02
Anzahl der Stoffe: 875
Deskriptoren: ORGANISCHE STOFFE, ANORGANISCHE STOFFE, DATEN, INFORMATIONEN, CHEMIKALIEN INDEX, BEZEICHNUNG, SYNONYMA, HYDROSPHAERE MEER, HYDROSPHAERE SUESSWASSER, SCHMELZPUNKT, SIEDEPUNKT, FLAMMPUNKT, DAMPFDRUCK, WASSERLOESLICHKEIT, LOESLICHKEIT IN ORGANISCHEN LOESEMITTELN, AKUTE ORALE TOXIZITAET SAEUGETIER, ARBEITSSCHUTZ, SCHUTZMASSNAHMEN, LAGERUNG UND HANDHABUNG, AKUTE VERGIFTUNGEN
Bemerkungen: HANDHABUNG UND EXPOSITION VON CHEMIKALIEN AM ARBEITSPLATZ

[224] DUVE G., FUCHS O., OVERBECK H.
HOECHST AG, FRANKFURT
ORGANISCHE CHEMIKALIEN HOECHST
LOESEMITTEL HOECHST, EIN HANDBUCH FUER LABORATORIUM UND BETRIEB
HOECHST AG, FRANKFURT, 1974
Anzahl der Stoffe: 200
Deskriptoren: ORGANISCHE STOFFE, ANORGANISCHE STOFFE, DATEN, INFORMATIONEN, EXPERIMENTELLE METHODEN, OFFIZIELLE TEXTE, BEZEICHNUNG, SYNONYMA, SUMMENFORMEL, STOFFBESCHAFFENHEIT, VERWENDUNGSART, ANWENDUNGSMUSTER, SCHMELZPUNKT, ZUENDTEMPERATUR, SIEDEPUNKT, EXPLOSIONSPUNKT, FLAMMPUNKT, MOLEKULARGEWICHT, RELATIVE DICHTE, VISKOSITAET, DAMPFDRUCK, BRECHUNGSINDEX, WASSERLOESLICHKEIT, LOESLICHKEIT IN ORGANISCHEN LOESEMITTELN, WASSERDAMPFFLUECHTIGKEIT, LOESLICHKEIT IN FETT, SONSTIGE PC-GROESSEN, BEZEICHNUNG, ANWENDUNGSMUSTER, HYDROSPHAERE MEER, SEDIMENT, HYDROSPHAERE SUESSWASSER, BIOABBAU, BIOAKKUMULATION, FISCH, WUERMER, METABOLISMUS SAEUGETIER, ANDERE WIRKUNGEN

[234] ETO M.
ORGANOPHOSPHOROS PESTICIDES
ORGANIC AND BIOLOGICAL CHEMISTRY
CRC PRESS INC., CLEVELAND, 1974
ISBN: 0-87819-023-6
Anzahl der Stoffe: 250

Deskriptoren: ORGANISCHE STOFFE, DATEN, INFORMATIONEN, CHEMIKALIEN INDEX, BEZEICHNUNG, SYNONYMA, VERWENDUNGSART, SCHMELZPUNKT, SIEDEPUNKT, RELATIVE DICHTE, DAMPFDRUCK, WASSERLOESLICHKEIT, SYNTHESE, LOESLICHKEIT IN ORGANISCHEN LOESEMITTELN, BIOABBAU, BIOAKKUMULATION, AKUTE ORALE TOXIZITAET SAEUGETIER, MUTAGENITAET SAEUGETIER, CARCINOGENITAET SAEUGETIER, TERATOGENITAET SAEUGETIER
Bemerkungen: DATENTYP: PESTIZIDE, SYNTHESE, BIOCHEMIE UND CHEMISCHE REAKTIONEN

[235] EUROPEAN CHEMICAL INDUSTRY ECOLOGY & TOXICOLOGY CENTRE
EXPERIMENTAL ASSESSMENT OF THE PHOTOTRANSFORMATION OF CHEMICALS IN THE ATMOSPHERE
TECHNICAL REPORT NO.7
EUROPEAN CHEMICAL INDUSTRY ECOLOGY & TOXICOLOGY CENTRE, BRUESSEL, 1983
Anzahl der Stoffe: 50
Deskriptoren: ORGANISCHE STOFFE, ANORGANISCHE STOFFE, DATEN, INFORMATIONEN, BEZEICHNUNG, DIREKTER PHOTOABBAU

[236] EXICO LIMITED
CHEMICAL INDUSTRY DIRECTORY 1983
BENN BUSINESS INFORMATION LTD., LONDON, 1983
ISBN: 0-510-48715-7
Anzahl der Stoffe: 10000
Deskriptoren: ORGANISCHE STOFFE, ANORGANISCHE STOFFE, INFORMATIONEN, CHEMIKALIEN INDEX, SYNONYMA INDEX, BEZEICHNUNG, SYNONYMA, HERSTELLUNG
Bemerkungen: LISTE DER HANDELSCHEMIKALIEN UND DEREN LIEFERANTEN

[237] FACHGRUPPE LEBENSMITTELCHEMIE UND GERICHTLICHE CHEMIE
FACHGRUPPE LEBENSMITTELCHEMIE UND GERICHTLICHE CHEMIE
RUECKSTAENDE UND VERUNREINIGUNGEN IN ROHSTOFFEN UND LEBENSMITTELN
B. BEHR'S VERLAG, HAMBURG, 1984
ISBN: 3-922528-79-4
Anzahl der Stoffe: 100
Deskriptoren: ORGANISCHE STOFFE, DATEN, INFORMATIONEN, EXPERIMENTELLE METHODEN, OFFIZIELLE TEXTE, BEZEICHNUNG, SYNONYMA, STRUKTURFORMEL, VERWENDUNGSART, ANWENDUNGSMUSTER, PRODUKTIONSVOLUMEN, LEBENSMITTEL PFLANZLICH UND TIERISCH, TRINKWASSER, RELATIVE DICHTE, WASSERLOESLICHKEIT, VERTEILUNGSKOEFFIZIENT N-OCTANOL/WASSER, POW

[238] FACHVEREINIGUNG ORGANISCHE CHEMIE
VERBAND DER CHEMISCHEN INDUSTRIE E.V.
CKW-LOESEMITTEL
ENTWICKLUNG 1986-1990/95
VERBAND DER CHEMISCHEN INDUSTRIE E.V., FRANKFURT, 1988
Anzahl der Stoffe: 4
Deskriptoren: ORGANISCHE STOFFE, DATEN, INFORMATIONEN, SITUATIONSSTUDIEN, OFFIZIELLE TEXTE, UMWELTPOLITIK, BEZEICHNUNG, SYNONYMA, VERWENDUNGSART, VERWENDUNGSZWECK, ANWENDUNGSMUSTER, PRODUKTIONSVOLUMEN, VERMARKTUNGSMENGE, EINFUHR/AUSFUHR, ABFAL-

LAUFKOMMEN, ATMOSPHAERE, ENTSORGUNG
Bemerkungen: DATENTYP: LOESUNGSMITTEL

[239] FAIRBRIDGE R.W.
THE ENCYCLOPEDIA OF GEOCHEMISTRY AND ENVIRONMENTAL SCIENCE
VAN NOSTRAND REINHOLD COMPANY, NEW YORK, 1972
Anzahl der Stoffe: 1000
Deskriptoren: ORGANISCHE STOFFE, ANORGANISCHE STOFFE, DATEN, INFORMATIONEN, CHEMIKALIEN INDEX, BEZEICHNUNG, PEDOSPHAERE, VERWENDUNGSART, SCHMELZPUNKT, SIEDEPUNKT, RELATIVE DICHTE
Bemerkungen: UMWELTASPEKTE VON CHEMIKALIEN

[240] FAIRCHILD E.J.
SUSPECTED CARCINOGENS
CASTLE HOUSE PUBLICATION LTD., NEW YORK, 1978
ISBN: 0-7194-0000-7
Anzahl der Stoffe: 2415
Deskriptoren: ORGANISCHE STOFFE, ANORGANISCHE STOFFE, DATEN, INFORMATIONEN, CHEMIKALIEN INDEX, BEZEICHNUNG, SYNONYMA, CAS-NUMMER, AKUTE ORALE TOXIZITAET SAEUGETIER, AKUTE TOXIZITAET, AUGENREIZUNG SAEUGETIER, HAUTREIZUNG SAEUGETIER, FISCH, CARCINOGENITAET SAEUGETIER, ANDERE WIRKUNGEN, ARBEITSSCHUTZ
Bemerkungen: SICHERHEIT AM ARBEITSPLATZ

[241] FAIRHALL L.T.
INDUSTRIAL TOXICOLOGY
HAFNER PUBLISHING COMPANY, NEW YORK, 1969
Anzahl der Stoffe: 250
Deskriptoren: ORGANISCHE STOFFE, ANORGANISCHE STOFFE, DATEN, INFORMATIONEN, CHEMIKALIEN INDEX, BEZEICHNUNG, SYNONYMA, PRODUKTIONSVOLUMEN, VERWENDUNGSART, SCHMELZPUNKT, SIEDEPUNKT, RELATIVE DICHTE, DAMPFDRUCK, WASSERLOESLICHKEIT, LOESLICHKEIT IN ORGANISCHEN LOESEMITTELN, AKUTE ORALE TOXIZITAET SAEUGETIER, CHRONISCHE TOXIZITAET SAEUGETIER
Bemerkungen: INFORMATIONSTYP: TOXIKOLOGIE

[242] FAITH W.L., KEYES D.B., CLARK R.L.
INDUSTRIAL CHEMICALS
JOHN WILEY & SONS, NEW YORK, 1976
Anzahl der Stoffe: 150
Deskriptoren: ORGANISCHE STOFFE, ANORGANISCHE STOFFE, DATEN, INFORMATIONEN, CHEMIKALIEN INDEX, BEZEICHNUNG, SYNONYMA, CAS-NUMMER, PRODUKTIONSVOLUMEN, VERWENDUNGSART, SCHMELZPUNKT, SIEDEPUNKT, DAMPFDRUCK, FLAMMPUNKT, ENTZUENDLICHKEIT, WASSERLOESLICHKEIT, LOESLICHKEIT IN ORGANISCHEN LOESEMITTELN, HERSTELLUNG

[243] FAO, WHO
PESTICIDES RESIDUES IN FOOD 1983
REPORT SPONSORED JOINTLY BY FAO AND WHO
FAO, WHO, ROM, GENF, 1983
ISBN: 92-5-102-094-9
Anzahl der Stoffe: 47
Deskriptoren: ORGANISCHE STOFFE, DATEN, INFORMATIONEN, EXPERIMEN-

TELLE METHODEN, BEZEICHNUNG, VERWENDUNGSART, ANWENDUNGSMUSTER, LEBENSMITTEL PFLANZLICH UND TIERISCH, AKUTE ORALE TOXIZITAET SAEUGETIER, SUBAKUTE-SUBCHRONISCHE TOXIZITAET SAEUGETIER, REPRODUKTIONSTOXIZITAET, MUTAGENITAET SAEUGETIER, CARCINOGENITAET SAEUGETIER, METABOLISMUS SAEUGETIER, ANDERE WIRKUNGEN, AKUTE VERGIFTUNGEN, HINWEISE AUF MUTAGENE/KANZEROGENE WIRKUNGEN(MENSCH)
Bemerkungen: HINWEISE AUF MONOGRAPHIEN, ARBEITEN, NO-EFFECT-LEVEL (SAEUGETIER), ACCEPTABLE DAILY INTAKE (MENSCH)

[244] FAO, WHO
PESTICIDES RESIDUES IN FOOD 1984
REPORT OF THE JOINT MEETING ON PESTICIDES RESIDUES
FAO, WHO, ROM, GENF, 1984
ISBN: 92-5-102216-X
Anzahl der Stoffe: 53
Deskriptoren: ORGANISCHE STOFFE, DATEN, INFORMATIONEN, EXPERIMENTELLE METHODEN, SITUATIONSSTUDIEN, BEZEICHNUNG, VERWENDUNGSART, ANWENDUNGSMUSTER, LEBENSMITTEL PFLANZLICH UND TIERISCH, BIOAKKUMULATION, DIREKTER PHOTOABBAU, AKUTE ORALE TOXIZITAET SAEUGETIER, REPRODUKTIONSTOXIZITAET, MUTAGENITAET SAEUGETIER, CARCINOGENITAET SAEUGETIER, METABOLISMUS SAEUGETIER, ANDERE WIRKUNGEN, AKUTE VERGIFTUNGEN, HINWEISE AUF MUTAGENE/KANZEROGENE WIRKUNGEN(MENSCH)
Bemerkungen: HINWEISE AUF ANDERE ARBEITEN, NO-EFFECT-LEVEL (SAEUGETIER, MENSCH), ACCEPTABLE DAILY INTAKE (MENSCH)

[245] FELLENBERG G.
UMWELTFORSCHUNG
EINFUEHRUNG IN DIE PROBLEME DER UMWELTVERSCHMUTZUNG
SPRINGER VERLAG, BERLIN, HEIDELBERG, 1977
ISBN: 3-540-08504-1
Anzahl der Stoffe: 100
Deskriptoren: ORGANISCHE STOFFE, ANORGANISCHE STOFFE, DATEN, INFORMATIONEN, BEZEICHNUNG, VERWENDUNGSART, ATMOSPHAERE, HYDROSPHAERE MEER, HYDROSPHAERE SUESSWASSER, AKUTE ORALE TOXIZITAET SAEUGETIER
Bemerkungen: PROBLEME DER UMWELTVERSCHMUTZUNG

[246] FENAROLI
HANDBOOK FLAVOR INGREDIENT
CRC PRESS INC., BOCA RATON FLORIDA, 1975
Anzahl der Stoffe: 1000
Deskriptoren: ORGANISCHE STOFFE, DATEN, INFORMATIONEN, CHEMIKALIEN INDEX, BEZEICHNUNG, SYNONYMA, VERWENDUNGSART
Bemerkungen: DATENTYP: GESCHMACKS- UND GERUCHSSTOFFE

[247] FEY H.
CHEMIKALIENKUNDE IN TABELLENFORM
OTTO HOFFMANNS VERLAG, NEU ISENBURG, 1975
ISBN: 3-87347-002-0
Anzahl der Stoffe: 2500
Deskriptoren: ORGANISCHE STOFFE, ANORGANISCHE STOFFE, DATEN, INFORMATIONEN, CHEMIKALIEN INDEX, BEZEICHNUNG, SYNONYMA, VERWEN-

DUNGSART, SCHMELZPUNKT, SIEDEPUNKT, RELATIVE DICHTE, WASSERLOESLICHKEIT, LOESLICHKEIT IN ORGANISCHEN LOESEMITTELN

[248] FIELDING M., GIBSON T.M., JAMES H.A., MC LOUGHLIN K., STEEL C.P.
WATER RESEARCH CENTRE
ORGANIC MICROPOLLUTANTS IN DRINKING WATER
TECHNICAL REPORT TR 159
WATER RESEARCH CENTRE, MEDMENHAM, 1981
Anzahl der Stoffe: 324
Deskriptoren: ORGANISCHE STOFFE, DATEN, INFORMATIONEN, EXPERIMENTELLE METHODEN, FALLSTUDIEN, SITUATIONSSTUDIEN, BEZEICHNUNG, SUMMENFORMEL, TRINKWASSER, HYDROSPHAERE SUESSWASSER, MOLEKULARGEWICHT, REPRODUKTIONSTOXIZITAET, TERATOGENITAET SAEUGETIER, MUTAGENITAET, CARCINOGENITAET SAEUGETIER, HINWEISE AUF MUTAGENE/KANZEROGENE WIRKUNGEN(MENSCH)

[249] FIESER L., FIESER M.
REAGENTS FOR ORGANIC SYNTHESIS
JOHN WILEY & SONS, NEW YORK,
Anzahl der Stoffe: 1120
Deskriptoren: ORGANISCHE STOFFE, DATEN, INFORMATIONEN, CHEMIKALIEN INDEX, BEZEICHNUNG, SYNONYMA, SCHMELZPUNKT, SIEDEPUNKT, RELATIVE DICHTE, WASSERLOESLICHKEIT, LOESLICHKEIT IN ORGANISCHEN LOESEMITTELN, HERSTELLUNG
Bemerkungen: HERSTELLUNGS- UND REINIGUNGSMETHODEN VON ORGANIKA

[250] FIGGE K., KLAHN J., KOCH J.
CHEMISCHE STOFFE IN OEKOSYSTEMEN
BESTANDAUFNAHME.BEWERTUNG UND ANWENDUNG VON VERTEILUNGSMODELLEN
GUSTAV FISCHER VERLAG , STUTTGART, 1985
ISBN: 3-437-30502-6
Anzahl der Stoffe: 26
Deskriptoren: ORGANISCHE STOFFE, ANORGANISCHE STOFFE, DATEN, INFORMATIONEN, EXPERIMENTELLE METHODEN, THEORETISCHE METHODEN, SYSTEMANALYTISCHE METHODEN, FALLSTUDIEN, SITUATIONSSTUDIEN, BEZEICHNUNG, DAMPFDRUCK, WASSERLOESLICHKEIT, WASSERDAMPFFLUECHTIGKEIT, VERTEILUNGSKOEFFIZIENT N-OCTANOL/WASSER, POW, SONSTIGE PC-GROESSEN, BIOABBAU, ABIOTISCHE ABBAUBARKEIT, DIREKTER PHOTOABBAU, BIOAKKUMULATION, GEOAKKUMULATION
Bemerkungen: BAND 61 EINER SCHRIFTENREIHE DES VEREINS FUER WASSER.BODEN-, UND LUFTHYGIENE, VERTEILUNGSDATEN FUER 12 CHEMIKALIEN IN EINEM OEKO-SYSTEM

[251] FILYAND M.A., SEMENOVA E.J.
HANDBOOK OF RARE ELEMENTS
BOSTON TECHNICAL PUBLISHERS INC., CAMBRIDGE, MASSACHUSETTS, 1968
Anzahl der Stoffe: 50
Deskriptoren: ANORGANISCHE STOFFE, DATEN, CHEMIKALIEN INDEX, BEZEICHNUNG, SYNONYMA, SCHMELZPUNKT, SIEDEPUNKT, VISKOSITAET, RELATIVE DICHTE, DAMPFDRUCK, OBERFLAECHENSPANNUNG
Bemerkungen: SELTENE ELEMENTE

[252] FISHBEIN L., FLAMM W.G., FALK H.L.
CHEMICAL MUTAGENS
ENVIRONMENTAL EFFECTS ON BIOLOGICAL SYSTEMS
ACADEMIC PRESS, NEW YORK, 1970
Anzahl der Stoffe: 110
Deskriptoren: ORGANISCHE STOFFE, ANORGANISCHE STOFFE, DATEN, INFORMATIONEN, CHEMIKALIEN INDEX, BEZEICHNUNG, SYNONYMA, VERWENDUNGSART, MUTAGENITAET SAEUGETIER
Bemerkungen: INFORMATIONSTYP: MUTAGENE UND CARCINOGENE, TABELLEN UEBER MUTAGENE UND IHRE WIRKUNGEN

[253] FISHBEIN L.
POTENTIAL INDUSTRIAL CARCINOGENS AND MUTAGENS
ELSEVIER, AMSTERDAM, 1979
ISBN: 0-4444-1777-X
Anzahl der Stoffe: 200
Deskriptoren: ORGANISCHE STOFFE, ANORGANISCHE STOFFE, DATEN, INFORMATIONEN, CHEMIKALIEN INDEX, BEZEICHNUNG, SYNONYMA, CARCINOGENITAET SAEUGETIER, MUTAGENITAET, MUTAGENITAET SAEUGETIER, PRODUKTIONSVOLUMEN
Bemerkungen: INFORMATIONSTYP: MUTAGENE UND CARCINOGENE

[254] FITZGERALD J., VIVIANI D., BERLIN C., STERLING D.
PERSPECTIVES ON THE TOP 50 PRODUCTION VOLUME CHEMICALS
EPA 560/13-80-027
EPA, WASHINGTON D.C., 1980
Anzahl der Stoffe: 50
Deskriptoren: ORGANISCHE STOFFE, ANORGANISCHE STOFFE, DATEN, INFORMATIONEN, SYSTEMANALYTISCHE METHODEN, SITUATIONSSTUDIEN, BEZEICHNUNG, ANWENDUNGSMUSTER, PRODUKTIONSVOLUMEN, SIEDEPUNKT, SCHMELZPUNKT, FLAMMPUNKT, ZUENDTEMPERATUR, MOLEKULARGEWICHT, RELATIVE DICHTE, DAMPFDRUCK, WASSERLOESLICHKEIT, SONSTIGE PC-GROESSEN
Bemerkungen: PC-DATEN NUR FUER AUSGESUCHTE CHEMIKALIEN, VERTEILUNG (OEKONOMISCH.GEOGRAPHISCH)AUSGESUCHTER CHEMIKALIE, QUELLENBEWERTUNG, HINWEISE AUF DATENBANK CHEMTRAX AM BEISPIEL CUMENE

[255] FLICK E.W.
HANDBOOK OF PAINT RAW MATERIALS
NOYES PUBLICATIONS, PARK RIDGE, NEW JERSEY, 1982
ISBN: 0-8155-0881-6
Anzahl der Stoffe: 1000
Deskriptoren: ORGANISCHE STOFFE, ANORGANISCHE STOFFE, DATEN, INFORMATIONEN, BEZEICHNUNG, SYNONYMA, STOFFBESCHAFFENHEIT, VERWENDUNGSZWECK, RELATIVE DICHTE, VISKOSITAET, SONSTIGE PC-GROESSEN, FIRMENINDEX

[256] FLICK E.W.
HANDBOOK OF ADHESIVE RAW MATERIALS
NOYES PUBLICATIONS, PARK RIDGE, NEW JERSEY, 1982
ISBN: 0-8155-0897-2
Anzahl der Stoffe: 1000
Deskriptoren: ORGANISCHE STOFFE, ANORGANISCHE STOFFE, DATEN, INFOR-

MATIONEN, FIRMENINDEX, SYNONYMA, STOFFBESCHAFFENHEIT, VERWENDUNGSZWECK, SIEDEPUNKT, FLAMMPUNKT, MOLEKULARGEWICHT, RELATIVE DICHTE, VISKOSITAET, BRECHUNGSINDEX, WASSERLOESLICHKEIT, SONSTIGE PC-GROESSEN

[257] FLICK E.W.
INDUSTRIAL SOLVENTS HANDBOOK
NOYES DATA CORPORATION, PARK RIDGE, NEW JERSEY, 1985
ISBN: 0-8155-1010-1
Anzahl der Stoffe: 911
Deskriptoren: ORGANISCHE STOFFE, DATEN, INFORMATIONEN, BEZEICHNUNG, SYNONYMA, STRUKTURFORMEL, SUMMENFORMEL, STOFFBESCHAFFENHEIT, SCHMELZPUNKT, SIEDEPUNKT, FLAMMPUNKT, ZERSETZUNGSPUNKT, MOLEKULARGEWICHT, MOLVOLUMEN, RELATIVE DICHTE, VISKOSITAET, DAMPFDRUCK, BRECHUNGSINDEX, OBERFLAECHENSPANNUNG, WASSERLOESLICHKEIT, LOESLICHKEIT IN ORGANISCHEN LOESEMITTELN, SONSTIGE PC-GROESSEN, TWA-WERTE
Bemerkungen: OSHA 8HOUR TIME WEIGHTED AVERAGE, Z.T. PHASENDIAGRAMME, DATENTYP: LOESUNGSMITTEL

[258] FLICK E.W.
INDUSTRIAL SYNTHETIC RESINS HANDBOOK
NOYES PUBLICATIONS, PARK RIDGE, NEW JERSEY, 1985
ISBN: 0-8155-1041-1
Anzahl der Stoffe: 3000
Deskriptoren: ORGANISCHE STOFFE, DATEN, INFORMATIONEN, FIRMENINDEX, SYNONYMA, STOFFBESCHAFFENHEIT, VERWENDUNGSZWECK, SCHMELZPUNKT, VISKOSITAET, SONSTIGE PC-GROESSEN
Bemerkungen: DATENTYP: POLYMERE

[259] FLICK E.W.
PLASTIC ADDITIVES
AN INDUSTRIAL GUIDE
NOYES PUBLICATIONS, PARK RIDGE, NEW JERSEY, 1986
ISBN: 0-8155-1093-4
Anzahl der Stoffe: 3400
Deskriptoren: ORGANISCHE STOFFE, ANORGANISCHE STOFFE, DATEN, INFORMATIONEN, BEZEICHNUNG, SYNONYMA, STOFFBESCHAFFENHEIT, VERWENDUNGSZWECK, MOLEKULARGEWICHT, FIRMENINDEX

[260] FOA V., EMMETT E.A., MARONI M., COLOMBI A.
OCCUPATIONAL AND ENVIRONMENTAL CHEMICAL HAZARDS
CELLULAR AND BIOCHEMICAL INDICES FOR MONITORING TOXICITY
ELLIS HORWOOD PUBLISHERS, CHICHESTER, 1987
ISBN: 0-7458-0088-2
Anzahl der Stoffe: 100
Deskriptoren: ORGANISCHE STOFFE, ANORGANISCHE STOFFE, DATEN, INFORMATIONEN, EXPERIMENTELLE METHODEN, SYSTEMANALYTISCHE METHODEN, FALLSTUDIEN, SITUATIONSSTUDIEN, BEZEICHNUNG, EPIDEMIOLOGISCHE DATEN, ARBEITSSCHUTZ, HINWEISE AUF MUTAGENE/KANZEROGENE WIRKUNGEN(MENSCH)

[261] FOERSTNER U., WITTMANN G.T.W.
METAL POLLUTION IN THE AQUATIC ENVIRONMENT
SPRINGER VERLAG, BERLIN, HEIDELBERG, NEW YORK, 1981
ISBN: 3-540-10724-X
Anzahl der Stoffe: 200
Deskriptoren: ANORGANISCHE STOFFE, DATEN, INFORMATIONEN, CHEMIKALIEN INDEX, BEZEICHNUNG, HYDROSPHAERE MEER, HYDROSPHAERE SUESSWASSER
Bemerkungen: INFORMATIONSTYP: METALLE

[262] FOOD AND AGRICULTURE ORGANIZATION OF THE UNITED NATIONS
PESTICIDE RESIDUES IN FOOD 1977
FAO PLANT PRODUCTION AND PROTECTION PAPER, ROM, 1978
ISBN: 92-5-100578-8
Anzahl der Stoffe: 50
Deskriptoren: ORGANISCHE STOFFE, DATEN, INFORMATIONEN, EXPERIMENTELLE METHODEN, BEZEICHNUNG, VERWENDUNGSART, LEBENSMITTEL PFLANZLICH UND TIERISCH, BIOAKKUMULATION, AKUTE ORALE TOXIZITAET SAEUGETIER, REPRODUKTIONSTOXIZITAET, MUTAGENITAET SAEUGETIER, CARCINOGENITAET SAEUGETIER, METABOLISMUS SAEUGETIER, AKUTE VERGIFTUNGEN, HINWEISE AUF MUTAGENE/KANZEROGENE WIRKUNGEN-(MENSCH)
Bemerkungen: NO-EFFECT-LEVEL (SAEUGETIER, MENSCH), VERMERKE AUF ANDERE ARBEITEN, LITERATUR, ACCEPTABLE DAILY INTAKE (MENSCH)

[263] FOOD AND AGRICULTURE ORGANIZATION OF THE UNITED NATIONS
PESTICIDE RESIDUES IN FOOD 1982
FAO PLANT PRODUCTION AND PROTECTION PAPER, ROM, 1983
ISBN: 92-5-101360-8
Anzahl der Stoffe: 43
Deskriptoren: ORGANISCHE STOFFE, DATEN, INFORMATIONEN, EXPERIMENTELLE METHODEN, BEZEICHNUNG, VERWENDUNGSART, LEBENSMITTEL PFLANZLICH UND TIERISCH, AKUTE ORALE TOXIZITAET SAEUGETIER, REPRODUKTIONSTOXIZITAET, MUTAGENITAET SAEUGETIER, CARCINOGENITAET SAEUGETIER, METABOLISMUS SAEUGETIER, AKUTE VERGIFTUNGEN, HINWEISE AUF MUTAGENE/KANZEROGENE WIRKUNGEN(MENSCH)
Bemerkungen: ACCEPTABLE DAILY INTAKE (MENSCH), NO-EFFECT-LEVEL (SAEUGETIER), VERMERKE AUF ANDERE ARBEITEN

[264] FOOD AND AGRICULTURE ORGANIZATION OF THE UNITED NATIONS
PESTICIDE RESIDUES IN FOOD 1985
FAO PLANT PRODUCTION AND PROTECTION PAPER, ROM, 1986
ISBN: 92-5-102365-4
Anzahl der Stoffe: 55
Deskriptoren: ORGANISCHE STOFFE, DATEN, INFORMATIONEN, EXPERIMENTELLE METHODEN, OFFIZIELLE TEXTE, BEZEICHNUNG, VERWENDUNGSART, LEBENSMITTEL PFLANZLICH UND TIERISCH, AKUTE ORALE TOXIZITAET SAEUGETIER, REPRODUKTIONSTOXIZITAET, MUTAGENITAET SAEUGETIER, CARCINOGENITAET SAEUGETIER, METABOLISMUS SAEUGETIER, AKUTE VERGIFTUNGEN, HINWEISE AUF MUTAGENE/KANZEROGENE WIRKUNGEN-(MENSCH)
Bemerkungen: ACCEPTABLE DAILY INTAKE (MENSCH), NO-EFFECT-LEVEL (SAEUGETIER), VERWEISE AUF ANDERE ARBEITEN MONOGRAPHIEN

[265] FORTH W., HENSCHLER D., RUMMEL W.
ALLGEMEINE UND SPEZIELLE PHARMAKOLOGIE UND TOXIKOLOGIE
BIBLIOGRAPHISCHES INSTITUT, ZUERICH, 1983
ISBN: 3-411-01660-4
Deskriptoren: METABOLISMUS MENSCH, BEZEICHNUNG, VERWENDUNGSART
Bemerkungen: 4. AUFLAGE, LEHRBUCH

[266] FOUNDRY SERVICES LTD.
FOSECO FOUNDRYMAN'S HANDBOOK
PERGAMON PRESS LTD, OXFORD, 1975
ISBN: 0-08-018020-5
Anzahl der Stoffe: 250
Deskriptoren: ORGANISCHE STOFFE, ANORGANISCHE STOFFE, DATEN, INFORMATIONEN, CHEMIKALIEN INDEX, BEZEICHNUNG, SYNONYMA, SCHMELZPUNKT, SIEDEPUNKT, RELATIVE DICHTE
Bemerkungen: FAKTEN, ABBILDUNGEN UND FORMELN

[267] FOX D., LABES M.M., WEISSBERGER A.
PHYSICS AND CHEMISTRY OF THE ORGANIC SOLID STATE
INTERSCIENCE PUBLISHERS, NEW YORK, 1967
Anzahl der Stoffe: 500
Deskriptoren: ORGANISCHE STOFFE, DATEN, INFORMATIONEN, CHEMIKALIEN INDEX, BEZEICHNUNG, DAMPFDRUCK, VERTEILUNGSKOEFFIZIENT, SONSTIGE VERTEILUNGSKOEFFIZIENTEN Z.B. KD, KBIO
Bemerkungen: EIGENSCHAFTEN VON ORGANISCHEN FESTSTOFFEN

[268] FRADOS J.
PLASTICS ENGINEERING HANDBOOK OF THE SOCIETY OF THE PLASTICS INDUSTRY.INC.
VAN NOSTRAND REINHOLD COMPANY, , 1976
ISBN: 0-442-22469-9
Anzahl der Stoffe: 100
Deskriptoren: ORGANISCHE STOFFE, ANORGANISCHE STOFFE, DATEN, INFORMATIONEN, EXPERIMENTELLE METHODEN, THEORETISCHE METHODEN, SITUATIONSSTUDIEN, SYNONYMA, BEZEICHNUNG, SYNONYMA, VERWENDUNGSART, SYNTHESE, RELATIVE DICHTE, SONSTIGE PC-GROESSEN
Bemerkungen: 4.EDITION

[269] FRANCK R., MUEHLSCHLEGEL H., WIECZOREK H.
KUNSTSTOFFE IM LEBENSMITTELVERKEHR
EMPFEHLUNGEN DES BUNDESGESUNDHEITSAMTES
HEYMANNS VERLAG KG, BERLIN, 1986
ISBN: 3-452-16045-9
Anzahl der Stoffe: 1200
Deskriptoren: ORGANISCHE STOFFE, ANORGANISCHE STOFFE, DATEN, INFORMATIONEN, EXPERIMENTELLE METHODEN, THEORETISCHE METHODEN, OFFIZIELLE TEXTE, UMWELTPOLITIK, BEZEICHNUNG, VERWENDUNGSART, SIEDEPUNKT, MOLEKULARGEWICHT, RELATIVE DICHTE, VISKOSITAET, BRECHUNGSINDEX, SONSTIGE PC-GROESSEN
Bemerkungen: KONZENTRATIONSANGABEN IN PPM, DATENTYP: POLYMERE, HINWEISE AUF EMPFEHLUNGEN BUNDESGESUNDHEITSBLATT, LEBENSMITTELGESETZ

[270] FRANCK R., MUEHLSCHLEGEL H., WIECZOREK H.
KUNSTSTOFFE IM LEBENSMITTELVERKEHR
EMPFEHLUNGEN DES BUNDESGESUNDHEITSAMTES
CARL-HEYMANNS VERLAG KG, BERLIN, 1986
ISBN: 3-452-16045-9
Deskriptoren: ORGANISCHE STOFFE, ANORGANISCHE STOFFE, DATEN, INFORMATIONEN, EXPERIMENTELLE METHODEN, THEORETISCHE METHODEN, OFFIZIELLE TEXTE, BEZEICHNUNG, VERWENDUNGSART, LEBENSMITTEL PFLANZLICH UND TIERISCH, TRINKWASSER, SIEDEPUNKT, MOLEKULARGEWICHT, RELATIVE DICHTE, VISKOSITAET, BRECHUNGSINDEX, SONSTIGE PC-GROESSEN
Bemerkungen: KONZENTRATIONSANGABEN IN PPM, DATENTYP: POLYMERE, HINWEISE AUF EMPFEHLUNGEN BUNDESGESUNDHEITSBLATT

[271] FRANK R., KLOEPFFER W., RIPPEN G., ULRICI W.
BATTELLE
MODELLHAFTE ERFASSUNG UND VORHERSAGE DER VERTEILUNG UND DES VERBLEIBS VON VERBRAUCHSCHEMIKALIEN IN DER UMWELT
BATTELLE, FRANKFURT, 1984
Anzahl der Stoffe: 26
Deskriptoren: DATEN, SYSTEMANALYTISCHE METHODEN, BEZEICHNUNG, VERWENDUNGSART, ANWENDUNGSMUSTER, PRODUKTIONSVOLUMEN, VERMARKTUNGSMENGE, ATMOSPHAERE, PEDOSPHAERE, HYDROSPHAERE MEER, HYDROSPHAERE SUESSWASSER, TRINKWASSER, VERTEILUNGSKOEFFIZIENT N-OCTANOL/WASSER, POW, VERTEILUNGSKOEFFIZIENT KOC, SONSTIGE VERTEILUNGSKOEFFIZIENTEN Z.B. KD, KBIO

[272] FRAUNHOFER VON J.A.
BASIC METAL FINISHING
CHEMICAL PUBLISHING CO. INC., NEW YORK, 1976
ISBN: 0-236-30917-X
Anzahl der Stoffe: 50
Deskriptoren: ORGANISCHE STOFFE, ANORGANISCHE STOFFE, DATEN, INFORMATIONEN, BEZEICHNUNG, VERWENDUNGSART
Bemerkungen: DATENTYP: UEBERZUEGE

[273] FREIER R.F.
WAESSRIGE LOESUNGEN
DATEN FUER ANORGANISCHE UND ORGANISCHE VERBINDUNGEN
WALTER DE GRUYTER, BERLIN, NEW YORK, 1978
ISBN: 3-11-006537-1
Anzahl der Stoffe: 500
Deskriptoren: ORGANISCHE STOFFE, ANORGANISCHE STOFFE, DATEN, CHEMIKALIEN INDEX, BEZEICHNUNG, SYNONYMA, SCHMELZPUNKT, RELATIVE DICHTE, VISKOSITAET, OBERFLAECHENSPANNUNG, WASSERLOESLICHKEIT, LOESLICHKEIT IN ORGANISCHEN LOESEMITTELN, DAMPFDRUCK, ABIOTISCHE ABBAUBARKEIT

[274] FREUDENTHAL R., JONES P.W.
CARCINOGENESIS
A COMPREHENSIVE SURVEY
RAVEN PRESS, NEW YORK, 1976
ISBN: 0-89004-103-2
Anzahl der Stoffe: 500

Deskriptoren: ORGANISCHE STOFFE, ANORGANISCHE STOFFE, DATEN, INFORMATIONEN, CHEMIKALIEN INDEX, BEZEICHNUNG, SYNONYMA, METABOLISMUS MENSCH, METABOLISMUS SAEUGETIER, MUTAGENITAET, MUTAGENITAET SAEUGETIER, CARCINOGENITAET SAEUGETIER
Bemerkungen: INFORMATIONSTYP: MUTAGENE UND CARCINOGENE

[275] FRIBERG L., NORDBERG G.F., VOUK V.B.
HANDBOOK ON THE TOXICOLOGY OF METALS
ELSEVIER, AMSTERDAM, NEW YORK, OXFORD, 1979
ISBN: 0-444-80075-1
Anzahl der Stoffe: 28
Deskriptoren: ANORGANISCHE STOFFE, DATEN, INFORMATIONEN, BEZEICHNUNG, PRODUKTIONSVOLUMEN, VERWENDUNGSART, SCHMELZPUNKT, SIEDEPUNKT, RELATIVE DICHTE, MUTAGENITAET SAEUGETIER, CARCINOGENITAET SAEUGETIER, REPRODUKTIONSTOXIZITAET, THEORETISCHE METHODEN, TERATOGENITAET SAEUGETIER
Bemerkungen: DATENTYP: METALLE, CLOSE-EFFECT UND DOSE-RESPONSE WECHSELWIRKUNG

[276] FRISCHE R., HACHMANN R., RIPPEN G.
BATTELLE
ERMITTLUNG UND BEWERTUNG DER UMWELTBELASTUNG UND - VERTEILUNG VON VERBRAUCHSCHEMIKALIEN
P-DICHLORBENZOL ALS GERUCHSUEBERTONER IM SAN. BEREICH
BATTELLE, FRANKFURT, 1981
Anzahl der Stoffe: 1
Deskriptoren: ORGANISCHE STOFFE, DATEN, INFORMATIONEN, EXPERIMENTELLE METHODEN, THEORETISCHE METHODEN, SYSTEMANALYTISCHE METHODEN, FALLSTUDIEN, SITUATIONSSTUDIEN, OFFIZIELLE TEXTE, BEZEICHNUNG, SYNONYMA, CAS-NUMMER, STRUKTURFORMEL, SPEKTRALDATEN, SUMMENFORMEL, STOFFBESCHAFFENHEIT, VERWENDUNGSART, ANWENDUNGSMUSTER, PRODUKTIONSVOLUMEN, SYNTHESE, EINFUHR/AUSFUHR, VERMARKTUNGSMENGE, ABFALLAUFKOMMEN, ATMOSPHAERE, HYDROSPHAERE MEER, LEBENSMITTEL PFLANZLICH UND TIERISCH, TRINKWASSER, PEDOSPHAERE, SEDIMENT, HYDROSPHAERE SUESSWASSER, KLAERSCHLAMM, SCHMELZPUNKT, SIEDEPUNKT, FLAMMPUNKT, MOLEKULARGEWICHT, RELATIVE DICHTE, VISKOSITAET, DAMPFDRUCK, OBERFLAECHENSPANNUNG, WASSERLOESLICHKEIT, WASSERDAMPFFLUECHTIGKEIT, LOESLICHKEIT IN ORGANISCHEN LOESEMITTELN, LOESLICHKEIT IN FETT, VERTEILUNGSKOEFFIZIENT N-OCTANOL/WASSER, POW, VERTEILUNGSKOEFFIZIENT KOC, SONSTIGE VERTEILUNGSKOEFFIZIENTEN Z.B. KD, KBIO, SONSTIGE PC-GROESSEN, BIOABBAU, ABIOTISCHE ABBAUBARKEIT, BIOAKKUMULATION, GEOAKKUMULATION, DIREKTER PHOTOABBAU, FISCH, BAKTERIEN, PFLANZEN, AKUTE ORALE TOXIZITAET SAEUGETIER, INHALATIV SAEUGETIER, REPRODUKTIONSTOXIZITAET, MUTAGENITAET SAEUGETIER, CARCINOGENITAET SAEUGETIER, METABOLISMUS SAEUGETIER, AKUTE VERGIFTUNGEN, CHRONISCHE VERGIFTUNGEN MENSCH, HINWEISE AUF MUTAGENE/KANZEROGENE WIRKUNGEN(MENSCH), ARBEITSSCHUTZ, MAK-WERTE, TLV-WERTE
Bemerkungen: UMFANGREICHES DATENPROFIL

[277] FULLER B., HUSHON J., KORNREICH M., QUELLETTE R., THOMAS L., WALKER P.
ENVIRONMENTAL PROTECTION AGENCY
PRELIMINARY SCORING OF SELECTIVE ORGANIC AIR POLLUTANTS

EPA REPORT 450/3-77-008A
MITRE CORPORATION, MCLEAN, 1976
Anzahl der Stoffe: 637
Deskriptoren: ORGANISCHE STOFFE, DATEN, INFORMATIONEN, CHEMIKALIEN INDEX, BEZEICHNUNG, SYNONYMA, CAS-NUMMER, PRODUKTIONSVOLUMEN, SCHMELZPUNKT, SIEDEPUNKT, DAMPFDRUCK, RELATIVE DICHTE, VERTEILUNGSKOEFFIZIENT N-OCTANOL/WASSER, POW, WASSERLOESLICHKEIT, BIOAKKUMULATION, AKUTE ORALE TOXIZITAET SAEUGETIER, CHRONISCHE TOXIZITAET SAEUGETIER, ANDERE WIRKUNGEN, CARCINOGENITAET SAEUGETIER, MUTAGENITAET SAEUGETIER, TERATOGENITAET SAEUGETIER
Bemerkungen: BEWERTUNGSSCHEMA DER RELATIVEN GEFAHR DURCH CHEMIKALIEN

[278] FULLER B., HUSHON J., KORNREICH M., QUELLETTE R., THOMAS L., WALKER P.
ENVIRONMENTAL PROTECTION AGENCY
SCORING OF ORGANIC AIR POLLUTANTS
MITRE TECHNICAL REPORT MTR-7248
MITRE CORPORATION, WASHINGTON D.C., 1976
Anzahl der Stoffe: 637
Deskriptoren: ORGANISCHE STOFFE, DATEN, INFORMATIONEN, CHEMIKALIEN INDEX, BEZEICHNUNG, SYNONYMA, CAS-NUMMER, PRODUKTIONSVOLUMEN, DAMPFDRUCK, AKUTE ORALE TOXIZITAET SAEUGETIER, CARCINOGENITAET SAEUGETIER, MUTAGENITAET SAEUGETIER, TERATOGENITAET SAEUGETIER
Bemerkungen: KLASSIFIKATION UND RANKING VON CHEMIKALIEN

[279] FURIA T.E.
CRC HANDBOOK OF FOOD ADDITIVES
CRC PRESS INC., CLEVELAND, 1980
ISBN: 0-8493-0542-X
Anzahl der Stoffe: 500
Deskriptoren: ORGANISCHE STOFFE, ANORGANISCHE STOFFE, DATEN, INFORMATIONEN, BEZEICHNUNG, SYNONYMA, CHEMIKALIEN INDEX, VERWENDUNGSART, SCHMELZPUNKT, WASSERLOESLICHKEIT, LOESLICHKEIT IN ORGANISCHEN LOESEMITTELN, DISSOZIATIONSKONSTANTE
Bemerkungen: DATENTYP: LEBENSMITTELZUSATZSTOFFE

[280] FUSCALDO A., ERLICK B.J., HINDEMAN B.
LABORATORY SAFETY THEORY AND PRACTICE
ACADEMIC PRESS, NEW YORK, 1980
ISBN: 0-12-269980-7
Anzahl der Stoffe: 500
Deskriptoren: ORGANISCHE STOFFE, ANORGANISCHE STOFFE, DATEN, INFORMATIONEN, CHEMIKALIEN INDEX, BEZEICHNUNG, SYNONYMA, AKUTE ORALE TOXIZITAET SAEUGETIER, ANDERE WIRKUNGEN, CHRONISCHE TOXIZITAET SAEUGETIER, CHRONISCHE TOXIZITAET MENSCH, CHRONISCHE VERGIFTUNGEN MENSCH, ARBEITSSCHUTZ, EPIDEMIOLOGISCHE DATEN, CARCINOGENITAET SAEUGETIER
Bemerkungen: LABORSICHERHEIT, ARBEITSCHUTZ

[281] GAECHTER R., MUELLER H.
TASCHENBUCH DER KUNSTSTOFFADDITIVE

STABILISATOREN, HILFSSTOFFE, WEICHMACHER, FUELLSTOFFE, VERSTAERKUNGSMITTEL, FARBMITTEL
CARL HAUSER, MUENCHEN, 1983
ISBN: 3-446-13689-4
Anzahl der Stoffe: 300
Deskriptoren: ORGANISCHE STOFFE, ANORGANISCHE STOFFE, DATEN, INFORMATIONEN, CHEMIKALIEN INDEX, BEZEICHNUNG, VERWENDUNGSART, SCHMELZPUNKT, WASSERLOESLICHKEIT, LOESLICHKEIT IN ORGANISCHEN LOESEMITTELN, DIREKTER PHOTOABBAU, AKUTE ORALE TOXIZITAET SAEUGETIER
Bemerkungen: DATENTYP: POLYMERADDITIVE

[282] GARDNER W.
CHEMICAL SYNONYMS AND TRADE NAMES
TECHNICAL PRESS, OXFORD, 1978
Anzahl der Stoffe: 2000
Deskriptoren: ORGANISCHE STOFFE, ANORGANISCHE STOFFE, DATEN, INFORMATIONEN, CHEMIKALIEN INDEX, SYNONYMA INDEX, BEZEICHNUNG, SYNONYMA, CAS-NUMMER, VERWENDUNGSART
Bemerkungen: QUELLE ZUR IDENTIFIKATION VON HANDELSNAMEN

[283] GEHM H.W., BREGMAN J.I.
HANDBOOK OF WATER RESOURCES AND POLLUTION CONTROL
VAN NOSTRAND REINHOLD COMPANY, NEW YORK, 1976
ISBN: 0-442-21041-8
Anzahl der Stoffe: 100
Deskriptoren: ORGANISCHE STOFFE, ANORGANISCHE STOFFE, DATEN, INFORMATIONEN, BEZEICHNUNG, ABFALLAUFKOMMEN, HYDROSPHAERE MEER, HYDROSPHAERE SUESSWASSER
Bemerkungen: TECHNOLOGIE DER ABWASSERBEREITUNG

[284] GEISS H.
AUSBREITUNG VON SCHADSTOFFEN IN DER ATMOSPHAERE
THEORETISCHE GRUNDLAGEN + PRAKTISCHE ANWENDUNGEN
TUEV RHEINLAND, KOELN, 1983
ISBN: 3-88585-127
Deskriptoren: DATEN, INFORMATIONEN, SYSTEMANALYTISCHE METHODEN, FALLSTUDIEN, SITUATIONSSTUDIEN, THEORETISCHE METHODEN, ATMOSPHAERE
Bemerkungen: KTG-SEMINAR

[285] GENERAL ELECTRIC CO.
MATERIAL SAFETY DATA SHEETS
GENERAL ELECTRIC CO., TECHNICAL MARKETING DIVISION, NEW YORK, 1983
Anzahl der Stoffe: 1275
Deskriptoren: ORGANISCHE STOFFE, ANORGANISCHE STOFFE, DATEN, INFORMATIONEN, CHEMIKALIEN INDEX, BEZEICHNUNG, SYNONYMA, CAS-NUMMER, SCHMELZPUNKT, SIEDEPUNKT, AKUTE ORALE TOXIZITAET SAEUGETIER, ANDERE WIRKUNGEN, ARBEITSSCHUTZ
Bemerkungen: METALLE, GASE, HARZE, OELE, ALKOHOLE, ORGANISCHE LOESEMITTEL, SICHERHEITSDATENBLAETTER

[286] GIBSON D.T.
UNIVERSITY OF TEXAS
MICROBIAL DEGRADATION OF ORGANIC COMPOUNDS
MARCEL DEKKER, NEW YORK, 1984
ISBN: 0-8247-7102-8
Anzahl der Stoffe: 200
Deskriptoren: ORGANISCHE STOFFE, DATEN, INFORMATIONEN, BEZEICHNUNG, PRODUKTIONSVOLUMEN, VERTEILUNGSKOEFFIZIENT KOC, BIOABBAU
Bemerkungen: ABBAUWEGE VON STOFFGRUPPEN

[287] GILMAN A.G., GOODMAN L.S., GILMAN A.
GOODMAN AND GILMAN'S THE PHARMACOLOGICAL BASIS OF THERAPEUTICS
MACMILLAN PUBLISHING CO., NEW YORK, 1980
ISBN: 0-02-344720-6
Anzahl der Stoffe: 500
Deskriptoren: ORGANISCHE STOFFE, DATEN, INFORMATIONEN, CHEMIKALIEN INDEX, BEZEICHNUNG, SYNONYMA, VERWENDUNGSART, AKUTE ORALE TOXIZITAET SAEUGETIER, CHRONISCHE TOXIZITAET MENSCH, CHRONISCHE TOXIZITAET SAEUGETIER, ANDERE WIRKUNGEN, METABOLISMUS SAEUGETIER, METABOLISMUS MENSCH
Bemerkungen: DATENTYP: PHARMAZEUTIKA, KORRELATION DER PHARMAKOLOGIE MIT VERWANDTEN WISSENSCHAFTEN

[288] GLEASON M.N., GOSSELIN R.E., HODGE H.C., SMITZ R.P.
CLINICAL TOXICOLOGY OF COMMERCIAL PRODUCTS
WILLIAMS AND WILKINS, BALTIMORE, 1977
ISBN: 0-683-03631-9
Anzahl der Stoffe: 300
Deskriptoren: ORGANISCHE STOFFE, ANORGANISCHE STOFFE, DATEN, INFORMATIONEN, CHEMIKALIEN INDEX, SYNONYMA INDEX, BEZEICHNUNG, SYNONYMA, AKUTE ORALE TOXIZITAET SAEUGETIER, INHALATIV SAEUGETIER, HAUTREIZUNG SAEUGETIER, AUGENREIZUNG SAEUGETIER, DERMALE TOXIZITAET SAEUGETIER, ANDERE WIRKUNGEN
Bemerkungen: TOXIKOLOGIE VON CHEMIKALIEN, INFORMATIONSTYP: TOXIKOLOGIE

[289] GLOXHUBER C.
ANIONIC SURFACTANTS
BIOCHEMISTRY, TOXICOLOGY, DERMATOLOGY
MARCEL DEKKER, NEW YORK, 1980
ISBN: 0-8247-6946-5
Anzahl der Stoffe: 200
Deskriptoren: ORGANISCHE STOFFE, ANORGANISCHE STOFFE, DATEN, INFORMATIONEN, CHEMIKALIEN INDEX, BEZEICHNUNG, SYNONYMA, AKUTE ORALE TOXIZITAET SAEUGETIER, HAUTREIZUNG SAEUGETIER, SUBAKUTE-SUBCHRONISCHE TOXIZITAET SAEUGETIER, CHRONISCHE TOXIZITAET SAEUGETIER, MUTAGENITAET SAEUGETIER, CARCINOGENITAET SAEUGETIER, TERATOGENITAET SAEUGETIER, ANDERE WIRKUNGEN
Bemerkungen: DATENTYP: SCHAUMERZEUGER

[290] GMEHLING J., ONKEN V.
VAPOR-LIQUID EQUILIBRIUM
DATA COLLECTION
DECHEMA, FRANKFURT, 1977
ISBN: 3-921567-09-2
Anzahl der Stoffe: 1000
Deskriptoren: ORGANISCHE STOFFE, ANORGANISCHE STOFFE, DATEN, CHEMIKALIEN INDEX, BEZEICHNUNG, SYNONYMA, DAMPFDRUCK
Bemerkungen: BINAERE, TERTIAERE SYSTEME

[291] GMELIN INSTITUT FUER ANORGANISCHE CHEMIE UND GRENZGEBIETE
GMELIN HANDBUCH DER ANORGANISCHEN CHEMIE
SPRINGER VERLAG, BERLIN, HEIDELBERG, 1975
Anzahl der Stoffe: 20000
Deskriptoren: ANORGANISCHE STOFFE, DATEN, INFORMATIONEN, CHEMIKALIEN INDEX, BEZEICHNUNG, SYNONYMA, ATMOSPHAERE, HYDROSPHAERE MEER, HYDROSPHAERE SUESSWASSER, PEDOSPHAERE, SEDIMENT, SCHMELZPUNKT, SIEDEPUNKT, RELATIVE DICHTE, DAMPFDRUCK, WASSERLOESLICHKEIT, LOESLICHKEIT IN ORGANISCHEN LOESEMITTELN, ABIOTISCHE ABBAUBARKEIT, AKUTE ORALE TOXIZITAET SAEUGETIER
Bemerkungen: STANDARDWERK DER ANORGANISCHEN CHEMIE

[292] GNAMM H., FUCHS O.
LOESUNGSMITTEL UND WEICHMACHUNGSMITTEL
LOESLICHKEITSTABELLEN VON MAKROMOLEKUELEN
WISSENSCHAFTLICHE VERLAGSGESELLSCHAFT MBH, STUTTGART, 1980
ISBN: 3-8047-0599-5
Anzahl der Stoffe: 3000
Deskriptoren: ORGANISCHE STOFFE, ANORGANISCHE STOFFE, INFORMATIONEN, GRUPPENINDEX, BEZEICHNUNG, VERWENDUNGSZWECK
Bemerkungen: LOESUNGSVERHALTEN

[293] GNAMM H., FUCHS O.
LOESUNGSMITTEL UND WEICHMACHUNGSMITTEL
PHYSIKALISCHE GRUNDLAGEN UND EIGENSCHAFTEN DER LOESUNGEN VON NIEDER-UND HOCHMOLEKULAREN VERBINDUNGEN
WISSENSCHAFTLICHE VERLAGSGESELLSCHAFT MBH, STUTTGART, 1980
ISBN: 3-8047-0542-1
Anzahl der Stoffe: 1000
Deskriptoren: ORGANISCHE STOFFE, DATEN, INFORMATIONEN, THEORETISCHE METHODEN, BEZEICHNUNG, VERWENDUNGSART, VERWENDUNGSZWECK, ANWENDUNGSMUSTER, FLAMMPUNKT, OBERFLAECHENSPANNUNG, VISKOSITAET, SONSTIGE VERTEILUNGSKOEFFIZIENTEN Z.B. KD, KBIO, SONSTIGE PC-GROESSEN

[294] GOEBEL W.
WEGWEISER GEFAHRSTOFFE
UNIVERSUM VERLAGSANSTALT, WIESBADEN, 1989
Anzahl der Stoffe: 1000
Deskriptoren: ORGANISCHE STOFFE, ANORGANISCHE STOFFE, DATEN, INFORMATIONEN, OFFIZIELLE TEXTE, CHEMIKALIEN INDEX, CAS-NUMMER INDEX, BEZEICHNUNG, SYNONYMA, CAS-NUMMER, EG-NUMMER, UN-NUMMER, ARBEITSSCHUTZ, MAK-WERTE, BAT-WERTE, TRK-WERTE, R, S-SAETZE, BRAND- UND EXPLOSIONSSCHUTZ, ENTSORGUNG

[295] GOLDSTEIN R.F., WADDAMS A.L.
THE PETROLEUM CHEMICALS INDUSTRY
E & F.N. SPON LTD.VERLAGSGESELLSCHAFT MBH, LONDON, 1967
Anzahl der Stoffe: 100
Deskriptoren: ORGANISCHE STOFFE, DATEN, INFORMATIONEN, CHEMIKALIEN INDEX, BEZEICHNUNG, SYNONYMA, SIEDEPUNKT, VERWENDUNGSZWECK
Bemerkungen: DATENTYP: PETROCHEMIKALIEN

[296] GOODWIN B.L.
HANDBOOK OF INTERMEDIARY METABOLISM OF AROMATIC COMPOUNDS
JOHN WILEY & SONS, NEW YORK, 1976
ISBN: 0-470-15026-2
Anzahl der Stoffe: 5000
Deskriptoren: ORGANISCHE STOFFE, DATEN, INFORMATIONEN, CHEMIKALIEN INDEX, BEZEICHNUNG, SYNONYMA, METABOLISMUS MENSCH, METABOLISMUS SAEUGETIER
Bemerkungen: METABOLISMUS VON AROMATISCHEN VEBINDUNGEN

[297] GORDON A.J., FORD R.A.
THE CHEMIST'S COMPANION
JOHN WILEY & SONS, NEW YORK, 1972
ISBN: 0-471-31590-7
Anzahl der Stoffe: 500
Deskriptoren: ORGANISCHE STOFFE, ANORGANISCHE STOFFE, DATEN, INFORMATIONEN, CHEMIKALIEN INDEX, BEZEICHNUNG, SYNONYMA, SCHMELZPUNKT, SIEDEPUNKT, RELATIVE DICHTE, WASSERLOESLICHKEIT, DIREKTER PHOTOABBAU

[298] GORING C.A., HAMAKER J.W.
ORGANIC CHEMICALS IN THE SOIL ENVIRONMENT
MARCEL DEKKER, NEW YORK, 1972
ISBN: 0-8247-1264-1
Anzahl der Stoffe: 200
Deskriptoren: ORGANISCHE STOFFE, DATEN, INFORMATIONEN, CHEMIKALIEN INDEX, BEZEICHNUNG, SYNONYMA, DAMPFDRUCK, WASSERLOESLICHKEIT, SONSTIGE VERTEILUNGSKOEFFIZIENTEN Z.B. KD, KBIO, BIOABBAU, BIOAKKUMULATION
Bemerkungen: DATENTYP: PESTIZIDE

[299] GOTTSCHALK C.
BEITRAG ZUR BEURTEILUNG VON 19 GEFAEHRLICHEN STOFFEN IN OBERIRDISCHEN GEWAESSERN
UMWELTBUNDESAMT, BERLIN, 1986
Anzahl der Stoffe: 19
Deskriptoren: ORGANISCHE STOFFE, DATEN, INFORMATIONEN, SYSTEMANALYTISCHE METHODEN, FALLSTUDIEN, SITUATIONSSTUDIEN, BEZEICHNUNG, STRUKTURFORMEL, VERWENDUNGSART, ANWENDUNGSMUSTER, HYDROSPHAERE SUESSWASSER, LEBENSMITTEL PFLANZLICH UND TIERISCH, TRINKWASSER, WASSERLOESLICHKEIT, VERTEILUNGSKOEFFIZIENT KOC, SONSTIGE VERTEILUNGSKOEFFIZIENTEN Z.B. KD, KBIO, SIEDEPUNKT, DAMPFDRUCK, VERTEILUNGSKOEFFIZIENT N-OCTANOL/WASSER, POW, BIOAKKUMULATION, BIOABBAU, ALGE, FISCH, DAPHNIA, BAKTERIEN, INSEKTEN, AKUTE ORALE TOXIZITAET SAEUGETIER, CHRONISCHE TOXIZITAET SAEUGETIER, CARCINOGENITAET SAEUGETIER, AKUTE VERGIFTUNGEN, HINWEISE AUF

MUTAGENE/KANZEROGENE WIRKUNGEN(MENSCH), MAK-WERTE, TLV-WERTE

[300] GRAEDEL T.E., HAWKINS D.T., CLAXTON L.D.
AT + T BELL LABORATORIES MURRAY HILL, NEW JERSEY
ATMOSPHERIC CHEMICAL COMPOUNDS
SOURCES, OCCURRENCE AND BIOASSAY
ACADEMIC PRESS, ORLANDO, SAN DIEGO, NEW YORK, AUSTIN LONDON, MONTREAL, 1986
ISBN: 0-12-294485-2
Anzahl der Stoffe: 2500
Deskriptoren: ORGANISCHE STOFFE, CAS-NUMMER INDEX, DATEN, INFORMATIONEN, BEZEICHNUNG, CAS-NUMMER, ATMOSPHAERE

[301] GRAEDEL T.E.
BELL LABORATORIES MURRAY HILL
CHEMICAL COMPOUNDS IN THE ATMOSPHERE
ACADEMIC PRESS, NEW YORK, LONDON, 1978
ISBN: 0-12-294480-1
Anzahl der Stoffe: 1600
Deskriptoren: ORGANISCHE STOFFE, DATEN, BEZEICHNUNG, STRUKTURFORMEL, ATMOSPHAERE
Bemerkungen: KEIN INDEX, ORDNUNG NACH CHEMISCHER NOMENKLATUR

[302] GRAF E., PREUSS R.
GADAMERS LEHRBUCH DER CHEMISCHEN TOXIKOLOGIE UND ANLEITUNG ZUR AUSMITTELUNG DER GIFTE
VANDENHOECK & RUPPRECHT, GOETTINGEN, 1979
ISBN: 03-525-42303-9
Anzahl der Stoffe: 10000
Deskriptoren: ORGANISCHE STOFFE, ANORGANISCHE STOFFE, DATEN, INFORMATIONEN, EXPERIMENTELLE METHODEN, CHEMIKALIEN INDEX, BEZEICHNUNG, SYNONYMA, SCHMELZPUNKT, SIEDEPUNKT, RELATIVE DICHTE, DAMPFDRUCK, BRECHUNGSINDEX, FLAMMPUNKT, WASSERLOESLICHKEIT, LOESLICHKEIT IN ORGANISCHEN LOESEMITTELN, METABOLISMUS MENSCH, METABOLISMUS SAEUGETIER, AKUTE ORALE TOXIZITAET SAEUGETIER, ANDERE WIRKUNGEN

[303] GRAND J.
HACKH'S CHEMICAL DICTIONARY
MCGRAW-HILL BOOK COMPANY, NEW YORK, 1969
Anzahl der Stoffe: 10000
Deskriptoren: ORGANISCHE STOFFE, ANORGANISCHE STOFFE, DATEN, INFORMATIONEN, CHEMIKALIEN INDEX, BEZEICHNUNG, SYNONYMA, VERWENDUNGSART, SCHMELZPUNKT, SIEDEPUNKT, RELATIVE DICHTE, REFRAKTIONSINDEX, WASSERLOESLICHKEIT, LOESLICHKEIT IN ORGANISCHEN LOESEMITTELN

[304] GRANDERYE L.M.
DICTIONNAIRE DE CHIMIE
DUDOD, PARIS, 1962
Anzahl der Stoffe: 3000
Deskriptoren: ORGANISCHE STOFFE, ANORGANISCHE STOFFE, DATEN, INFORMATIONEN, EXPERIMENTELLE METHODEN, CHEMIKALIEN INDEX, BE-

ZEICHNUNG, SYNONYMA, SCHMELZPUNKT, SIEDEPUNKT, RELATIVE DICHTE, REFRAKTIONSINDEX, FLAMMPUNKT, WASSERLOESLICHKEIT, LOESLICHKEIT IN ORGANISCHEN LOESEMITTELN

[305] GRANT W.M.
TOXICOLOGY OF THE EYE
DRUGS, CHEMICALS, PLANTS, VENOMS
CHARLES C. THOMAS, SPINGFIELD, 1974
ISBN: 0-398-02299-2
Anzahl der Stoffe: 5000
Deskriptoren: ORGANISCHE STOFFE, ANORGANISCHE STOFFE, DATEN, INFORMATIONEN, CHEMIKALIEN INDEX, BEZEICHNUNG, SYNONYMA, AUGENREIZUNG SAEUGETIER, ARBEITSSCHUTZ, MASSNAHMEN BEI UNFAELLEN UND BRAENDEN, MASSNAHMEN NACH VERSCHUETTEN/AUSLAUFEN/GASAUSTRITT
Bemerkungen: WIRKUNGEN AUF DAS AUGE

[306] GREEN M.B., HARTLEY G.S., WEST T.F.
CHEMICALS FOR CROP IMPROVEMENT AND PEST MANAGEMENT
PERGAMON PRESS LTD, NEW YORK, 1987
ISBN: 0-08-030249-1
Anzahl der Stoffe: 530
Deskriptoren: ORGANISCHE STOFFE, ANORGANISCHE STOFFE, DATEN, INFORMATIONEN, EXPERIMENTELLE METHODEN, SITUATIONSSTUDIEN, ZUSAMMENFASSENDE ARBEITEN, SYNONYMA INDEX, SYNONYMA, SCHMELZPUNKT INDEX, STRUKTURFORMEL, STOFFBESCHAFFENHEIT, VERWENDUNGSART, VERWENDUNGSZWECK, ANWENDUNGSMUSTER, PRODUKTIONSVOLUMEN, VERMARKTUNGSMENGE, SCHMELZPUNKT, DAMPFDRUCK, WASSERLOESLICHKEIT, PFLANZEN, INSEKTEN, VOEGEL, AKUTE ORALE TOXIZITAET SAEUGETIER
Bemerkungen: DATENTYP: PESTIZIDE

[307] GREGERSEN P., HANSEN T.B.
ORGANIC SOLVENTS
DOCUMENTATION OF THE NEUROTOXIC EFFECTS IN HUMANS EXPOSED TO SOLVENTS
NOTEX-GRAFISK SERVICE CENTER AG, COPENHAGEN, 1986
ISBN: 87-503-6248-8
Anzahl der Stoffe: 16
Deskriptoren: ORGANISCHE STOFFE, DATEN, INFORMATIONEN, EXPERIMENTELLE METHODEN, SYSTEMANALYTISCHE METHODEN, FALLSTUDIEN, SITUATIONSSTUDIEN, OFFIZIELLE TEXTE, BEZEICHNUNG, SYNONYMA, CAS-NUMMER, STRUKTURFORMEL, EG-NUMMER, SUMMENFORMEL, STOFFBESCHAFFENHEIT, VERWENDUNGSART, ATMOSPHAERE, SCHMELZPUNKT, ZUENDTEMPERATUR, SIEDEPUNKT, FLAMMPUNKT, ZERSETZUNGSPUNKT, MOLEKULARGEWICHT, RELATIVE DICHTE, DAMPFDRUCK, WASSERLOESLICHKEIT, LOESLICHKEIT IN ORGANISCHEN LOESEMITTELN, SONSTIGE PC-GROESSEN, AKUTE ORALE TOXIZITAET SAEUGETIER, AKUTE PERCUTANE TOXIZITAET SAEUGETIER, HAUTREIZUNG SAEUGETIER, DERMALE TOXIZITAET SAEUGETIER, AUGENREIZUNG SAEUGETIER, SUBAKUTE-SUBCHRONISCHE TOXIZITAET SAEUGETIER, CARCINOGENITAET SAEUGETIER, ANDERE WIRKUNGEN, AKUTE VERGIFTUNGEN, CHRONISCHE VERGIFTUNGEN MENSCH, R, S-SAETZE

[308] GRIESSHAMMER R.
OEKO-INSTITUT FREIBURG
CHEMIE IM HAUSHALT
ROWOHLT VERLAG GMBH, HAMBURG, 1984
ISBN: 3-498-050087
Anzahl der Stoffe: 100
Deskriptoren: ORGANISCHE STOFFE, ANORGANISCHE STOFFE, DATEN, INFORMATIONEN, UMWELTPOLITIK, BEZEICHNUNG, VERWENDUNGSART, PRODUKTIONSVOLUMEN, VERMARKTUNGSMENGE, ATMOSPHAERE, HYDROSPHAERE SUESSWASSER, BIOAKKUMULATION, BAKTERIEN, AKUTE ORALE TOXIZITAET SAEUGETIER, HAUTREIZUNG SAEUGETIER, DERMALE TOXIZITAET SAEUGETIER, AUGENREIZUNG SAEUGETIER, INHALATIV SAEUGETIER, CHRONISCHE TOXIZITAET MENSCH, MUTAGENITAET SAEUGETIER, CARCINOGENITAET SAEUGETIER, AKUTE VERGIFTUNGEN, CHRONISCHE VERGIFTUNGEN MENSCH, HINWEISE AUF MUTAGENE/KANZEROGENE WIRKUNGEN(MENSCH)

[309] GRIGNARD V.
TRAITE DE CHIMIE ORGANIQUE
MASSON ET CIE, PARIS, 1954
Anzahl der Stoffe: 50000
Deskriptoren: ORGANISCHE STOFFE, DATEN, INFORMATIONEN, CHEMIKALIEN INDEX, BEZEICHNUNG, SYNONYMA, SCHMELZPUNKT, SIEDEPUNKT, RELATIVE DICHTE, DAMPFDRUCK, WASSERLOESLICHKEIT, LOESLICHKEIT IN ORGANISCHEN LOESEMITTELN
Bemerkungen: STANDARDWERK DER ORGANISCHEN CHEMIE

[310] GRIMMER G.
ENVIRONMENTAL CARCINOGENS
POLYCYCLIC AROMATIC HYDROCARBONS
CRC PRESS INC., BOCA RATON FLORIDA, 1983
ISBN: 0-8493-6561-9
Anzahl der Stoffe: 100
Deskriptoren: ORGANISCHE STOFFE, DATEN, INFORMATIONEN, CHEMIKALIEN INDEX, BEZEICHNUNG, SYNONYMA, ATMOSPHAERE, LEBENSMITTEL PFLANZLICH UND TIERISCH, CARCINOGENITAET SAEUGETIER, HINWEISE AUF MUTAGENE/KANZEROGENE WIRKUNGEN(MENSCH), ANDERE WIRKUNGEN
Bemerkungen: BIOCHEMIE VON POLYZYKLISCHEN AROMATISCHEN KOHLENWASSERSTOFFE

[311] GRISHAM J.W.
HEALTH ASPECTS OF THE DISPOSAL OF WASTE CHEMICALS
PERGAMON PRESS LTD, NEW YORK, 1986
ISBN: 0-08-033159-9
Anzahl der Stoffe: 250
Deskriptoren: ORGANISCHE STOFFE, ANORGANISCHE STOFFE, DATEN, INFORMATIONEN, EXPERIMENTELLE METHODEN, ZUSAMMENFASSENDE ARBEITEN, BEZEICHNUNG, SYNONYMA, ABFALLAUFKOMMEN, ATMOSPHAERE, PEDOSPHAERE, HYDROSPHAERE SUESSWASSER, GRUNDWASSER, AKUTE ORALE TOXIZITAET SAEUGETIER, DERMALE TOXIZITAET SAEUGETIER, INHALATIV SAEUGETIER, CHRONISCHE TOXIZITAET SAEUGETIER, TERATOGENITAET SAEUGETIER, MUTAGENITAET SAEUGETIER, CARCINOGENITAET SAEUGETIER, METABOLISMUS SAEUGETIER, WIRKUNG AUF IMMUNSYSTEM,

ANDERE WIRKUNGEN, AKUTE VERGIFTUNGEN, EPIDEMIOLOGISCHE DATEN, CHRONISCHE TOXIZITAET MENSCH, HINWEISE AUF MUTAGENE/KANZEROGENE WIRKUNGEN(MENSCH), ARBEITSSCHUTZ
Bemerkungen: GUTE ZUSAMMENFASSUNG UEBER WASTE DISPOSAL

[312] GROSSKLAUS D.
RUECKSTAENDE IN VON TIEREN STAMMENDEN LEBENSMITTELN
PAUL PAREY, BERLIN, 1989
ISBN: 3-489-62414-9
Anzahl der Stoffe: 400
Deskriptoren: ORGANISCHE STOFFE, ANORGANISCHE STOFFE, DATEN, INFORMATIONEN, EXPERIMENTELLE METHODEN, THEORETISCHE METHODEN, SYSTEMANALYTISCHE METHODEN, SITUATIONSSTUDIEN, OFFIZIELLE TEXTE, BEZEICHNUNG, VERWENDUNGSZWECK, LEBENSMITTEL PFLANZLICH UND TIERISCH, AKUTE VERGIFTUNGEN, EPIDEMIOLOGISCHE DATEN, CHRONISCHE VERGIFTUNGEN MENSCH, HINWEISE AUF MUTAGENE/KANZEROGENE WIRKUNGEN(MENSCH)

[313] GUENZI W.D.
PESTICIDES IN SOIL AND WATER
SOIL SCIENCE SOCIETY OF AMERICA INC., MADISON, 1974
Anzahl der Stoffe: 250
Deskriptoren: ORGANISCHE STOFFE, DATEN, INFORMATIONEN, EXPERIMENTELLE METHODEN, THEORETISCHE METHODEN, BEZEICHNUNG, PEDOSPHAERE, LEBENSMITTEL PFLANZLICH UND TIERISCH, DAMPFDRUCK, SONSTIGE VERTEILUNGSKOEFFIZIENTEN Z.B. KD, KBIO, BIOABBAU, DIREKTER PHOTOABBAU, TLM 96 AQUATIC TOXICITY RATING, WUERMER, MOLLUSKEN, FISCH, PFLANZEN, INSEKTEN, ADSORPTION, BIOAKKUMULATION
Bemerkungen: DATENTYP: PESTIZIDE

[314] GUETHNER G., BARRETT D.H., OSBORNE M.C., TIKVART J.A.
COMMITTEE ON THE CHALLENGES OF MODERN SOCIETY
CONTROL OF HEAVY METAL EMISSION FROM STATIONARY SOURCES
NATO/CCMS PILOT STUDY ON AIR POLLUTION CONTROL, STRATEGIES AND IMPACT MODELLING
NATO, WASHINGTON D.C., 1983
Anzahl der Stoffe: 20
Deskriptoren: ANORGANISCHE STOFFE, DATEN, INFORMATIONEN, BEZEICHNUNG, SYSTEMANALYTISCHE METHODEN, OFFIZIELLE TEXTE, ATMOSPHAERE
Bemerkungen: SCHWERMETALLE IN DER LUFT IN DEN USA UND IN DEUTSCHLAND, INFORMATIONSTYP: METALLE

[315] GUNTHER F.A.
RESIDUE REVIEWS
RESIDUES OF PESTICIDES AND OTHER CONTAMINANTS IN THE TOTAL ENVIRONMENT
SPRINGER VERLAG, NEW YORK, HEIDELBERG, BERLIN, 1981
ISBN: 3-540-90567-7
Anzahl der Stoffe: 250
Deskriptoren: DATEN, INFORMATIONEN, EXPERIMENTELLE METHODEN, BEZEICHNUNG, METABOLISMUS MENSCH, SYNONYMA, SUMMENFORMEL, STRUKTURFORMEL, VERWENDUNGSART, ATMOSPHAERE, LEBENSMITTEL PFLANZLICH UND TIERISCH, PEDOSPHAERE, HYDROSPHAERE SUESSWASSER,

SCHMELZPUNKT, SIEDEPUNKT, MOLEKULARGEWICHT, WASSERLOESLICHKEIT, ANDERE LOESLICHKEITEN, VERTEILUNGSKOEFFIZIENT N-OCTANOL/WASSER, POW, DIREKTER PHOTOABBAU, BIOABBAU, BIOAKKUMULATION, FISCH, DAPHNIA, AKUTE ORALE TOXIZITAET SAEUGETIER, BIENE, VOEGEL, SUBAKUTE-SUBCHRONISCHE TOXIZITAET SAEUGETIER, CHRONISCHE TOXIZITAET SAEUGETIER, REPRODUKTIONSTOXIZITAET, TERATOGENITAET SAEUGETIER, MUTAGENITAET SAEUGETIER, CARCINOGENITAET SAEUGETIER
Bemerkungen: BODENADSORPTION VON PESTIZIDEN, DATENTYP: PESTIZIDE

[316] GUNTHER F.A., GUNTHER J.D.
RESIDUE REVIEWS
RESIDUES OF PESTICIDES IN THE TOTAL ENVIRONMENT
SPRINGER VERLAG, BERLIN, HEIDELBERG, 1981
ISBN: 0-387-90567-7
Anzahl der Stoffe: 250
Deskriptoren: ORGANISCHE STOFFE, DATEN, INFORMATIONEN, BEZEICHNUNG, SYNONYMA, PEDOSPHAERE, SONSTIGE VERTEILUNGSKOEFFIZIENTEN Z.B. KD, KBIO, DISSOZIATIONSKONSTANTE, BIOABBAU, ABIOTISCHE ABBAUBARKEIT, METABOLISMUS SAEUGETIER
Bemerkungen: DATENTYP: PESTIZIDE, BODENADSORPTION VON PESTIZIDEN

[317] GUNTHER F.A.
RESIDUES REVIEWS
SPRINGER VERLAG, BERLIN, HEIDELBERG, 1988
Anzahl der Stoffe: 1000
Deskriptoren: ORGANISCHE STOFFE, ANORGANISCHE STOFFE, DATEN, INFORMATIONEN, CHEMIKALIEN INDEX, BEZEICHNUNG, SYNONYMA, VERWENDUNGSART, ATMOSPHAERE, HYDROSPHAERE MEER, HYDROSPHAERE SUESSWASSER, PEDOSPHAERE, SEDIMENT, LEBENSMITTEL PFLANZLICH UND TIERISCH, KLAERSCHLAMM, WASSERLOESLICHKEIT, DIREKTER PHOTOABBAU, BIOABBAU, BIOAKKUMULATION, ABIOTISCHE ABBAUBARKEIT, FISCH, ALGE, DAPHNIA, AKUTE ORALE TOXIZITAET SAEUGETIER
Bemerkungen: RUECKSTAENDE VON PESTIZIDEN IN DER UMWELT, DATENTYP: PESTIZIDE

[318] GUSWA J.H., LYMAN W.J., DONIANI JR. A.S., LO T.Y.R., SHANAHAN E.W.
GROUNDWATER CONTAMINATION AND EMERGENCY RESPONSE GUIDE
NOYES PUBLICATIONS, PARK RIDGE, NEW JERSEY, 1984
ISBN: 0.8155-0999-5
Anzahl der Stoffe: 150
Deskriptoren: ORGANISCHE STOFFE, ANORGANISCHE STOFFE, DATEN, INFORMATIONEN, EXPERIMENTELLE METHODEN, THEORETISCHE METHODEN, SYSTEMANALYTISCHE METHODEN, FALLSTUDIEN, SITUATIONSSTUDIEN, BEZEICHNUNG, SYNONYMA, GRUNDWASSER, HENRY-KONSTANTE, GRUNDWASSER, VERTEILUNGSKOEFFIZIENT KOC, SONSTIGE PC-GROESSEN, BIOABBAU, ABIOTISCHE ABBAUBARKEIT, SCHUTZMASSNAHMEN, LAGERUNG UND HANDHABUNG
Bemerkungen: GRUNDWASSERAUFBEREITUNG

[319] HACKMAN E.E.
TOXIC ORGANIC CHEMICALS
DESTRUCTION AND WASTE TREATMENT
NOYES DATA CORPORATION, PARK RIDGE, NEW JERSEY, 1978

ISBN: 0-8155-0700-3
Anzahl der Stoffe: 100
Deskriptoren: ORGANISCHE STOFFE, DATEN, INFORMATIONEN, BEZEICHNUNG, SYNONYMA, ABFALLAUFKOMMEN, BIOABBAU, OFFIZIELLE TEXTE
Bemerkungen: VERNICHTUNG, ABFALLBESEITIGUNG UND ABFALLREGELUNG

[320] HAGUE R.
DYNAMICS, EXPOSURE AND HAZARD ASSESSMENT OF TOXIC CHEMICALS
ANN ARBOR SCIENCE PUBLISHERS INC., MICHIGAN, 1980
ISBN: 0-250-40301-3
Anzahl der Stoffe: 200
Deskriptoren: ORGANISCHE STOFFE, ANORGANISCHE STOFFE, DATEN, INFORMATIONEN, BEZEICHNUNG, SYNONYMA, VERWENDUNGSART, SCHMELZPUNKT, SIEDEPUNKT, RELATIVE DICHTE, BIOABBAU, BIOAKKUMULATION, AKUTE ORALE TOXIZITAET SAEUGETIER, CHRONISCHE TOXIZITAET SAEUGETIER, THEORETISCHE METHODEN, SYSTEMANALYTISCHE METHODEN
Bemerkungen: VERHALTEN VON UMWELTCHEMIKALIEN

[321] HAGUE R., FREED V.H.
ENVIRONMENTAL DYNAMICS OF PESTICIDES
PLENUM PRESS, NEW YORK, 1975
ISBN: 0-306-36306-2
Anzahl der Stoffe: 200
Deskriptoren: ORGANISCHE STOFFE, DATEN, INFORMATIONEN, CHEMIKALIEN INDEX, BEZEICHNUNG, SYNONYMA, SCHMELZPUNKT, SIEDEPUNKT, RELATIVE DICHTE, DAMPFDRUCK, WASSERLOESLICHKEIT, LOESLICHKEIT IN ORGANISCHEN LOESEMITTELN, BIOABBAU, BIOAKKUMULATION
Bemerkungen: DATENTYP: PESTIZIDE

[322] HAMILTON M. D., HARDY H. L.
INDUSTRIAL TOXICOLOGY
PSG PUBLISHING COMPANY, INC., MASSACHUSETTS, LITTLETON, 1983
ISBN: 0-7236-7027-7
Anzahl der Stoffe: 300
Deskriptoren: ORGANISCHE STOFFE, ANORGANISCHE STOFFE, DATEN, INFORMATIONEN, BEZEICHNUNG, SYNONYMA, NIOSH-NUMMER, SUMMENFORMEL, VERWENDUNGSART, ANWENDUNGSMUSTER, SIEDEPUNKT, ZERSETZUNGSPUNKT, WASSERLOESLICHKEIT, WASSERDAMPFFLUECHTIGKEIT, AKUTE ORALE TOXIZITAET SAEUGETIER, AKUTE PERCUTANE TOXIZITAET SAEUGETIER, HAUTREIZUNG SAEUGETIER, DERMALE TOXIZITAET SAEUGETIER, AUGENREIZUNG SAEUGETIER, INHALATIV SAEUGETIER, CHRONISCHE TOXIZITAET MENSCH, CARCINOGENITAET SAEUGETIER, METABOLISMUS SAEUGETIER, ANDERE WIRKUNGEN, AKUTE VERGIFTUNGEN, CHRONISCHE VERGIFTUNGEN MENSCH, EPIDEMIOLOGISCHE DATEN, HINWEISE AUF MUTAGENE/KANZEROGENE WIRKUNGEN(MENSCH), SCHUTZMASSNAHMEN, LAGERUNG UND HANDHABUNG, TLV-WERTE, ENTSORGUNG, MASSNAHMEN BEI UNFAELLEN UND BRAENDEN, ERSTE HILFE
Bemerkungen: 4TH EDITION

[323] HAMPEL C.A., HAWLEY G.G.
GLOSSARY OF CHEMICAL TERMS
VAN NOSTRAND REINHOLD COMPANY, NEW YORK, 1976
ISBN: 0-442-23238-1
Anzahl der Stoffe: 1000

Deskriptoren: ORGANISCHE STOFFE, ANORGANISCHE STOFFE, DATEN, INFORMATIONEN, CHEMIKALIEN INDEX, BEZEICHNUNG, SYNONYMA, VERWENDUNGSART, SCHMELZPUNKT, CARCINOGENITAET SAEUGETIER
Bemerkungen: DEFINITIONEN VON CHEMISCHEN AUSDRUECKEN

[324] HAMPEL C.A.
RARE METALS HANDBOOK
REINHOLD PUBLISHING CORPORATION, LONDON, 1961
Anzahl der Stoffe: 500
Deskriptoren: ANORGANISCHE STOFFE, DATEN, INFORMATIONEN, CHEMIKALIEN INDEX, BEZEICHNUNG, VERWENDUNGSART, ATMOSPHAERE, HYDROSPHAERE MEER, HYDROSPHAERE SUESSWASSER, PRODUKTIONSVOLUMEN, SCHMELZPUNKT, SIEDEPUNKT, RELATIVE DICHTE, AKUTE ORALE TOXIZITAET SAEUGETIER, CHRONISCHE TOXIZITAET SAEUGETIER
Bemerkungen: DATENTYP: METALLE

[325] HAMPEL C.A., HAWLEY G.G.
THE ENCYCLOPEDIA OF CHEMISTRY
VAN NOSTRAND REINHOLD COMPANY, NEW YORK, 1973
ISBN: 0-442-23095-8
Anzahl der Stoffe: 250
Deskriptoren: ORGANISCHE STOFFE, ANORGANISCHE STOFFE, DATEN, INFORMATIONEN, CHEMIKALIEN INDEX, SYNONYMA INDEX, BEZEICHNUNG, SYNONYMA, VERWENDUNGSART, ATMOSPHAERE, HYDROSPHAERE MEER, HYDROSPHAERE SUESSWASSER, WASSERLOESLICHKEIT, LOESLICHKEIT IN ORGANISCHEN LOESEMITTELN
Bemerkungen: ENZYKLOPAEDIE DER CHEMIE

[326] HAMPEL C.A.
THE ENCYCLOPEDIA OF THE CHEMICAL ELEMENTS
VAN NOSTRAND REINHOLD COMPANY, NEW YORK, 1968
Deskriptoren: ANORGANISCHE STOFFE, DATEN, INFORMATIONEN, CHEMIKALIEN INDEX, BEZEICHNUNG, SYNONYMA, PRODUKTIONSVOLUMEN, SCHMELZPUNKT, SIEDEPUNKT, RELATIVE DICHTE, DAMPFDRUCK, OBERFLAECHENSPANNUNG, WASSERLOESLICHKEIT, VISKOSITAET, BRECHUNGSINDEX, AKUTE ORALE TOXIZITAET SAEUGETIER
Bemerkungen: CHEMISCHE ELEMENTE, GESCHICHTE

[327] HAMSTEN P.D.
DRUG INTERACTIONS
CLINICAL SIGNIFICANCE OF DRUG-DRUG INTERACTIONS
LEA+FEBIGER, PHILADELPHIA, 1985
ISBN: 0-8121-0944-9
Anzahl der Stoffe: 700
Deskriptoren: ORGANISCHE STOFFE, ANORGANISCHE STOFFE, DATEN, INFORMATIONEN, FALLSTUDIEN, SYNONYMA INDEX, SYNONYMA, VERWENDUNGSZWECK, AKUTE TOXIZITAET, CHRONISCHE TOXIZITAET SAEUGETIER, METABOLISMUS SAEUGETIER, ANDERE WIRKUNGEN, AKUTE VERGIFTUNGEN, EPIDEMIOLOGISCHE DATEN, CHRONISCHE VERGIFTUNGEN MENSCH
Bemerkungen: 5.EDITION

[328] HANKE H.
DORNIER SYSTEM GMBH
KATALOG UMWELTRELEVANTER STANDARDS

EIN BEITRAG ZUR UMWELTVERTRAEGLICGKEITSPRUEFUNG VON ENTWICKLUNGSHILFEPROJEKTEN
DEUTSCHE GESELLSCHAFT FUER TECHNISCHE ZUSAMMENARBEIT, , 1985
Anzahl der Stoffe: 50
Deskriptoren: ORGANISCHE STOFFE, ANORGANISCHE STOFFE, DATEN, INFORMATIONEN, EXPERIMENTELLE METHODEN, SYSTEMANALYTISCHE METHODEN, SITUATIONSSTUDIEN, UMWELTPOLITIK, BEZEICHNUNG, FISCH, VOEGEL, KRUSTACEEN, PFLANZEN, INSEKTEN, REPTILIEN, AKUTE TOXIZITAET, AKUTE ORALE TOXIZITAET SAEUGETIER, TRK-WERTE, ENTSORGUNG
Bemerkungen: PHYSIOLOGISCHE WIRKUNGEN, GRENZWERTE WASSER, BODEN, LUFT (EINLEITUNG, EMISSION) , LEBENSMITTEL (NATIONAL, INTERNATIONAL), UMWELTVERTRAEGLICHKEITSPRUEFUNG

[329] HANSCH C., LEO A.J.
SUBSTITUENT CONSTANTS FOR CORRELATION ANALYSIS IN CHEMISTRY AND BIOLOGY
JOHN WILEY & SONS, NEW YORK, 1979
ISBN: 0-471-05062-8
Anzahl der Stoffe: 5000
Deskriptoren: ORGANISCHE STOFFE, DATEN, INFORMATIONEN, CHEMIKALIEN INDEX, BEZEICHNUNG, SYNONYMA, DISSOZIATIONSKONSTANTE, VERTEILUNGSKOEFFIZIENT N-OCTANOL/WASSER, POW, VERTEILUNGSKOEFFIZIENT, SAR, SONSTIGE PC-GROESSEN
Bemerkungen: ELEKTRONISCHE, STERISCHE UND HYDROPHOBE KONSTANTEN

[330] HANSTEN P.D.
DRUG INTERACTIONS
LEA+FEBIGER, PHILADELPHIA, 1979
ISBN: 0-8121-0664-4
Anzahl der Stoffe: 2000
Deskriptoren: ORGANISCHE STOFFE, DATEN, INFORMATIONEN, CHEMIKALIEN INDEX, BEZEICHNUNG, SYNONYMA, ANDERE WIRKUNGEN, METABOLISMUS MENSCH
Bemerkungen: DATENTYP: PHARMAZEUTIKA, KLINISCHE BEDEUTUNG VON ARZNEIMITTELN, ARZNEIMITTEL-WIRKUNGEN UND WECHSELWIRKUNGEN, KLINISCHE LABORVERSUCHE

[331] HAPKE H.-J.
TOXIKOLOGIE FUER VETERINAERMEDIZINER
FERDINAND ENKE VERLAG, STUTTGART, 1975
ISBN: 0-432-880316
Anzahl der Stoffe: 100
Deskriptoren: ORGANISCHE STOFFE, ANORGANISCHE STOFFE, DATEN, INFORMATIONEN, BEZEICHNUNG, SYNONYMA, AKUTE ORALE TOXIZITAET SAEUGETIER, CHRONISCHE TOXIZITAET SAEUGETIER, ANDERE WIRKUNGEN
Bemerkungen: DATENTYP: PESTIZIDE, DATENTYP: METALLE

[332] HARPER C.A.
HANDBOOK OF PLASTICS AND ELASTOMERS
MCGRAW-HILL BOOK COMPANY, NEW YORK, 1975
ISBN: 0-07-026681-6
Anzahl der Stoffe: 500
Deskriptoren: ORGANISCHE STOFFE, DATEN, INFORMATIONEN, CHEMIKALIEN

INDEX, BEZEICHNUNG, SYNONYMA, VERWENDUNGSART, RELATIVE DICHTE, LOESLICHKEIT IN ORGANISCHEN LOESEMITTELN
Bemerkungen: DATENTYP: POLYMERE, LEHRBUCH UEBER DIE EIGENSCHAFTEN VON POLYMEREN

[333] HARRIS G.
DICTIONARY OF ORGANIC COMPOUNDS
EYRE 6 SPOTTISWOODE PUBLISHERS LTD., LONDON, 1979
ISBN: 0-413-60840-9
Anzahl der Stoffe: 9000
Deskriptoren: ORGANISCHE STOFFE, DATEN, INFORMATIONEN, CHEMIKALIEN INDEX, SYNONYMA INDEX, BEZEICHNUNG, SYNONYMA, SPEKTRALDATEN, SCHMELZPUNKT, SIEDEPUNKT, RELATIVE DICHTE, DAMPFDRUCK, WASSERLOESLICHKEIT, LOESLICHKEIT IN ORGANISCHEN LOESEMITTELN

[334] HARTLEY D., HAMISH K.
THE ROYAL SOCIETY OF CHEMISTRY
THE AGROCHEMICALS HANDBOOK
UNWIN BROTHERS LIMITED, SURROY, 1987
ISBN: 0-85186-416-3
Anzahl der Stoffe: 600
Deskriptoren: ORGANISCHE STOFFE, DATEN, INFORMATIONEN, CHEMIKALIEN INDEX, CAS-NUMMER INDEX, ANWENDUNGSINDEX, FIRMENINDEX, BEZEICHNUNG, SYNONYMA, CAS-NUMMER, STRUKTURFORMEL, SUMMENFORMEL, STOFFBESCHAFFENHEIT, VERWENDUNGSZWECK, PEDOSPHAERE, LEBENSMITTEL PFLANZLICH UND TIERISCH, SCHMELZPUNKT, SIEDEPUNKT, MOLEKULARGEWICHT, DAMPFDRUCK, BRECHUNGSINDEX, RELATIVE DICHTE, WASSERLOESLICHKEIT, LOESLICHKEIT IN ORGANISCHEN LOESEMITTELN, BIOABBAU, BIOAKKUMULATION, FISCH, BIENE, VOEGEL, AKUTE TOXIZITAET, AKUTE ORALE TOXIZITAET SAEUGETIER, AKUTE PERCUTANE TOXIZITAET SAEUGETIER, HAUTREIZUNG SAEUGETIER, AUGENREIZUNG SAEUGETIER, REPRODUKTIONSTOXIZITAET, TERATOGENITAET SAEUGETIER, MUTAGENITAET, CARCINOGENITAET SAEUGETIER, METABOLISMUS SAEUGETIER, HINWEISE AUF MUTAGENE/KANZEROGENE WIRKUNGEN-(MENSCH)
Bemerkungen: DATENTYP: PESTIZIDE

[335] HAWLEY G.G.
THE CONDENSED CHEMICAL DICTIONARY
VAN NOSTRAND REINHOLD COMPANY, NEW YORK, 1981
ISBN: 0-442-23244-6
Anzahl der Stoffe: 10000
Deskriptoren: ORGANISCHE STOFFE, ANORGANISCHE STOFFE, DATEN, INFORMATIONEN, BEZEICHNUNG, SYNONYMA, STRUKTURFORMEL, VERWENDUNGSART, SCHMELZPUNKT, SIEDEPUNKT, FLAMMPUNKT, RELATIVE DICHTE, BRECHUNGSINDEX, WASSERLOESLICHKEIT, ANDERE LOESLICHKEITEN, TRANSPORT, SCHUTZMASSNAHMEN, LAGERUNG UND HANDHABUNG, KENNZEICHNUNG
Bemerkungen: STANDARDWERK DER CHEMIE

[336] HAYES A.W.
PRINCIPLES AND METHODS OF TOXICOLOGY
RAVEN PRESS, NEW YORK, 1982
ISBN: 0-89004-470-8

Anzahl der Stoffe: 100
Deskriptoren: ORGANISCHE STOFFE, DATEN, INFORMATIONEN, CHEMIKALIEN INDEX, BEZEICHNUNG, SYNONYMA, AKUTE ORALE TOXIZITAET SAEUGETIER, SUBAKUTE-SUBCHRONISCHE TOXIZITAET SAEUGETIER, CHRONISCHE TOXIZITAET SAEUGETIER, CARCINOGENITAET SAEUGETIER, MUTAGENITAET SAEUGETIER, TERATOGENITAET SAEUGETIER
Bemerkungen: LEHRBUCH UEBER QUELLEN UEBER TOXIKOLOGISCHEN DATEN

[337] HAYES W.J.
PESTICIDES STUDIED IN MAN
WILLIAMS AND WILKINS, BALTIMORE, LONDON, 1982
ISBN: 0-683-03896-6
Anzahl der Stoffe: 2000
Deskriptoren: ORGANISCHE STOFFE, DATEN, INFORMATIONEN, CHEMIKALIEN INDEX, SYNONYMA, BEZEICHNUNG, SYNONYMA, ATMOSPHAERE, HYDROSPHAERE MEER, HYDROSPHAERE SUESSWASSER, PEDOSPHAERE, VERWENDUNGSART, SCHMELZPUNKT, DAMPFDRUCK, WASSERLOESLICHKEIT, LOESLICHKEIT IN ORGANISCHEN LOESEMITTELN, AKUTE ORALE TOXIZITAET SAEUGETIER, SUBAKUTE-SUBCHRONISCHE TOXIZITAET SAEUGETIER, CHRONISCHE TOXIZITAET SAEUGETIER, CARCINOGENITAET SAEUGETIER, TERATOGENITAET SAEUGETIER, ANDERE WIRKUNGEN, EPIDEMIOLOGISCHE DATEN, METABOLISMUS MENSCH
Bemerkungen: AUSFUEHRLICHE ZUSAMMENSTELLUNG, DATENTYP: PESTIZIDE

[338] HAYES W.J.
TOXICOLOGY OF PESTICIDES
WILLIAMS AND WILKINS, BALTIMORE, 1975
ISBN: 0-688-03897-4
Anzahl der Stoffe: 300
Deskriptoren: ORGANISCHE STOFFE, DATEN, INFORMATIONEN, CHEMIKALIEN INDEX, BEZEICHNUNG, SYNONYMA, PRODUKTIONSVOLUMEN, AKUTE ORALE TOXIZITAET SAEUGETIER, CHRONISCHE TOXIZITAET SAEUGETIER, CARCINOGENITAET SAEUGETIER, TERATOGENITAET SAEUGETIER, MUTAGENITAET SAEUGETIER, EPIDEMIOLOGISCHE DATEN, METABOLISMUS MENSCH, METABOLISMUS SAEUGETIER
Bemerkungen: DATENTYP: PESTIZIDE, METABOLISMUS UND WIRKUNGEN VON PESTIZIDEN

[339] HEATH R.G., SPANN J.W., HILL E.F., KREITZER J.F.
COMPARATIVE DIETARY TOXICITIES OF PESTICIDES TO BIRDS
SPECIAL SCIENTIFIC REPORT-WILDLIFE NO. 152
U.S. DEPARTMENT OF INTERIOR, FISH AND WILDLIFE SERVICE, WASHINGTON D.C., 1972
Anzahl der Stoffe: 200
Deskriptoren: ORGANISCHE STOFFE, DATEN, BEZEICHNUNG, CHEMIKALIEN INDEX, SYNONYMA, VOEGEL, ANDERE WIRKUNGEN
Bemerkungen: DATENTYP: PESTIZIDE

[340] HEDDLE J.A.
MUTAGENICITY
NEW HORIZONS IN GENETIC TOXICOLOGY
ACADEMIC PRESS, NEW YORK, 1982
ISBN: 0-12-336180-X
Anzahl der Stoffe: 100

Deskriptoren: ORGANISCHE STOFFE, DATEN, INFORMATIONEN, CHEMIKALIEN INDEX, BEZEICHNUNG, MUTAGENITAET SAEUGETIER, MUTAGENITAET
Bemerkungen: INFORMATIONSTYP: MUTAGENE UND CARCINOGENE

[341] HEDLEY W.H., MEHTA S.M., MOSCOWITZ C.M.
POTENTIAL POLLUTANTS FROM PETROCHEMICAL PROCESSES
TECHNOMIC PUBLISHING , WESTPORT, 1975
ISBN: 0-87762-144-6
Anzahl der Stoffe: 200
Deskriptoren: ORGANISCHE STOFFE, ANORGANISCHE STOFFE, DATEN, INFORMATIONEN, BEZEICHNUNG, PRODUKTIONSVOLUMEN, VERWENDUNGSART, ABFALLAUFKOMMEN
Bemerkungen: DATENTYP: PETROCHEMIKALIEN, IDENTIFIZIERTE POTENTIELLE QUELLEN DER UMWELTVERSCHMUTZUNG, EMISSIONEN VON DIESEN QUELLEN

[342] HEITEFUSS R.
PFLANZENSCHUTZ
GRUNDLAGEN DER PRAKTISCHE PHYTOMEDIZIN
GEORG THIEME VERLAG, STUTTGART, 1975
ISBN: 3-13-513301-X
Anzahl der Stoffe: 250
Deskriptoren: ORGANISCHE STOFFE, DATEN, INFORMATIONEN, CHEMIKALIEN INDEX, BEZEICHNUNG, SYNONYMA, STRUKTURFORMEL, AKUTE ORALE TOXIZITAET SAEUGETIER, BIENE, ANDERE WIRKUNGEN, METABOLISMUS SAEUGETIER
Bemerkungen: DATENTYP: PESTIZIDE

[343] HELLWEGE K.-H.
ZAHLENWERTE AUS NATURWISSENSCHAFTEN UND TECHNIK
SPRINGER VERLAG, BERLIN, HEIDELBERG, 1977
ISBN: 3-540-0272-7
Anzahl der Stoffe: 20000
Deskriptoren: ORGANISCHE STOFFE, ANORGANISCHE STOFFE, DATEN, CHEMIKALIEN INDEX, BEZEICHNUNG, SYNONYMA, STRUKTURFORMEL, RELATIVE DICHTE, DAMPFDRUCK, WASSERLOESLICHKEIT, LOESLICHKEIT IN ORGANISCHEN LOESEMITTELN
Bemerkungen: STANDARDWERK DER CHEMIE UND TECHNOLOGIE

[344] HENDRICKS C.W.
FRESH WATER POLLUTION I
BACTERIOLOGICAL AND CHEMICAL POLLUTANTS
MSS INFORMATION CORPORATION, NEW YORK, 1973
ISBN: 0-4422-7076-0
Anzahl der Stoffe: 10
Deskriptoren: ORGANISCHE STOFFE, ANORGANISCHE STOFFE, DATEN, INFORMATIONEN, EXPERIMENTELLE METHODEN, BEZEICHNUNG, HYDROSPHAERE SUESSWASSER
Bemerkungen: WASSERVERSCHMUTZUNG DURCH BAKTERIEN UND CHEMIKALIEN

[345] HENDRIE R.A.
GRANULATED FERTILIZERS
NOYES DATA CORPORATION, PARK RIDGE, NEW JERSEY, 1976

ISBN: 0-8155-0602-3
Anzahl der Stoffe: 100
Deskriptoren: ORGANISCHE STOFFE, ANORGANISCHE STOFFE, BEZEICHNUNG, SYNONYMA, CHEMIKALIEN INDEX, HERSTELLUNG, VERWENDUNGSART
Bemerkungen: DATENTYP: DUENGEMITTEL

[346] HENSCHLER D.
DEUTSCHE FORSCHUNGSGEMEINSCHAFT DFG
GESUNDHEITSSCHAEDLICHE ARBEITSSTOFFE
TOXIKOLOGISCH-ARBEITSMEDIZINISCHE BEGRUENDUNG VON MAK-WERTEN
VERLAG CHEMIE, WEINHEIM, 1988
ISBN: 0930-1984
Anzahl der Stoffe: 1000
Deskriptoren: ORGANISCHE STOFFE, ANORGANISCHE STOFFE, DATEN, INFORMATIONEN, CHEMIKALIEN INDEX, BEZEICHNUNG, SYNONYMA, STRUKTURFORMEL, SUMMENFORMEL, SCHMELZPUNKT, SIEDEPUNKT, MOLEKULARGEWICHT, DAMPFDRUCK, AKUTE ORALE TOXIZITAET SAEUGETIER, AKUTE PERCUTANE TOXIZITAET SAEUGETIER, AKUTE INTERTRAVENOESE TOXIZITAET SAEUGETIER, AKUTE INTRAPERITONEALE TOXIZITAET SAEUGETIER, DERMALE TOXIZITAET SAEUGETIER, INHALATIV SAEUGETIER, SUBAKUTE-SUBCHRONISCHE TOXIZITAET SAEUGETIER, CHRONISCHE TOXIZITAET SAEUGETIER, MUTAGENITAET SAEUGETIER, CARCINOGENITAET SAEUGETIER

[347] HERINGER J.
IMMISSIONSBELASTUNGEN LAENDLICHER OEKOSYSTEME
AKADEMIE FUER NATURSCHUTZ UND LANDSCHAFTSPFLEGE, LAUFEN/SALZACH, 1982
ISBN: 0173-7724
Anzahl der Stoffe: 30
Deskriptoren: ORGANISCHE STOFFE, ANORGANISCHE STOFFE, DATEN, INFORMATIONEN, FALLSTUDIEN, SITUATIONSSTUDIEN, UMWELTPOLITIK, BEZEICHNUNG, STRUKTURFORMEL, ATMOSPHAERE, LEBENSMITTEL PFLANZLICH UND TIERISCH, PEDOSPHAERE, HYDROSPHAERE SUESSWASSER, BIOAKKUMULATION, MOLLUSKEN, FISCH, BAKTERIEN, PFLANZEN, INSEKTEN, AKUTE ORALE TOXIZITAET SAEUGETIER, CARCINOGENITAET SAEUGETIER, ANDERE WIRKUNGEN, AKUTE VERGIFTUNGEN, HINWEISE AUF MUTAGENE/KANZEROGENE WIRKUNGEN(MENSCH)
Bemerkungen: HAUPTSAECHLICH PAH'S KANCEROGENITAET KOMBINATIONSWIRKUNGEN, SCHWERMETALLE UND LETALE DOSEN F. MENSCH U. VERSCH-.SPEZIES

[348] HERRICK E.C., KING J.A., QUELLETTE R.P., CHEREMISINOFF P.N.
UNIT PROCESS GUIDE TO ORGANIC CHEMICAL INDUSTRIES
ANN ARBOR SCIENCE PUBLISHERS INC., MICHIGAN, 1979
ISBN: 0-250-40328-5
Anzahl der Stoffe: 263
Deskriptoren: ORGANISCHE STOFFE, INFORMATIONEN, CHEMIKALIEN INDEX, BEZEICHNUNG, HERSTELLUNG, OFFIZIELLE TEXTE
Bemerkungen: EINHEITLICHE HERSTELLUNGVERFAHREN VON ORG. CHEMIKALIEN

[349] HERRMANN R., THOMAS W.
UNIVERSITAET BAYREUTH

RAEUMLICHE UND ZEITLICHE VERTEILUNG VON EINIGEN ATMOSPHAERISCHEN UMWELTCHEMIKALIEN IN BAYERN
UNIVERSITAET BAYREUTH, BAYREUTH, 1980
Anzahl der Stoffe: 50
Deskriptoren: ORGANISCHE STOFFE, ANORGANISCHE STOFFE, DATEN, INFORMATIONEN, BEZEICHNUNG, ATMOSPHAERE
Bemerkungen: MONITORING VON LUFTSCHADSTOFFEN

[350] HILL J.R., WRIGHT S.J.L.
PESTICIDE MICROBIOLOGY
ACADEMIC PRESS, LONDON, 1978
ISBN: 0-12-348650-5
Anzahl der Stoffe: 250
Deskriptoren: ORGANISCHE STOFFE, DATEN, INFORMATIONEN, CHEMIKALIEN INDEX, BEZEICHNUNG, SYNONYMA, PEDOSPHAERE, BIOAKKUMULATION
Bemerkungen: DATENTYP: PESTIZIDE

[351] HIRATA M., OLE S., NAGAHAMA K.
COMPUTER AIDED DATA BOOK OF VAPOR-LIQUID EQUILIBRIA
ELSEVIER, AMSTERDAM, TOKYO, 1975
ISBN: 0-444-99855-1
Anzahl der Stoffe: 500
Deskriptoren: ORGANISCHE STOFFE, ANORGANISCHE STOFFE, DATEN, INFORMATIONEN, CHEMIKALIEN INDEX, BEZEICHNUNG, DAMPFDRUCK

[352] HOCK B., ELSTNER E.
TECHNISCHE UNIVERSITAET MUENCHEN
PFLANZENTOXIKOLOGIE
DER EINFLUSS VON SCHADSTOFFEN UND SCHADWIRKUNGEN AUF PFLANZEN
BIBLIOGRAPHISCHES INSTITUT, MANNHEIM, 1984
ISBN: 3-411-01665-5
Anzahl der Stoffe: 200
Deskriptoren: ORGANISCHE STOFFE, ANORGANISCHE STOFFE, DATEN, INFORMATIONEN, ZUSAMMENFASSENDE ARBEITEN, BEZEICHNUNG, STRUKTURFORMEL, VERWENDUNGSART, PFLANZEN, INSEKTEN

[353] HODGSON E.
NORTH CAROLINA STATE UNIVERSITY
REVIEWS IN ENVIRONMENTAL TOXICOLOGY
ELSEVIER, AMSTERDAM, 1987
ISBN: 0-444-80902-3
Anzahl der Stoffe: 100
Deskriptoren: ORGANISCHE STOFFE, ANORGANISCHE STOFFE, DATEN, INFORMATIONEN, EXPERIMENTELLE METHODEN, BEZEICHNUNG, SYNONYMA, LEBENSMITTEL PFLANZLICH UND TIERISCH, BIOAKKUMULATION, ALGE, BAKTERIEN
Bemerkungen: DATENTYP: PESTIZIDE, DATENTYP: METALLE

[354] HODGSON E., MAILMAN R.B., CHAMBERS J.E.
MACMILLAN DICTIONARY OF TOXICOLOGY
THE MACMILLAN PRESS LTD., LONDON, 1988
ISBN: 0-333-39064-4
Anzahl der Stoffe: 1000
Deskriptoren: ORGANISCHE STOFFE, ANORGANISCHE STOFFE, DATEN, INFORMATIONEN, BEZEICHNUNG, SYNONYMA, STRUKTURFORMEL, VERWENDUNGSART, AKUTE ORALE TOXIZITAET SAEUGETIER

[355] HOECHST AG
FRIGEN-FIEBEL FUER DIE KAELTE-, KLIMA- UND ENERGIETECHNIK
HOECHST AG, FRANKFURT, 1985
Anzahl der Stoffe: 13
Deskriptoren: ORGANISCHE STOFFE, DATEN, INFORMATIONEN, EXPERIMENTELLE METHODEN, OFFIZIELLE TEXTE, BEZEICHNUNG, SYNONYMA, SUMMENFORMEL, VERWENDUNGSART, ANWENDUNGSMUSTER, SIEDEPUNKT, EXPLOSIONSPUNKT, MOLEKULARGEWICHT, RELATIVE DICHTE, DAMPFDRUCK, BRECHUNGSINDEX, OBERFLAECHENSPANNUNG, WASSERLOESLICHKEIT, SONSTIGE PC-GROESSEN, AKUTE ORALE TOXIZITAET SAEUGETIER, AKUTE PERCUTANE TOXIZITAET SAEUGETIER, HAUTREIZUNG SAEUGETIER, DERMALE TOXIZITAET SAEUGETIER, AUGENREIZUNG SAEUGETIER, INHALATIV SAEUGETIER, SCHUTZMASSNAHMEN, LAGERUNG UND HANDHABUNG, MAK-WERTE, GEFAHRENSYMBOLE,GEFAHRENBEZEICHNUNG, GESUNDHEITSSCHUTZ, ENTSORGUNG, MASSNAHMEN NACH VERSCHUETTEN/AUSLAUFEN/GASAUSTRITT, ERSTE HILFE

[356] HOEGFELDT E.
IUPAC
STABILITY CONSTANTS OF METAL ION COMPLEXES
PART A: INORGANIC LIGANDS
PERGAMON PRESS LTD, OXFORD, 1982
ISBN: 0-08-020959-9
Anzahl der Stoffe: 250
Deskriptoren: ANORGANISCHE STOFFE, DATEN, CHEMIKALIEN INDEX, BEZEICHNUNG, SONSTIGE PC-GROESSEN
Bemerkungen: STABILITAETSKONSTANTEN VON METALLIONEN-KOMPLEXEN

[357] HOLDEN P.W.
PESTICIDES AND GROUNDWATER QUALITY
ISSUES AND PROBLEMS IN FOUR STATES
NATIONAL ACADEMY PRESS, WASHINGTON D.C., 1986
ISBN: 0-309-03676-3
Anzahl der Stoffe: 50
Deskriptoren: ANORGANISCHE STOFFE, ORGANISCHE STOFFE, DATEN, INFORMATIONEN, SYSTEMANALYTISCHE METHODEN, SITUATIONSSTUDIEN, UMWELTPOLITIK, BEZEICHNUNG, SYNONYMA, GRUNDWASSER, WASSERLOESLICHKEIT, VERTEILUNGSKOEFFIZIENT KOC, AKUTE ORALE TOXIZITAET SAEUGETIER
Bemerkungen: DATENTYP: PESTIZIDE

[358] HOLLEMAN J.W., HAMMONS A.S.
LEVELS OF CHEMICAL CONTAMINANTS IN NONOCCUPATONALLY EXPOSED U.S.RESIDENTS
EPA, TRIANGLE PARK, 1980

Anzahl der Stoffe: 100
Deskriptoren: ORGANISCHE STOFFE, ANORGANISCHE STOFFE, DATEN, INFORMATIONEN, EXPERIMENTELLE METHODEN, SITUATIONSSTUDIEN, CHEMIKALIEN INDEX, BEZEICHNUNG, EPIDEMIOLOGISCHE DATEN
Bemerkungen: BLUT/GEWEBE:MENSCH MIT ANGABE DER POSITIVEN BEFUNDE

[359] HOLMSTEDT B., LAUWERYS R., MERCIER M., ROBERFROID M.
MECHANISMS OF TOXICITY AND HAZARD EVALUATION
ELSEVIER, AMSTERDAM, NEW YORK, 1980
ISBN: 0-444-80293-2
Anzahl der Stoffe: 100
Deskriptoren: ORGANISCHE STOFFE, ANORGANISCHE STOFFE, DATEN, INFORMATIONEN, CHEMIKALIEN INDEX, BEZEICHNUNG, ATMOSPHAERE, HYDROSPHAERE MEER, HYDROSPHAERE SUESSWASSER, AKUTE ORALE TOXIZITAET SAEUGETIER, SUBAKUTE-SUBCHRONISCHE TOXIZITAET SAEUGETIER, CARCINOGENITAET SAEUGETIER, MUTAGENITAET SAEUGETIER, TERATOGENITAET SAEUGETIER
Bemerkungen: ENTWICKLUNGEN IN DER TOXIKOLOGIE UND UMWELTWISSENSCHAFTEN

[360] HOMBURGER F.
SAFETY EVALUATION AND REGULATION OF CHEMICALS
S. KARGER, BASEL, MUENCHEN, 1983
ISBN: 3-8055-3578-3
Anzahl der Stoffe: 100
Deskriptoren: ORGANISCHE STOFFE, ANORGANISCHE STOFFE, DATEN, INFORMATIONEN, SYSTEMANALYTISCHE METHODEN, OFFIZIELLE TEXTE, CHEMIKALIEN INDEX, BEZEICHNUNG, MUTAGENITAET SAEUGETIER, CARCINOGENITAET SAEUGETIER
Bemerkungen: RISIKOABSCHAETZUNG, SICHERHEITSBEWERTUNG VON CHEMIKALIEN

[361] HOMMEL G.
HANDBUCH DER GEFAEHRLICHEN GUETER
SPRINGER VERLAG, BERLIN, HEIDELBERG, NEW YORK, 1988
Anzahl der Stoffe: 1400
Deskriptoren: ORGANISCHE STOFFE, ANORGANISCHE STOFFE, DATEN, INFORMATIONEN, CHEMIKALIEN INDEX, BEZEICHNUNG, SYNONYMA, CAS-NUMMER, EG-NUMMER, UN-NUMMER, SUMMENFORMEL, STOFFBESCHAFFENHEIT, SCHMELZPUNKT, SIEDEPUNKT, FLAMMPUNKT, ZUENDTEMPERATUR, DAMPFDRUCK, RELATIVE DICHTE, SONSTIGE PC-GROESSEN, ZERSETZUNGSPUNKT, FISCH, DAPHNIA, HAUTREIZUNG SAEUGETIER, AUGENREIZUNG SAEUGETIER, AKUTE VERGIFTUNGEN, CHRONISCHE VERGIFTUNGEN MENSCH, ARBEITSSCHUTZ, TRANSPORT, KENNZEICHNUNG, SCHUTZMASSNAHMEN, LAGERUNG UND HANDHABUNG, GEFAHRENSYMBOLE,GEFAHRENBEZEICHNUNG, GESUNDHEITSSCHUTZ, BRAND- UND EXPLOSIONSSCHUTZ, ENTSORGUNG, MASSNAHMEN BEI UNFAELLEN UND BRAENDEN, MASSNAHMEN NACH VERSCHUETTEN/AUSLAUFEN/GASAUSTRITT, LOESCHMITTEL, ERSTE HILFE, MASSNAHMEN NACH VERSCHUETTEN/AUSLAUFEN/GASAUSTRITT, TRANSPORT
Bemerkungen: TRANSPORT VON GEFAEHRLICHEN CHEMIKALIEN, AUCH ALS DATENBANK VORHANDEN, AUCH ALS CD-ROM VORHANDEN

[362] HOPKIN AND WILLIAMS
CHEMICALS AND REAGENTS
HOPKIN AND WILLIAMS, LONDON,
Anzahl der Stoffe: 10000
Deskriptoren: ORGANISCHE STOFFE, ANORGANISCHE STOFFE, DATEN, INFORMATIONEN, CHEMIKALIEN INDEX, BEZEICHNUNG, HERSTELLUNG, VERWENDUNGSART
Bemerkungen: LISTE DER HANDELSCHEMIKALIEN UND DEREN LIEFERANTEN

[363] HOSHIKAWA Y., FUJIMOTO T., FUKAI K., SHINOHARA Y.
CORRELATION OF PARTITION COEFFICIENT AND BIOACCUMULATION FACTOR
ECOLOGICAL CHEMISTRY VOL.6, NO.3, TOKYO, 1983
ISSN: 0386-8141
Anzahl der Stoffe: 109
Deskriptoren: ORGANISCHE STOFFE, ANORGANISCHE STOFFE, DATEN, INFORMATIONEN, SYSTEMANALYTISCHE METHODEN, BEZEICHNUNG, VERTEILUNGSKOEFFIZIENT N-OCTANOL/WASSER, POW, BIOAKKUMULATION
Bemerkungen: INFORMATIONSTYP: VERTEILUNGSKOEFFIZIENT

[364] HOUWINK R., SALOMON G.
ADHESION AND ADHESIVES
ELSEVIER, AMSTERDAM, 1967
Anzahl der Stoffe: 100
Deskriptoren: ORGANISCHE STOFFE, DATEN, INFORMATIONEN, BEZEICHNUNG, VERWENDUNGSART
Bemerkungen: DATENTYP: KLEBEMITTEL

[365] HOVATH A.L.
PHYSICAL PROPERTIES OF INORGANIC COMPOUNDS
EDWARD ARNOLD PUBLISHERS LTD., LONDON, 1975
ISBN: 0-7131-2435-0
Anzahl der Stoffe: 31
Deskriptoren: ANORGANISCHE STOFFE, DATEN, INFORMATIONEN, CHEMIKALIEN INDEX, BEZEICHNUNG, SCHMELZPUNKT, SIEDEPUNKT, RELATIVE DICHTE, DAMPFDRUCK, OBERFLAECHENSPANNUNG, VISKOSITAET, BRECHUNGSINDEX, WASSERLOESLICHKEIT

[366] HOWARD P.D.
HANDBOOK OF ENVIRONMENTAL FATE AND EXPOSURE DATA FOR ORGANIC CHEMICALS
LARGE PRODUCTION AND PRIORITY POLLUTANTS
LEWIS PUBLISHERS, CHELSEA, 1989
ISBN: 0-87371-151-3
Anzahl der Stoffe: 74
Deskriptoren: ORGANISCHE STOFFE, DATEN, INFORMATIONEN, CHEMIKALIEN INDEX, SYNONYMA INDEX, CAS-NUMMER INDEX, FORMEL INDEX, BEZEICHNUNG, SYNONYMA, CAS-NUMMER, SUMMENFORMEL, PEDOSPHAERE, SEDIMENT, HYDROSPHAERE SUESSWASSER, INFORMATIONEN, LEBENSMITTEL PFLANZLICH UND TIERISCH, SCHMELZPUNKT, SIEDEPUNKT, MOLEKULARGEWICHT, DAMPFDRUCK, WASSERLOESLICHKEIT, DISSOZIATIONSKONSTANTE, HENRY-KONSTANTE, VERTEILUNGSKOEFFIZIENT N-OCTANOL/WASSER, POW, BIOABBAU, BIOAKKUMULATION, ABIOTISCHE ABBAUBARKEIT, EPIDEMIOLOGISCHE DATEN, ARBEITSSCHUTZ

Bemerkungen: UMFANGREICHE DATENPROFILE, EXPOSITIONSSEITE SEHR GUT DOKUMENTIERT

[367] HUNTER W.J., SMEETS J.
THE EVALUATION OF TOXICOLOGICAL DATA FOR THE PROTECTION OF PUBLIC HEALTH
PERGAMON PRESS LTD, OXFORD, 1977
ISBN: 0-08-0211998-5
Anzahl der Stoffe: 100
Deskriptoren: ORGANISCHE STOFFE, ANORGANISCHE STOFFE, DATEN, INFORMATIONEN, BEZEICHNUNG, PRODUKTIONSVOLUMEN, ATMOSPHAERE, HYDROSPHAERE MEER, HYDROSPHAERE SUESSWASSER, AKUTE ORALE TOXIZITAET SAEUGETIER, TERATOGENITAET SAEUGETIER
Bemerkungen: KRITISCHE DURCHSICHT DER AUSWERTUNG VON TOXIKOLOGISCHEN DAT.

[368] HUSHON J., SAARI S., SMALL R., THOMAN D., CLERMAN R.
MITRE CORPORATION
BASELINE PLAN FOR DESIGN OF A HAZARDOUS SUBSTANCES MONITORING PROGRAM
THE MITRE CORPORATION, VIRGINIA, 1978
Anzahl der Stoffe: 700
Deskriptoren: ORGANISCHE STOFFE, ANORGANISCHE STOFFE, DATEN, INFORMATIONEN, EXPERIMENTELLE METHODEN, THEORETISCHE METHODEN, SYSTEMANALYTISCHE METHODEN, SITUATIONSSTUDIEN, UMWELTPOLITIK, CAS-NUMMER INDEX, BEZEICHNUNG, CAS-NUMMER, VERWENDUNGSART, PRODUKTIONSVOLUMEN, HYDROSPHAERE MEER, LEBENSMITTEL PFLANZLICH UND TIERISCH, PEDOSPHAERE, SEDIMENT, HYDROSPHAERE SUESSWASSER, KLAERSCHLAMM, SIEDEPUNKT, RELATIVE DICHTE, DAMPFDRUCK, WASSERLOESLICHKEIT, VERTEILUNGSKOEFFIZIENT, BIOAKKUMULATION, MOLLUSKEN, ALGE, FISCH, VOEGEL, PFLANZEN, AKUTE ORALE TOXIZITAET SAEUGETIER, CHRONISCHE TOXIZITAET SAEUGETIER, REPRODUKTIONSTOXIZITAET, MUTAGENITAET SAEUGETIER, CARCINOGENITAET SAEUGETIER, METABOLISMUS SAEUGETIER, AKUTE VERGIFTUNGEN, CHRONISCHE VERGIFTUNGEN MENSCH, EPIDEMIOLOGISCHE DATEN, HINWEISE AUF MUTAGENE/KANZEROGENE WIRKUNGEN(MENSCH)
Bemerkungen: PRINZIPIELLE FESTLEGUNG EINES UEBERWACHUNGSPROGRAMMS

[369] HUTZINGER O., FREI R.W., MERIAN E., POCCHIARI F.
CHLORINATED DIOXINS AND RELATED COMPOUNDS
PERGAMON PRESS LTD, OXFORD, 1982
ISBN: 0-08-026256-2
Anzahl der Stoffe: 25
Deskriptoren: ORGANISCHE STOFFE, ANORGANISCHE STOFFE, DATEN, INFORMATIONEN, SITUATIONSSTUDIEN, BEZEICHNUNG, ATMOSPHAERE, HYDROSPHAERE MEER, HYDROSPHAERE SUESSWASSER, VERWENDUNGSART, AKUTE ORALE TOXIZITAET SAEUGETIER, SUBAKUTE-SUBCHRONISCHE TOXIZITAET SAEUGETIER, CHRONISCHE TOXIZITAET SAEUGETIER, CARCINOGENITAET SAEUGETIER, MUTAGENITAET SAEUGETIER, TERATOGENITAET SAEUGETIER
Bemerkungen: AUSWIRKUNGEN VON CHLORIERTEN DIOXINEN AUF DIE UMWELT

[370] HUTZINGER O.
THE HANDBOOK OF ENVIRONMENTAL CHEMISTRY
ANTHROPOGENIC COMPOUNDS
SPRINGER VERLAG, BERLIN, HEIDELBERG, NEW YORK, 1980
ISBN: 3-540-09690-6
Anzahl der Stoffe: 100
Deskriptoren: ORGANISCHE STOFFE, ANORGANISCHE STOFFE, DATEN, INFORMATIONEN, EXPERIMENTELLE METHODEN, THEORETISCHE METHODEN, SYSTEMANALYTISCHE METHODEN, FALLSTUDIEN, SITUATIONSSTUDIEN, UMWELTPOLITIK, OFFIZIELLE TEXTE, BEZEICHNUNG, SYNONYMA, PRODUKTIONSVOLUMEN, VERWENDUNGSART, SCHMELZPUNKT, SIEDEPUNKT, DAMPFDRUCK, WASSERLOESLICHKEIT, LOESLICHKEIT IN ORGANISCHEN LOESEMITTELN, ATMOSPHAERE, HYDROSPHAERE MEER, HYDROSPHAERE SUESSWASSER, PEDOSPHAERE, BIOABBAU, BIOAKKUMULATION, BIOSPHAERE, FISCH, ALGE, AKUTE ORALE TOXIZITAET SAEUGETIER, HAUTREIZUNG SAEUGETIER, AUGENREIZUNG SAEUGETIER, MUTAGENITAET SAEUGETIER

[371] INDUSTRIEVERBAND PFLANZENSCHUTZ E.V.
INDUSTRIEVERBAND PFLANZENSCHUTZ E.V.
WIRKSTOFFE IN PFLANZENSCHUTZ- UND SCHAEDLINGSBEKAEMPFUNGSMITTELN
PHYSIKALISCH-CHEMISCHE UND TOXIKOLOGISCHE DATEN
PRESSEHAUS BINTZ-VERLAG, OFFENBACH, 1982
Anzahl der Stoffe: 300
Deskriptoren: ORGANISCHE STOFFE, ANORGANISCHE STOFFE, DATEN, INFORMATIONEN, EXPERIMENTELLE METHODEN, BEZEICHNUNG, SYNONYMA, STRUKTURFORMEL, SUMMENFORMEL, STOFFBESCHAFFENHEIT, VERWENDUNGSART, ANWENDUNGSMUSTER, LEBENSMITTEL PFLANZLICH UND TIERISCH, SIEDEPUNKT, DAMPFDRUCK, WASSERLOESLICHKEIT, LOESLICHKEIT IN ORGANISCHEN LOESEMITTELN, AKUTE ORALE TOXIZITAET SAEUGETIER, HAUTREIZUNG SAEUGETIER, DERMALE TOXIZITAET SAEUGETIER, AUGENREIZUNG SAEUGETIER, INHALATIV SAEUGETIER, SUBAKUTE-SUBCHRONISCHE TOXIZITAET SAEUGETIER, CHRONISCHE TOXIZITAET MENSCH, REPRODUKTIONSTOXIZITAET, METABOLISMUS SAEUGETIER, ANDERE WIRKUNGEN, AKUTE VERGIFTUNGEN, ERSTE HILFE
Bemerkungen: THERAPEUTISCHE MASSNAHMEN, BEHANDLUNG VON VERGIFTUNGEN, DATENTYP: PESTIZIDE

[372] INSTITUT NATIONAL DE RECHERCHE DE SECURITE
LES REACTIONS CHIMIQUES DANGEREUSES
INSTITUT NATIONAL DE RECHERCHE ET DE SECURITE, PARIS,
Anzahl der Stoffe: 500
Deskriptoren: ORGANISCHE STOFFE, ANORGANISCHE STOFFE, DATEN, BEZEICHNUNG, SONSTIGE PC-GROESSEN
Bemerkungen: REAKTIONEN VON CHEMIKALIEN

[373] INTERN. ARBEITSGEM. D. WASSERWERKE I. RHEINEINZUGSGEB. IAWR
IAWR, AMSTERDAM
10. ARBEITSTAGUNG DER IAWA
IAWR, AMSTERDAM, 1985
ISBN: 90-70671-03-4
Anzahl der Stoffe: 50
Deskriptoren: ORGANISCHE STOFFE, ANORGANISCHE STOFFE, DATEN, SITUATIONSSTUDIEN, OFFIZIELLE TEXTE, UMWELTPOLITIK, PEDOSPHAERE, HYDROSPHAERE SUESSWASSER, MUTAGENITAET SAEUGETIER

[374] INTERNATIONAL AGENCY FOR RESEARCH ON CANCER
WORLD HEALTH ORGANIZATION
IARC MONOGRAPHS ON THE EVALUATION OF THE CARCINOGENIC RISKS OF CHEMICALS TO MAN
INTERNATIONAL AGENCY FOR RESEARCH ON CANCER, LYON, 1988
Anzahl der Stoffe: 10000
Deskriptoren: ORGANISCHE STOFFE, ANORGANISCHE STOFFE, DATEN, INFORMATIONEN, SYSTEMANALYTISCHE METHODEN, CHEMIKALIEN INDEX, BEZEICHNUNG, SYNONYMA, PRODUKTIONSVOLUMEN, VERWENDUNGSART, SCHMELZPUNKT, SIEDEPUNKT, RELATIVE DICHTE, DAMPFDRUCK, WASSERLOESLICHKEIT, LOESLICHKEIT IN ORGANISCHEN LOESEMITTELN, AKUTE ORALE TOXIZITAET SAEUGETIER, HINWEISE AUF MUTAGENE/KANZEROGENE WIRKUNGEN(MENSCH), CARCINOGENITAET SAEUGETIER, MUTAGENITAET, TERATOGENITAET SAEUGETIER
Bemerkungen: ABSCHAETZUNG DES KREBSRISIKOS FUER DEN MENSCHEN, INFORMATIONSTYP: MUTAGENE UND CARCINOGENE

[375] INTERNATIONAL LABOUR OFFICE
BULDING WORK
A COMPENDIUM OF OCCUPATIONAL SAFETY AND HEALTH PRACTICES
INTERNATIONAL LABOUR OFFICE, GENF, 1979
ISBN: 92-2-101908-1
Deskriptoren: INFORMATIONEN, ZUSAMMENFASSENDE ARBEITEN, ARBEITSSCHUTZ, GESUNDHEITSSCHUTZ, MASSNAHMEN BEI UNFAELLEN UND BRAENDEN, ERSTE HILFE
Bemerkungen: HINTERGRUNDINFORMATIONEN

[376] INTERNATIONAL LABOUR OFFICE
ENCYCLOPEDIA OF OCCUPATIONAL HEALTH AND SAFETY
INTERNATIONAL LABOUR OFFICE, GENF, 1983
Anzahl der Stoffe: 1000
Deskriptoren: ORGANISCHE STOFFE, ANORGANISCHE STOFFE, DATEN, INFORMATIONEN, CHEMIKALIEN INDEX, BEZEICHNUNG, SYNONYMA, SCHMELZPUNKT, SIEDEPUNKT, RELATIVE DICHTE, DAMPFDRUCK, WASSERLOESLICHKEIT, LOESLICHKEIT IN ORGANISCHEN LOESEMITTELN, FLAMMPUNKT, ZUENDTEMPERATUR, AKUTE ORALE TOXIZITAET SAEUGETIER, ANDERE WIRKUNGEN, HINWEISE AUF MUTAGENE/KANZEROGENE WIRKUNGEN-(MENSCH), ARBEITSSCHUTZ, SCHUTZMASSNAHMEN, LAGERUNG UND HANDHABUNG, ERSTE HILFE
Bemerkungen: SICHERHEIT AM ARBEITSPLATZ

[377] INTERNATIONAL PLASTICS SELECTOR INC.
COMMERCIAL NAMES AND SOURCES
INTERNATIONAL PLASTICS SELECTOR INC., SAN DIEGO, 1978
Anzahl der Stoffe: 5000
Deskriptoren: ORGANISCHE STOFFE, ANORGANISCHE STOFFE, DATEN, INFORMATIONEN, HERSTELLUNG, CHEMIKALIEN INDEX, SYNONYMA INDEX, SYNONYMA, BEZEICHNUNG
Bemerkungen: DATENTYP: POLYMERE, ADRESSBUCH UND FIRMENFUEHRER, GUTE QUELLE FUER HANDELSNAMEN

[378] INTERNATIONAL PLASTICS SELECTOR INC.
FOAMS: DESK-TOP DATA BANK
INTERNATIONAL PLASTICS SELECTOR INC., NEW YORK, 1980

Anzahl der Stoffe: 2000
Deskriptoren: ORGANISCHE STOFFE, ANORGANISCHE STOFFE, DATEN, INFORMATIONEN, CHEMIKALIEN INDEX, BEZEICHNUNG, SYNONYMA, HERSTELLUNG, VERWENDUNGSART, SONSTIGE PC-GROESSEN
Bemerkungen: DATENTYP: POLYMERE, TECHNISCHE EIGENSCHAFTEN UND ANWENDUNGEN

[379] INTERNATIONAL PLASTICS SELECTOR INC.
SPECIFICATIONS FOR ADHESIVES
INTERNATIONAL PLASTICS SELECTOR INC., NEW YORK, 1979
Anzahl der Stoffe: 500
Deskriptoren: ORGANISCHE STOFFE, ANORGANISCHE STOFFE, DATEN, INFORMATIONEN, CHEMIKALIEN INDEX, BEZEICHNUNG, SYNONYMA, VERWENDUNGSART
Bemerkungen: DATENTYP: KLEBEMITTEL

[380] INTERNATIONAL REGISTER OF POTENTIONALLY TOXIC CHEMICALS
DATA PROFILES FOR CHEMICALS FOR THE EVALUATION OF HAZARDS TO THE ENVIRONMENT OF THE MEDITERRENEAN SEA
DATA PROFILE SERIES
INTERNATIONAL REGISTER OF POTENTIONALLY TOXIC CHEMICALS, GENF,
Anzahl der Stoffe: 400
Deskriptoren: ORGANISCHE STOFFE, ANORGANISCHE STOFFE, DATEN, INFORMATIONEN, EXPERIMENTELLE METHODEN, BEZEICHNUNG, SYNONYMA, CAS-NUMMER, EG-NUMMER, VERWENDUNGSART, PRODUKTIONSVOLUMEN, ATMOSPHAERE, HYDROSPHAERE MEER, HYDROSPHAERE SUESSWASSER, PEDOSPHAERE, BIOABBAU, BIOAKKUMULATION, DIREKTER PHOTOABBAU, FISCH, DAPHNIA, AKUTE ORALE TOXIZITAET SAEUGETIER, SUBAKUTE-SUBCHRONISCHE TOXIZITAET SAEUGETIER, CHRONISCHE TOXIZITAET SAEUGETIER, ANDERE WIRKUNGEN, CARCINOGENITAET SAEUGETIER
Bemerkungen: DATEN PROFILE

[381] INTERNATIONAL TECHNICAL INFORMATION INSTITUTE
TOXIC AND HAZARDOUS INDUSTRIAL CHEMICALS SAFETY MANUAL FOR HANDLING AND DISPOSAL WITH TOXICITY AND HAZARD DATA
THE INTERNATIONAL TECHNICAL INFORMATION INSTITUTE, TOKYO, 1986
ISBN: 0-318-04390-4
Anzahl der Stoffe: 702
Deskriptoren: ORGANISCHE STOFFE, ANORGANISCHE STOFFE, DATEN, BEZEICHNUNG, SYNONYMA, STRUKTURFORMEL, SUMMENFORMEL, STOFFBESCHAFFENHEIT, VERWENDUNGSART, SCHMELZPUNKT, ZUENDTEMPERATUR, SIEDEPUNKT, FLAMMPUNKT, DAMPFDRUCK, BRECHUNGSINDEX, WASSERLOESLICHKEIT, LOESLICHKEIT IN ORGANISCHEN LOESEMITTELN, SONSTIGE PC-GROESSEN, AKUTE ORALE TOXIZITAET SAEUGETIER, HAUTREIZUNG SAEUGETIER, DERMALE TOXIZITAET SAEUGETIER, AUGENREIZUNG SAEUGETIER, INHALATIV SAEUGETIER, CHRONISCHE TOXIZITAET MENSCH, CARCINOGENITAET SAEUGETIER, ANDERE WIRKUNGEN, AKUTE VERGIFTUNGEN, HINWEISE AUF MUTAGENE/KANZEROGENE WIRKUNGEN-(MENSCH), CHRONISCHE VERGIFTUNGEN MENSCH, SCHUTZMASSNAHMEN, LAGERUNG UND HANDHABUNG, TLV-WERTE, MASSNAHMEN BEI UNFAELLEN UND BRAENDEN, MASSNAHMEN NACH VERSCHUETTEN/AUSLAUFEN/GASAUSTRITT, LOESCHMITTEL, ERSTE HILFE
Bemerkungen: TDL-WERTE, TOXIC DOSE LEVEL

[382] INTERNATIONAL TECHNICAL INFORMATION INSTITUTE
TOXIC AND HAZARDOUS INDUSTRIAL CHEMICALS SAFETY MANUAL FOR HANDLING AND DISPOSAL WITH TOXICITY AND HAZARD DATA
THE INTERNATIONAL TECHNICAL INFORMATION INSTITUTE, TOKYO, 1975
Anzahl der Stoffe: 702
Deskriptoren: ORGANISCHE STOFFE, ANORGANISCHE STOFFE, DATEN, INFORMATIONEN, CHEMIKALIEN INDEX, BEZEICHNUNG, SYNONYMA, SCHMELZPUNKT, SIEDEPUNKT, RELATIVE DICHTE, DAMPFDRUCK, FLAMMPUNKT, ZERSETZUNGSPUNKT, EXPLOSIONSPUNKT, AKUTE ORALE TOXIZITAET SAEUGETIER, INHALATIV SAEUGETIER, HAUTREIZUNG SAEUGETIER, AUGENREIZUNG SAEUGETIER, MUTAGENITAET SAEUGETIER, TERATOGENITAET SAEUGETIER

[383] INTERNATIONALE KOMMISSION ZUM SCHUTZE DES RHEINS GEGEN VER-, UNREINIGUNG
TAETIGKEITSBERICHT 1986
INTERNATIONALE KOMMISSION ZUM SCHUTZE DES RHEINS GEGEN VERUNREINIGUNG, KOBLENZ, 1987
ISSN: 0173-6531
Anzahl der Stoffe: 30
Deskriptoren: ORGANISCHE STOFFE, ANORGANISCHE STOFFE, DATEN, INFORMATIONEN, SITUATIONSSTUDIEN, UMWELTPOLITIK, BEZEICHNUNG, HYDROSPHAERE SUESSWASSER, TRINKWASSER

[384] INTERNATIONALE KOMMISSION ZUM SCHUTZE DES RHEINS GEGEN VER-, UNREINIGUNG
ZAHLENTAFELN DER PHYSIKALISCH-CHEMISCHEN UNTERSUCHUNGEN DES RHEINWASSERS
1985
INTERNATIONALE KOMMISSION ZUM SCHUTZE DES RHEINS GEGEN VERUNREINIGUNG, KOBLENZ, 1986
ISSN: 0173-6507
Anzahl der Stoffe: 40
Deskriptoren: ORGANISCHE STOFFE, ANORGANISCHE STOFFE, DATEN, INFORMATIONEN, EXPERIMENTELLE METHODEN, SITUATIONSSTUDIEN, BEZEICHNUNG, HYDROSPHAERE SUESSWASSER

[385] INTERNATIONALE KOMMISSION ZUM SCHUTZE DES RHEINS GEGEN VER-
ZAHLENTAFELN DER PHYSIKALISCH-CHEMISCHEN UNTERSUCHUNGEN DES RHEINWASSERS
INTERNATIONALE KOMMISSION ZUM SCHUTZE DES RHEINS GEGEN , KOBLENZ, 1983
ISSN: 0173-6507
Anzahl der Stoffe: 20
Deskriptoren: ORGANISCHE STOFFE, ANORGANISCHE STOFFE, DATEN, INFORMATIONEN, BEZEICHNUNG, HYDROSPHAERE SUESSWASSER, SYSTEMANALYTISCHE METHODEN
Bemerkungen: ABSCHAETZUNG VON KONZENTRATIONEN VON AUSGEWAEHLTEN CHEMIKALI

[386] IPC BUSINESS PRESS LTD.
EUROPEAN CHEMICAL BUYERS' GUIDE
IPC BUSINESS PRESS LTD., LONDON, 1988
Anzahl der Stoffe: 5000

Deskriptoren: ORGANISCHE STOFFE, ANORGANISCHE STOFFE, INFORMATIONEN, CHEMIKALIEN INDEX, SYNONYMA INDEX, BEZEICHNUNG, SYNONYMA, HERSTELLUNG
Bemerkungen: LISTE DER HANDELSCHEMIKALIEN UND DEREN LIEFERANTEN

[387] IPC INDUSTRIAL PRESS LTD.
DATABOOKS: WORLDWIDE CHEMICAL PLANT DATA
IPC INDUSTRIAL PRESS LTD., LONDON, 1981
Anzahl der Stoffe: 21
Deskriptoren: ORGANISCHE STOFFE, ANORGANISCHE STOFFE, DATEN, INFORMATIONEN, BEZEICHNUNG, SYNONYMA, PRODUKTIONSVOLUMEN, HERSTELLUNG, VERWENDUNGSART
Bemerkungen: DATENSERIEN, DIE EINZELCHEMIKALIEN BEHANDELN

[388] JAHN H., WITTLING S.
TECHNOLOGIE DER CHEMISCHEN INDUSTRIE
VEB VERLAG TECHNIK, BERLIN, DDR, 1968
Anzahl der Stoffe: 100
Deskriptoren: ORGANISCHE STOFFE, ANORGANISCHE STOFFE, DATEN, INFORMATIONEN, BEZEICHNUNG, VERWENDUNGSART, PRODUKTIONSVOLUMEN, HERSTELLUNG, RELATIVE DICHTE
Bemerkungen: CHEMISCHE INDUSTRIE

[389] JAKUBKE H.-D., JESCHKEIT H.
FACHLEXIKON ABC CHEMIE
EIN ALPHABETISCHES NACHSCHLAGEWERK IN ZWEI BAENDEN
VERLAG HARRI DEUTSCH, THUN , FRANKFURT, 1987
ISBN: 3-87144-899-0
Anzahl der Stoffe: 2000
Deskriptoren: ORGANISCHE STOFFE, ANORGANISCHE STOFFE, DATEN, INFORMATIONEN, EXPERIMENTELLE METHODEN, ZUSAMMENFASSENDE ARBEITEN, CHEMIKALIEN INDEX, BEZEICHNUNG, SYNONYMA, STRUKTURFORMEL, SUMMENFORMEL, STOFFBESCHAFFENHEIT, VERWENDUNGSART, SCHMELZPUNKT, SIEDEPUNKT, RELATIVE DICHTE, DAMPFDRUCK, WASSERLOESLICHKEIT, LOESLICHKEIT IN ORGANISCHEN LOESEMITTELN, AKUTE ORALE TOXIZITAET SAEUGETIER, AKUTE PERCUTANE TOXIZITAET SAEUGETIER, DERMALE TOXIZITAET SAEUGETIER, INHALATIV SAEUGETIER, HAUTREIZUNG SAEUGETIER, AUGENREIZUNG SAEUGETIER, CARCINOGENITAET SAEUGETIER, AKUTE VERGIFTUNGEN, HINWEISE AUF MUTAGENE/KANZEROGENE WIRKUNGEN(MENSCH)
Bemerkungen: STANDARDWERK

[390] JAMES S.C., KINMAN & NUTINI
USA REPORT ON TOXIC AND FLAMMABLE GASES
NATO/CCMS PILOT STUDY ON CONTAMINATED LANDS
EPA, CINCINNATI, 1984
Anzahl der Stoffe: 200
Deskriptoren: ORGANISCHE STOFFE, DATEN, INFORMATIONEN, CHEMIKALIEN INDEX, BEZEICHNUNG, ATMOSPHAERE, SCHMELZPUNKT, SIEDEPUNKT, FLAMMPUNKT, RELATIVE DICHTE, DAMPFDRUCK, WASSERLOESLICHKEIT, LOESLICHKEIT IN ORGANISCHEN LOESEMITTELN
Bemerkungen: GESUNDHEITSEFFEKTE WERDEN OHNE DATEN ANGEGEBEN

[391] JANDER K., LAHMANN E.
GRENZWERTE UND RISIKOBETRACHTUNGEN IN DER UMWELTHYGIENE
SCHRIFTENREIHES DES VEREINS FUER WASSER-, BODEN- UND LUFTHYGIENE
GUSTAV FISCHER VERLAG , STUTTGART, 1988
ISBN: 3-437-30577-8
Deskriptoren: INFORMATIONEN, OFFIZIELLE TEXTE, GRENZWERTE
Bemerkungen: KAUM DATEN, WISSENSCHAFTLICHER HINTERGRUND

[392] JANICKE W.
CHEMISCHE OXIDIERBARKEIT ORGANISCHER WASSERINHALTSSTOFFE
WABOLU-BERICHTE 1/83
DIETRICH REIMER VERLAG, BERLIN, 1983
Anzahl der Stoffe: 582
Deskriptoren: MOLEKULARGEWICHT, BIOABBAU, ORGANISCHE STOFFE, DATEN, EXPERIMENTELLE METHODEN, BEZEICHNUNG, STRUKTURFORMEL

[393] JANSSEN CHIMICA
JANSSEN CHIMICA 1987-1988
KATALOG/HANDBUCH FUER FEINCHEMIKALIEN
JANSSEN PHARMACEUTICA, BELGIEN, 1986
Anzahl der Stoffe: 1000
Deskriptoren: ORGANISCHE STOFFE, ANORGANISCHE STOFFE, CAS-NUMMER INDEX, MG INDEX, DATEN, INFORMATIONEN, BEZEICHNUNG, SYNONYMA, CAS-NUMMER, SUMMENFORMEL, STRUKTURFORMEL, SCHMELZPUNKT, SIEDEPUNKT, FLAMMPUNKT, MOLEKULARGEWICHT, RELATIVE DICHTE
Bemerkungen: DEUTSCH/ENGLISCH

[394] JANZ G.J., TOMKINS R.P.T.
NON-AQUEOUS ELECTROLYTE HANDBOOK
ACADEMIC PRESS, NEW YORK, 1972
Anzahl der Stoffe: 500
Deskriptoren: ORGANISCHE STOFFE, ANORGANISCHE STOFFE, DATEN, INFORMATIONEN, CHEMIKALIEN INDEX, BEZEICHNUNG, SCHMELZPUNKT, SIEDEPUNKT, RELATIVE DICHTE, DAMPFDRUCK, WASSERLOESLICHKEIT, LOESLICHKEIT IN ORGANISCHEN LOESEMITTELN

[395] JENKINS S.H.
WATER POLLUTION RESEARCH
PROCEEDINGS OF THE 8TH INTERNATIONAL CONFERENCE, SYDNEY 1976
PERGAMON PRESS LTD, OXFORD, 1978
ISBN: 0-08-020902-5
Anzahl der Stoffe: 100
Deskriptoren: ORGANISCHE STOFFE, ANORGANISCHE STOFFE, DATEN, INFORMATIONEN, BEZEICHNUNG, ABFALLAUFKOMMEN, HYDROSPHAERE MEER, HYDROSPHAERE SUESSWASSER, ALGE, FISCH, EXPERIMENTELLE METHODEN, SYSTEMANALYTISCHE METHODEN, ABWASSER
Bemerkungen: WASSERVERSCHMUTZUNG UND ABWASSERBEHANDLUNG

[396] JENKINS S.H.
WATER POLLUTION RESEARCH
PROCEEDINGS OF THE 9TH INTERNATIONAL CONFERENCE, STOCKHOLM, 1978
PERGAMON PRESS LTD, OXFORD, 1979
ISBN: 0-08-022939-5

Anzahl der Stoffe: 100
Deskriptoren: ORGANISCHE STOFFE, ANORGANISCHE STOFFE, DATEN, INFORMATIONEN, EXPERIMENTELLE METHODEN, SYSTEMANALYTISCHE METHODEN, BEZEICHNUNG, ABWASSER, ABFALLAUFKOMMEN
Bemerkungen: WASSERVERSCHMUTZUNG UND ABWASSERBEHANDLUNG

[397] JENKINS S.H.
WATER POLLUTION RESEARCH AND DEVELOPMENT
PROCEEDINGS OF A CONFERENCE HELD IN TORONTO, 1980
PERGAMON PRESS LTD, OXFORD, 1981
ISBN: 0-08-026025-X
Anzahl der Stoffe: 200
Deskriptoren: ORGANISCHE STOFFE, ANORGANISCHE STOFFE, DATEN, INFORMATIONEN, EXPERIMENTELLE METHODEN, SYSTEMANALYTISCHE METHODEN, ABFALLAUFKOMMEN, ABWASSER, HYDROSPHAERE MEER, WASSERLOESLICHKEIT, HYDROSPHAERE MEER, BIOABBAU, HYDROSPHAERE SUESSWASSER, DIREKTER PHOTOABBAU, FISCH, ALGE
Bemerkungen: WASSERVERSCHMUTZUNG UND ABWASSERBEHANDLUNG

[398] JETTER U.
TECHNIK IM UMWELTSCHUTZ
VERLAG W. GIRADET, ESSEN, 1977
ISBN: 3-7736-0153-0
Anzahl der Stoffe: 100
Deskriptoren: ORGANISCHE STOFFE, ANORGANISCHE STOFFE, DATEN, INFORMATIONEN, BEZEICHNUNG, ATMOSPHAERE, HYDROSPHAERE MEER, HYDROSPHAERE SUESSWASSER, PEDOSPHAERE
Bemerkungen: AUFGABEN, TECHNOLOGIE UND PROBLEMATIK DES UMWELTSCHUTZES

[399] JOHNSON E.M., KOCHHAR D.M.
TERATOGENESIS AND REPRODUCTIVE TOXICOLOGY
SPRINGER VERLAG, BERLIN, HEIDELBERG, 1983
ISBN: 3-540-11906-X
Anzahl der Stoffe: 100
Deskriptoren: ORGANISCHE STOFFE, ANORGANISCHE STOFFE, DATEN, INFORMATIONEN, BEZEICHNUNG, TERATOGENITAET SAEUGETIER, EPIDEMIOLOGISCHE DATEN
Bemerkungen: EPIDEMIOLOGIE UND BIOVERFUEGBARKEIT, MECHANISMEN UND TERATOGENESE, NACHTEILIGE WIRKUNGEN IN BEZUG AUF KOERPERFUNKTIONEN, IN VITRO TESTS VOM TERATOGENEN POTENTIAL VON CHEMIKALIEN, INFORMATIONSTYP: TERATOGENITAET

[400] JOHNSON J.C.
FATTY ACIDS MANUFACTURE 1980
RECENT ADVANTAGES
NOYES DATA CORPORATION, PARK RIDGE, NEW JERSEY, 1980
ISBN: 0-8155-0799-2
Anzahl der Stoffe: 200
Deskriptoren: ORGANISCHE STOFFE, DATEN, INFORMATIONEN, BEZEICHNUNG, HERSTELLUNG, VERWENDUNGSART
Bemerkungen: HERSTELLUNGSMETHODEN VON FETTSAEUREN, DATENTYP: FETTSAEUREN

[401] JOHNSON MATTHEY
PRODUKTE FUER DIE WERKSTOFFKUNDE
MATTHEY CATALOGUE SALES
JOHNSON MATTHEY, KARLSRUHE, 1989
Anzahl der Stoffe: 3600
Deskriptoren: ANORGANISCHE STOFFE, DATEN, INFORMATIONEN, CHEMIKALIEN INDEX, BEZEICHNUNG, SUMMENFORMEL, GEFAHRENSYMBOLE,GEFAHRENBEZEICHNUNG
Bemerkungen: UEBERWIEGEND ANORGANISCHE SALZE, CHEMIKALINEKATALOG

[402] JOHNSON W.W., FINLEY M.T.
U.S. DEPARTMENT OF THE INTERIOR, FISH AND WILDLIFE SERVICE
HANDBOOK OF ACUTE TOXICITY OF CHEMICALS TO FISH AND AQUATIC INVERTEBRATES
RESOURCES PUBL. NO.139
U.S. GOVERNMENT PRINTING OFFICE, WASHINGTON D.C., 1980
Anzahl der Stoffe: 250
Deskriptoren: ORGANISCHE STOFFE, DATEN, INFORMATIONEN, CHEMIKALIEN INDEX, BEZEICHNUNG, SYNONYMA, FISCH, DAPHNIA
Bemerkungen: DATENTYP: PESTIZIDE

[403] JONES H.R.
POLLUTION CONTROL AND CHEMICAL RECOVERY IN THE PULP AND PAPER INDUSTRY
NOYES DATA CORPORATION, PARK RIDGE, NEW JERSEY, 1973
ISBN: 0-8155-0479-9
Anzahl der Stoffe: 50
Deskriptoren: ORGANISCHE STOFFE, ANORGANISCHE STOFFE, DATEN, INFORMATIONEN, BEZEICHNUNG, ABFALLAUFKOMMEN
Bemerkungen: ABFAELLE DER PAPIERINDUSTRIE, DATENTYP: PAPIER

[404] JORDAN T.E.
VAPOR PRESSURES OF ORGANIC COMPOUNDS
JOHN WILEY & SONS, NEW YORK, 1954
Anzahl der Stoffe: 2000
Deskriptoren: ORGANISCHE STOFFE, DATEN, CHEMIKALIEN INDEX, BEZEICHNUNG, SIEDEPUNKT, DAMPFDRUCK
Bemerkungen: INFORMATIONSTYP: DAMPFDRUCK

[405] JORGENSEN S.E.
LIBRARY OF CONGRESS CATALOGING IN PUBLICATION DATA
INDUSTRIAL WASTE WATER MANAGEMENT
STUDIES IN ENVIRONMENTAL SCIENCE
ELSEVIER, AMSTERDAM, 1979
ISBN: 0-444-41795-8
Anzahl der Stoffe: 250
Deskriptoren: ORGANISCHE STOFFE, ANORGANISCHE STOFFE, DATEN, INFORMATIONEN, EXPERIMENTELLE METHODEN, THEORETISCHE METHODEN, SITUATIONSSTUDIEN, ZUSAMMENFASSENDE ARBEITEN, ANWENDUNGSINDEX, BEZEICHNUNG, ABWASSER, SONSTIGE PC-GROESSEN, SONSTIGE VERTEILUNGSKOEFFIZIENTEN Z.B. KD, KBIO, HENRY-KONSTANTE, BIOABBAU, ABIOTISCHE ABBAUBARKEIT, FISCH, DAPHNIA

[406] JORGENSEN S.E., JOHNSEN J.
PRINCIPLES OF ENVIRONMENTAL SCIENCE AND TECHNOLOGY
ELSEVIER, AMSTERDAM, 1981
ISBN: 0-444-99721-0
Anzahl der Stoffe: 200
Deskriptoren: ORGANISCHE STOFFE, ANORGANISCHE STOFFE, DATEN, INFORMATIONEN, EXPERIMENTELLE METHODEN, SYSTEMANALYTISCHE METHODEN, SITUATIONSSTUDIEN, VERWENDUNGSART, ATMOSPHAERE, HYDROSPHAERE MEER, HYDROSPHAERE SUESSWASSER, PEDOSPHAERE, BIOABBAU, BIOAKKUMULATION, AKUTE ORALE TOXIZITAET SAEUGETIER
Bemerkungen: UEBERBLICK UEBER UMWELTPROBLEME

[407] JOSEPHY E., RADT F.
ELSEVIER'S ENCYCLOPEDIA OF ORGANIC CHEMISTRY
SERIES 3: CARBOISOCYCLIC CONDENSED COMPOUNDS
SPRINGER VERLAG, BERLIN, HEIDELBERG, 1969
Anzahl der Stoffe: 50000
Deskriptoren: ORGANISCHE STOFFE, DATEN, INFORMATIONEN, CHEMIKALIEN INDEX, SYNONYMA INDEX, BEZEICHNUNG, SYNONYMA, EXPERIMENTELLE METHODEN, VERWENDUNGSART, SCHMELZPUNKT, SIEDEPUNKT, RELATIVE DICHTE, DAMPFDRUCK, WASSERLOESLICHKEIT, LOESLICHKEIT IN ORGANISCHEN LOESEMITTELN, SONSTIGE PC-GROESSEN, BIOABBAU, BIOAKKUMULATION, SPEKTRALDATEN
Bemerkungen: STANDARDWERK DER ORGANISCHEN CHEMIE

[408] JUNGERMAN E.
CATIONIC SURFACTANTS
SURFACTANT SCIENCE SERIES
MARCEL DEKKER, NEW YORK, 1970
Anzahl der Stoffe: 200
Deskriptoren: ORGANISCHE STOFFE, ANORGANISCHE STOFFE, INFORMATIONEN, DATEN, CHEMIKALIEN INDEX, BEZEICHNUNG, VERWENDUNGSART, SCHMELZPUNKT, RELATIVE DICHTE, WASSERLOESLICHKEIT, LOESLICHKEIT IN ORGANISCHEN LOESEMITTELN, OBERFLAECHENSPANNUNG
Bemerkungen: DATENTYP: OBERFLAECHENAKTIVE MITTEL

[409] KAISHA K.N.
8382 CHEMICAL SUBSTANCES
JAPANESE GOVERNMENT, TOKYO, 1982
ISBN: 4-87326-001
Anzahl der Stoffe: 8382
Deskriptoren: ORGANISCHE STOFFE, ANORGANISCHE STOFFE, DATEN, CHEMIKALIEN INDEX, BEZEICHNUNG, SYNONYMA, PRODUKTIONSVOLUMEN, VERWENDUNGSART
Bemerkungen: NUR AUF JAPANISCH ERHAELTLICH

[410] KALBFUS W., GRAAF VAN DE S., ZELLNER A.
BAYERISCHE LANDESANSTALT FUER WASSERFORSCHUNG
ORGANISCHE SCHADSTOFFE
LEICHTFLUECHTIGE CHLORKOHLENWASSERSTOFFE.POLYCYCLISCHE AROMATEN UND CHLORPHENOLE IN FLIESSGEWAESSERN UND IN SEDIMENTEN
DISSERTATIONS-UND FOTODRUCK FRANK, MUENCHEN, 1987
Anzahl der Stoffe: 15
Deskriptoren: ABIOTISCHE ABBAUBARKEIT, ATMOSPHAERE, BEZEICHNUNG,

CARCINOGENITAET SAEUGETIER, DATEN, EXPERIMENTELLE METHODEN, HYDROSPHAERE SUESSWASSER, INFORMATIONEN, SEDIMENT, SITUATIONSSTUDIEN, ORGANISCHE STOFFE

[411] KALLISCHNIGG G., LEGEMANN P.
ZEBS
STUDIE ZUM AUFBAU EINES MONITORING SYSTEMS UMWELTCHEMIKALIEN IN LEBENSMITTELN
DIETRICH REIMER VERLAG, BERLIN, 1982
ISBN: 3-496-02322-9 ISSN: 0172-8644
Anzahl der Stoffe: 10
Deskriptoren: ORGANISCHE STOFFE, ANORGANISCHE STOFFE, DATEN, INFORMATIONEN, EXPERIMENTELLE METHODEN, SITUATIONSSTUDIEN, BEZEICHNUNG, LEBENSMITTEL PFLANZLICH UND TIERISCH

[412] KALTOFEN R., OPITZ R., SCHUMANN K., ZIEMANN J.
TABELLENBUCH CHEMIE
VEB DEUTSCHER VERLAG FUER GRUNDSTOFFCHEMIE, LEIPZIG, 1975
Anzahl der Stoffe: 4500
Deskriptoren: ORGANISCHE STOFFE, ANORGANISCHE STOFFE, DATEN, CHEMIKALIEN INDEX, BEZEICHNUNG, SYNONYMA, SCHMELZPUNKT, SIEDEPUNKT, RELATIVE DICHTE, BRECHUNGSINDEX, WASSERLOESLICHKEIT, LOESLICHKEIT IN ORGANISCHEN LOESEMITTELN

[413] KAMRIN M.A.
TOXICOLOGY
A PRIMER ON TOXICOLOGY, PRINCIPLES AND APPLICATIONS
LEWIS PUBLISHERS, CHELSEA, 1988
ISBN: 0-87371-133-5
Anzahl der Stoffe: 200
Deskriptoren: ORGANISCHE STOFFE, ANORGANISCHE STOFFE, DATEN, INFORMATIONEN, OFFIZIELLE TEXTE, ZUSAMMENFASSENDE ARBEITEN, CHEMIKALIEN INDEX, BEZEICHNUNG, SYNONYMA, TLV-WERTE, TWA-WERTE
Bemerkungen: GRUNDLAGEN DER TOXIKOLOGIE

[414] KARCHER W., FORDHAM R.J., ET AL.
JOINT RESEARCH CENTRE
SPECTRAL ATLAS OF POLYCYCLIC AROMATIC COMPOUNDS
INCLUDING DATA ON OCCURRENCE AND BIOLOGICAL ACTIVITY
D.REINDEL PUBLISHING COMPANY, DORDRECHT, BOSTON, LANCASTER, 1985
ISBN: 90-277-1652-8
Anzahl der Stoffe: 43
Deskriptoren: ORGANISCHE STOFFE, DATEN, INFORMATIONEN, EXPERIMENTELLE METHODEN, BEZEICHNUNG, CAS-NUMMER, STRUKTURFORMEL, SUMMENFORMEL, SPEKTRALDATEN, ATMOSPHAERE, LEBENSMITTEL PFLANZLICH UND TIERISCH, PEDOSPHAERE, HYDROSPHAERE SUESSWASSER, SCHMELZPUNKT, WASSERLOESLICHKEIT, AKUTE ORALE TOXIZITAET SAEUGETIER, AKUTE PERCUTANE TOXIZITAET SAEUGETIER, AKUTE INTRAPERITONEALE TOXIZITAET SAEUGETIER, AKUTE INTERTRAVENOESE TOXIZITAET SAEUGETIER, MUTAGENITAET, CARCINOGENITAET SAEUGETIER, HINWEISE AUF MUTAGENE/KANZEROGENE WIRKUNGEN(MENSCH)

[415] KARCHER W.
JOINT RESEARCH CENTRE
SPECTRAL ATLAS OF POLYCYCLIC AROMATIC COMPOUNDS-VOL.2
INCLUDING DATA ON PHYSICO-CHEMICAL PROPERTIES.OCCURRENCE AND BIOLOGICAL ACTIVITY
KLUWER ACADEMIC PUBLISHERS, DORDRECHT, 1988
ISBN: 0-7923-0008-4
Anzahl der Stoffe: 45
Deskriptoren: ORGANISCHE STOFFE, DATEN, INFORMATIONEN, BEZEICHNUNG, CAS-NUMMER, STRUKTURFORMEL, SPEKTRALDATEN, SUMMENFORMEL, STOFFBESCHAFFENHEIT, ATMOSPHAERE, LEBENSMITTEL PFLANZLICH UND TIERISCH, PEDOSPHAERE, SEDIMENT, HYDROSPHAERE SUESSWASSER, SCHMELZPUNKT, SIEDEPUNKT, MOLEKULARGEWICHT, MOLVOLUMEN, DAMPFDRUCK, WASSERLOESLICHKEIT, HENRY-KONSTANTE, VERTEILUNGSKOEFFIZIENT, VERTEILUNGSKOEFFIZIENT N-OCTANOL/WASSER, POW, VERTEILUNGSKOEFFIZIENT KOC, SONSTIGE PC-GROESSEN, BIOABBAU, DIREKTER PHOTOABBAU, BIOAKKUMULATION, MUTAGENITAET, CARCINOGENITAET SAEUGETIER, HINWEISE AUF MUTAGENE/KANZEROGENE WIRKUNGEN-(MENSCH)
Bemerkungen: VERWEIS AUF QUELLEN MIT VORKOMMEN IN DER UMWELT-DATEN, DATENTYP: PAH'S

[416] KATZ H.S., MILEWSKI J.V.
HANDBOOK OF FILLERS AND REINFORCEMENTS FOR PLASTICS
VAN NOSTRAND REINHOLD COMPANY, NEW YORK, 1978
ISBN: 0-442-25372-9
Anzahl der Stoffe: 500
Deskriptoren: ORGANISCHE STOFFE, DATEN, INFORMATIONEN, CHEMIKALIEN INDEX, BEZEICHNUNG, SYNONYMA, VERWENDUNGSART, SCHMELZPUNKT, SIEDEPUNKT, RELATIVE DICHTE, DAMPFDRUCK, WASSERLOESLICHKEIT, LOESLICHKEIT IN ORGANISCHEN LOESEMITTELN, OBERFLAECHENSPANNUNG, FLAMMPUNKT, ZERSETZUNGSPUNKT
Bemerkungen: DATENTYP: POLYMERE, FUELLSTOFFE UND STABILISATOREN IN KUNSTSTOFFEN

[417] KAUSS P.B., HAMDY Y.S.
BIOLOGICAL MONITORING OF ORGANOCHLORINE CONTAMINANTS IN THE ST. CLAIR AND DETROIT RIVER USING INTRODUCED CLAMS
JOURNAL OF GREAT LAKES RESEARCH, , 1985
Anzahl der Stoffe: 10
Deskriptoren: ORGANISCHE STOFFE, DATEN, INFORMATIONEN, EXPERIMENTELLE METHODEN, FALLSTUDIEN, SITUATIONSSTUDIEN, BEZEICHNUNG, HYDROSPHAERE SUESSWASSER

[418] KAUT H.
POLYCYCLISCHE AROMATISCHE KOHLENWASSERSTOFFE IN SEDIMENTEN DES NECKARS, SEINER NEBENFLUESSE, RHEIN UND DONAU SOWIE IN KLAERSCHLAEMMEN UND ZU- UND ABLAEUFEN VON KLAERANLAGEN
EBERHARD-KARLS-UNIVERSITAET, TUEBINGEN, 1984
Anzahl der Stoffe: 40
Deskriptoren: ORGANISCHE STOFFE, DATEN, INFORMATIONEN, EXPERIMENTELLE METHODEN, FALLSTUDIEN, SITUATIONSSTUDIEN, BEZEICHNUNG, SEDIMENT, HYDROSPHAERE SUESSWASSER, KLAERSCHLAMM, WASSERLOESLICHKEIT, LOESLICHKEIT IN FETT, BIOAKKUMULATION, DAPHNIA, CARCI-

NOGENITAET SAEUGETIER, HINWEISE AUF MUTAGENE/KANZEROGENE WIRKUNGEN(MENSCH)
Bemerkungen: DISSERTATION

[419] KAYE S.
HANDBOOK OF EMERGENCY TOXICOLOGY
CHARLES C. THOMAS, SPRINGFIELD, 1980
ISBN: 0-398-03960-7
Anzahl der Stoffe: 200
Deskriptoren: ORGANISCHE STOFFE, ANORGANISCHE STOFFE, DATEN, INFORMATIONEN, CHEMIKALIEN INDEX, BEZEICHNUNG, SYNONYMA, VERWENDUNGSART, AKUTE ORALE TOXIZITAET SAEUGETIER, AKUTE VERGIFTUNGEN, CHRONISCHE TOXIZITAET MENSCH, CHRONISCHE TOXIZITAET SAEUGETIER, ERSTE HILFE, ARBEITSSCHUTZ
Bemerkungen: DIAGNOSE UND BEHANDLUNG VON VERGIFTUNGEN

[420] KEARNEY P.C., KAUFMAN D.D.
HERBICIDES
CHEMISTRY, DEGRADATION AND MODE OF ACTION
MARCEL DEKKER, NEW YORK, BASEL, 1976
ISBN: 0-8247-6301-7
Anzahl der Stoffe: 200
Deskriptoren: ORGANISCHE STOFFE, DATEN, INFORMATIONEN, BEZEICHNUNG, SYNONYMA, STRUKTURFORMEL, SCHMELZPUNKT, MOLEKULARGEWICHT, WASSERLOESLICHKEIT, ANDERE LOESLICHKEITEN, BIOABBAU, REDOX-POTENTIAL, AKUTE ORALE TOXIZITAET SAEUGETIER
Bemerkungen: DATENTYP: PESTIZIDE

[421] KEARNEY P.C., KAUFMAN D.D.
HERBICIDES
CHEMISTRY, DEGRADATION AND MODE OF ACTION
MARCEL DEKKER, NEW YORK, BASEL, 1975
ISBN: 0-8247-6175-8
Anzahl der Stoffe: 200
Deskriptoren: ORGANISCHE STOFFE, DATEN, INFORMATIONEN, BEZEICHNUNG, SYNONYMA, STRUKTURFORMEL, SCHMELZPUNKT, MOLEKULARGEWICHT, WASSERLOESLICHKEIT, ANDERE LOESLICHKEITEN, DISSOZIATIONSKONSTANTE, BIOABBAU, REDOX-POTENTIAL, AKUTE ORALE TOXIZITAET SAEUGETIER, WIRKUNGSWEISE IN PFLANZEN
Bemerkungen: DATENTYP: PESTIZIDE

[422] KEELER R.F., TU A.T.
HANDBOOK OF NATURAL TOXINS
PLANT AND FUNGAL TOXINS
MARCEL DEKKER, NEW YORK, 1983
Anzahl der Stoffe: 200
Deskriptoren: ORGANISCHE STOFFE, DATEN, INFORMATIONEN, BEZEICHNUNG, PFLANZEN, AKUTE ORALE TOXIZITAET SAEUGETIER, AKUTE VERGIFTUNGEN, SUBAKUTE-SUBCHRONISCHE TOXIZITAET SAEUGETIER, CHRONISCHE TOXIZITAET MENSCH, CHRONISCHE TOXIZITAET SAEUGETIER, CHRONISCHE VERGIFTUNGEN MENSCH, CARCINOGENITAET SAEUGETIER, MUTAGENITAET SAEUGETIER, TERATOGENITAET SAEUGETIER, ANDERE WIRKUNGEN, HINWEISE AUF MUTAGENE/KANZEROGENE WIRKUNGEN(MENSCH)
Bemerkungen: NATUERLICHE TOXINE

[423] KEITH L.H.
ADVANCES IN THE IDENTIFICATION AND ANALYSIS OF ORGANIC POLLUTANTS IN WATER
ANN ARBOR SCIENCE PUBLISHERS INC., MICHIGAN, 1981
ISBN: 0-250-40398-6
Anzahl der Stoffe: 500
Deskriptoren: ORGANISCHE STOFFE, DATEN, INFORMATIONEN, EXPERIMENTELLE METHODEN, CHEMIKALIEN INDEX, BEZEICHNUNG, SYNONYMA, HYDROSPHAERE MEER, HYDROSPHAERE SUESSWASSER, TRINKWASSER
Bemerkungen: ANALYTISCHE BESTIMMUNGEN VON WASSERGEFAEHRDENDEN STOFFEN

[424] KEITH L.H.
ADVANCES IN THE IDENTIFICATION AND ANALYSIS OF ORGANIC POLLUTANTS IN WATER
ANN ARBOR SCIENCE PUBLISHERS INC., MICHIGAN, 1981
ISBN: 0-250-40397-8
Anzahl der Stoffe: 500
Deskriptoren: ORGANISCHE STOFFE, DATEN, INFORMATIONEN, EXPERIMENTELLE METHODEN, CHEMIKALIEN INDEX, BEZEICHNUNG, SYNONYMA, HYDROSPHAERE MEER, HYDROSPHAERE SUESSWASSER, TRINKWASSER
Bemerkungen: ANALYTISCHE BESTIMMUNGEN VON WASSERGEFAEHRDENDEN STOFFEN

[425] KEITH L.H., WALTERS D.B.
COMPENDIUM OF SAFETY DATA SHEETS FOR RESEARCH AND INDUSTRIAL CHEMICALS
PART I, II, III
VCH VERLAGSGESELLSCHAFT, WEINHEIM, 1985
ISBN: 3-527-26311-X
Anzahl der Stoffe: 867
Deskriptoren: ORGANISCHE STOFFE, CAS-NUMMER INDEX, MG INDEX, SYNONYMA INDEX, DATEN, INFORMATIONEN, BEZEICHNUNG, SYNONYMA, CAS-NUMMER, SUMMENFORMEL, STRUKTURFORMEL, NIOSH-NUMMER, VERWENDUNGSART, SCHMELZPUNKT, SIEDEPUNKT, FLAMMPUNKT, ZERSETZUNGSPUNKT, MOLEKULARGEWICHT, RELATIVE DICHTE, DAMPFDRUCK, WASSERLOESLICHKEIT, ANDERE LOESLICHKEITEN, DISSOZIATIONSKONSTANTE, HINWEISE AUF MUTAGENE/KANZEROGENE WIRKUNGEN (MENSCH), SCHUTZMASSNAHMEN, LAGERUNG UND HANDHABUNG, MASSNAHMEN BEI UNFAELLEN UND BRAENDEN, TRANSPORT, KENNZEICHNUNG

[426] KEITH L.H.
IDENTIFICATION AND ANALYSIS OF ORGANIC POLLUTANTS IN WATER
ANN ARBOR SCIENCE PUBLISHERS INC., MICHIGAN, 1981
ISBN: 0-250-40131-2
Anzahl der Stoffe: 250
Deskriptoren: ORGANISCHE STOFFE, DATEN, INFORMATIONEN, EXPERIMENTELLE METHODEN, CHEMIKALIEN INDEX, BEZEICHNUNG, SYNONYMA, HYDROSPHAERE MEER, HYDROSPHAERE SUESSWASSER

[427] KEMP H.T.
WATER QUALITY CRITERIA BOOK
EFFECTS OF CHEMICALS ON AQUATIC LIFE
BATTELLE, COLUMBUS, 1973

Anzahl der Stoffe: 3000
Deskriptoren: ORGANISCHE STOFFE, ANORGANISCHE STOFFE, DATEN, INFORMATIONEN, CHEMIKALIEN INDEX, BEZEICHNUNG, SYNONYMA, FISCH, DAPHNIA
Bemerkungen: WIRKUNGEN VON CHEMIKALIEN AUF DAS AQUATISCHE LEBEN

[428] KENT J.A.
UNIVERSITY OF DETROIT, MICHIGAN
RIEGEL'S HANDBOOK OF INDUSTRIAL CHEMISTRY
VAN NOSTRAND REINHOLD COMPANY, NEW YORK, 1983
ISBN: 0-442-20164-8
Anzahl der Stoffe: 300
Deskriptoren: ORGANISCHE STOFFE, ANORGANISCHE STOFFE, DATEN, INFORMATIONEN, EXPERIMENTELLE METHODEN, VERWENDUNGSART, PRODUKTIONSVOLUMEN, VERMARKTUNGSMENGE, HYDROSPHAERE SUESSWASSER, SCHMELZPUNKT, SIEDEPUNKT, RELATIVE DICHTE, BIOABBAU
Bemerkungen: 8. AUFLAGE

[429] KERTES A.S., MARCUS Y.
EQUILIBRIUM CONSTANTS OF LIQUID-LIQUID- DISTRIBUTION REACTIONS PART 2: ALKYLAMMONIUM SALT EXTRACTANTS, CHEMICAL DATA SEIES
BUTTERWORTHS, LONDON, 1974
ISBN: 0-408-70631-7
Anzahl der Stoffe: 50
Deskriptoren: ORGANISCHE STOFFE, DATEN, SONSTIGE PC-GROESSEN
Bemerkungen: AUFSTELLUNG VON GLEICHGEWICHTSKONSTANTEN

[430] KERTES A.S.
IUPAC: SOLUBILITY DATA SERIES
PERGAMON PRESS LTD, OXFORD, 1980
ISBN: 0-08-023917-X
Anzahl der Stoffe: 5000
Deskriptoren: ORGANISCHE STOFFE, ANORGANISCHE STOFFE, DATEN, CAS-NUMMER, CHEMIKALIEN INDEX, BEZEICHNUNG, SYNONYMA, WASSERLOESLICHKEIT, LOESLICHKEIT IN ORGANISCHEN LOESEMITTELN
Bemerkungen: 60 BIS 80 BAENDE IN VORBEREITUNG

[431] KETCHEN E.E., PORTER W.E.
MATERIAL SAFETY DATA SHEETS FOR HAZARDOUS CHEMICALS
OAK RIDGE NATIONAL LABORATORY, OAK RIDGE, 1983
Anzahl der Stoffe: 167
Deskriptoren: ORGANISCHE STOFFE, ANORGANISCHE STOFFE, DATEN, INFORMATIONEN, CHEMIKALIEN INDEX, BEZEICHNUNG, SYNONYMA, CAS-NUMMER, SCHMELZPUNKT, SIEDEPUNKT, RELATIVE DICHTE, DAMPFDRUCK, WASSERLOESLICHKEIT, LOESLICHKEIT IN ORGANISCHEN LOESEMITTELN, AKUTE ORALE TOXIZITAET SAEUGETIER
Bemerkungen: CHEMIKALIEN, DIE IM ORNL BENUTZT WERDEN, NUR FUER OFFIZIELLEN GEBRAUCH

[432] KHAN M.A., LECH J.J., MENN J.J.
PESTICIDE AND XENOBIOTIC METABOLISM IN AQUATIC ORGANISMS
ACS SYMPOSIUM SERIES 99
AMERICAN CHEMICAL SOCIETY, WASHINGTON D.C., 1979
ISBN: 0-8412-0489-6

Anzahl der Stoffe: 250
Deskriptoren: ORGANISCHE STOFFE, DATEN, INFORMATIONEN, SYSTEMANALYTISCHE METHODEN, CHEMIKALIEN INDEX, BEZEICHNUNG, SYNONYMA, HYDROSPHAERE MEER, HYDROSPHAERE SUESSWASSER, BIOABBAU, BIOAKKUMULATION, DIREKTER PHOTOABBAU, FISCH, DAPHNIA, SCHNECKEN, MUSCHELN, CARCINOGENITAET SAEUGETIER
Bemerkungen: BIOTRANSFORMATIONS- UND ELIMINIERUNGSPROZESSE

[433] KHAN S.U.
CHEMISTRY AND BIOLOGY RESEARCH INSTITUTE
PESTICIDES IN THE SOIL ENVIRONMENT
ELSEVIER, AMSTERDAM, OXFORD, NEW YORK, 1980
ISBN: 0-444-41873-3
Anzahl der Stoffe: 200
Deskriptoren: ORGANISCHE STOFFE, DATEN, INFORMATIONEN, BEZEICHNUNG, SYNONYMA, PEDOSPHAERE, SCHMELZPUNKT, SIEDEPUNKT, DAMPFDRUCK, WASSERLOESLICHKEIT, BIOABBAU, BIOAKKUMULATION, AKUTE ORALE TOXIZITAET SAEUGETIER

[434] KIDD H., HARTLEY D.
THE ROYAL SOCIETY OF CHEMISTRY
PESTICIDE INDEX
AN INDEX OF CHEMICAL, COMMON AND TRADE NAMES OF PESTICIDES AND RELATED CROP-PROTECTION PRODUCTS
THE ROYAL SOCIETY OF CHEMISTRY, NOTTINGHAM, 1988
ISBN: 0-85186-733-2
Anzahl der Stoffe: 20000
Deskriptoren: ORGANISCHE STOFFE, ANORGANISCHE STOFFE, INFORMATIONEN, ZUSAMMENFASSENDE ARBEITEN, SYNONYMA INDEX, BEZEICHNUNG, SYNONYMA, PRODUZENT, VERWENDUNGSZWECK

[435] KIER B., MUELLER G.
UMWELTBUNDESAMT
HANDBUCH STOERFAELLE
DOKUMENTATION UEBER STOERFAELLE IN CHEMIEANLAGEN
ERICH SCHMIDT VERLAG, BERLIN, 1983
ISBN: 3-503-02385-2
Anzahl der Stoffe: 350
Deskriptoren: ORGANISCHE STOFFE, ANORGANISCHE STOFFE, DATEN, INFORMATIONEN, SITUATIONSSTUDIEN, CHEMIKALIEN INDEX, CAS-NUMMER INDEX, BEZEICHNUNG, CAS-NUMMER, ANWENDUNGSMUSTER
Bemerkungen: STOERFALLDATENBLAETTER DES UMWELTBUNDESAMTES(CHRONOLOGISCH), KLASSIFIZIERUNG DER STOERFAELLE

[436] KIMBROUGH R.D., JENSEN A.A.
HALOGENATED BIPHENYLS, TERPHENYLS, NAPHTHALENES, DIBENZODIOXINS AND RELATED PRODUCTS
2. AUFLAGE
ELSEVIER, AMSTERDAM, 1989
ISBN: 0-444-81029-3
Anzahl der Stoffe: 50
Deskriptoren: ORGANISCHE STOFFE, DATEN, INFORMATIONEN, EXPERIMENTELLE METHODEN, SYSTEMANALYTISCHE METHODEN, SITUATIONSSTUDIEN, ZUSAMMENFASSENDE ARBEITEN, BEZEICHNUNG, SYNONYMA, CAS-

NUMMER, VERWENDUNGSART, VERWENDUNGSZWECK, PRODUKTIONSVOLUMEN, VERMARKTUNGSMENGE, SYNTHESE, EINFUHR/AUSFUHR, ATMOSPHAERE, PEDOSPHAERE, SEDIMENT, HYDROSPHAERE MEER, HYDROSPHAERE SUESSWASSER, BIOSPHAERE, LEBENSMITTEL PFLANZLICH UND TIERISCH, SCHMELZPUNKT, FLAMMPUNKT, MOLEKULARGEWICHT, RELATIVE DICHTE, VISKOSITAET, BRECHUNGSINDEX, WASSERLOESLICHKEIT, LOESLICHKEIT IN ORGANISCHEN LOESEMITTELN, VERTEILUNGSKOEFFIZIENT N-OCTANOL/WASSER, POW, VERTEILUNGSKOEFFIZIENT KOC, BIOAKKUMULATION, FISCH, AKUTE ORALE TOXIZITAET SAEUGETIER, REPRODUKTIONSTOXIZITAET, TERATOGENITAET SAEUGETIER, MUTAGENITAET, MUTAGENITAET SAEUGETIER, CARCINOGENITAET SAEUGETIER, METABOLISMUS MENSCH, ANDERE WIRKUNGEN, WIRKUNG AUF IMMUNSYSTEM, AKUTE VERGIFTUNGEN, EPIDEMIOLOGISCHE DATEN, CHRONISCHE VERGIFTUNGEN MENSCH, HINWEISE AUF MUTAGENE/KANZEROGENE WIRKUNGEN(MENSCH), ARBEITSSCHUTZ

[437] KIRK R.C., OTHMER O.F.
KIRK-OTHMER ENCYCLOPEDIA OF CHEMICAL TECHNOLOGY
JOHN WILEY & SONS, NEW YORK, 1984
ISBN: 0-471-02039-7
Anzahl der Stoffe: 10000
Deskriptoren: ORGANISCHE STOFFE, ANORGANISCHE STOFFE, DATEN, INFORMATIONEN, EXPERIMENTELLE METHODEN, CHEMIKALIEN INDEX, BEZEICHNUNG, SYNONYMA, CAS-NUMMER, VERWENDUNGSART, SCHMELZPUNKT, SIEDEPUNKT, RELATIVE DICHTE, DAMPFDRUCK, WASSERLOESLICHKEIT, LOESLICHKEIT IN ORGANISCHEN LOESEMITTELN, OBERFLAECHENSPANNUNG, FLAMMPUNKT, ZERSETZUNGSPUNKT, VISKOSITAET, SONSTIGE PC-GROESSEN, PRODUKTIONSVOLUMEN, AKUTE ORALE TOXIZITAET SAEUGETIER, CHRONISCHE TOXIZITAET SAEUGETIER, ARBEITSSCHUTZ
Bemerkungen: AUCH ALS DATENBANK VORHANDEN, STANDARDWERK DER CHEMIE UND TECHNOLOGIE

[438] KIRSCH-VOLDERS M.
MUTAGENICITY, CARCINOGENICITY AND TERATOGENICITY OF INDUSTRIAL POLLUTANTS
PLENUM PRESS, LONDON, 1984
ISBN: 0-306-41148-2
Anzahl der Stoffe: 200
Deskriptoren: ORGANISCHE STOFFE, ANORGANISCHE STOFFE, DATEN, INFORMATIONEN, CHEMIKALIEN INDEX, BEZEICHNUNG, CARCINOGENITAET SAEUGETIER, TERATOGENITAET SAEUGETIER, MUTAGENITAET SAEUGETIER, HINWEISE AUF MUTAGENE/KANZEROGENE WIRKUNGEN(MENSCH)

[439] KLIMMEK R., SZINICZ L., WEGER N.
CHEMISCHE GIFTE UND KAMPFSTOFFE
WIRKUNG UND THERAPIE
HIPPOKRATES VERLAG, STUTTGART, 1983
ISBN: 3-7773-0608-8
Anzahl der Stoffe: 200
Deskriptoren: ORGANISCHE STOFFE, ANORGANISCHE STOFFE, DATEN, INFORMATIONEN, EXPERIMENTELLE METHODEN, OFFIZIELLE TEXTE, BEZEICHNUNG, SYNONYMA, STRUKTURFORMEL, SUMMENFORMEL, STOFFBESCHAFFENHEIT, SCHMELZPUNKT, ZUENDTEMPERATUR, SIEDEPUNKT, ZERSETZUNGSPUNKT, MOLEKULARGEWICHT, RELATIVE DICHTE, DAMPFDRUCK,

WASSERDAMPFFLUECHTIGKEIT, AKUTE ORALE TOXIZITAET SAEUGETIER, AKUTE PERCUTANE TOXIZITAET SAEUGETIER, HAUTREIZUNG SAEUGETIER, DERMALE TOXIZITAET SAEUGETIER, AUGENREIZUNG SAEUGETIER, INHALATIV SAEUGETIER, AKUTE INTERTRAVENOESE TOXIZITAET SAEUGETIER, ANDERE WIRKUNGEN, AKUTE VERGIFTUNGEN, MAK-WERTE, GESUNDHEITSSCHUTZ, BRAND- UND EXPLOSIONSSCHUTZ, ENTSORGUNG

[440] KLIMMER O.R.
PFLANZENSCHUTZ- UND SCHAEDLINGSBEKAEMPFUNGSMITTEL
ABRISS EINER TOXIKOLOGIE UND THERAPIE VON VERGIFTUNGEN
HUNDT VERLAG, HATTINGEN, 1971
Anzahl der Stoffe: 200
Deskriptoren: ORGANISCHE STOFFE, DATEN, INFORMATIONEN, CHEMIKALIEN INDEX, BEZEICHNUNG, SYNONYMA, AKUTE ORALE TOXIZITAET SAEUGETIER, AKUTE PERCUTANE TOXIZITAET SAEUGETIER, DERMALE TOXIZITAET SAEUGETIER, INHALATIV SAEUGETIER, HAUTREIZUNG SAEUGETIER, AUGENREIZUNG SAEUGETIER
Bemerkungen: DATENTYP: PESTIZIDE

[441] KOCH R.
DATENSPEICHER UMWELTCHEMIKALIEN
EIGENSCHAFTEN, TOXIZITAET, UMWELTCHEMIKALIEN
VEB VERLAG VOLK UND GESUNDHEIT, BERLIN, DDR, 1986
Anzahl der Stoffe: 120
Deskriptoren: ORGANISCHE STOFFE, DATEN, INFORMATIONEN, CHEMIKALIEN INDEX, BEZEICHNUNG, SYNONYMA, CAS-NUMMER, VERWENDUNGSART, ATMOSPHAERE, HYDROSPHAERE MEER, HYDROSPHAERE SUESSWASSER, PEDOSPHAERE, SEDIMENT, PRODUKTIONSVOLUMEN, SCHMELZPUNKT, SIEDEPUNKT, FLAMMPUNKT, RELATIVE DICHTE, DAMPFDRUCK, WASSERLOESLICHKEIT, LOESLICHKEIT IN ORGANISCHEN LOESEMITTELN, HENRY-KONSTANTE, VERTEILUNGSKOEFFIZIENT N-OCTANOL/WASSER, POW, SONSTIGE PC-GROESSEN, BIOABBAU, BIOAKKUMULATION, ABIOTISCHE ABBAUBARKEIT, DIREKTER PHOTOABBAU, ALGE, FISCH, DAPHNIA, AKUTE ORALE TOXIZITAET SAEUGETIER, CARCINOGENITAET SAEUGETIER, TERATOGENITAET SAEUGETIER, MUTAGENITAET SAEUGETIER, ARBEITSSCHUTZ, TLV-WERTE
Bemerkungen: DATEN PROFILE

[442] KOCH R., WAGNER B.O.
UMWELTCHEMIKALIEN
PHYSIKALISCH-CHEMISCHE DATEN, TOXIZITAETEN, GRENZ- UND RICHTWERTE, UMWELTVERHALTEN
VCH VERLAGSGESELLSCHAFT, WEINHEIM, 1989
ISBN: 3-527-26902-9
Anzahl der Stoffe: 165
Deskriptoren: ORGANISCHE STOFFE, ANORGANISCHE STOFFE, DATEN, INFORMATIONEN, CHEMIKALIEN INDEX, CAS-NUMMER INDEX, BEZEICHNUNG, SYNONYMA, CAS-NUMMER, SUMMENFORMEL, STRUKTURFORMEL, STOFFBESCHAFFENHEIT, VERWENDUNGSZWECK, ABFALLAUFKOMMEN, ATMOSPHAERE, PEDOSPHAERE, HYDROSPHAERE SUESSWASSER, INFORMATIONEN, SCHMELZPUNKT, SIEDEPUNKT, MOLEKULARGEWICHT, RELATIVE DICHTE, DAMPFDRUCK, WASSERLOESLICHKEIT, HENRY-KONSTANTE, VERTEILUNGSKOEFFIZIENT KOC, VERTEILUNGSKOEFFIZIENT N-OCTANOL/WASSER, POW, SONSTIGE VERTEILUNGSKOEFFIZIENTEN Z.B. KD, KBIO, BIOABBAU, BIOAKKUMULATION, DIREKTER PHOTOABBAU, DAPHNIA, FISCH, BAKTERIEN,

AKUTE ORALE TOXIZITAET SAEUGETIER, SUBAKUTE-SUBCHRONISCHE TOXIZITAET SAEUGETIER, CHRONISCHE TOXIZITAET MENSCH, CHRONISCHE TOXIZITAET SAEUGETIER, AKUTE VERGIFTUNGEN, CARCINOGENITAET SAEUGETIER, MUTAGENITAET SAEUGETIER, TERATOGENITAET SAEUGETIER, REPRODUKTIONSTOXIZITAET, ANDERE WIRKUNGEN, METABOLISMUS MENSCH, METABOLISMUS SAEUGETIER, HINWEISE AUF MUTAGENE/KANZEROGENE WIRKUNGEN(MENSCH), ARBEITSSCHUTZ, MAK-WERTE
Bemerkungen: DATENPROFILE UEBER 165 STOFFE

[443] KOELBEL H., SCHULZE J.
DER ABSATZ DER CHEMISCHEN INDUSTRIE
SPRINGER VERLAG, BERLIN, HEIDELBERG, 1979
Anzahl der Stoffe: 100
Deskriptoren: ORGANISCHE STOFFE, ANORGANISCHE STOFFE, DATEN, CHEMIKALIEN INDEX, BEZEICHNUNG, SYNONYMA, PRODUKTIONSVOLUMEN
Bemerkungen: ABSATZ VON CHEMIKALIEN IN DER CHEMISCHEN INDUSTRIE

[444] KOMMISSION BEWERTUNG WASSERGEFAEHRDENDER STOFFE
BEIRAT LAGERUNG UND TRANSPORT WASSERGEFAEHRDENDER STOFFE
KATALOG WASSERGEFAEHRDENDER STOFFE
DATENBLAETTER
KOMMISSION WASSERGEFAEHRENDER STOFFE, MUENCHEN, 1988
Anzahl der Stoffe: 414
Deskriptoren: ORGANISCHE STOFFE, ANORGANISCHE STOFFE, DATEN, INFORMATIONEN, BEZEICHNUNG, SYNONYMA, CAS-NUMMER, SUMMENFORMEL, STOFFBESCHAFFENHEIT, SCHMELZPUNKT, SIEDEPUNKT, RELATIVE DICHTE, VISKOSITAET, WASSERLOESLICHKEIT, VERTEILUNGSKOEFFIZIENT N-OCTANOL/WASSER, POW, BIOABBAU, BIOAKKUMULATION, ABIOTISCHE ABBAUBARKEIT, DIREKTER PHOTOABBAU, ALGE, FISCH, PROTOZOEN, DAPHNIA, BAKTERIEN, AKUTE TOXIZITAET, AKUTE ORALE TOXIZITAET SAEUGETIER, MUTAGENITAET, CARCINOGENITAET SAEUGETIER, METABOLISMUS SAEUGETIER

[445] KONIETZKA P.
UMWELTBUNDESAMT
MUTAGENE UMWELTCHEMIKALIEN
BESTANDAUFNAHME DER FUER DEN MENSCHEN RELEVANTEN UMWELTMUTAGENE IN DER BUNDESREPUBLIK DEUTSCHLAND
ERICH SCHMIDT VERLAG, BERLIN, 1988
ISBN: 3-503-02738-6
Anzahl der Stoffe: 100
Deskriptoren: ORGANISCHE STOFFE, ANORGANISCHE STOFFE, DATEN, INFORMATIONEN, SYSTEMANALYTISCHE METHODEN, FALLSTUDIEN, SITUATIONSSTUDIEN, BEZEICHNUNG, VERWENDUNGSZWECK, MUTAGENITAET, EPIDEMIOLOGISCHE DATEN, HINWEISE AUF MUTAGENE/KANZEROGENE WIRKUNGEN(MENSCH)

[446] KORDESCH K.V.
BATTERIES
MARCEL DEKKER, NEW YORK, 1974
Anzahl der Stoffe: 50
Deskriptoren: ORGANISCHE STOFFE, DATEN, INFORMATIONEN, BEZEICHNUNG, VERWENDUNGSART
Bemerkungen: CHEMIKALIEN, DIE IN LAGERUNGSBATTERIEN BENUTZT WERDEN

[447] KOROLKOVAS A., BURCKHALTER J.H.
ESSENTIALS OF MEDICINAL CHEMISTRY
JOHN WILEY & SONS, NEW YORK, 1976
ISBN: 0-471-12325-0
Anzahl der Stoffe: 500
Deskriptoren: ORGANISCHE STOFFE, DATEN, INFORMATIONEN, CHEMIKALIEN INDEX, BEZEICHNUNG, SYNONYMA, VERWENDUNGSART
Bemerkungen: DATENTYP: PHARMAZEUTIKA

[448] KORTE F., BAHADIR M., KLEIN W., LAY J.P., PARLAR H., SCHEUNERT I.
LEHRBUCH DER OEKOLOGISCHEN CHEMIE
GRUNDLAGEN UND KONZEPTE FUER DIE OEKOLOGISCHE BEURTEILUNG VON CHEMIKALIEN
GEORG THIEME VERLAG, STUTTGART, 1987
ISBN: 3-13-586702-1
Anzahl der Stoffe: 400
Deskriptoren: ORGANISCHE STOFFE, ANORGANISCHE STOFFE, DATEN, INFORMATIONEN, EXPERIMENTELLE METHODEN, THEORETISCHE METHODEN, SYSTEMANALYTISCHE METHODEN, FALLSTUDIEN, SITUATIONSSTUDIEN, ANWENDUNGSINDEX, BEZEICHNUNG, ANWENDUNGSMUSTER, PRODUKTIONSVOLUMEN, SYNTHESE, ATMOSPHAERE, HYDROSPHAERE MEER, HYDROSPHAERE SUESSWASSER, LEBENSMITTEL PFLANZLICH UND TIERISCH, SEDIMENT, PEDOSPHAERE, KLAERSCHLAMM, TRINKWASSER, SCHMELZPUNKT, SIEDEPUNKT, MOLEKULARGEWICHT, DAMPFDRUCK, WASSERDAMPFFLUECHTIGKEIT, WASSERLOESLICHKEIT, LOESLICHKEIT IN ORGANISCHEN LOESEMITTELN, LOESLICHKEIT IN FETT, VERTEILUNGSKOEFFIZIENT N-OCTANOL/WASSER, POW, BIOABBAU, BIOAKKUMULATION, ABIOTISCHE ABBAUBARKEIT, DIREKTER PHOTOABBAU, MOLLUSKEN, FISCH, DAPHNIA, BAKTERIEN, KRUSTACEEN, PFLANZEN, AKUTE ORALE TOXIZITAET SAEUGETIER, AUGENREIZUNG SAEUGETIER, INHALATIV SAEUGETIER, REPRODUKTIONSTOXIZITAET, TERATOGENITAET SAEUGETIER, MUTAGENITAET SAEUGETIER, CARCINOGENITAET SAEUGETIER, METABOLISMUS SAEUGETIER, ANDERE WIRKUNGEN, CHRONISCHE VERGIFTUNGEN MENSCH, EPIDEMIOLOGISCHE DATEN, HINWEISE AUF MUTAGENE/KANZEROGENE WIRKUNGEN-(MENSCH), ENTSORGUNG, ADI-WERTE, NO-EFFEKT-LEVEL
Bemerkungen: 2. AUFLAGE, ADI-WERTE, NO-EFFECT-LEVEL (SAEUGETIER)

[449] KORTUEM G., VOGEL W., ANDRUSSOW K.
DISSOCIATION CONSTANTS OF ORGANIC ACIDS IN AQUEOUS SOLUTION
BUTTERWORTHS, LONDON, 1961
Anzahl der Stoffe: 1056
Deskriptoren: ORGANISCHE STOFFE, DATEN, CHEMIKALIEN INDEX, BEZEICHNUNG, DISSOZIATIONSKONSTANTE
Bemerkungen: INFORMATIONSTYP: DISSOZIATIONSKONSTANTE

[450] KOZIOROWSKI B., KUCHARSKI J.
INDUSTRIAL WASTE DISPOSAL
PERGAMON PRESS LTD, OXFORD, 1972
Anzahl der Stoffe: 200
Deskriptoren: ORGANISCHE STOFFE, ANORGANISCHE STOFFE, DATEN, INFORMATIONEN, CHEMIKALIEN INDEX, BEZEICHNUNG, ABFALLAUFKOMMEN, HYDROSPHAERE MEER, HYDROSPHAERE SUESSWASSER
Bemerkungen: ABGABE VON INDUSTRIEABFAELLEN IN DAS WAESSRIGE MEDIUM, WIRKUNG AUF DIE WASSERQUALITAET, 33 INDUSTRIEZWEIGE

[451] KREVELEN VAN D.W.
PROPERTIES OF POLYMERS
THEIR ESTIMATION AND CORRELATION WITH CHEMICAL STRUCTURE
ELSEVIER, AMSTERDAM, 1976
ISBN: 0-444-41467-3
Anzahl der Stoffe: 200
Deskriptoren: ORGANISCHE STOFFE, DATEN, INFORMATIONEN, SYSTEMANALYTISCHE METHODEN, SAR, CHEMIKALIEN INDEX, BEZEICHNUNG, SIEDEPUNKT, SCHMELZPUNKT, WASSERLOESLICHKEIT, LOESLICHKEIT IN ORGANISCHEN LOESEMITTELN
Bemerkungen: DATENTYP: POLYMERE

[452] KRUEGER R.F., SEIBER J.N.
TREATMENT AND DISPOSAL OF PESTICIDE WASTES
AMERICAN CHEMICAL SOCIETY, WASHINGTON D.C., 1984
ISBN: 0-8412-0858 ISSN: 0097-6156
Anzahl der Stoffe: 150
Deskriptoren: ORGANISCHE STOFFE, INFORMATIONEN, EXPERIMENTELLE METHODEN, THEORETISCHE METHODEN, SYSTEMANALYTISCHE METHODEN, DATEN, FALLSTUDIEN, SITUATIONSSTUDIEN, BEZEICHNUNG, ANWENDUNGSMUSTER, SEDIMENT, HYDROSPHAERE SUESSWASSER, MOLEKULARGEWICHT, DAMPFDRUCK, WASSERDAMPFFLUECHTIGKEIT, SONSTIGE PC-GROESSEN, SYNONYMA, STRUKTURFORMEL, BIOABBAU, ABIOTISCHE ABBAUBARKEIT, DIREKTER PHOTOABBAU, BIOAKKUMULATION, ALGE, FISCH, DAPHNIA, SCHUTZMASSNAHMEN, LAGERUNG UND HANDHABUNG, ENTSORGUNG, WASSERLOESLICHKEIT, HENRY-KONSTANTE, DAMPFDRUCK
Bemerkungen: ACS SYMPOSIUM SERIES 259

[453] KRUIJF DE H.A.J., KOOL H.J.
NATIONAL INSTITUTE OF PUBLIC HEALTH AND ENVIRONMENTAL HYGIENE
ORGANIC MICROPOLLUTANTS IN DRINKING WATER AND HEALTH
ELSEVIER, AMSTERDAM, 1985
ISBN: 0-444-42583-7
Anzahl der Stoffe: 150
Deskriptoren: ORGANISCHE STOFFE, ANORGANISCHE STOFFE, DATEN, INFORMATIONEN, EXPERIMENTELLE METHODEN, THEORETISCHE METHODEN, SYSTEMANALYTISCHE METHODEN, FALLSTUDIEN, SITUATIONSSTUDIEN, BEZEICHNUNG, STRUKTURFORMEL, SEDIMENT, TRINKWASSER, HYDROSPHAERE SUESSWASSER, BIOABBAU, ABIOTISCHE ABBAUBARKEIT, VERTEILUNGSKOEFFIZIENT N-OCTANOL/WASSER, POW, FISCH, BAKTERIEN, MUTAGENITAET, CARCINOGENITAET SAEUGETIER, ANDERE WIRKUNGEN, EPIDEMIOLOGISCHE DATEN, METABOLISMUS SAEUGETIER, HINWEISE AUF MUTAGENE/KANZEROGENE WIRKUNGEN(MENSCH)
Bemerkungen: MUTAGENE SUBSTANZEN IM WASSER (VERHALTEN)

[454] KRUUS P.
CONTROVERSIAL CHEMICALS
A CITIZENS GUIDE
MULTISCIENCE PUBLICATIONS LTD., NEW YORK, 1979
Anzahl der Stoffe: 25
Deskriptoren: ORGANISCHE STOFFE, ANORGANISCHE STOFFE, DATEN, INFORMATIONEN, OFFIZIELLE TEXTE, CHEMIKALIEN INDEX, BEZEICHNUNG, VERWENDUNGSART, PRODUKTIONSVOLUMEN

[455] KUEHN R., BIRETT K.
MERKBLAETTER GEFAEHRLICHE ARBEITSSTOFFE
ECOMED VERLAG, LANDSBERG/LECH, 1990
ISBN: 3-609-73000-5
Anzahl der Stoffe: 4000
Deskriptoren: ORGANISCHE STOFFE, ANORGANISCHE STOFFE, SUMMENFORMEL INDEX, CHEMIKALIEN INDEX, DATEN, INFORMATIONEN, STOFFBESCHAFFENHEIT, EXPERIMENTELLE METHODEN, OFFIZIELLE TEXTE, BEZEICHNUNG, SYNONYMA, CAS-NUMMER, EG-NUMMER, SUMMENFORMEL, UN-NUMMER, SCHMELZPUNKT, SIEDEPUNKT, FLAMMPUNKT, ZUENDTEMPERATUR, MOLEKULARGEWICHT, RELATIVE DICHTE, DAMPFDRUCK, ARBEITSSCHUTZ, TRANSPORT, SCHUTZMASSNAHMEN, LAGERUNG UND HANDHABUNG, KENNZEICHNUNG, R, S-SAETZE, MAK-WERTE, GEFAHRENSYMBOLE,GEFAHRENBEZEICHNUNG, GESUNDHEITSSCHUTZ, BRAND- UND EXPLOSIONSSCHUTZ, MASSNAHMEN BEI UNFAELLEN UND BRAENDEN, ENTSORGUNG, MASSNAHMEN NACH VERSCHUETTEN/AUSLAUFEN/GASAUSTRITT, LOESCHMITTEL, ERSTE HILFE, CAS-NUMMER INDEX, EG-NUMMER INDEX
Bemerkungen: 7. AUFLAGE

[456] KUHR R.J., DOROUGH H.W.
CARBAMATE INSECTICIDES
CHEMISTRY, BIOCHEMISTRY AND TOXICOLOGY
CRC PRESS INC., CLEVELAND, 1976
ISBN: 0-87819-052-X
Anzahl der Stoffe: 25
Deskriptoren: ORGANISCHE STOFFE, DATEN, INFORMATIONEN, CHEMIKALIEN INDEX, BEZEICHNUNG, SYNONYMA, SYSTEMANALYTISCHE METHODEN, SAR, VERWENDUNGSART, SCHMELZPUNKT, RELATIVE DICHTE, DAMPFDRUCK, WASSERLOESLICHKEIT, DAPHNIA, FISCH, AKUTE ORALE TOXIZITAET SAEUGETIER, DERMALE TOXIZITAET SAEUGETIER, ANDERE WIRKUNGEN
Bemerkungen: DATENTYP: PESTIZIDE

[457] KULKARNI S.V., BLACKWELLC.D., BLACKARD A.L., STACKHOUSE C.W., ALEXANDER M.W.
TEXTILE DYEING OPERATIONS
CHEMISTRY.EQUIPMENT.PROCEDURES AND ENVIRONMENTAL ASPECTS
NOYES PUBLICATIONS, PARK RIDGE, NEW JERSEY, 1986
ISBN: 0-8155-1060-8
Anzahl der Stoffe: 150
Deskriptoren: ORGANISCHE STOFFE, ANORGANISCHE STOFFE, DATEN, INFORMATIONEN, EXPERIMENTELLE METHODEN, SITUATIONSSTUDIEN, BEZEICHNUNG, SYNONYMA, STRUKTURFORMEL, STOFFBESCHAFFENHEIT, VERWENDUNGSZWECK, PRODUKTIONSVOLUMEN, ATMOSPHAERE, ABWASSER, SCHMELZPUNKT, SIEDEPUNKT, MOLEKULARGEWICHT, WASSERLOESLICHKEIT, SONSTIGE PC-GROESSEN, ABIOTISCHE ABBAUBARKEIT, CARCINOGENITAET SAEUGETIER, EPIDEMIOLOGISCHE DATEN, HINWEISE AUF MUTAGENE/KANZEROGENE WIRKUNGEN(MENSCH), SCHUTZMASSNAHMEN, LAGERUNG UND HANDHABUNG, ENTSORGUNG

[458] KUNEY J.H.
CHEMCYCLOPEDIA
AMERICAN CHEMICAL SOCIETY, WASHINGTON D.C., 1988
Anzahl der Stoffe: 3000

Deskriptoren: ORGANISCHE STOFFE, ANORGANISCHE STOFFE, DATEN, INFORMATIONEN, CHEMIKALIEN INDEX, BEZEICHNUNG, STOFFBESCHAFFENHEIT, VERWENDUNGSZWECK, PRODUKTIONSVOLUMEN

[459] LADU B.N., MANDEL H.G., WAY E.L.
FUNDAMENTALS OF DRUG METABOLISM AND DISPOSITION
WILLIAMS AND WILKINS, BALTIMORE, 1972
ISBN: 683-04812-0
Anzahl der Stoffe: 250
Deskriptoren: ORGANISCHE STOFFE, DATEN, INFORMATIONEN, CHEMIKALIEN INDEX, BEZEICHNUNG, SYNONYMA, DISSOZIATIONSKONSTANTE, SONSTIGE PC-GROESSEN, BIOABBAU, METABOLISMUS MENSCH, METABOLISMUS SAEUGETIER
Bemerkungen: DATENTYP: PHARMAZEUTIKA, VERTEILUNG UND EXKRETION

[460] LAHL U., ZESCHMAR B.
OEKO-INSTITUT FREIBURG
WIE KRANK IST UNSER WASSER?
DIE GEFAEHRDUNG DES TRINKWASSERS:SACHSTAND UND GEGENSTRATEGIEN
DREISAM VERLAG, FREIBURG, 1986
ISBN: 3-921472-35-0
Anzahl der Stoffe: 40
Deskriptoren: ORGANISCHE STOFFE, ANORGANISCHE STOFFE, DATEN, INFORMATIONEN, SYSTEMANALYTISCHE METHODEN, FALLSTUDIEN, SITUATIONSSTUDIEN, OFFIZIELLE TEXTE, BEZEICHNUNG, TRINKWASSER, AKUTE TOXIZITAET, CHRONISCHE TOXIZITAET SAEUGETIER, CARCINOGENITAET SAEUGETIER, AKUTE VERGIFTUNGEN, CHRONISCHE VERGIFTUNGEN MENSCH, HINWEISE AUF MUTAGENE/KANZEROGENE WIRKUNGEN(MENSCH)
Bemerkungen: 5. AUFLAGE

[461] LAHMANN E., JANDER K.
SCHWERMETALLE IN DER UMWELT
UMWELTHYGIENISCHE UND GESUNDHEITLICHE ASPEKTE
GUSTAV FISCHER VERLAG , STUTTGART, 1987
ISBN: 3-437-30565-4
Anzahl der Stoffe: 10
Deskriptoren: ANORGANISCHE STOFFE, DATEN, INFORMATIONEN, EXPERIMENTELLE METHODEN, FALLSTUDIEN, SITUATIONSSTUDIEN, BEZEICHNUNG, ATMOSPHAERE, PEDOSPHAERE, HYDROSPHAERE SUESSWASSER, LEBENSMITTEL PFLANZLICH UND TIERISCH
Bemerkungen: HINWEISE AUF SCHRIFTENREIHE DES VEREINS FUER WABOLU

[462] LANDESAMT FUER UMWELTSCHUTZ BADEN-WUERTTEMBERG
ANALYTIK UND UNTERSUCHUNG VON UMWELTCHEMIKALIEN
LANDESAMT FUER UMWELTSCHUTZ, BADEN-WUERTTEMBERG, STUTTGART, 1982
Anzahl der Stoffe: 500
Deskriptoren: ORGANISCHE STOFFE, ANORGANISCHE STOFFE, DATEN, INFORMATIONEN, EXPERIMENTELLE METHODEN, SITUATIONSSTUDIEN, CHEMIKALIEN INDEX, BEZEICHNUNG, ATMOSPHAERE, HYDROSPHAERE MEER, HYDROSPHAERE SUESSWASSER, PEDOSPHAERE
Bemerkungen: FORSCHUNGSZWEIGE AUF DEM GEBIET WIRKUNGEN VON CHEMIKALIEN, DEUTSCHE INSTITUTIONEN

[463] LANDESAMT FUER WASSER UND ABFALL NORDRHEIN-WESTFALEN
PESTIZIDE IM GEWAESSER
PESTIZIDE IM GRUND- UND ROHWASSER, ANALYTIK, ERGEBNISSE, VERMEIDUNGSSTRATEGIE, NR.2/88
LANDESAMT FUER WASSER UND ABFALL NORDRHEIN-WESTFALEN, DUESSELDORF, 1988
Anzahl der Stoffe: 50
Deskriptoren: ORGANISCHE STOFFE, DATEN, INFORMATIONEN, EXPERIMENTELLE METHODEN, BEZEICHNUNG, SYNONYMA, STRUKTURFORMEL, HYDROSPHAERE SUESSWASSER, GRUNDWASSER, TRINKWASSER
Bemerkungen: DATENTYP: PESTIZIDE

[464] LANDROCK A.H.
HANDBOOK OF PLASTICS FLAMMABILITY AND COMBUSTION TOXICOLOGY
NOYES DATA CORPORATION, PARK RIDGE, NEW JERSEY, 1983
Anzahl der Stoffe: 200
Deskriptoren: ORGANISCHE STOFFE, DATEN, INFORMATIONEN, CHEMIKALIEN INDEX, BEZEICHNUNG, SYNONYMA, SCHMELZPUNKT, SIEDEPUNKT, FLAMMPUNKT, ZERSETZUNGSPUNKT, AKUTE ORALE TOXIZITAET SAEUGETIER
Bemerkungen: DATENTYP: POLYMERE, FEUERSCHUTZMITTEL

[465] LAWLER G.M.
SRI INTERNATIONAL
CHEMICAL ORIGINS AND MARKETS
FLOW CHARTS AND TABLES
SRI INTERNATIONAL, MENLO PARK, 1977
Anzahl der Stoffe: 2400
Deskriptoren: ORGANISCHE STOFFE, ANORGANISCHE STOFFE, DATEN, INFORMATIONEN, CHEMIKALIEN INDEX, BEZEICHNUNG, SYNONYMA, CAS-NUMMER, VERWENDUNGSART

[466] LEDERER W.H.
REGULATORY CHEMICALS OF HEALTH AND ENVIRONMENTAL CONCERN
VAN NOSTRAND REINHOLD COMPANY, NEW YORK, 1985
ISBN: 0-442-26018-0
Anzahl der Stoffe: 2500
Deskriptoren: ORGANISCHE STOFFE, ANORGANISCHE STOFFE, DATEN, INFORMATIONEN, OFFIZIELLE TEXTE, CHEMIKALIEN INDEX, BEZEICHNUNG, SYNONYMA, CAS-NUMMER, ALGE, FISCH, CARCINOGENITAET SAEUGETIER, TWA-WERTE

[467] LEE H., NEVILLE K.
HANDBOOK OF EPOXY RESINS
MCGRAW-HILL BOOK COMPANY, NEW YORK, 1967
Anzahl der Stoffe: 300
Deskriptoren: ORGANISCHE STOFFE, DATEN, INFORMATIONEN, CHEMIKALIEN INDEX, BEZEICHNUNG, SYNONYMA, SYNTHESE, VERWENDUNGSART, SCHMELZPUNKT, RELATIVE DICHTE, DAMPFDRUCK, WASSERLOESLICHKEIT, LOESLICHKEIT IN ORGANISCHEN LOESEMITTELN
Bemerkungen: DATENTYP: POLYMERE, AUSGANGSSUBSTANZEN

[468] LEE R.E.
AIR POLLUTION FROM PESTICIDES AND AGRICULTURAL PROCESSES

CRC PRESS INC., CLEVELAND, 1976
ISBN: 0-8493-5157-X
Anzahl der Stoffe: 100
Deskriptoren: ORGANISCHE STOFFE, DATEN, INFORMATIONEN, SITUATIONS-STUDIEN, CHEMIKALIEN INDEX, BEZEICHNUNG, SYNONYMA, ATMOSPHAERE, HYDROSPHAERE MEER, HYDROSPHAERE SUESSWASSER, PEDOSPHAERE, PRODUKTIONSVOLUMEN, DAMPFDRUCK, WASSERLOESLICHKEIT, AKUTE ORALE TOXIZITAET SAEUGETIER, INHALATIV SAEUGETIER, SUBAKUTE-SUBCHRONISCHE TOXIZITAET SAEUGETIER, CHRONISCHE TOXIZITAET SAEUGETIER, DIREKTER PHOTOABBAU
Bemerkungen: DATENTYP: PESTIZIDE

[469] LEFAUX R.
CHEMIE UND TOXIKOLOGIE DER KUNSTSTOFFE
KRAUSKOPF-VERLAG, MAINZ, 1966
Anzahl der Stoffe: 250
Deskriptoren: ORGANISCHE STOFFE, DATEN, INFORMATIONEN, CHEMIKALIEN INDEX, BEZEICHNUNG, VERWENDUNGSART, SCHMELZPUNKT, SIEDEPUNKT, FLAMMPUNKT, WASSERLOESLICHKEIT, LOESLICHKEIT IN ORGANISCHEN LOESEMITTELN, AKUTE ORALE TOXIZITAET SAEUGETIER, CHRONISCHE TOXIZITAET SAEUGETIER
Bemerkungen: DATENTYP: POLYMERE

[470] LEFAUX R.
PRACTICAL TOXICOLOGY OF PLASTICS
ILLIFFE BOOKS LTD., LONDON, 1968
Anzahl der Stoffe: 700
Deskriptoren: ORGANISCHE STOFFE, DATEN, INFORMATIONEN, CHEMIKALIEN INDEX, BEZEICHNUNG, VERWENDUNGSART, SCHMELZPUNKT, SIEDEPUNKT, DAMPFDRUCK, RELATIVE DICHTE, WASSERLOESLICHKEIT, LOESLICHKEIT IN ORGANISCHEN LOESEMITTELN, AKUTE ORALE TOXIZITAET SAEUGETIER, CHRONISCHE TOXIZITAET SAEUGETIER
Bemerkungen: DATENTYP: POLYMERE

[471] LEH F.K., LAK R.K.
ENVIRONMENT AND POLLUTIONS
CHARLES C. THOMAS, SPRINGFIELD, 1974
ISBN: 0-398-03030-8
Anzahl der Stoffe: 200
Deskriptoren: ORGANISCHE STOFFE, ANORGANISCHE STOFFE, DATEN, INFORMATIONEN, SITUATIONSSTUDIEN, OFFIZIELLE TEXTE, CHEMIKALIEN INDEX, BEZEICHNUNG, SYNONYMA, VERWENDUNGSART, ATMOSPHAERE, HYDROSPHAERE MEER, HYDROSPHAERE SUESSWASSER, PEDOSPHAERE, SCHMELZPUNKT, SIEDEPUNKT, DAMPFDRUCK, BIOABBAU, DIREKTER PHOTOABBAU, BIOAKKUMULATION, FISCH, ALGE, ANDERE WIRKUNGEN

[472] LENEKA M., SZAFRANSKI A., MACZYNSKI A.
VERIFIED VAPOR PRESSURE DATA
ORGANIC COMPOUNDS CONTAINING NITROGEN
PWN POLISH SCIENTIFIC PUBLISHERS, POLEN, 1984
ISBN: 83-01-05409-3
Anzahl der Stoffe: 400
Deskriptoren: ORGANISCHE STOFFE, DATEN, CHEMIKALIEN INDEX, BEZEICHNUNG, DAMPFDRUCK

[473] LEWIS R.J., TATKEN R.L.
DEPARTMENT OF HEALTH AND HUMAN SERVICES (DHHS)
REGISTRY OF TOXIC EFFECTS OF CHEMICAL SUBSTANCES
U.S. DEPARTMENT OF HEALTH AND HUMAN SERVICES, CINCINNATI, 1989
Anzahl der Stoffe: 50000
Deskriptoren: ORGANISCHE STOFFE, ANORGANISCHE STOFFE, DATEN, INFORMATIONEN, OFFIZIELLE TEXTE, CHEMIKALIEN INDEX, SYNONYMA INDEX, CAS-NUMMER INDEX, BEZEICHNUNG, SYNONYMA, CAS-NUMMER, RTECS-NUMMER, AKUTE ORALE TOXIZITAET SAEUGETIER, AKUTE INTERTRAVENOESE TOXIZITAET SAEUGETIER, AKUTE INTRAPERITONEALE TOXIZITAET SAEUGETIER, AKUTE PERCUTANE TOXIZITAET SAEUGETIER, AKUTE VERGIFTUNGEN, AUGENREIZUNG SAEUGETIER, HAUTREIZUNG SAEUGETIER, INHALATIV SAEUGETIER, SUBAKUTE-SUBCHRONISCHE TOXIZITAET SAEUGETIER, CHRONISCHE TOXIZITAET MENSCH, CHRONISCHE TOXIZITAET SAEUGETIER, ANDERE WIRKUNGEN, HINWEISE AUF MUTAGENE/KANZEROGENE WIRKUNGEN(MENSCH), METABOLISMUS MENSCH, METABOLISMUS SAEUGETIER, CARCINOGENITAET SAEUGETIER, MUTAGENITAET SAEUGETIER, TERATOGENITAET SAEUGETIER, ARBEITSSCHUTZ
Bemerkungen: AUCH ALS DATENBANK VORHANDEN, KOMPENDIUM UEBER TOXIZITAETSDATEN

[474] LINDACKERS K.-H., MAY H., MEINHARDT D.
ERHEBUNG UND KATASTERMAESSIGE DOKUMENTATION DER EMISSIONEN LUFTFREMDER STOFFE IN DIE ATMOSPHAERE
AUFBAU UND AUSWERTUNG DES EMISSIONSKATASTERS
VERLAG TUEV-RHEINLAND GMBH, KOELN, 1971
Deskriptoren: INFORMATIONEN, ORGANISCHE STOFFE, ANORGANISCHE STOFFE, BEZEICHNUNG, ATMOSPHAERE, SITUATIONSSTUDIEN, ATMOSPHAERE

[475] LINFIELD W.M.
ANIONIC SURFACTANTS
SURFACTANT SCIENCE SERIESSCHUTZ
MARCEL DEKKER, NEW YORK, 1977
ISBN: 0-8247-6158-8
Anzahl der Stoffe: 200
Deskriptoren: ANORGANISCHE STOFFE, DATEN, INFORMATIONEN, CHEMIKALIEN INDEX, BEZEICHNUNG, PRODUKTIONSVOLUMEN, VERWENDUNGSART, ORGANISCHE STOFFE, OBERFLAECHENSPANNUNG, WASSERLOESLICHKEIT, DISSOZIATIONSKONSTANTE, BIOABBAU, ABIOTISCHE ABBAUBARKEIT
Bemerkungen: DATENTYP: SCHAUMERZEUGER

[476] LINKE W.F., SEIDELL A.
SOLUBILITIES
AMERICAN CHEMICAL SOCIETY, WASHINGTON D.C., 1965
Anzahl der Stoffe: 10000
Deskriptoren: ORGANISCHE STOFFE, ANORGANISCHE STOFFE, DATEN, CHEMIKALIEN INDEX, BEZEICHNUNG, WASSERLOESLICHKEIT, LOESLICHKEIT IN ORGANISCHEN LOESEMITTELN
Bemerkungen: INFORMATIONSTYP: LOESLICHKEITEN

[477] LIOY P.J., DAISEY J.M.
TOXIC AIR POLLUTION
A COMPREHENSIVE STUDY OF NON-CRITERIA AIR POLLUTANTS

LEWIS PUBLISHERS, CHELSEA, 1987
ISBN: 0-87371-057-6
Anzahl der Stoffe: 50
Deskriptoren: ORGANISCHE STOFFE, ANORGANISCHE STOFFE, DATEN, INFORMATIONEN, EXPERIMENTELLE METHODEN, SYSTEMANALYTISCHE METHODEN, CHEMIKALIEN INDEX, BEZEICHNUNG, ATMOSPHAERE, MUTAGENITAET SAEUGETIER, CARCINOGENITAET SAEUGETIER
Bemerkungen: MONITORING VON LUFTSCHADSTOFFEN IN DEN USA

[478] LIPPINCOTT J.B.
THE UNITED STATES DISPENSATORY
J.B. LIPPINCOTT CO., USA,
Anzahl der Stoffe: 20000
Deskriptoren: ORGANISCHE STOFFE, DATEN, CHEMIKALIEN INDEX, BEZEICHNUNG, SYNONYMA, VERWENDUNGSART, SCHMELZPUNKT, SIEDEPUNKT, WASSERLOESLICHKEIT, AKUTE ORALE TOXIZITAET SAEUGETIER
Bemerkungen: DATENTYP: PHARMAZEUTIKA

[479] LIQUIDE A.
ENCYCLOPEDIE DES GAZ, GAS ENCYCLOPEDIA
ELSEVIER, NEW YORK, 1976
ISBN: 0-444-41492-4
Anzahl der Stoffe: 500
Deskriptoren: ORGANISCHE STOFFE, DATEN, CHEMIKALIEN INDEX, BEZEICHNUNG, SYNONYMA, VERWENDUNGSART, SIEDEPUNKT, DAMPFDRUCK
Bemerkungen: DATENTYP: GASE, STANDARDWERK UEBER GASE

[480] LISSANT K.J.
EMULSIONS AND EMULSION TECHNOLOGY
MARCEL DEKKER, NEW YORK, 1974
ISBN: 0-8247-6097-2
Anzahl der Stoffe: 50
Deskriptoren: ORGANISCHE STOFFE, DATEN, INFORMATIONEN, EXPERIMENTELLE METHODEN, BEZEICHNUNG, VERWENDUNGSART
Bemerkungen: THEORIE UEBER EMULSIONEN

[481] LOHR R.C., JEWELL W.J.
LAND APPLICATION OF WASTES
VAN NOSTRAND REINHOLD COMPANY, NEW YORK, 1979
ISBN: 0-442-21705-6
Anzahl der Stoffe: 50
Deskriptoren: ORGANISCHE STOFFE, ANORGANISCHE STOFFE, DATEN, INFORMATIONEN, BEZEICHNUNG, ABFALLAUFKOMMEN, HYDROSPHAERE SUESSWASSER, HYDROSPHAERE MEER, PEDOSPHAERE
Bemerkungen: WISSENSCHAFTLICHE, TECHNISCHE GRUNDLAGEN UEBER ABFAELLE

[482] LOUB W.
INSTITUT FUER BODENFORSCHUNGHOCHSCHULE FUER BODENKULTUR
UMWELTVERSCHMUTZUNG UND UMWELTSCHUTZ
IN NATURWISSENSCHAFTLICHER SICHT
VERLAG FRANZ DEUTICKE, WIEN, 1975
ISBN: 3-7005-4410-3
Anzahl der Stoffe: 300
Deskriptoren: ORGANISCHE STOFFE, ANORGANISCHE STOFFE, DATEN, INFORMATIONEN, EXPERIMENTELLE METHODEN, FALLSTUDIEN, SITUATIONSSTUDIEN, UMWELTPOLITIK, BEZEICHNUNG, SYNONYMA, SUMMENFORMEL, ABFALLAUFKOMMEN, ATMOSPHAERE, PEDOSPHAERE, HYDROSPHAERE SUESSWASSER, KLAERSCHLAMM, BIOABBAU, ABIOTISCHE ABBAUBARKEIT, BIOAKKUMULATION, GEOAKKUMULATION, FISCH, BIENE, DAPHNIA, BAKTERIEN, PFLANZEN, INSEKTEN, AKUTE ORALE TOXIZITAET SAEUGETIER, AKUTE TOXIZITAET, INHALATIV SAEUGETIER, CARCINOGENITAET SAEUGETIER, ANDERE WIRKUNGEN, AKUTE VERGIFTUNGEN, HINWEISE AUF MUTAGENE-/KANZEROGENE WIRKUNGEN(MENSCH), MAK-WERTE

[483] LOWENHEIM F.A., MORAN M.K.
FAITH, KEYES AND CLARK'S INDUSTRIAL CHEMICALS
JOHN WILEY & SONS, NEW YORK, 1975
ISBN: 0-471-54964-9
Anzahl der Stoffe: 150
Deskriptoren: ORGANISCHE STOFFE, ANORGANISCHE STOFFE, DATEN, INFORMATIONEN, EXPERIMENTELLE METHODEN, FIRMENINDEX, BEZEICHNUNG, STOFFBESCHAFFENHEIT, VERWENDUNGSART, ANWENDUNGSMUSTER, SYNTHESE, SCHMELZPUNKT, SIEDEPUNKT, EXPLOSIONSPUNKT, FLAMMPUNKT, MOLEKULARGEWICHT, RELATIVE DICHTE, WASSERLOESLICHKEIT, LOESLICHKEIT IN ORGANISCHEN LOESEMITTELN, TRANSPORT, TLV-WERTE, KENNZEICHNUNG
Bemerkungen: 4. AUFLAGE

[484] LUCKEY T.D., VENUGOPAL B., HUTCHESON D.
HEAVY METAL TOXICITY, SAFETY AND HORMOLOGY
ENVIRONMENTAL QUALITY AND SAFETY
GEORG THIEME VERLAG, STUTTGART, 1975
ISBN: 3-13-516301-6
Anzahl der Stoffe: 200
Deskriptoren: ANORGANISCHE STOFFE, DAMPFDRUCK, INFORMATIONEN, CHEMIKALIEN INDEX, BEZEICHNUNG, AKUTE ORALE TOXIZITAET SAEUGETIER, ANDERE WIRKUNGEN
Bemerkungen: DATENTYP: METALLE

[485] LUCKEY T.D., VENUGOPAL B.
METAL TOXICITY IN MAMMALS
PLENUM PRESS, NEW YORK, 1977
ISBN: 0-306-37176-2
Anzahl der Stoffe: 56
Deskriptoren: ANORGANISCHE STOFFE, DATEN, INFORMATIONEN, CHEMIKALIEN INDEX, BEZEICHNUNG, AKUTE ORALE TOXIZITAET SAEUGETIER, ANDERE WIRKUNGEN, CARCINOGENITAET SAEUGETIER, TERATOGENITAET SAEUGETIER
Bemerkungen: DATENTYP: METALLE

[486] LYMAN W.J., REEHL W.F., ROSENBLATT D.A.
HANDBOOK OF CHEMICAL PROPERTY ESTIMATION METHODS
ENVIRONMENTAL BEHAVIOR OF ORGANIC COMPOUNDS
MCGRAW-HILL BOOK COMPANY, NEW YORK, 1982
ISBN: 0-07-039175-0
Anzahl der Stoffe: 200
Deskriptoren: ORGANISCHE STOFFE, DATEN, INFORMATIONEN, SYSTEMANALYTISCHE METHODEN, THEORETISCHE METHODEN, BEZEICHNUNG, SIEDEPUNKT, DAMPFDRUCK, RELATIVE DICHTE, WASSERLOESLICHKEIT, LOESLICHKEIT IN ORGANISCHEN LOESEMITTELN, VERTEILUNGSKOEFFIZIENT N-OCTANOL/WASSER, POW, VERTEILUNGSKOEFFIZIENT KOC, SONSTIGE VERTEILUNGSKOEFFIZIENTEN Z.B. KD, KBIO, SONSTIGE PC-GROESSEN, HENRY-KONSTANTE, DISSOZIATIONSKONSTANTE, FALLSTUDIEN, OBERFLAECHENSPANNUNG, BIOABBAU, BIOAKKUMULATION, DIREKTER PHOTOABBAU, ABIOTISCHE ABBAUBARKEIT

[487] MACKINSON F.W., STRICOFF R.S., PARTRIDGE L.J.
NIOSH/OSHA OCCUPATIONAL HEALTH GUIDELINES FOR CHEMICAL HAZARDS, DHHS (NIOSH) 81-123
U.S. DEPARTMENT OF HEALTH AND HUMAN SERVICES, WASHINGTON D.C.,
Anzahl der Stoffe: 450
Deskriptoren: ORGANISCHE STOFFE, ANORGANISCHE STOFFE, DATEN, INFORMATIONEN, CHEMIKALIEN INDEX, BEZEICHNUNG, SYNONYMA, CAS-NUMMER, SCHMELZPUNKT, SIEDEPUNKT, FLAMMPUNKT, RELATIVE DICHTE, DAMPFDRUCK, WASSERLOESLICHKEIT, LOESLICHKEIT IN ORGANISCHEN LOESEMITTELN, AKUTE ORALE TOXIZITAET SAEUGETIER, SUBAKUTE-SUBCHRONISCHE TOXIZITAET SAEUGETIER, ANDERE WIRKUNGEN, ARBEITSSCHUTZ, SCHUTZMASSNAHMEN, LAGERUNG UND HANDHABUNG, TLV-WERTE
Bemerkungen: HINWEISE AUF TOXISCHE SUBSTANZEN, LABORSICHERHEIT, ARBEITSCHUTZ

[488] MAILAHN W., ROTARD W.
WABOLU
ANALYSE ORGANISCHER MIKROVERUNREINIGUNGEN IM WASSER
INSTITUT FUER WASSER- BODEN- UND LUFTHYGIENE DES BUNDESGESUNDHEITSAMTES, BERLIN, 1986
ISBN: 3-924403-86-4 ISSN: 0175-4511
Anzahl der Stoffe: 300
Deskriptoren: ORGANISCHE STOFFE, DATEN, INFORMATIONEN, EXPERIMENTELLE METHODEN, SITUATIONSSTUDIEN, GRUPPENINDEX, BEZEICHNUNG, TRINKWASSER, PEDOSPHAERE, SEDIMENT, HYDROSPHAERE SUESSWASSER
Bemerkungen: 120 ABBILDUNGEN, 74 TABELLEN

[489] MANCE G.
POLLUTION THREATS IN AQUATIC ENVIRONMENT
ELSEVIER, LONDON, 1987
ISBN: 1-85166-039-9
Anzahl der Stoffe: 20
Deskriptoren: ANORGANISCHE STOFFE, DATEN, INFORMATIONEN, EXPERIMENTELLE METHODEN, THEORETISCHE METHODEN, FALLSTUDIEN, SITUATIONSSTUDIEN, BEZEICHNUNG, HYDROSPHAERE MEER, HYDROSPHAERE SUESSWASSER, BIOAKKUMULATION, FISCH, PROTOZOEN, DAPHNIA, KRUSTACEEN, EPIDEMIOLOGISCHE DATEN

[490] MANTELL C.L.
SOLID WASTES: ORIGIN, COLLECTION, PROCESSING AND DISPOSAL
JOHN WILEY & SONS, NEW YORK, 1975
ISBN: 0-471-56777-9
Anzahl der Stoffe: 250
Deskriptoren: ORGANISCHE STOFFE, ANORGANISCHE STOFFE, DATEN, INFORMATIONEN, BEZEICHNUNG, ABFALLAUFKOMMEN, VISKOSITAET, HYDROSPHAERE MEER, HYDROSPHAERE SUESSWASSER, PEDOSPHAERE
Bemerkungen: FESTE ABFAELLE, VERARBEITUNG UND BESEITIGUNG

[491] MANUFACTURING CHEMISTS ASSOCIATION
GUIDE FOR SAFETY IN THE CHEMICAL LABORATORY
VAN NOSTRAND REINHOLD COMPANY, NEW YORK, 1972
ISBN: 0-442-05667-2
Anzahl der Stoffe: 1121
Deskriptoren: ORGANISCHE STOFFE, ANORGANISCHE STOFFE, DATEN, INFORMATIONEN, CHEMIKALIEN INDEX, BEZEICHNUNG, SYNONYMA, CAS-NUMMER, ABFALLAUFKOMMEN, SCHMELZPUNKT, SIEDEPUNKT, DAMPFDRUCK, WASSERLOESLICHKEIT, LOESLICHKEIT IN ORGANISCHEN LOESEMITTELN, TLV-WERTE, ARBEITSSCHUTZ, SCHUTZMASSNAHMEN, LAGERUNG UND HANDHABUNG
Bemerkungen: LABORSICHERHEIT, ARBEITSCHUTZ

[492] MARCUS Y.
EQUILIBRIUM CONSTANTS OF LIQUID-LIQUID DISTRIBUTION REACTIONS PART 1: ORGANOPHOSPHORUS EXTRACTANTS, CHEMICAL DATA SERIES
BUTTERWORTHS, LONDON, 1974
ISBN: 0-408-70570-1
Anzahl der Stoffe: 50
Deskriptoren: ORGANISCHE STOFFE, DATEN, BEZEICHNUNG, SONSTIGE PC-GROESSEN, SONSTIGE VERTEILUNGSKOEFFIZIENTEN Z.B. KD, KBIO
Bemerkungen: GLEICHGEWICHTSKONSTANTEN

[493] MARCUS Y.
EQUILIBRIUM CONSTANTS OF LIQUID-LIQUID DISTRIBUTION REACTIONS PART 3: COMPOUND FORMING EXTRACTANTS, SOLVATING SOLVENTS AND INERT SOLVENTS, CHEMICAL DATA SERIES
PERGAMON PRESS LTD, OXFORD, 1977
Anzahl der Stoffe: 200
Deskriptoren: ORGANISCHE STOFFE, DATEN, CHEMIKALIEN INDEX, BEZEICHNUNG, SONSTIGE VERTEILUNGSKOEFFIZIENTEN Z.B. KD, KBIO, SONSTIGE PC-GROESSEN
Bemerkungen: INFORMATIONSTYP: GLEICHGEWICHTSKONSTANTEN

[494] MARIANI E.
CHIMICA APPLICATA E INDUSTRIALE
UNIONE TIPOGRAPHICO- EDITRICE TORINESE, ROM, 1972
Anzahl der Stoffe: 1000
Deskriptoren: ORGANISCHE STOFFE, ANORGANISCHE STOFFE, DATEN, INFORMATIONEN, CHEMIKALIEN INDEX, BEZEICHNUNG, SYNONYMA, PRODUKTIONSVOLUMEN, WASSERLOESLICHKEIT
Bemerkungen: ANGEWANDTE UND INDUSTRIELLE CHEMIE

[495] MARK H., WOODING N.S., ATLAS S.M.
CHEMICAL AFTERTREATMENT OF TEXTILES
JOHN WILEY & SONS, NEW YORK, 1971
ISBN: 0-471-56989-5
Anzahl der Stoffe: 100
Deskriptoren: ORGANISCHE STOFFE, DATEN, INFORMATIONEN, BEZEICHNUNG, VERWENDUNGSART, OBERFLAECHENSPANNUNG
Bemerkungen: DATENTYP: TEXTILHILFSMITTEL, TEXTILUEBERZUEGE, FLEkKABWEISUNG UND ANTIBAKTERIELLER SCHUTZ

[496] MARK H.F., GAYLORD N.G., BIKALES N.M.
ENCYCLOPEDIA OF POLYMER SCIENCE AND TECHNOLOGY
PLASTICS, RESINS, RUBBERS, FIBERS
JOHN WILEY & SONS, NEW YORK, 1977
Anzahl der Stoffe: 2000
Deskriptoren: ORGANISCHE STOFFE, DATEN, INFORMATIONEN, EXPERIMENTELLE METHODEN, CHEMIKALIEN INDEX, BEZEICHNUNG, SYNONYMA, VERWENDUNGSART, SCHMELZPUNKT, SIEDEPUNKT, RELATIVE DICHTE, DAMPFDRUCK, FLAMMPUNKT, LOESLICHKEIT IN ORGANISCHEN LOESEMITTELN, DISSOZIATIONSKONSTANTE, AKUTE ORALE TOXIZITAET SAEUGETIER
Bemerkungen: DATENTYP: POLYMERE, STANDARDWERK DER POLYMERE

[497] MARKLEY K.S.
FATTY ACIDS: THEIR CHEMISTRY, PROPERTIES, PRODUCTION AND USES
JOHN WILEY & SONS, NEW YORK, 1968
Anzahl der Stoffe: 100
Deskriptoren: ORGANISCHE STOFFE, DATEN, INFORMATIONEN, EXPERIMENTELLE METHODEN, BEZEICHNUNG, PRODUKTIONSVOLUMEN, VERWENDUNGSART, SCHMELZPUNKT, WASSERLOESLICHKEIT, LOESLICHKEIT IN ORGANISCHEN LOESEMITTELN
Bemerkungen: DATENTYP: FETTSAEUREN, STANDARDWERK DER FETTSAEUREN

[498] MARSDEN C.
SOLVENTS AND ALLIED SUBSTANCES MANUAL WITH SOLUBILITY CHART
ELSEVIER, NEW YORK, 1954
Anzahl der Stoffe: 200
Deskriptoren: ORGANISCHE STOFFE, DATEN, INFORMATIONEN, CHEMIKALIEN INDEX, BEZEICHNUNG, SCHMELZPUNKT, SIEDEPUNKT, RELATIVE DICHTE, DAMPFDRUCK, OBERFLAECHENSPANNUNG, FLAMMPUNKT, VISKOSITAET, LOESLICHKEIT IN ORGANISCHEN LOESEMITTELN
Bemerkungen: DATENTYP: LOESUNGSMITTEL

[499] MARTENS C.R.
WATERBORNE COATINGS, EMULSIONS AND WATER-SOLUBLE PAINTS
VAN NOSTRAND REINHOLD COMPANY, NEW YORK, 1981
ISBN: 0-442-25137-8
Anzahl der Stoffe: 200
Deskriptoren: ORGANISCHE STOFFE, DATEN, INFORMATIONEN, VERWENDUNGSART, EXPERIMENTELLE METHODEN, CHEMIKALIEN INDEX, BEZEICHNUNG, SYNONYMA, HERSTELLUNG, SCHMELZPUNKT, SIEDEPUNKT, RELATIVE DICHTE, OBERFLAECHENSPANNUNG, BRECHUNGSINDEX, LOESLICHKEIT IN ORGANISCHEN LOESEMITTELN
Bemerkungen: DATENTYP: UEBERZUEGE, WASSERABWEISENDE ANSTRICHE, ANWENDUNG VON VERSCHIEDENEN ZUSATZSTOFFEN

[500] MARTIN E.W.
HAZARDS OF MEDICATION: A MANUAL OF DRUG INTERACTIONS, INCOMPATIBILITIES, CONTRAINDICATIONS AND ADVERSE EFFECTS
J.B. LIPPINCOTT CO., PHILADELPHIA, 1980
ISBN: 0-397-50389-X
Anzahl der Stoffe: 2000
Deskriptoren: ORGANISCHE STOFFE, ANORGANISCHE STOFFE, DATEN, INFORMATIONEN, CHEMIKALIEN INDEX, BEZEICHNUNG, SYNONYMA, METABOLISMUS MENSCH, METABOLISMUS SAEUGETIER, AKUTE ORALE TOXIZITAET SAEUGETIER, CHRONISCHE TOXIZITAET MENSCH, CHRONISCHE TOXIZITAET SAEUGETIER, ANDERE WIRKUNGEN
Bemerkungen: DATENTYP: PHARMAZEUTIKA, GESUNDHEITSPROBLEME UND DEREN BEHANDLUNG, ELIMINATION UND UMWELTVERSCHMUTZUNG, VERTEILUNG UND LAGERUNG VON PHARMAZEUTIKA

[501] MARTIN H.
GUIDE TO THE CHEMICALS USED IN CROP PROTECTION
CANDADIAN DEPARTMENT OF AGRICULTURE, RESEARCH BRANCH, OTTAWA, 1982
ISBN: 0-660-11111-X
Anzahl der Stoffe: 1000
Deskriptoren: ORGANISCHE STOFFE, DATEN, INFORMATIONEN, CHEMIKALIEN INDEX, BEZEICHNUNG, SYNONYMA, CAS-NUMMER, SCHMELZPUNKT, SIEDEPUNKT, DAMPFDRUCK, WASSERLOESLICHKEIT, LOESLICHKEIT IN FETT, AKUTE ORALE TOXIZITAET SAEUGETIER, HERSTELLUNG, CHRONISCHE TOXIZITAET SAEUGETIER
Bemerkungen: DATENTYP: PESTIZIDE

[502] MARTINETZ D.
IMMOBILISATION, ENTGIFTUNG UND ZERSTOERUNG VON CHEMIKALIEN
VERLAG HARRI DEUTSCH, THUN , FRANKFURT, 1986
ISBN: 3-87144-578-9
Anzahl der Stoffe: 250
Deskriptoren: ORGANISCHE STOFFE, ANORGANISCHE STOFFE, DATEN, INFORMATIONEN, EXPERIMENTELLE METHODEN, ZUSAMMENFASSENDE ARBEITEN, BEZEICHNUNG, STRUKTURFORMEL, ABFALLAUFKOMMEN, WASSERLOESLICHKEIT, ABIOTISCHE ABBAUBARKEIT, ENTSORGUNG
Bemerkungen: ENTGIFTUNG, ENTSORGUNG, ENTGIFTUNGSMITTEL

[503] MASON L.F.
PHOTOGRAPHIC PROCESSING CHEMISTRY
JOHN WILEY & SONS, NEW YORK, 1975
Anzahl der Stoffe: 100
Deskriptoren: ORGANISCHE STOFFE, ANORGANISCHE STOFFE, DATEN, INFORMATIONEN, BEZEICHNUNG, VERWENDUNGSZWECK
Bemerkungen: DATENTYP: PHOTOCHEMIKALIEN, CHEMIE DER PHOTOGRAPHIE

[504] MATERNE B.
CKW ALIPHATISCHE KOHLENWASSERSTOFFE
ECOMED VERLAG, LANDSBERG/LECH, 1989
ISBN: 3-609-66090-2
Anzahl der Stoffe: 10
Deskriptoren: ORGANISCHE STOFFE, DATEN, INFORMATIONEN, EXPERIMEN-

TELLE METHODEN, CHEMIKALIEN INDEX, BEZEICHNUNG, SYNONYMA, CAS-NUMMER, EG-NUMMER, UN-NUMMER, STRUKTURFORMEL, STOFFBESCHAFFENHEIT, VERWENDUNGSART, ANWENDUNGSMUSTER, PRODUKTIONSVOLUMEN, SCHMELZPUNKT, SIEDEPUNKT, FLAMMPUNKT, MOLEKULARGEWICHT, RELATIVE DICHTE, DAMPFDRUCK, WASSERLOESLICHKEIT, VERTEILUNGSKOEFFIZIENT N-OCTANOL/WASSER, POW, ABIOTISCHE ABBAUBARKEIT, AKUTE ORALE TOXIZITAET SAEUGETIER, AKUTE VERGIFTUNGEN, EPIDEMIOLOGISCHE DATEN, CHRONISCHE TOXIZITAET MENSCH, HINWEISE AUF MUTAGENE/KANZEROGENE WIRKUNGEN(MENSCH), ARBEITSSCHUTZ, R, S-SAETZE, UN-NUMMER, MAK-WERTE, TLV-WERTE, BAT-WERTE, GEFAHRENSYMBOLE,GEFAHRENBEZEICHNUNG, GESUNDHEITSSCHUTZ

[505] MATIONAL TOXICOLOGY INSTITUTE
MATERIALS SAFETY DATA SHEETS
THE BASIS FOR CONTROL OF TOXIC CHEMICALS
NATIONAL TOXICOLOGY INSTITUTE, WASHINGTON D.C., 1979
Anzahl der Stoffe: 750
Deskriptoren: ORGANISCHE STOFFE, ANORGANISCHE STOFFE, DATEN, INFORMATIONEN, CHEMIKALIEN INDEX, BEZEICHNUNG, SYNONYMA, CAS-NUMMER, SCHMELZPUNKT, SIEDEPUNKT, FLAMMPUNKT, RELATIVE DICHTE, DAMPFDRUCK, WASSERLOESLICHKEIT, ZERSETZUNGSPUNKT, LOESLICHKEIT IN ORGANISCHEN LOESEMITTELN, AKUTE ORALE TOXIZITAET SAEUGETIER

[506] MATOLCSY G., NADASY M., ANDRISKA V.
PESTICIDE CHEMISTRY
STUDIES IN ENVIRONMENTAL SCIENCE 32
ELSEVIER, AMSTERDAM, 1988
ISBN: 0-444-98903-X
Anzahl der Stoffe: 2000
Deskriptoren: ORGANISCHE STOFFE, ANORGANISCHE STOFFE, DATEN, INFORMATIONEN, CHEMIKALIEN INDEX, BEZEICHNUNG, SYNONYMA, HERSTELLUNG, VERWENDUNGSART, STRUKTURFORMEL, HERSTELLUNG, AKUTE ORALE TOXIZITAET SAEUGETIER, CHRONISCHE TOXIZITAET SAEUGETIER, METABOLISMUS SAEUGETIER
Bemerkungen: DATENTYP: PESTIZIDE, UMFANGREICHE ABHANDLUNG UEBER DIE HERSTELLUNG VON PESTIZIDEN

[507] MATSUMURA F., BOUSH G.M., MISATO T.
DEPARTMENT OF ENTOMOLOGY
ENVIRONMENTAL TOXICOLOGY OF PESTICIDES
ACADEMIC PRESS, NEW YORK, SAN FRANZISKO, LONDON, 1972
ISBN: 0-12-480450-0
Anzahl der Stoffe: 100
Deskriptoren: ORGANISCHE STOFFE, ANORGANISCHE STOFFE, DATEN, INFORMATIONEN, BEZEICHNUNG, SYNONYMA, VERWENDUNGSART, ATMOSPHAERE, PEDOSPHAERE, HYDROSPHAERE SUESSWASSER, BIOSPHAERE, LEBENSMITTEL PFLANZLICH UND TIERISCH, DAMPFDRUCK, WASSERLOESLICHKEIT, LOESLICHKEIT IN ORGANISCHEN LOESEMITTELN, VERTEILUNGSKOEFFIZIENT N-OCTANOL/WASSER, POW, BIOABBAU, DIREKTER PHOTOABBAU, BIOAKKUMULATION, FISCH, REPTILIEN, AKUTE ORALE TOXIZITAET SAEUGETIER, AKUTE PERCUTANE TOXIZITAET SAEUGETIER, SUBCUTANE TOXIZITAET SAEUGETIER, DERMALE TOXIZITAET SAEUGETIER, AKUTE INTRAPERITONEALE TOXIZITAET SAEUGETIER, SUBAKUTE-SUBCHRONISCHE TOXIZI-

TAET SAEUGETIER, CHRONISCHE TOXIZITAET MENSCH
Bemerkungen: DATENTYP: PESTIZIDE

[508] MATSUMURA F.
TOXICOLOGY OF INSECTICIDES
PLENUM PRESS, NEW YORK, 1975
ISBN: 0-306-30787-1
Anzahl der Stoffe: 250
Deskriptoren: ORGANISCHE STOFFE, DATEN, INFORMATIONEN, CHEMIKALIEN INDEX, BEZEICHNUNG, SYNONYMA, PRODUKTIONSVOLUMEN, VERWENDUNGSART, SCHMELZPUNKT, SITUATIONSSTUDIEN, DAPHNIA, WASSERLOESLICHKEIT, LOESLICHKEIT IN ORGANISCHEN LOESEMITTELN, BIOABBAU, BIOAKKUMULATION, DIREKTER PHOTOABBAU, ALGE, AKUTE ORALE TOXIZITAET SAEUGETIER, CARCINOGENITAET SAEUGETIER, MUTAGENITAET SAEUGETIER, TERATOGENITAET SAEUGETIER
Bemerkungen: DATENTYP: PESTIZIDE

[509] MAY H.
ABGASEMISSIONEN VON KRAFTFAHRZEUGEN IN GROSSSTAEDTEN UND IN INDUSTRIELLEN BALLUNGSGEBIETEN
SCHRIFTENREIHE UMWELTSCHUTZ
TUEV RHEINLAND, KOELN, 1973
ISBN: 3-921059-22-4
Anzahl der Stoffe: 50
Deskriptoren: ORGANISCHE STOFFE, ANORGANISCHE STOFFE, DATEN, INFORMATIONEN, BEZEICHNUNG, ATMOSPHAERE
Bemerkungen: ABGASEMISSIONEN VON FAHRZEUGEN IN GROSSSTAEDTEN, MONITORING VON LUFTSCHADSTOFFEN

[510] MAYER F.L., HAMELINK J.L.
AQUATIC TOXICOLOGY AND HAZARD EVALUATION
PROCEEDINGS OF THE 1ST ANNUAL SYYMPOSIUM ON AQUATIC TOXICOLOGY
AMERICAN SOCIETY FOR TESTING AND MATERIALS, PHILADELPHIA, 1977
ISBN: 77-075532
Anzahl der Stoffe: 250
Deskriptoren: ORGANISCHE STOFFE, ANORGANISCHE STOFFE, DATEN, INFORMATIONEN, EXPERIMENTELLE METHODEN, CHEMIKALIEN INDEX, BEZEICHNUNG, SYNONYMA, HYDROSPHAERE MEER, HYDROSPHAERE SUESSWASSER, DAMPFDRUCK, WASSERLOESLICHKEIT, FISCH, DAPHNIA, BIOAKKUMULATION, DIREKTER PHOTOABBAU

[511] MC GRAW-HILL
CHEMICAL WEEK BUYERS GUIDE
MCGRAW-HILL BOOK COMPANY, NEW YORK, 1989
ISSN: 0009-272-X
Anzahl der Stoffe: 6000
Deskriptoren: ORGANISCHE STOFFE, ANORGANISCHE STOFFE, DATEN, INFORMATIONEN, CHEMIKALIEN INDEX, SYNONYMA INDEX, BEZEICHNUNG, SYNONYMA, VERWENDUNGSART
Bemerkungen: ERSCHEINT JAEHRLICH

[512] MC GRAW-HILL
ENCYCLOPEDIA OF SCIENCE AND TECHNOLOGY

MCGRAW-HILL BOOK COMPANY, NEW YORK, 1982
ISBN: 0-07-079280-1
Anzahl der Stoffe: 5000
Deskriptoren: ORGANISCHE STOFFE, ANORGANISCHE STOFFE, DATEN, INFORMATIONEN, CHEMIKALIEN INDEX, BEZEICHNUNG, SYNONYMA, VERWENDUNGSART, SCHMELZPUNKT, SIEDEPUNKT, WASSERLOESLICHKEIT, LOESLICHKEIT IN ORGANISCHEN LOESEMITTELN
Bemerkungen: STANDARDWERK DER WISSENSCHAFT UND TECHNOLOGIE

[513] MC GRAW-HILL
MODERN PLASTICS ENCYCLOPEDIA
MCGRAW-HILL BOOK COMPANY, NEW YORK, 1989
Anzahl der Stoffe: 1000
Deskriptoren: ORGANISCHE STOFFE, DATEN, INFORMATIONEN, CHEMIKALIEN INDEX, BEZEICHNUNG, SYNONYMA, SCHMELZPUNKT, SIEDEPUNKT, RELATIVE DICHTE, DAMPFDRUCK, HERSTELLUNG, SONSTIGE PC-GROESSEN
Bemerkungen: DATENTYP: POLYMERE, STANDARDWERK DER POLYMERE, ERSCHEINT JAEHRLICH

[514] MCKETTA J.J.
ENCYCLOPEDIA OF CHEMICAL PROCESSING AND DESIGN
MARCEL DEKKER, NEW YORK, 1988
ISBN: 0-847-2451-8
Anzahl der Stoffe: 500
Deskriptoren: ORGANISCHE STOFFE, ANORGANISCHE STOFFE, DATEN, INFORMATIONEN, CHEMIKALIEN INDEX, BEZEICHNUNG, SYNONYMA, VERWENDUNGSART, PRODUKTIONSVOLUMEN, SCHMELZPUNKT, SIEDEPUNKT, RELATIVE DICHTE, OBERFLAECHENSPANNUNG, WASSERLOESLICHKEIT, AKUTE ORALE TOXIZITAET SAEUGETIER, ARBEITSSCHUTZ, TLV-WERTE, TRANSPORT, HERSTELLUNG, KENNZEICHNUNG
Bemerkungen: WEITERE BAENDE IN VORBEREITUNG, CHEMISCHE VERARBEITUNG

[515] MCKINNEY J.D.
ENVIRONMENTAL HEALTH CHEMISTRY
THE CHEMISTRY OF ENVIRONMENTAL AGENTS AS POTENTIAL HUMAN HAZARDS
ANN ARBOR SCIENCE PUBLISHERS INC., MICHIGAN, 1981
ISBN: 0-250-40352-8
Anzahl der Stoffe: 250
Deskriptoren: AKUTE ORALE TOXIZITAET SAEUGETIER, AKUTE VERGIFTUNGEN, ANORGANISCHE STOFFE, BEZEICHNUNG, BIOABBAU, BIOAKKUMULATION, CARCINOGENITAET SAEUGETIER, DAMPFDRUCK, DATEN, DERMALE TOXIZITAET SAEUGETIER, EXPERIMENTELLE METHODEN, FALLSTUDIEN, FISCH, INFORMATIONEN, INHALATIV SAEUGETIER, LEBENSMITTEL PFLANZLICH UND TIERISCH, METABOLISMUS SAEUGETIER, MUTAGENITAET SAEUGETIER, ORGANISCHE STOFFE, SCHUTZMASSNAHMEN, LAGERUNG UND HANDHABUNG, STRUKTURFORMEL, SYSTEMANALYTISCHE METHODEN, THEORETISCHE METHODEN, SEDIMENT, UMWELTPOLITIK, VERTEILUNGSKOEFFIZIENT N-OCTANOL/WASSER, POW, WASSERLOESLICHKEIT

[516] MCRAE A., WHELCHEL L.
TOXIC SUBSTANCES CONTROL SOURCE BOOK
ASPEN SYSTEM CORPORATION, MARYLAND, 1978

ISBN: 0-89443-033-5
Anzahl der Stoffe: 1000
Deskriptoren: ORGANISCHE STOFFE, ANORGANISCHE STOFFE, DATEN, INFORMATIONEN, CHEMIKALIEN INDEX, BEZEICHNUNG, SYNONYMA, VERWENDUNGSZWECK, FLAMMPUNKT, AKUTE ORALE TOXIZITAET SAEUGETIER
Bemerkungen: TECHNIKEN IM UMGANG MIT TOXISCHEN SUBSTANZEN

[517] MEDICAL ECONOMICS CO.
PHYSICIANS' DESK REFERENCE
MEDICAL ECONOMICS CO., ORADELL, NEW JERSEY, 1974
Anzahl der Stoffe: 2500
Deskriptoren: ORGANISCHE STOFFE, DATEN, INFORMATIONEN, CHEMIKALIEN INDEX, BEZEICHNUNG, SYNONYMA, VERWENDUNGSART
Bemerkungen: DATENTYP: PHARMAZEUTIKA, GEGENMITTEL, VORSICHTSMASSNAHMEN

[518] MEIDL J.H.
HAZARDOUS MATERIALS HANDBOOK
GLENCOE PRESS, BEVERLY HILLS, 1972
Anzahl der Stoffe: 1000
Deskriptoren: ORGANISCHE STOFFE, ANORGANISCHE STOFFE, DATEN, INFORMATIONEN, CHEMIKALIEN INDEX, BEZEICHNUNG, SYNONYMA, SCHMELZPUNKT, SIEDEPUNKT, ARBEITSSCHUTZ, HINWEISE AUF MUTAGENE/KANZEROGENE WIRKUNGEN(MENSCH), ANDERE WIRKUNGEN
Bemerkungen: GEFAEHRLICHKEITS- UND TOXIZITAETSINFORMATIONENEN

[519] MEINCK F., STOOFF H., KOHLSCHUETTER H.
INDUSTRIE-ABWAESSER
GUSTAV FISCHER VERLAG , STUTTGART, 1968
Anzahl der Stoffe: 1000
Deskriptoren: ORGANISCHE STOFFE, ANORGANISCHE STOFFE, DATEN, INFORMATIONEN, CHEMIKALIEN INDEX, BEZEICHNUNG, SYNONYMA, ABFALLAUFKOMMEN, HYDROSPHAERE MEER, HYDROSPHAERE SUESSWASSER, FISCH, DAPHNIA, ALGE, PFLANZEN, AKUTE ORALE TOXIZITAET SAEUGETIER
Bemerkungen: AUSWIRKUNGEN VON INDUSTRIEABWASSER AUF DIE WASSERQUALITAET

[520] MEISTER PUBLISHING CO.
FARM CHEMICALS HANDBOOK
MEISTER PUBLISHING CO., WILLOUGHBY, OHIO, 1989
Anzahl der Stoffe: 1200
Deskriptoren: ORGANISCHE STOFFE, DATEN, INFORMATIONEN, CHEMIKALIEN INDEX, SYNONYMA INDEX, BEZEICHNUNG, SYNONYMA, CAS-NUMMER, VERWENDUNGSART, HERSTELLUNG
Bemerkungen: JAEHRLICH ERSCHEINENDES ADRESSBUCH UEBER PESTIZIDE, DATENTYP: PESTIZIDE

[521] MELLAN J.
INDUSTRIAL SOLVENTS HANDBOOK
NOYES DATA CORPORATION, PARK RIDGE, NEW JERSEY, 1977
ISBN: 0-8155-0651-1
Anzahl der Stoffe: 500
Deskriptoren: ORGANISCHE STOFFE, DATEN, INFORMATIONEN, CHEMIKALIEN INDEX, BEZEICHNUNG, SYNONYMA, VERWENDUNGSART, SCHMELZPUNKT,

SIEDEPUNKT, FLAMMPUNKT, RELATIVE DICHTE, DAMPFDRUCK, OBERFLAECHENSPANNUNG, WASSERLOESLICHKEIT, LOESLICHKEIT IN ORGANISCHEN LOESEMITTELN, AKUTE ORALE TOXIZITAET SAEUGETIER
Bemerkungen: DATENTYP: LOESUNGSMITTEL

[522] MENZIE C.M.
FISHING & WILDLIFE SERVICE
METABOLISM OF PESTICIDES
U.S. GOVERNMENT PRINTING OFFICE, WASHINGTON D.C., 1969
Anzahl der Stoffe: 300
Deskriptoren: ORGANISCHE STOFFE, DATEN, EXPERIMENTELLE METHODEN, SYNONYMA INDEX, BEZEICHNUNG, SYNONYMA, STRUKTURFORMEL, VERWENDUNGSZWECK, SCHMELZPUNKT, SIEDEPUNKT, SONSTIGE PC-GROESSEN, SONSTIGE VERTEILUNGSKOEFFIZIENTEN Z.B. KD, KBIO, BIOABBAU, ABIOTISCHE ABBAUBARKEIT, DIREKTER PHOTOABBAU, METABOLISMUS SAEUGETIER
Bemerkungen: BIBLIOGRAPHIE MIT 1700 SEITEN, STRUKTURFORMEL UND PC-EIGENSCHAFTEN FUER PHOSHORORGANISCHE, VERBINDUNGEN

[523] MERCK E.
MERCK E., DARMSTADT
REAGENZIEN, DIAGNOSTICA, CHEMIKALIEN
E. MERCK, DARMSTADT, 1989
Anzahl der Stoffe: 15000
Deskriptoren: SUMMENFORMEL INDEX, CAS-NUMMER INDEX, ARTIKELNUMMER INDEX, ORGANISCHE STOFFE, ANORGANISCHE STOFFE, DATEN, INFORMATIONEN, BEZEICHNUNG, CAS-NUMMER, SUMMENFORMEL, SCHMELZPUNKT, SIEDEPUNKT, FLAMMPUNKT, MOLEKULARGEWICHT, RELATIVE DICHTE

[524] MERIAN E.
METALLE IN DER UMWELT
VERTEILUNG, ANALYTIK UND BIOLOGISCHE RELEVANZ
VERLAG CHEMIE, WEINHEIM, 1983
ISBN: 3-527-2517-5
Anzahl der Stoffe: 27
Deskriptoren: ANORGANISCHE STOFFE, DATEN, INFORMATIONEN, EXPERIMENTELLE METHODEN, VERWENDUNGSART, ATMOSPHAERE, HYDROSPHAERE MEER, HYDROSPHAERE SUESSWASSER, PEDOSPHAERE, ABFALLAUFKOMMEN, SCHMELZPUNKT, SIEDEPUNKT, BIOABBAU, BIOAKKUMULATION, DIREKTER PHOTOABBAU
Bemerkungen: DATENTYP: METALLE

[525] MERORY J.
FOOD FLAVORINGS
COMPOSITION, MANUFACTURE AND USE
AVI PUBLISHING CO., WESTPORT, 1968
Anzahl der Stoffe: 200
Deskriptoren: ORGANISCHE STOFFE, DATEN, INFORMATIONEN, CHEMIKALIEN INDEX, BEZEICHNUNG, VERWENDUNGSART, HERSTELLUNG
Bemerkungen: DATENTYP: LEBENSMITTELZUSATZSTOFFE, ZUSAMMENSETZUNG, HERSTELLUNG UND ANWENDUNG VON GESCHMACKSST.

[526] MEYERS F.H., JAWETZ E., GOLDFIEN A.
LEHRBUCH DER PHARMAKOLOGIE
SPRINGER VERLAG, BERLIN, HEIDELBERG, NEW YORK, 1975
ISBN: 3-540-07356-6
Anzahl der Stoffe: 500
Deskriptoren: ORGANISCHE STOFFE, DATEN, INFORMATIONEN, CHEMIKALIEN INDEX, BEZEICHNUNG, SYNONYMA, VERWENDUNGSART, METABOLISMUS MENSCH
Bemerkungen: DATENTYP: PHARMAZEUTIKA

[527] MEYERS F.H., JAETZ E., GOLFIEN A.
REVIEW OF MEDICAL PHARMACOLOGY
LANGE MEDICAL PUBLICATIONS, LOS ALTOS, 1972
Anzahl der Stoffe: 500
Deskriptoren: ORGANISCHE STOFFE, DATEN, INFORMATIONEN, CHEMIKALIEN INDEX, BEZEICHNUNG, SYNONYMA, VERWENDUNGSART, METABOLISMUS MENSCH, AKUTE ORALE TOXIZITAET SAEUGETIER
Bemerkungen: DATENTYP: PHARMAZEUTIKA

[528] MEYLER L., HERXHEIMER A.
SIDE EFFECTS OF DRUGS
EXCERPTA MEDICA FOUNDATION, AMSTERDAM, 1971
ISBN: 90-219-9104-7
Anzahl der Stoffe: 10000
Deskriptoren: ORGANISCHE STOFFE, DATEN, INFORMATIONEN, CHEMIKALIEN INDEX, BEZEICHNUNG, SYNONYMA, VERWENDUNGSART
Bemerkungen: DATENTYP: PHARMAZEUTIKA, NEBENWIRKUNGEN VON ARZNEIMITTELN

[529] MILDE G., FRIESEL P.
GRUNDWASSERBEEINFLUSSUNG DURCH PFLANZENSCHUTZMITTEL
GUSTAV FISCHER VERLAG , STUTTGART, 1987
ISBN: 3-437-30518-2
Anzahl der Stoffe: 100
Deskriptoren: ORGANISCHE STOFFE, ANORGANISCHE STOFFE, DATEN, INFORMATIONEN, EXPERIMENTELLE METHODEN, SYSTEMANALYTISCHE METHODEN, FALLSTUDIEN, SITUATIONSSTUDIEN, BEZEICHNUNG, SYNONYMA, STRUKTURFORMEL, VERWENDUNGSART, HYDROSPHAERE SUESSWASSER, TRINKWASSER, SIEDEPUNKT, MOLEKULARGEWICHT, DAMPFDRUCK, WASSERLOESLICHKEIT, ENTSORGUNG, VERTEILUNGSKOEFFIZIENT N-OCTANOL-/WASSER, POW, AKUTE ORALE TOXIZITAET SAEUGETIER, UMWANDLUNGSPRODUKTE PFLANZE
Bemerkungen: DATENTYP: PESTIZIDE

[530] MILDE G., FRIESEL P.
GRUNDWASSERBEEINFLUSSUNG DURCH PFLANZENSCHUTZMITTEL
GEWAESSER UND PFLANZENSCHUTZMITTEL V, 5.FACHGESPRAECH IN BERLIN 21./22. NOVEMBER 1985
GUSTAV FISCHER VERLAG , STUTTGART, NEW YORK, 1987
ISBN: 3-437-30518-2
Anzahl der Stoffe: 100
Deskriptoren: ORGANISCHE STOFFE, DATEN, INFORMATIONEN, EXPERIMENTELLE METHODEN, SITUATIONSSTUDIEN, SYSTEMANALYTISCHE METHODEN, BEZEICHNUNG, SYNONYMA, STRUKTURFORMEL, STRUKTURFORMEL,

MOLEKULARGEWICHT, VERWENDUNGSART, SIEDEPUNKT, DAMPFDRUCK, AKUTE ORALE TOXIZITAET SAEUGETIER, GRUNDWASSER, TRINKWASSER
Bemerkungen: DATENTYP: PESTIZIDE, MONITORING VON PESTIZIDEN

[531] MILLER J.M.
AIR SOURCES LABORATORIES
THE POTENTIAL ATMOSPHERIC IMPACT OF CHEMICALS RESEASED TO THE ENVIRONMENT
PROCEEDINGS OF FOUR WORKSHOPS
U.S. ENVIRONMENTAL PROTECTION AGENCY, WASHINGTON D.C., 1980
Anzahl der Stoffe: 200
Deskriptoren: ORGANISCHE STOFFE, ANORGANISCHE STOFFE, DATEN, INFORMATIONEN, SYSTEMANALYTISCHE METHODEN, ATMOSPHAERE, WASSERLOESLICHKEIT, DAMPFDRUCK, HENRY-KONSTANTE

[532] MILLER M.W., BERG G.G.
CHEMICAL FALLOUT
CHARLES C. THOMAS, SPRINGFIELD, 1972
ISBN: 0-398-01313-6
Anzahl der Stoffe: 200
Deskriptoren: ORGANISCHE STOFFE, DATEN, INFORMATIONEN, EXPERIMENTELLE METHODEN, THEORETISCHE METHODEN, ATMOSPHAERE, HYDROSPHAERE MEER, HYDROSPHAERE SUESSWASSER, PEDOSPHAERE, BIOAKKUMULATION
Bemerkungen: DATENTYP: PESTIZIDE

[533] MILLER R.R., GREENBLATT D.J.
HANDBOOK OF DRUG THERAPY
ELSEVIER, NEW YORK, 1979
ISBN: 0-444-00329-0
Anzahl der Stoffe: 1000
Deskriptoren: ORGANISCHE STOFFE, DATEN, INFORMATIONEN, CHEMIKALIEN INDEX, BEZEICHNUNG, SYNONYMA, VERWENDUNGSART
Bemerkungen: DATENTYP: PHARMAZEUTIKA, LEITFADEN DER KLINISCHEN ANWENDUNG VON ARZNEIMITTELN

[534] MILMAN H.A., WEISBURGER E.K.
HANDBOOK OF CARCINOGEN TESTING
NOYES PUBLICATIONS, PARK RIDGE, NEW JERSEY, 1985
ISBN: 0-8155-1035-7
Anzahl der Stoffe: 500
Deskriptoren: ORGANISCHE STOFFE, ANORGANISCHE STOFFE, DATEN, INFORMATIONEN, EXPERIMENTELLE METHODEN, THEORETISCHE METHODEN, SYSTEMANALYTISCHE METHODEN, FALLSTUDIEN, SITUATIONSSTUDIEN, ANWENDUNGSINDEX, BEZEICHNUNG, STRUKTURFORMEL, MUTAGENITAET SAEUGETIER, CARCINOGENITAET SAEUGETIER, METABOLISMUS SAEUGETIER, EPIDEMIOLOGISCHE DATEN, HINWEISE AUF MUTAGENE/KANZEROGENE WIRKUNGEN(MENSCH)
Bemerkungen: INFORMATIONSTYP: MUTAGENE UND CARCINOGENE

[535] MINISTERIUM FUER ARBEIT, GESUNDHEIT, UND SOZIALES
LUFTREINHALTEPLAN RHEINSCHIENE MITTE 1982-1986
MINISTERIUM FUER ARBEIT, GESUNDHEIT UND SOZIALES DES LANDES NORDRHEIN-WESTFALEN, DUESSELDORF, 1982

Anzahl der Stoffe: 200
Deskriptoren: DATEN, INFORMATIONEN, EXPERIMENTELLE METHODEN, SYSTEMANALYTISCHE METHODEN, SITUATIONSSTUDIEN, OFFIZIELLE TEXTE, BEZEICHNUNG, SUMMENFORMEL, STRUKTURFORMEL, ABFALLAUFKOMMEN, ATMOSPHAERE, MUTAGENITAET SAEUGETIER, AKUTE ORALE TOXIZITAET SAEUGETIER, CARCINOGENITAET SAEUGETIER

[536] MINISTERIUM FUER ARBEIT, GESUNDHEIT, UND SOZIALES
LUFTREINHALTEPLAN RUHRGEBIET WEST
1. FORTSCHREIBUNG 1984-1988
MAGS, DUESSELDORF, 1985
Anzahl der Stoffe: 200
Deskriptoren: ORGANISCHE STOFFE, ANORGANISCHE STOFFE, DATEN, INFORMATIONEN, SYSTEMANALYTISCHE METHODEN, FALLSTUDIEN, SITUATIONSSTUDIEN, OFFIZIELLE TEXTE, BEZEICHNUNG, ATMOSPHAERE, AKUTE ORALE TOXIZITAET SAEUGETIER, CHRONISCHE TOXIZITAET MENSCH, AKUTE VERGIFTUNGEN, CHRONISCHE VERGIFTUNGEN MENSCH

[537] MINISTERIUM FUER ARBEIT, GESUNDHEIT, UND SOZIALES
LUFTREINHALTEPLAN RHEINSCHIENE SUED
1. FORTSCHREIBUNG 1982 - 1986
MAGS, DUESSELDORF, 1983
Anzahl der Stoffe: 200
Deskriptoren: ORGANISCHE STOFFE, ANORGANISCHE STOFFE, DATEN, INFORMATIONEN, THEORETISCHE METHODEN, SYSTEMANALYTISCHE METHODEN, FALLSTUDIEN, SITUATIONSSTUDIEN, OFFIZIELLE TEXTE, BEZEICHNUNG, SUMMENFORMEL, ABFALLAUFKOMMEN, ATMOSPHAERE, AKUTE ORALE TOXIZITAET SAEUGETIER, CARCINOGENITAET SAEUGETIER, ANDERE WIRKUNGEN, INHALATIV SAEUGETIER, AKUTE VERGIFTUNGEN, CHRONISCHE VERGIFTUNGEN MENSCH, HINWEISE AUF MUTAGENE/KANZEROGENE WIRKUNGEN(MENSCH)

[538] MINISTRY OF HEALTH AND ENVIRONMENTAL PROTECTION
HANDBOOK OF EMISSION FACTORS
PART 1: NON-INDUSTRIAL SOURCES, PART 2: INDUSTRIAL SOURCES
MINISTRY OF HEALTH AND ENVIRONMENTAL PROTECTION, DEN HAAG, 1980
ISBN: 90-1203290-3
Anzahl der Stoffe: 250
Deskriptoren: ORGANISCHE STOFFE, ANORGANISCHE STOFFE, DATEN, INFORMATIONEN, CHEMIKALIEN INDEX, BEZEICHNUNG, ATMOSPHAERE, HYDROSPHAERE SUESSWASSER
Bemerkungen: EMISSIONSFAKTOREN VON CHEMIKALIEN

[539] MIYAMOTO J., KEARNEY P.C.
PESTICIDE CHEMISTRY: HUMAN WELFARE AND THE ENVIRONMENT
PESTICIDE RESIDUES AND FORMULATION CHEMISTRY
PERGAMON PRESS LTD, OXFORD, 1983
ISBN: 0-08-029225-9
Anzahl der Stoffe: 250
Deskriptoren: ORGANISCHE STOFFE, DATEN, INFORMATIONEN, EXPERIMENTELLE METHODEN, SYSTEMANALYTISCHE METHODEN, FALLSTUDIEN, SITUATIONSSTUDIEN, ATMOSPHAERE, PEDOSPHAERE, HYDROSPHAERE MEER, HYDROSPHAERE SUESSWASSER, LEBENSMITTEL PFLANZLICH UND TIERISCH
Bemerkungen: DATENTYP: PESTIZIDE

[540] MIYAMOTO J., KEARNEY P.C.
PESTICIDE CHEMISTRY: HUMAN WELFARE AND THE ENVIRONMENT
MODE OF ACTION, METABOLISM AND TOXICOLOGY
PERGAMON PRESS LTD, OXFORD, 1983
ISBN: 0-08-029224-0
Anzahl der Stoffe: 250
Deskriptoren: ORGANISCHE STOFFE, ANORGANISCHE STOFFE, DATEN, INFORMATIONEN, EXPERIMENTELLE METHODEN, FALLSTUDIEN, SITUATIONSSTUDIEN, BEZEICHNUNG, LEBENSMITTEL PFLANZLICH UND TIERISCH, BIOABBAU, DIREKTER PHOTOABBAU, BIOAKKUMULATION, DAPHNIA, FISCH, KRUSTACEEN, PFLANZEN, AKUTE ORALE TOXIZITAET SAEUGETIER, REPRODUKTIONSTOXIZITAET, MUTAGENITAET, CARCINOGENITAET SAEUGETIER, METABOLISMUS SAEUGETIER, ANDERE WIRKUNGEN, WIRKUNG AUF IMMUNSYSTEM, AKUTE VERGIFTUNGEN, CHRONISCHE VERGIFTUNGEN MENSCH, EPIDEMIOLOGISCHE DATEN, HINWEISE AUF MUTAGENE/KANZEROGENE WIRKUNGEN(MENSCH), ARBEITSSCHUTZ, PHOTOSYNTHESEHEMMUNG
Bemerkungen: DATENTYP: PESTIZIDE

[541] MIYAMOTO J., KEARNEY P.C.
PESTICIDE CHEMISTRY: HUMAN WELFARE AND THE ENVIRONMENT
NATURAL PRODUCTS
PERGAMON PRESS LTD, OXFORD, 1983
ISBN: 0-08-029223-2
Anzahl der Stoffe: 250
Deskriptoren: ORGANISCHE STOFFE, DATEN, INFORMATIONEN, EXPERIMENTELLE METHODEN, SYSTEMANALYTISCHE METHODEN, FALLSTUDIEN, SITUATIONSSTUDIEN, BEZEICHNUNG, SYNONYMA, STRUKTURFORMEL, SPEKTRALDATEN, SUMMENFORMEL, STOFFBESCHÄFFENHEIT, VERWENDUNGSART, ANWENDUNGSMUSTER, ATMOSPHAERE, LEBENSMITTEL PFLANZLICH UND TIERISCH, ZERSETZUNGSPUNKT, MOLEKULARGEWICHT, RELATIVE DICHTE, VISKOSITAET, DAMPFDRUCK, WASSERLOESLICHKEIT, LOESLICHKEIT IN ORGANISCHEN LOESEMITTELN, LOESLICHKEIT IN FETT, SONSTIGE PCGROESSEN, DIREKTER PHOTOABBAU, FISCH, BAKTERIEN, PFLANZEN, INSEKTEN, AKUTE ORALE TOXIZITAET SAEUGETIER, AKUTE INTERTRAVENOESE TOXIZITAET SAEUGETIER, SUBAKUTE-SUBCHRONISCHE TOXIZITAET SAEUGETIER, CHRONISCHE TOXIZITAET MENSCH, METABOLISMUS SAEUGETIER, ANDERE WIRKUNGEN, AKUTE VERGIFTUNGEN, CHRONISCHE VERGIFTUNGEN MENSCH
Bemerkungen: DATENTYP: PESTIZIDE

[542] MIYAMOTO J., KEARNEY P.C.
PESTICIDE CHEMISTRY, HUMAN WELFARE AND THE ENVIRONMENT
SYNTHESIS AND STRUCTURE-ACTIVITY RELATIONSHIPS
PERGAMON PRESS LTD, OXFORD, 1983
ISBN: 0-08-029222-4
Anzahl der Stoffe: 100
Deskriptoren: ORGANISCHE STOFFE, ANORGANISCHE STOFFE, DATEN, INFORMATIONEN, SYSTEMANALYTISCHE METHODEN, OFFIZIELLE TEXTE, UMWELTPOLITIK, CHEMIKALIEN INDEX, BEZEICHNUNG, SYNONYMA, STRUKTURFORMEL, VERWENDUNGSART, HERSTELLUNG, MOLEKULARGEWICHT, WASSERLOESLICHKEIT, VERTEILUNGSKOEFFIZIENT N-OCTANOL/WASSER, POW, AKUTE ORALE TOXIZITAET SAEUGETIER, METABOLISMUS SAEUGETIER
Bemerkungen: DATENTYP: PESTIZIDE

[543] MOESCHLIN S.
KLINIK UND THERAPIE DER VERGIFTUNGEN
GEORG THIEME VERLAG, STUTTGART, 1972
ISBN: 3-13-378405-6
Anzahl der Stoffe: 1000
Deskriptoren: ORGANISCHE STOFFE, ANORGANISCHE STOFFE, DATEN, INFORMATIONEN, CHEMIKALIEN INDEX, BEZEICHNUNG, VERWENDUNGSART, AKUTE VERGIFTUNGEN, CHRONISCHE TOXIZITAET MENSCH, ANDERE WIRKUNGEN

[544] MOLL W.L.H.
CHEMIKALIEN IN DER UMWELT
TASCHENBUCH FUER UMWELTSCHUTZ
ERNST REINHARDT GMBH + CO . VERLAG, MUENCHEN, 1987
ISBN: 3-497-01123-1
Anzahl der Stoffe: 1000
Deskriptoren: ORGANISCHE STOFFE, ANORGANISCHE STOFFE, DATEN, INFORMATIONEN, EXPERIMENTELLE METHODEN, SYSTEMANALYTISCHE METHODEN, SITUATIONSSTUDIEN, OFFIZIELLE TEXTE, UMWELTPOLITIK, BEZEICHNUNG, STOFFBESCHAFFENHEIT, ANWENDUNGSMUSTER, VERWENDUNGSZWECK, PRODUKTIONSVOLUMEN, VERMARKTUNGSMENGE, SYNTHESE, ATMOSPHAERE, HYDROSPHAERE MEER, BIOSPHAERE, LEBENSMITTEL PFLANZLICH UND TIERISCH, TRINKWASSER, PEDOSPHAERE, HYDROSPHAERE SUESSWASSER, KLAERSCHLAMM, SCHMELZPUNKT, SIEDEPUNKT, RELATIVE DICHTE, BIOABBAU, ABIOTISCHE ABBAUBARKEIT, DIREKTER PHOTOABBAU, BIOAKKUMULATION, GEOAKKUMULATION, FISCH, DAPHNIA, BAKTERIEN, INSEKTEN, AKUTE TOXIZITAET, DERMALE TOXIZITAET SAEUGETIER, INHALATIV SAEUGETIER, REPRODUKTIONSTOXIZITAET, TERATOGENITAET SAEUGETIER, MUTAGENITAET SAEUGETIER, CARCINOGENITAET SAEUGETIER, ANDERE WIRKUNGEN, AKUTE VERGIFTUNGEN, EPIDEMIOLOGISCHE DATEN, CHRONISCHE VERGIFTUNGEN MENSCH, HINWEISE AUF MUTAGENE/KANZEROGENE WIRKUNGEN(MENSCH), MAK-WERTE, ENTSORGUNG

[545] MONCRIEFF R.W.
MAN-MADE FIBRES
JOHN WILEY & SONS, NEW YORK, 1975
ISBN: 0-408-00129-1
Anzahl der Stoffe: 500
Deskriptoren: ORGANISCHE STOFFE, ANORGANISCHE STOFFE, DATEN, INFORMATIONEN, CHEMIKALIEN INDEX, BEZEICHNUNG, VERWENDUNGSART, HERSTELLUNG
Bemerkungen: EIGENSCHAFTEN VON HANDGEMACHTEN FASERN

[546] MORIARTY F.
ORGANOCHLORINE INSECTICIDES
PERSISTENT ORGANIC POLLUTANTS
ACADEMIC PRESS, LONDON, 1975
ISBN: 0-12-506750-X
Anzahl der Stoffe: 100
Deskriptoren: ORGANISCHE STOFFE, DATEN, INFORMATIONEN, SITUATIONSSTUDIEN, EPIDEMIOLOGISCHE DATEN, ANDERE WIRKUNGEN, THEORETISCHE METHODEN
Bemerkungen: EXPOSITION, RUECKSTAENDE UND WIRKUNGEN, DATENTYP: PESTIZIDE

[547] MORTON M.
RUBBER TECHNOLOGY
VAN NOSTRAND REINHOLD COMPANY, NEW YORK, 1973
ISBN: 0-442-25565-9
Anzahl der Stoffe: 200
Deskriptoren: ORGANISCHE STOFFE, DATEN, INFORMATIONEN, CHEMIKALIEN INDEX, BEZEICHNUNG, HERSTELLUNG, VERWENDUNGSZWECK, SCHMELZPUNKT, RELATIVE DICHTE
Bemerkungen: DATENTYP: POLYMERE

[548] MUECKE W.
DIE ERFASSUNG VON UMWELTCHEMIKALIEN IN BAYERN
BSTMLU, MUENCHEN, 1980
Anzahl der Stoffe: 80
Deskriptoren: ORGANISCHE STOFFE, DATEN, INFORMATIONEN, EXPERIMENTELLE METHODEN, THEORETISCHE METHODEN, SYSTEMANALYTISCHE METHODEN, FALLSTUDIEN, SITUATIONSSTUDIEN, BEZEICHNUNG, VERWENDUNGSART, ANWENDUNGSMUSTER, PRODUKTIONSVOLUMEN, EINFUHR/AUSFUHR, ABFALLAUFKOMMEN, ATMOSPHAERE, LEBENSMITTEL PFLANZLICH UND TIERISCH, PEDOSPHAERE, BIOAKKUMULATION
Bemerkungen: BELASTUNG DER BEVOELKERUNG BAYERNS DURCH UMWELTCHEMIKALIEN

[549] MUECKE W.
LUFTHYGIENISCHE SITUATION UND WALDSCHAEDEN IM ALPENRAUM
BSTMLU, MUENCHEN, 1984
Anzahl der Stoffe: 20
Deskriptoren: ORGANISCHE STOFFE, ANORGANISCHE STOFFE, DATEN, INFORMATIONEN, SITUATIONSSTUDIEN, BEZEICHNUNG, ATMOSPHAERE
Bemerkungen: MONITORING VON LUFTSCHADSTOFFEN

[550] MUELLER E., BAAYER O.
METHODEN DER ORGANISCHEN CHEMIE
HOUBEN-WEYL
GEORG THIEME VERLAG, STUTTGART, 1979
ISBN: 3-13-203904-7
Anzahl der Stoffe: 50000
Deskriptoren: ORGANISCHE STOFFE, DATEN, INFORMATIONEN, EXPERIMENTELLE METHODEN, CHEMIKALIEN INDEX, BEZEICHNUNG, SYNONYMA, SCHMELZPUNKT, SIEDEPUNKT, RELATIVE DICHTE, WASSERLOESLICHKEIT, BRECHUNGSINDEX, VISKOSITAET, HERSTELLUNG
Bemerkungen: STANDARDWEK DER ORGANISCHEN CHEMIE, HERSTELLUNG UND REAKTIONEN VON ORGANISCHEN CHEMIKALIEN

[551] MUIR G.D.
HAZARD IN THE CHEMICAL LABORATORY
THE CHEMICAL SOCIETY, LONDON, 1977
ISBN: 0-85186-699-9
Anzahl der Stoffe: 2000
Deskriptoren: ORGANISCHE STOFFE, ANORGANISCHE STOFFE, DATEN, INFORMATIONEN, CHEMIKALIEN INDEX, BEZEICHNUNG, SYNONYMA, SIEDEPUNKT, FLAMMPUNKT, ZERSETZUNGSPUNKT, ARBEITSSCHUTZ, AKUTE ORALE TOXIZITAET SAEUGETIER, AKUTE VERGIFTUNGEN, ANDERE WIRKUNGEN, MASSNAHMEN NACH VERSCHUETTEN/AUSLAUFEN/GASAU-

STRITT, MASSNAHMEN BEI UNFAELLEN UND BRAENDEN
Bemerkungen: LABORSICHERHEIT, ARBEITSCHUTZ

[552] MULE S.J., BRILL H.
CHEMICAL AND BIOLOGICAL ASPECTS OF DRUG DEPENDENCE
CRC PRESS INC., CLEVELAND, 1972
ISBN: 0-87819-011-2
Anzahl der Stoffe: 500
Deskriptoren: ORGANISCHE STOFFE, DATEN, INFORMATIONEN, CHEMIKALIEN INDEX, BEZEICHNUNG, SYNONYMA, VERWENDUNGSART, SCHMELZPUNKT, WASSERLOESLICHKEIT, LOESLICHKEIT IN ORGANISCHEN LOESEMITTELN, AKUTE VERGIFTUNGEN
Bemerkungen: DATENTYP: PHARMAZEUTIKA

[553] MURRELL J.N., BOUCHER E.A.
PROPERTIES OF LIQUIDS AND SOLUTIONS
JOHN WILEY & SONS, NEW YORK, 1982
ISBN: 0-471-10202-4
Anzahl der Stoffe: 25
Deskriptoren: ORGANISCHE STOFFE, DATEN, INFORMATIONEN, THEORETISCHE METHODEN, SYSTEMANALYTISCHE METHODEN, BEZEICHNUNG, SCHMELZPUNKT, SIEDEPUNKT, RELATIVE DICHTE, LOESLICHKEIT IN ORGANISCHEN LOESEMITTELN
Bemerkungen: THEORIE UND MODELLE DES FLUESSIGEN ZUSTANDES

[554] NABERT K., SCHOEN G.
PHYSIKALISCH-TECHNISCHE BUNDESANSTALT
SICHERHEITSTECHNISCHE KENNZAHLEN BRENNBARER GASE UND DAEMPFE
DEUTSCHER EICHVERLAG, BRAUNSCHWEIG 1978, 1978
ISBN: 3-8064-9946-2
Anzahl der Stoffe: 1000
Deskriptoren: ORGANISCHE STOFFE, SUMMENFORMEL INDEX, DATEN, BEZEICHNUNG, MOLEKULARGEWICHT, SYNONYMA, STRUKTURFORMEL, SCHMELZPUNKT, SIEDEPUNKT, FLAMMPUNKT, ZUENDTEMPERATUR, MOLEKULARGEWICHT, RELATIVE DICHTE, SONSTIGE VERTEILUNGSKOEFFIZIENTEN Z.B. KD, KBIO, ZUENDGRUPPE, EXPLOSIONSKLASSE, GEMISCHE
Bemerkungen: 2. AUFLAGE

[555] NATIONAL ACADEMY OF SCIENCES
SPECIFICATIONS AND CRITERIA FOR BIOCHEMICAL COMPOUNDS
NATIONAL ACADEMY OF SCIENCES, WASHINGTON D.C., 1972
ISBN: 0-309-01917-6
Anzahl der Stoffe: 521
Deskriptoren: ORGANISCHE STOFFE, DATEN, INFORMATIONEN, CHEMIKALIEN INDEX, BEZEICHNUNG, VERWENDUNGSART, ANDERE WIRKUNGEN
Bemerkungen: BIOCHEMISCHE VERBINDUNGEN

[556] NATIONAL CANCER INSTITUTE USA
SURVEY OF COMPOUNDS WHICH HAVE BEEN TESTED FOR CARCINOGENIC ACTIVITY
PUBLICATION NO.149
NATIONAL INSTITUTE OF HEALTH, PUBLIC HEALTH SERVICE, WASHINGTON D.C., 1971
Deskriptoren: ORGANISCHE STOFFE, ANORGANISCHE STOFFE, DATEN, INFOR-

MATIONEN, EXPERIMENTELLE METHODEN, CHEMIKALIEN INDEX, BEZEICHNUNG, CARCINOGENITAET SAEUGETIER, HINWEISE AUF MUTAGENE/KANZEROGENE WIRKUNGEN(MENSCH)
Bemerkungen: INFORMATIONSTYP: MUTAGENE UND CARCINOGENE

[557] NATIONAL FIRE PROTECTION ASSOCIATION
NATIONAL FIRE PROTECTION ASSOCIATION
HAZARDOUS CHEMICALS DATA 1975
NATIONAL FIRE PROTECTION ASSOCIATION, QUINCY, 1975
Anzahl der Stoffe: 430
Deskriptoren: ORGANISCHE STOFFE, ANORGANISCHE STOFFE, DATEN, BEZEICHNUNG, SUMMENFORMEL, STOFFBESCHAFFENHEIT, ZUENDTEMPERATUR, FLAMMPUNKT, ZERSETZUNGSPUNKT, RELATIVE DICHTE, DAMPFDRUCK, WASSERLOESLICHKEIT, AKUTE ORALE TOXIZITAET SAEUGETIER, HAUTREIZUNG SAEUGETIER, DERMALE TOXIZITAET SAEUGETIER, INHALATIV SAEUGETIER, AKUTE VERGIFTUNGEN, ARBEITSSCHUTZ, TRANSPORT, SCHUTZMASSNAHMEN, LAGERUNG UND HANDHABUNG, KENNZEICHNUNG, ZUENDGRUPPE, GEFAHRENSYMBOLE,GEFAHRENBEZEICHNUNG, GESUNDHEITSSCHUTZ, MASSNAHMEN BEI UNFAELLEN UND BRAENDEN, MASSNAHMEN NACH VERSCHUETTEN/AUSLAUFEN/GASAUSTRITT, LOESCHMITTEL

[558] NATIONAL FIRE PROTECTION ASSOCIATION
FIRE PROTECTION HANDBOOK
NATIONAL FIRE PROTECTION ASSOCIATION, QUINCY, 1981
ISBN: 0-87765-199-X
Anzahl der Stoffe: 1000
Deskriptoren: ORGANISCHE STOFFE, ANORGANISCHE STOFFE, DATEN, INFORMATIONEN, CHEMIKALIEN INDEX, BEZEICHNUNG, SYNONYMA, SCHMELZPUNKT, SIEDEPUNKT, FLAMMPUNKT, ZERSETZUNGSPUNKT, RELATIVE DICHTE
Bemerkungen: FEUERGEFAEHRLICHE CHEMIKALIEN

[559] NATIONAL INSTITUTE FOR OCCUPATIONAL SAFETY AND HEALTH
NIOSH CRITERIA DOCUMENTS
NATIONAL INSTITUTE FOR OCCUPATIONAL SAFETY AND HEALTH, CINCINNATI, 1980
Anzahl der Stoffe: 84
Deskriptoren: ORGANISCHE STOFFE, ANORGANISCHE STOFFE, DATEN, INFORMATIONEN, CHEMIKALIEN INDEX, BEZEICHNUNG, SYNONYMA, SCHMELZPUNKT, SIEDEPUNKT, RELATIVE DICHTE, DAMPFDRUCK, WASSERLOESLICHKEIT, LOESLICHKEIT IN ORGANISCHEN LOESEMITTELN, FLAMMPUNKT, ZERSETZUNGSPUNKT, AKUTE ORALE TOXIZITAET SAEUGETIER
Bemerkungen: DATENTYP: LOESUNGSMITTEL, DATENTYP: METALLE, DATENTYP: PESTIZIDE

[560] NATIONAL INSTITUTE FOR OCCUPATIONAL SAFETY AND HEALTH
NIOSH MANUAL OF ANALYTICAL METHODS
NATIONAL INSTITUTE FOR OCCUPATIONAL SAFETY AND HEALTH, WASHINGTON D.C., 1981
Anzahl der Stoffe: 570
Deskriptoren: ORGANISCHE STOFFE, ANDERE LOESLICHKEITEN, DATEN, INFORMATIONEN, EXPERIMENTELLE METHODEN, SITUATIONSSTUDIEN, ATMOSPHAERE
Bemerkungen: EXPLOSIVE CHEMIKALIEN

[561] NATIONAL RESEARCH COUNCIL
COMMITTEE ON HAZARDOUS SUBSTANCES IN THE LABORATORY
PRUDENT PRACTICES FOR HANDLING HAZARDOUS CHEMICALS IN LABORATORIES
NATIONAL ACADEMY PRESS, WASHINGTON D.C., 1981
ISBN: 0-309-03128-1
Anzahl der Stoffe: 200
Deskriptoren: ORGANISCHE STOFFE, ANORGANISCHE STOFFE, DATEN, INFORMATIONEN, BEZEICHNUNG, SYNONYMA, CAS-NUMMER, STRUKTURFORMEL, STOFFBESCHAFFENHEIT, SCHMELZPUNKT, ZUENDTEMPERATUR, ENTZUENDLICHKEIT, MOLEKULARGEWICHT, RELATIVE DICHTE, WASSERLOESLICHKEIT, LOESLICHKEIT IN ORGANISCHEN LOESEMITTELN, SIEDEPUNKT, EXPLOSIONSPUNKT, DAMPFDRUCK, FLAMMPUNKT, AKUTE ORALE TOXIZITAET SAEUGETIER, HAUTREIZUNG SAEUGETIER, AUGENREIZUNG SAEUGETIER, DERMALE TOXIZITAET SAEUGETIER, INHALATIV SAEUGETIER, MUTAGENITAET SAEUGETIER, CARCINOGENITAET SAEUGETIER, AKUTE VERGIFTUNGEN, EPIDEMIOLOGISCHE DATEN, CHRONISCHE VERGIFTUNGEN MENSCH, ARBEITSSCHUTZ, SCHUTZMASSNAHMEN, LAGERUNG UND HANDHABUNG, TLV-WERTE, MASSNAHMEN BEI UNFAELLEN UND BRAENDEN, MASSNAHMEN NACH VERSCHUETTEN/AUSLAUFEN/GASAUSTRITT, LOESCHMITTEL, ERSTE HILFE

[562] NATIONAL RESEARCH COUNCIL
DRINKING WATER AND HEALTH
NATIONAL ACADEMY PRESS, WASHINGTON D.C., 1977
ISBN: 0-309-02619-9
Anzahl der Stoffe: 500
Deskriptoren: ORGANISCHE STOFFE, ANORGANISCHE STOFFE, DATEN, INFORMATIONEN, CHEMIKALIEN INDEX, BEZEICHNUNG, SYNONYMA, PRODUKTIONSVOLUMEN, HYDROSPHAERE MEER, HYDROSPHAERE SUESSWASSER, TRINKWASSER, VERWENDUNGSART, BIOABBAU, BIOAKKUMULATION, AKUTE ORALE TOXIZITAET SAEUGETIER, CHRONISCHE TOXIZITAET MENSCH, CARCINOGENITAET SAEUGETIER, MUTAGENITAET SAEUGETIER, TERATOGENITAET SAEUGETIER
Bemerkungen: POTENTIELL SCHAEDLICHE WIRKUNGEN VON VERUNREINIGUNGEN

[563] NATIONAL RESEARCH COUNCIL
DRINKING WATER AND HEALTH
NATIONAL ACADEMY PRESS, WASHINGTON D.C., 1980
ISBN: 0-309-02931-7 ISSN: 0-309-02932-5
Anzahl der Stoffe: 30
Deskriptoren: ORGANISCHE STOFFE, ANORGANISCHE STOFFE, DATEN, INFORMATIONEN, BEZEICHNUNG, SYNONYMA, VERWENDUNGSART, HYDROSPHAERE MEER, HYDROSPHAERE SUESSWASSER, PRODUKTIONSVOLUMEN, SIEDEPUNKT, DAMPFDRUCK, WASSERLOESLICHKEIT, AKUTE ORALE TOXIZITAET SAEUGETIER, SUBAKUTE-SUBCHRONISCHE TOXIZITAET SAEUGETIER, CHRONISCHE TOXIZITAET SAEUGETIER, CARCINOGENITAET SAEUGETIER, MUTAGENITAET, TERATOGENITAET SAEUGETIER, ANDERE WIRKUNGEN
Bemerkungen: AUSGEWAEHLTE KONTAMINANTEN DES TRINKWASSERS

[564] NATO UMWELTAUSSCHUSS
BESEITIGUNG GEFAEHRLICHER ABFAELLE
PILOTSTUDIE DES NATO UMWELTAUSSCHUSSES

VDI VERLAG, DUESSELDORF, 1978
ISBN: 3-18-141215-5
Anzahl der Stoffe: 50
Deskriptoren: ORGANISCHE STOFFE, ANORGANISCHE STOFFE, DATEN, INFORMATIONEN, BEZEICHNUNG, ABFALLAUFKOMMEN
Bemerkungen: BESEITIGUNG VON INDUSTRIEABFAELLEN IN EINIGEN LAENDERN

[565] NEELY W.B.
CHEMICALS IN THE ENVIRONMENT
DISTRIBUTION, TRANSPORT, FATE, ANALYSIS
MARCEL DEKKER, NEW YORK, BASEL, 1980
ISBN: 0-8247-6975-9
Anzahl der Stoffe: 50
Deskriptoren: ORGANISCHE STOFFE, ANORGANISCHE STOFFE, DATEN, INFORMATIONEN, EXPERIMENTELLE METHODEN, SITUATIONSSTUDIEN, SYSTEMANALYTISCHE METHODEN, BEZEICHNUNG, VERTEILUNGSKOEFFIZIENT N-OCTANOL/WASSER, POW, BIOAKKUMULATION

[566] NEFF J.M.
POLYCYCLIC AROMATIC HYDROCARBONS IN THE AQUATIC ENVIRONMENT
SOURCES, FATES AND BIOLOGICAL EFFECTS
APPLIED SCIENCE PUBLISHERS LTD., LONDON, 1979
ISBN: 0-85334-832-4
Anzahl der Stoffe: 50
Deskriptoren: ORGANISCHE STOFFE, DATEN, INFORMATIONEN, SITUATIONSSTUDIEN, BEZEICHNUNG, VERWENDUNGSART, PEDOSPHAERE, HYDROSPHAERE MEER, HYDROSPHAERE SUESSWASSER, BIOSPHAERE, LEBENSMITTEL PFLANZLICH UND TIERISCH, TRINKWASSER, ABWASSER, MOLEKULARGEWICHT, DAMPFDRUCK, WASSERLOESLICHKEIT, BIOABBAU, DIREKTER PHOTOABBAU, BIOAKKUMULATION, FISCH, BAKTERIEN, KRUSTACEEN, PFLANZEN, MUTAGENITAET

[567] NEFF J.M.
POLYCYCLIC AROMATIC HYDROCARBONS IN THE AQUATIC ENVIRONMENT
APPLIED SCIENCE PUBLISHERS LTD., LONDON, 1979
ISBN: 0-85334-832-4
Anzahl der Stoffe: 50
Deskriptoren: ORGANISCHE STOFFE, DATEN, INFORMATIONEN, BEZEICHNUNG, ATMOSPHAERE, HYDROSPHAERE MEER, HYDROSPHAERE SUESSWASSER, PEDOSPHAERE, LEBENSMITTEL PFLANZLICH UND TIERISCH, SEDIMENT, TRINKWASSER, BIOABBAU, BIOAKKUMULATION, DIREKTER PHOTOABBAU, ALGE, FISCH, BAKTERIEN, CARCINOGENITAET SAEUGETIER
Bemerkungen: QUELLEN, SCHICKSAL UND BIOLOGISCHE WIRKUNG VON PAH'S, DATENTYP: PAH'S

[568] NELSON N., VAN DUUREN B., GOLDSCHMIDT B.M.
NSF WORKSHOP PANEL TO SELECT ORGANIC COMPOUNDS HAZARDOUS TO THE ENVIRONMENT
GRANT NO. AEN 74-14553A02
INSTITUTE OF ENVIRONMENTAL MEDICINE, NEW YORK, 1975
Anzahl der Stoffe: 278
Deskriptoren: ORGANISCHE STOFFE, DATEN, INFORMATIONEN, SYSTEMANALYTISCHE METHODEN, CHEMIKALIEN INDEX, BEZEICHNUNG, SYNONYMA, PRODUKTIONSVOLUMEN, VERMARKTUNGSMENGE, HERSTELLUNG

[569] NESMEYANOV A.N.
VAPOR PRESSURE OF THE CHEMICAL ELEMENTS
ELSEVIER, AMSTERDAM, LONDON, NEW YORK, 1963
Anzahl der Stoffe: 40
Deskriptoren: ANORGANISCHE STOFFE, DATEN, BEZEICHNUNG, DAMPFDRUCK
Bemerkungen: CHEMISCHE ELEMENTE, INFORMATIONSTYP: DAMPFDRUCK

[570] NEUMUELLER O. A.
ROEMPPS CHEMIE LEXIKON
FRANCKH'SCHE VERLAGSHANDLUNG, STUTTGART, 1988
ISBN: 3-440-04512-9
Anzahl der Stoffe: 20000
Deskriptoren: ORGANISCHE STOFFE, ANORGANISCHE STOFFE, DATEN, INFORMATIONEN, EXPERIMENTELLE METHODEN, ZUSAMMENFASSENDE ARBEITEN, CHEMIKALIEN INDEX, BEZEICHNUNG, SYNONYMA, VERWENDUNGSART, HERSTELLUNG, STOFFBESCHAFFENHEIT, STRUKTURFORMEL, SCHMELZPUNKT, SIEDEPUNKT, FLAMMPUNKT, ZERSETZUNGSPUNKT, ENTZUENDLICHKEIT, MOLEKULARGEWICHT, SUMMENFORMEL, RELATIVE DICHTE, DAMPFDRUCK, WASSERLOESLICHKEIT, LOESLICHKEIT IN ORGANISCHEN LOESEMITTELN, AKUTE VERGIFTUNGEN, HAUTREIZUNG MENSCH, AUGENREIZUNG MENSCH, CHRONISCHE VERGIFTUNGEN MENSCH, HINWEISE AUF MUTAGENE/KANZEROGENE WIRKUNGEN(MENSCH), MAK-WERTE, TRK-WERTE
Bemerkungen: STANDARDWERK DER CHEMIE, NEUE AUFLAGE ERSCHEINT 1989-1993

[571] NIELSEN J.M.
MATERIAL SAFETY DATA SHEETS COLLECTION
GENERAL ELECTRIC CO., TECHNICAL MARKETING DIVISION, NEW YORK, 1988
Anzahl der Stoffe: 750
Deskriptoren: ORGANISCHE STOFFE, ANORGANISCHE STOFFE, DATEN, INFORMATIONEN, CHEMIKALIEN INDEX, BEZEICHNUNG, SYNONYMA, CAS-NUMMER, SCHMELZPUNKT, SIEDEPUNKT, FLAMMPUNKT, ZERSETZUNGSPUNKT, RELATIVE DICHTE, DAMPFDRUCK, WASSERLOESLICHKEIT, LOESLICHKEIT IN ORGANISCHEN LOESEMITTELN, ARBEITSSCHUTZ, MASSNAHMEN BEI UNFAELLEN UND BRAENDEN, MASSNAHMEN NACH VERSCHUETTEN/AUSLAUFEN/GASAUSTRITT, ENTSORGUNG
Bemerkungen: INDUSTRIECHEMIKALIEN, DIE VON G.E. BENUTZT WERDEN

[572] NIEMITZ W., TRENEL J.
BGAWABOLU
RESULTS OF ECOTOXICOLOGICAL TESTING OF ABOUT 200 SELECTED COMPOUNDS
OECD, PARIS, 1984
Anzahl der Stoffe: 200
Deskriptoren: ORGANISCHE STOFFE, ANORGANISCHE STOFFE, DATEN, BEZEICHNUNG, WASSERLOESLICHKEIT, ALGE, FISCH, DAPHNIA, BAKTERIEN, AKUTE ORALE TOXIZITAET SAEUGETIER
Bemerkungen: PRIMAERLITERATUR

[573] NOETHLICH M.
GEFAHRSTOFFE
KOMMENTAR ZU CHEMIKALIENGESETZ UND GEFAHRSTOFFVERORDNUNG

ERICH SCHMIDT VERLAG, BERLIN, 1981
ISBN: 3-503-02724-6 ISSN: 0935-3704
Anzahl der Stoffe: 1600
Deskriptoren: ANORGANISCHE STOFFE, ORGANISCHE STOFFE, DATEN, OFFIZIELLE TEXTE, BEZEICHNUNG, CAS-NUMMER, EG-NUMMER, VERWENDUNGSZWECK, ANWENDUNGSMUSTER, HINWEISE AUF MUTAGENE/KANZEROGENE WIRKUNGEN(MENSCH), ARBEITSSCHUTZ, SCHUTZMASSNAHMEN, LAGERUNG UND HANDHABUNG, R, S-SAETZE, TRK-WERTE, GEFAHRENSYMBOLE,GEFAHRENBEZEICHNUNG, MASSNAHMEN BEI UNFAELLEN UND BRAENDEN, BRAND- UND EXPLOSIONSSCHUTZ, ENTSORGUNG

[574] NOYES DATA CORPORATION
ADHESIVES GUIDEBOOK AND DIRECTORY
NOYES DATA CORPORATION, PARK RIDGE, NEW JERSEY, 1972
Anzahl der Stoffe: 200
Deskriptoren: ORGANISCHE STOFFE, DATEN, INFORMATIONEN, CHEMIKALIEN INDEX, BEZEICHNUNG, SYNONYMA, VERWENDUNGSART, SCHMELZPUNKT, SIEDEPUNKT
Bemerkungen: DATENTYP: KLEBEMITTEL

[575] NOYES DATA CORPORATION
TREATMENT, RECOVERY AND DISPOSAL PROCESSES FOR RADIOACTIVE WASTES
RECENT ADVANTAGES
NOYES DATA CORPORATION, PARK RIDGE, NEW JERSEY, 1983
Anzahl der Stoffe: 10
Deskriptoren: RADIOAKTIVE CHEMIKALIEN, DATEN, INFORMATIONEN, BEZEICHNUNG, ABFALLAUFKOMMEN, SCHMELZPUNKT, SIEDEPUNKT
Bemerkungen: RADIOAKTIVE STOFFE UND DEREN ABFAELLE

[576] NTP PUBLIC INFORMATION OFFICE
CHEMICALS ON STANDARD PROTOCOL IN THE TOXICOLOGY TESTING
US ENVIRONMENTAL PROTECTION AGENCY, RESEARCH TRIANGLE PARK, TRIANGLE PARK, 1988
Anzahl der Stoffe: 50
Deskriptoren: ORGANISCHE STOFFE, ANORGANISCHE STOFFE, DATEN, INFORMATIONEN, CHEMIKALIEN INDEX, BEZEICHNUNG, SYNONYMA, CAS-NUMMER, SUBAKUTE-SUBCHRONISCHE TOXIZITAET SAEUGETIER, CHRONISCHE TOXIZITAET SAEUGETIER
Bemerkungen: ERSCHEINT JAEHRLICH, CHEMIKALIEN, DIE GEMAESS DES STANDARDPROTOKOLLS GETESTET WER

[577] NVV/VEILIGHEIDSINSTITUUT/VNCI
CHEMIEKAARTEN
GEGEVENS VOOR VEILIG WERKEN MET CHEMICALIEN
STUURGROEP CHEMIEKAARTEN, AMSTERDAM, 1980
ISBN: 90-70185-02-4
Anzahl der Stoffe: 1000
Deskriptoren: ORGANISCHE STOFFE, ANORGANISCHE STOFFE, DATEN, INFORMATIONEN, CHEMIKALIEN INDEX, BEZEICHNUNG, SYNONYMA, ABFALLAUFKOMMEN, SCHMELZPUNKT, SIEDEPUNKT, RELATIVE DICHTE, DAMPFDRUCK, WASSERLOESLICHKEIT, HAUTREIZUNG SAEUGETIER, AUGENREIZUNG SAEUGETIER, ARBEITSSCHUTZ, SCHUTZMASSNAHMEN, LAGERUNG UND HANDHABUNG, MASSNAHMEN NACH VERSCHUETTEN/AUSLAUFEN/GASAUSTRITT

[578] OEHME F.W.
TOXICITY OF HEAVY METALS IN THE ENVIRONMENT
MARCEL DEKKER, NEW YORK, BASEL, 1978
ISBN: 0-8247-6718-7
Anzahl der Stoffe: 20
Deskriptoren: ANORGANISCHE STOFFE, DATEN, INFORMATIONEN, BEZEICHNUNG, VERWENDUNGSART, ATMOSPHAERE, HYDROSPHAERE MEER, HYDROSPHAERE SUESSWASSER, PEDOSPHAERE, AKUTE ORALE TOXIZITAET SAEUGETIER, SUBAKUTE-SUBCHRONISCHE TOXIZITAET SAEUGETIER, CHRONISCHE TOXIZITAET SAEUGETIER, CARCINOGENITAET SAEUGETIER, MUTAGENITAET SAEUGETIER, TERATOGENITAET SAEUGETIER
Bemerkungen: DATENTYP: METALLE

[579] OFFHAUS E., GENEST W.
UMWELTBUNDESAMT
HANDBUCH DER GEFAEHRLICHEN STOFFE IN SONDERABFAELLEN
UBA MATERIALIEN 5/78
ERICH SCHMIDT VERLAG, BERLIN, 1978
ISBN: 3-503-017437
Anzahl der Stoffe: 64
Deskriptoren: ORGANISCHE STOFFE, ANORGANISCHE STOFFE, DATEN, INFORMATIONEN, BEZEICHNUNG, ABFALLAUFKOMMEN, SCHMELZPUNKT, SIEDEPUNKT, RELATIVE DICHTE, DAPHNIA, FISCH, AKUTE ORALE TOXIZITAET SAEUGETIER
Bemerkungen: GEFAEHRLICHE ABFAELLE

[580] OFFICE OF TECHNOLOGY ASSESSMENT TASK FORCE
OFFICE OF TECHNOLOGY ASSESSMENT TASK FORCE
IDENTIFYING AND REGULATING CARCINOGENS
LEWIS PUBLISHERS, CHELSEA, 1988
ISBN: 0-87371-152-1
Anzahl der Stoffe: 300
Deskriptoren: ORGANISCHE STOFFE, ANORGANISCHE STOFFE, DATEN, INFORMATIONEN, OFFIZIELLE TEXTE, CHEMIKALIEN INDEX, BEZEICHNUNG, SYNONYMA, CAS-NUMMER, CARCINOGENITAET SAEUGETIER

[581] OHLENDORF H.M., BARTONEK J.C., DIVOKY G.J., KLAAS E.E., KRYNITSKY A.J.
U.N. DEPARTMENT OF THE INTERIOR
ORGANOCHLORINE RESIDUES IN EGGS OF ALASKAN SEABIRDS
SPECIFIC SCIENTIFIC REPORT - WILDLIFE NO. 245
UNITED STATES DEPARTMENT OF THE INTERIOR, WASHINGTON D.C., 1982
Anzahl der Stoffe: 10
Deskriptoren: ORGANISCHE STOFFE, DATEN, INFORMATIONEN, EXPERIMENTELLE METHODEN, FALLSTUDIEN, SITUATIONSSTUDIEN, BEZEICHNUNG, SYNONYMA, BIOSPHAERE, LEBENSMITTEL PFLANZLICH UND TIERISCH

[582] OLEESKY S.S., MOHR J.G.
HANDBOOK OF THE REINFORCED PLASTICS
REINHOLD PUBLISHING CORPORATION, NEW YORK, 1964
Anzahl der Stoffe: 500
Deskriptoren: ORGANISCHE STOFFE, DATEN, INFORMATIONEN, CHEMIKALIEN INDEX, BEZEICHNUNG, SYNONYMA, HERSTELLUNG, VERWENDUNGSART, SCHMELZPUNKT, RELATIVE DICHTE, VISKOSITAET
Bemerkungen: MATERIALIEN, FABRIKATIONSTECHNIKEN, LEISTUNGSQUALI-

TAET, DATENTYP: POLYMERE

[583] OPD CHEMICAL BUYERS DIRECTORY
OPD CHEMICAL BUYERS DIRECTORY
SCHNELL PUBLISHING COMPANY INC., NEW YORK, 1988
Anzahl der Stoffe: 17000
Deskriptoren: ORGANISCHE STOFFE, ANORGANISCHE STOFFE, DATEN, INFORMATIONEN, CHEMIKALIEN INDEX, SYNONYMA INDEX, BEZEICHNUNG, SYNONYMA, VERWENDUNGSART, HERSTELLUNG
Bemerkungen: LISTE DER CHEMIKALIEN UND DEREN LIEFERANTEN, ERSCHEINT JAEHRLICH

[584] OPDYKE D.L.J., LETIZIA C.
MONOGRAPHS ON FRAGRANCE RAW MATERIALS
PERGAMON PRESS LTD, NEW YORK, 1982
Anzahl der Stoffe: 100
Deskriptoren: ORGANISCHE STOFFE, DATEN, INFORMATIONEN, CHRONISCHE TOXIZITAET MENSCH, BEZEICHNUNG, SYNONYMA, VERWENDUNGSART, AKUTE ORALE TOXIZITAET SAEUGETIER
Bemerkungen: DATENTYP: DUFT- UND AROMASTOFFE

[585] ORGANISATION FOR ECONOMIC COOPERATION AND DEVELOPMENT
ORGANISATION FOR ECONOMIC COOPERATION AND DEVELOPMENT
PRODUCTION FIGURES AND USE PATTERNS FOR SOME HIGH VOLUME CHEMICALS
CONTRIBUTION BY GERMANY
OECD, PARIS, 1977
Anzahl der Stoffe: 120
Deskriptoren: ORGANISCHE STOFFE, ANORGANISCHE STOFFE, DATEN, CHEMIKALIEN INDEX, BEZEICHNUNG, PRODUKTIONSVOLUMEN

[586] OSBORNE M.R., CROSBY N.T.
BENZOPYRENES
CAMBRIDGE UNIVERSITY PRESS, CAMBRIDGE, 1987
ISBN: 0521-30122-X
Anzahl der Stoffe: 20
Deskriptoren: ORGANISCHE STOFFE, DATEN, INFORMATIONEN, EXPERIMENTELLE METHODEN, FALLSTUDIEN, BEZEICHNUNG, STRUKTURFORMEL, SPEKTRALDATEN, SUMMENFORMEL, STOFFBESCHAFFENHEIT, ATMOSPHAERE, LEBENSMITTEL PFLANZLICH UND TIERISCH, HYDROSPHAERE SUESSWASSER, SCHMELZPUNKT, SIEDEPUNKT, MOLEKULARGEWICHT, DAMPFDRUCK, WASSERLOESLICHKEIT, LOESLICHKEIT IN ORGANISCHEN LOESEMITTELN, ABIOTISCHE ABBAUBARKEIT, AKUTE TOXIZITAET, AKUTE PERCUTANE TOXIZITAET SAEUGETIER, INHALATIV SAEUGETIER, MUTAGENITAET SAEUGETIER, CARCINOGENITAET SAEUGETIER, METABOLISMUS SAEUGETIER, HINWEISE AUF MUTAGENE/KANZEROGENE WIRKUNGEN(MENSCH), SYNTHESE, SEDIMENT, SYSTEMANALYTISCHE METHODEN, CAS-NUMMER
Bemerkungen: HINTERGRUNDINFORMATIONEN, HINWEISE AUF ANDERE ARBEITEN

[587] OSOL A.
REMINGTON'S PHARMACEUTICAL SCIENCES
MACK PUBLISHING CO., EASTON , 1980
ISBN: 0-912374-02-9

Anzahl der Stoffe: 5000
Deskriptoren: ORGANISCHE STOFFE, DATEN, INFORMATIONEN, CHEMIKALIEN INDEX, BEZEICHNUNG, SYNONYMA, VERWENDUNGSART, SCHMELZPUNKT, RELATIVE DICHTE, WASSERLOESLICHKEIT, LOESLICHKEIT IN ORGANISCHEN LOESEMITTELN, DISSOZIATIONSKONSTANTE
Bemerkungen: DATENTYP: PHARMAZEUTIKA

[588] OUELLETTE R.P., KING J.A.
CHEMICAL WEEK PESTICIDE REGISTER
MCGRAW-HILL BOOK COMPANY, NEW YORK, 1977
ISBN: 0-07-047948-8
Anzahl der Stoffe: 1000
Deskriptoren: ORGANISCHE STOFFE, ANORGANISCHE STOFFE, DATEN, INFORMATIONEN, CHEMIKALIEN INDEX, BEZEICHNUNG, SYNONYMA, PRODUKTIONSVOLUMEN, SCHMELZPUNKT, SIEDEPUNKT, DAMPFDRUCK, WASSERLOESLICHKEIT, AKUTE ORALE TOXIZITAET SAEUGETIER
Bemerkungen: DATENTYP: PESTIZIDE

[589] OVERCASH M.R.
DECOMPOSITION OF TOXIC AND NONTOXIC ORGANIC COMPOUNDS IN SOIL
ANN ARBOR SCIENCE PUBLISHERS INC., MICHIGAN, 1981
ISBN: 0-250-40333-1
Anzahl der Stoffe: 100
Deskriptoren: ANORGANISCHE STOFFE, ANWENDUNGSMUSTER, BEZEICHNUNG, BIOABBAU, BIOAKKUMULATION, CARCINOGENITAET SAEUGETIER, DATEN, DIREKTER PHOTOABBAU, EXPERIMENTELLE METHODEN, FALLSTUDIEN, FISCH, HINWEISE AUF MUTAGENE/KANZEROGENE WIRKUNGEN-(MENSCH), INFORMATIONEN, LEBENSMITTEL PFLANZLICH UND TIERISCH, ORGANISCHE STOFFE, PEDOSPHAERE, SITUATIONSSTUDIEN, STRUKTURFORMEL, THEORETISCHE METHODEN, WASSERLOESLICHKEIT

[590] OVERCASH M.R., DAVIDSON J.M.
ENVIRONMENTAL IMPACT OF NONPOINT SOURCE POLLUTION
ANN ARBOR SCIENCE PUBLISHERS INC., MICHIGAN, 1980
ISBN: 0-250-40339-0
Anzahl der Stoffe: 200
Deskriptoren: ORGANISCHE STOFFE, DATEN, INFORMATIONEN, CHEMIKALIEN INDEX, BEZEICHNUNG, SYNONYMA, HYDROSPHAERE MEER, HYDROSPHAERE SUESSWASSER, VERTEILUNGSKOEFFIZIENT KOC, VERTEILUNGSKOEFFIZIENT N-OCTANOL/WASSER, POW, DIREKTER PHOTOABBAU
Bemerkungen: DATENTYP: PESTIZIDE

[591] PALMERTON PUBLISHING CO.
ADHESIVE RED BOOK
PALMERTON PUBLISHING CO., NEW YORK, 1989
Anzahl der Stoffe: 100
Deskriptoren: ORGANISCHE STOFFE, DATEN, INFORMATIONEN, CHEMIKALIEN INDEX, BEZEICHNUNG, SYNONYMA, VERWENDUNGSART, HERSTELLUNG
Bemerkungen: DATENTYP: KLEBEMITTEL, ERSCHEINT JAEHRLICH

[592] PARKE D.V.
THE BIOCHEMISTRY OF FOREIGN COMPOUNDS
PERGAMON PRESS LTD, OXFORD, 1974
ISBN: 0-08-012202-7

Anzahl der Stoffe: 250
Deskriptoren: ORGANISCHE STOFFE, DATEN, INFORMATIONEN, CHEMIKALIEN INDEX, BEZEICHNUNG, SYNONYMA, BIOABBAU, METABOLISMUS MENSCH, METABOLISMUS SAEUGETIER
Bemerkungen: BIOCHEMISCHE MECHANISMEN

[593] PARKER S.P.
ENCYCLOPEDIA OF ENVIRONMENTAL SCIENCE
MCGRAW-HILL BOOK COMPANY, NEW YORK, 1980
ISBN: 0-07-045264-4
Anzahl der Stoffe: 50
Deskriptoren: ORGANISCHE STOFFE, ANORGANISCHE STOFFE, DATEN, INFORMATIONEN, BEZEICHNUNG, VERWENDUNGSART, PRODUKTIONSVOLUMEN, ATMOSPHAERE, HYDROSPHAERE MEER, HYDROSPHAERE SUESSWASSER, PEDOSPHAERE, ABFALLAUFKOMMEN, AKUTE ORALE TOXIZITAET SAEUGETIER, ANDERE WIRKUNGEN
Bemerkungen: ERKLAERUNGEN VON UMWELTFACHAUSDRUECKEN

[594] PARMEGGIANI L.
ENZYCLOPAEDIA OF OCCUPATIONAL HEALTH AND SAFETY
INTERNATIONAL LABOUR ORGANISATION, GENF, 1983
ISBN: 92-2-103289-2
Anzahl der Stoffe: 5500
Deskriptoren: ORGANISCHE STOFFE, ANORGANISCHE STOFFE, DATEN, INFORMATIONEN, EXPERIMENTELLE METHODEN, THEORETISCHE METHODEN, SITUATIONSSTUDIEN, ZUSAMMENFASSENDE ARBEITEN, ANWENDUNGSINDEX, BEZEICHNUNG, SYNONYMA, STRUKTURFORMEL, SUMMENFORMEL, STOFFBESCHAFFENHEIT, VERWENDUNGSZWECK, ANWENDUNGSMUSTER, SYNTHESE, SCHMELZPUNKT, SIEDEPUNKT, FLAMMPUNKT, ZUENDTEMPERATUR, ENTZUENDLICHKEIT, MOLEKULARGEWICHT, RELATIVE DICHTE, DAMPFDRUCK, WASSERLOESLICHKEIT, LOESLICHKEIT IN ORGANISCHEN LOESEMITTELN, SONSTIGE PC-GROESSEN, AKUTE TOXIZITAET, AKUTE ORALE TOXIZITAET SAEUGETIER, AKUTE PERCUTANE TOXIZITAET SAEUGETIER, HAUTREIZUNG SAEUGETIER, AUGENREIZUNG SAEUGETIER, DERMALE TOXIZITAET SAEUGETIER, INHALATIV SAEUGETIER, REPRODUKTIONSTOXIZITAET, TERATOGENITAET SAEUGETIER, MUTAGENITAET SAEUGETIER, CARCINOGENITAET SAEUGETIER, METABOLISMUS SAEUGETIER, ANDERE WIRKUNGEN, AKUTE VERGIFTUNGEN, EPIDEMIOLOGISCHE DATEN, CHRONISCHE VERGIFTUNGEN MENSCH, HINWEISE AUF MUTAGENE/KANZEROGENE WIRKUNGEN(MENSCH), ARBEITSSCHUTZ, TRANSPORT, KENNZEICHNUNG, SCHUTZMASSNAHMEN, LAGERUNG UND HANDHABUNG, MAK-WERTE, TLV-WERTE, GEFAHRENSYMBOLE,GEFAHRENBEZEICHNUNG, GESUNDHEITSSCHUTZ, BRAND- UND EXPLOSIONSSCHUTZ, ENTSORGUNG, MASSNAHMEN BEI UNFAELLEN UND BRAENDEN, LOESCHMITTEL, ERSTE HILFE
Bemerkungen: ANDERE GRENZWERTE(OSHA.NIOSH)(UDSSR), HINWEISE AUF MONOGRAPHIEN, ARBEITEN, HINWEISE AUF WISSENSCHAFTLICHE TREFFEN

[595] PARR Y. F., MARSH P.B., KLA Y.M.
U.S. DEPARTMENT OF AGRICULTURE
LAND TREATMENT OF HAZARDOUS WASTES
NOYES DATA CORPORATION, PARK RIDGE, NEW JERSEY, 1983
ISBN: 0-8155-0926-X
Anzahl der Stoffe: 100
Deskriptoren: ORGANISCHE STOFFE, ANORGANISCHE STOFFE, DATEN, INFOR-

MATIONEN, EXPERIMENTELLE METHODEN, SYSTEMANALYTISCHE METHODEN, SITUATIONSSTUDIEN, BEZEICHNUNG, PEDOSPHAERE, LEBENSMITTEL PFLANZLICH UND TIERISCH, DISSOZIATIONSKONSTANTE, BIOABBAU, DIREKTER PHOTOABBAU, BIOAKKUMULATION, BAKTERIEN, PFLANZEN

[596] PASCAL P.
NOUVEAU TRAITE DE CHIMIE MINERALE
MASSON ET CIE, PARIS, 1964
Anzahl der Stoffe: 20000
Deskriptoren: ANORGANISCHE STOFFE, DATEN, INFORMATIONEN, EXPERIMENTELLE METHODEN, THEORETISCHE METHODEN, SYSTEMANALYTISCHE METHODEN, CHEMIKALIEN INDEX, BEZEICHNUNG, SYNONYMA, SCHMELZPUNKT, SIEDEPUNKT, RELATIVE DICHTE, DAMPFDRUCK, VISKOSITAET, OBERFLAECHENSPANNUNG, BRECHUNGSINDEX, WASSERLOESLICHKEIT, LOESLICHKEIT IN ORGANISCHEN LOESEMITTELN, SPEKTRALDATEN
Bemerkungen: STANDARDWERK DER ANORGANISCHEN CHEMIE

[597] PATTON T.C.
PIGMENT HANDBOOK
PROPERTIES AND ECONOMICS
JOHN WILEY & SONS, NEW YORK, 1973
ISBN: 0-471-67123-1
Anzahl der Stoffe: 500
Deskriptoren: ORGANISCHE STOFFE, ANORGANISCHE STOFFE, DATEN, INFORMATIONEN, CHEMIKALIEN INDEX, BEZEICHNUNG, SYNONYMA, VERWENDUNGSART, PRODUKTIONSVOLUMEN, SCHMELZPUNKT, RELATIVE DICHTE, HERSTELLUNG
Bemerkungen: DATENTYP: FARBSTOFFE

[598] PATTON T.E.
PIGMENT HANDBOOK
APPLICATIONS AND MARKETS
JOHN WILEY & SONS, NEW YORK, 1973
ISBN: 0-471-67124-X
Anzahl der Stoffe: 500
Deskriptoren: ORGANISCHE STOFFE, ANORGANISCHE STOFFE, DATEN, INFORMATIONEN, CHEMIKALIEN INDEX, BEZEICHNUNG, SYNONYMA, VERWENDUNGSART
Bemerkungen: DATENTYP: FARBSTOFFE

[599] PATTON T.E.
PIGMENT HANDBOOK
CHARACTERIZATION AND PHYSICAL RELATIONSHIPS
JOHN WILEY & SONS, NEW YORK, 1973
ISBN: 0-471-67126-6
Anzahl der Stoffe: 500
Deskriptoren: ORGANISCHE STOFFE, ANORGANISCHE STOFFE, DATEN, INFORMATIONEN, SYSTEMANALYTISCHE METHODEN, CHEMIKALIEN INDEX, BEZEICHNUNG, SYNONYMA, SYNONYMA INDEX, CAS-NUMMER, SONSTIGE PC-GROESSEN
Bemerkungen: DATENTYP: FARBSTOFFE

[600] PELLIZZARI E.D.
ENVIRONMENTAL PROTECTION AGENCY
THE MEASUREMENT OF CARCINOGENIC VAPORS IN THE AMBIENT ATMOSPHERE

EPA/600/7-77/055
US ENVIRONMENTAL PROTECTION AGENCY, RESEARCH TRIANGLE PARK, TRIANGLE PARK, 1977
Anzahl der Stoffe: 100
Deskriptoren: ORGANISCHE STOFFE, ANORGANISCHE STOFFE, DATEN, INFORMATIONEN, BEZEICHNUNG, SYNONYMA, CAS-NUMMER, ATMOSPHAERE, CARCINOGENITAET SAEUGETIER, MUTAGENITAET SAEUGETIER
Bemerkungen: KARZINOGENE UND MUTAGEN DAEMPFE IN DER INNENRAUMLUFT, INFORMATIONSTYP: MUTAGENE UND CARCINOGENE

[601] PERGAMON PRESS
FOOD AND CHEMICAL TOXICOLOGY
MONOGRAPHS ON FRAGRANCE RAW MATERIALS
PERGAMON PRESS LTD, NEW YORK, 1982
Anzahl der Stoffe: 100
Deskriptoren: ORGANISCHE STOFFE, DATEN, INFORMATIONEN, BEZEICHNUNG, SYNONYMA, VERWENDUNGSART, SCHMELZPUNKT, SIEDEPUNKT, RELATIVE DICHTE, DAMPFDRUCK, WASSERLOESLICHKEIT, LOESLICHKEIT IN ORGANISCHEN LOESEMITTELN, AKUTE ORALE TOXIZITAET SAEUGETIER
Bemerkungen: DATENTYP: DUFT- UND AROMASTOFFE

[602] PERRIN D.D.
IUPAC
DISSOCIATION CONSTANTS OF INORGANIC ACIDS AND BASES IN AQUEOUS SOLUTION
BUTTERWORTHS, LONDON, 1969
Anzahl der Stoffe: 217
Deskriptoren: ANORGANISCHE STOFFE, DATEN, CHEMIKALIEN INDEX, BEZEICHNUNG, SYNONYMA, DISSOZIATIONSKONSTANTE
Bemerkungen: ANORGANISCHE SAEUREN UND BASEN, INFORMATIONSTYP: DISSOZIATIONSKONSTANTE

[603] PERRIN D.D.
IUPAC
DISSOCIATION CONSTANTS OF ORGANIC BASES IN AQUEOUS SOLUTION
BUTTERWORTHS, LONDON, 1965
Anzahl der Stoffe: 3790
Deskriptoren: ORGANISCHE STOFFE, DATEN, CHEMIKALIEN INDEX, BEZEICHNUNG, SYNONYMA, DISSOZIATIONSKONSTANTE
Bemerkungen: INFORMATIONSTYP: DISSOZIATIONSKONSTANTE, ORGANISCHE BASEN IN WAESSRIGEN LOESUNGEN

[604] PERRIN D.D., DEMPSEY B., SERJEANT E.P.
PKA PREDICTION FOR ORGANIC ACIDS AND BASES
CHAPMAN AND HALL, LONDON, NEW YORK, 1981
ISBN: 0-412-22190-X
Anzahl der Stoffe: 200
Deskriptoren: ORGANISCHE STOFFE, DATEN, THEORETISCHE METHODEN, BEZEICHNUNG, DISSOZIATIONSKONSTANTE
Bemerkungen: KEINE ALPHABETISCHE GLIEDERUNG, INFORMATIONSTYP: DISSOZIATIONSKONSTANTE

[605] PERRY J.H., CHILTON C.H.
CHEMICAL ENGINEERS' HANDBOOK
MCGRAW-HILL BOOK COMPANY, NEW YORK, 1973

ISBN: 0-07-049478-9
Anzahl der Stoffe: 5000
Deskriptoren: ORGANISCHE STOFFE, ANORGANISCHE STOFFE, DATEN, INFORMATIONEN, THEORETISCHE METHODEN, SYSTEMANALYTISCHE METHODEN, CHEMIKALIEN INDEX, BEZEICHNUNG, SYNONYMA, SCHMELZPUNKT, SIEDEPUNKT, RELATIVE DICHTE, DAMPFDRUCK, WASSERLOESLICHKEIT, LOESLICHKEIT IN ORGANISCHEN LOESEMITTELN
Bemerkungen: CHEMISCHE PROZESSE, VORAUSSAGE UND KORRELATION VON PHYSIKALISCHEN EIGENSCHAFTEN

[606] PETERSON J.E.
INDUSTRIAL HEALTH
PRENTICE-HALL, NEW JERSEY, 1977
ISBN: 0-13-459552-1
Anzahl der Stoffe: 200
Deskriptoren: ORGANISCHE STOFFE, ANORGANISCHE STOFFE, DATEN, INFORMATIONEN, CHEMIKALIEN INDEX, BEZEICHNUNG, SYNONYMA, VERWENDUNGSART, AKUTE ORALE TOXIZITAET SAEUGETIER, AKUTE VERGIFTUNGEN, CARCINOGENITAET SAEUGETIER, HINWEISE AUF MUTAGENE/KANZEROGENE WIRKUNGEN(MENSCH)

[607] PFAFFLIN J.R., ZIEGLER E.N.
ENCYCLOPEDIA OF ENVIRONMENTAL SCIENCE AND ENGINEERING
GORDON AND BREACH SCIENCE PUBLISHERS, NEW YORK, 1976
ISBN: 0-677-14650-7 ISSN: 0-677-14660-6
Anzahl der Stoffe: 200
Deskriptoren: ORGANISCHE STOFFE, ANORGANISCHE STOFFE, DATEN, INFORMATIONEN, SYSTEMANALYTISCHE METHODEN, CHEMIKALIEN INDEX, BEZEICHNUNG, SYNONYMA, PRODUKTIONSVOLUMEN, ATMOSPHAERE, HYDROSPHAERE MEER, HYDROSPHAERE SUESSWASSER, PEDOSPHAERE, VERTEILUNGSKOEFFIZIENT N-OCTANOL/WASSER, POW
Bemerkungen: UMWELTTERMINOLOGIE

[608] PHARMACEUTICAL SOCIETY OF GREAT BRITAIN
PHARMACEUTICAL CODEX
THE PHARMACEUTICAL PRESS, LONDON, 1979
ISBN: 0-85369-129-0
Anzahl der Stoffe: 2000
Deskriptoren: ORGANISCHE STOFFE, DATEN, INFORMATIONEN, CHEMIKALIEN INDEX, BEZEICHNUNG, SYNONYMA, VERWENDUNGSART, WASSERLOESLICHKEIT, LOESLICHKEIT IN ORGANISCHEN LOESEMITTELN, SCHUTZMASSNAHMEN, LAGERUNG UND HANDHABUNG
Bemerkungen: DATENTYP: PESTIZIDE, DATENTYP: PHARMAZEUTIKA

[609] PLASSMANN E., ZUENDORF O.J.
EMISSIONEN LUFTFREMDER STOFFE AUS HAUSBRANDFEUERSTAETTEN UND KLEINGEWERBEBETRIEBEN
SCHRIFTENREIHE UMWELTSCHUTZ
TUEV RHEINLAND, KOELN, 1977
ISBN: 3-921059-24-0
Anzahl der Stoffe: 50
Deskriptoren: ORGANISCHE STOFFE, ANORGANISCHE STOFFE, DATEN, INFORMATIONEN, BEZEICHNUNG, ATMOSPHAERE
Bemerkungen: EMISSIONEN VON LUFTFREMDEN STOFFEN AUS HAUSHALTEN

[610] PLIMMMER J.R.
PESTICIDE RESIDUES AND EXPOSURE
ACS SYMPOSIUM SERIES 182
AMERICAN CHEMICAL SOCIETY, WASHINGTON D.C., 1982
ISBN: 0-8412-0701-1
Anzahl der Stoffe: 100
Deskriptoren: ORGANISCHE STOFFE, DATEN, INFORMATIONEN, CHEMIKALIEN INDEX, SITUATIONSSTUDIEN, BEZEICHNUNG, SYNONYMA, EPIDEMIOLOGISCHE DATEN, AKUTE ORALE TOXIZITAET SAEUGETIER
Bemerkungen: MONITORING VON PESTIZIDEN IN MENSCHEN, DATENTYP: PESTIZIDE

[611] PLUNKETT E.R.
HANDBOOK OF INDUSTRIAL TOXICOLOGY
CHEMICAL PUBLISHING CO. INC., NEW YORK, 1976
ISBN: 0-85501-214-5
Anzahl der Stoffe: 500
Deskriptoren: ORGANISCHE STOFFE, ANORGANISCHE STOFFE, DATEN, INFORMATIONEN, CHEMIKALIEN INDEX, BEZEICHNUNG, SYNONYMA, AKUTE ORALE TOXIZITAET SAEUGETIER, AKUTE VERGIFTUNGEN, ARBEITSSCHUTZ, TLV-WERTE
Bemerkungen: BETONUNG DER EXPOSITION AM ARBEITSPLATZ

[612] POJASEK R.B.
TOXIC AND HAZARDOUS WASTE DISPOSAL
ANN ARBOR SCIENCE PUBLISHERS INC., MICHIGAN, 1980
Anzahl der Stoffe: 200
Deskriptoren: ORGANISCHE STOFFE, ANORGANISCHE STOFFE, DATEN, INFORMATIONEN, BEZEICHNUNG, ABFALLAUFKOMMEN
Bemerkungen: TECHNOLOGIE UND DATEN ZUR ABFALLBESEITIGUNG

[613] POWERS P.W.
HOW TO DISPOSE OF TOXIC SUBSTANCES AND INDUSTRIAL WASTES
NOYES DATA CORPORATION, PARK RIDGE, NEW JERSEY, 1976
ISBN: 0-8155-0615-5
Anzahl der Stoffe: 1000
Deskriptoren: ORGANISCHE STOFFE, ANORGANISCHE STOFFE, DATEN, INFORMATIONEN, CHEMIKALIEN INDEX, BEZEICHNUNG, SYNONYMA, VERWENDUNGSART, ABFALLAUFKOMMEN, PEDOSPHAERE, ATMOSPHAERE, HYDROSPHAERE SUESSWASSER, HYDROSPHAERE MEER
Bemerkungen: HANDBUCH DER ABFALLBESEITIGUNG

[614] PRESSES DE LA CITE
ENCYCLOPEDIE INTERNATIONAL DES SCIENCES ET DES TECHNIQUES
LES PESSES DE LA CITE, PARIS, 1970
Anzahl der Stoffe: 5000
Deskriptoren: ORGANISCHE STOFFE, ANORGANISCHE STOFFE, DATEN, INFORMATIONEN, CHEMIKALIEN INDEX, BEZEICHNUNG, SYNONYMA, EXPERIMENTELLE METHODEN, VERWENDUNGSART, PRODUKTIONSVOLUMEN, HERSTELLUNG, SCHMELZPUNKT, SIEDEPUNKT, RELATIVE DICHTE, DAMPFDRUCK, WASSERLOESLICHKEIT, LOESLICHKEIT IN ORGANISCHEN LOESEMITTELN
Bemerkungen: STANDARDWERK DER CHEMIE UND TECHNOLOGIE

[615] PROBER R.
HANDBOOK OF ENVIRONMENTAL CONTROL
SOLID WASTE, AIR POLLUTION, WATER SUPPLY AND TREATMENT
CRC PRESS INC., BOCA RATON FLORIDA, 1983
Anzahl der Stoffe: 250
Deskriptoren: ORGANISCHE STOFFE, ANORGANISCHE STOFFE, DATEN, INFORMATIONEN, BEZEICHNUNG, ATMOSPHAERE, HYDROSPHAERE MEER, HYDROSPHAERE SUESSWASSER, ABFALLAUFKOMMEN
Bemerkungen: WASSERVERSORGUNG UND WASSERBEHANDLUNG

[616] PROCTOR N.H., HUGHES J.P.
CHEMICAL HAZARDS OF THE WORKPLACE
J.B. LIPPINCOTT CO., PHILADELPHIA, TORONTO, 1978
ISBN: 0-397-50398-9
Anzahl der Stoffe: 386
Deskriptoren: ORGANISCHE STOFFE, ANORGANISCHE STOFFE, DATEN, INFORMATIONEN, CHEMIKALIEN INDEX, BEZEICHNUNG, SYNONYMA, VERWENDUNGSART, AKUTE ORALE TOXIZITAET SAEUGETIER, AKUTE VERGIFTUNGEN, SUBAKUTE-SUBCHRONISCHE TOXIZITAET SAEUGETIER, CHRONISCHE TOXIZITAET MENSCH, CHRONISCHE TOXIZITAET SAEUGETIER, CARCINOGENITAET SAEUGETIER, MUTAGENITAET SAEUGETIER, TERATOGENITAET SAEUGETIER, HINWEISE AUF MUTAGENE/KANZEROGENE WIRKUNGEN-(MENSCH), ARBEITSSCHUTZ, SCHUTZMASSNAHMEN, LAGERUNG UND HANDHABUNG, MASSNAHMEN NACH VERSCHUETTEN/AUSLAUFEN/GASAUSTRITT
Bemerkungen: POTENTIELL GEFAEHRLICHE CHEMIKALIEN AM ARBEITSPLATZ

[617] PUCKAT A.W.
HEALTH IMPACTS OF POLYNUCLEAR AROMATIC HYDROCARBONS
NOYES DATA CORPORATION, PARK RIDGE, NEW JERSEY, 1981
ISBN: 0-8155-0840-9
Anzahl der Stoffe: 100
Deskriptoren: ORGANISCHE STOFFE, DATEN, INFORMATIONEN, BEZEICHNUNG, SYNONYMA, ATMOSPHAERE, HYDROSPHAERE MEER, HYDROSPHAERE SUESSWASSER, PEDOSPHAERE, SCHMELZPUNKT, SIEDEPUNKT, DAMPFDRUCK, VERTEILUNGSKOEFFIZIENT N-OCTANOL/WASSER, POW, BIOAKKUMULATION, CARCINOGENITAET SAEUGETIER
Bemerkungen: UEBERBLICK UEBER DIE VON PAH'S VERFUEGBAREN INFORMATIONEN

[618] QUENTIN K.E.
FACHGRUPPE WASSERCHEMIE IN DER GDCH
HALOGENORGANISCHE VERBINDUNDEN IN WAESSERN
UMWELTBUNDESAMT, BERLIN, 1987
Anzahl der Stoffe: 20
Deskriptoren: ANORGANISCHE STOFFE, ORGANISCHE STOFFE, DATEN, INFORMATIONEN, EXPERIMENTELLE METHODEN, THEORETISCHE METHODEN, FALLSTUDIEN, SITUATIONSSTUDIEN, OFFIZIELLE TEXTE, UMWELTPOLITIK, BEZEICHNUNG, SYNONYMA, CAS-NUMMER, STRUKTURFORMEL, UN-NUMMER, SUMMENFORMEL, STOFFBESCHAFFENHEIT, VERWENDUNGSZWECK, ANWENDUNGSMUSTER, PRODUKTIONSVOLUMEN, VERMARKTUNGSMENGE, ABFALLAUFKOMMEN, SYNTHESE, EINFUHR/AUSFUHR, TRINKWASSER, PEDOSPHAERE, HYDROSPHAERE SUESSWASSER, SCHMELZPUNKT, SIEDEPUNKT, FLAMMPUNKT, ZERSETZUNGSPUNKT, MOLEKULAR-

GEWICHT, DAMPFDRUCK, BRECHUNGSINDEX, RELATIVE DICHTE, WASSERLOESLICHKEIT, LOESLICHKEIT IN FETT, VERTEILUNGSKOEFFIZIENT N-OCTANOL/WASSER, POW, VERTEILUNGSKOEFFIZIENT, SONSTIGE PC-GROESSEN, BIOABBAU, BIOAKKUMULATION, ABIOTISCHE ABBAUBARKEIT, DIREKTER PHOTOABBAU, GEOAKKUMULATION, ALGE, FISCH, PROTOZOEN, DAPHNIA, BAKTERIEN, AKUTE ORALE TOXIZITAET SAEUGETIER, CHRONISCHE TOXIZITAET SAEUGETIER, REPRODUKTIONSTOXIZITAET, MUTAGENITAET SAEUGETIER, CARCINOGENITAET SAEUGETIER, METABOLISMUS SAEUGETIER, AKUTE VERGIFTUNGEN, CHRONISCHE VERGIFTUNGEN MENSCH, EPIDEMIOLOGISCHE DATEN, HINWEISE AUF MUTAGENE/KANZEROGENE WIRKUNGEN-(MENSCH), TRANSPORT, SCHUTZMASSNAHMEN, LAGERUNG UND HANDHABUNG, KENNZEICHNUNG, MAK-WERTE, GEFAHRENSYMBOLE,GEFAHRENBEZEICHNUNG, ENTSORGUNG, NO-EFFEKT-LEVEL
Bemerkungen: 106 TABELLEN+DIAGRAMME, 59 ABBILDUNGEN

[619] RADDING S.B., LIN D.H., JOHNSON H.L., MILL T.
REVIEW OF THE ENVIRONMENTAL FATE OF SELECTED CHEMICALS
EPA 560/5-77-003
EPA, WASHINGTON D.C., 1977
Anzahl der Stoffe: 100
Deskriptoren: ORGANISCHE STOFFE, DATEN, INFORMATIONEN, THEORETISCHE METHODEN, SITUATIONSSTUDIEN, GRUPPENINDEX, BEZEICHNUNG, CAS-NUMMER, SUMMENFORMEL, VERWENDUNGSZWECK, PRODUKTIONSVOLUMEN, SCHMELZPUNKT, SIEDEPUNKT, MOLEKULARGEWICHT, RELATIVE DICHTE, BRECHUNGSINDEX, WASSERLOESLICHKEIT, LOESLICHKEIT IN ORGANISCHEN LOESEMITTELN, VERTEILUNGSKOEFFIZIENT N-OCTANOL/WASSER, POW, SONSTIGE PC-GROESSEN, BIOABBAU, BIOAKKUMULATION, ABIOTISCHE ABBAUBARKEIT, DIREKTER PHOTOABBAU, METABOLISMUS SAEUGETIER, HINWEISE AUF MUTAGENE/KANZEROGENE WIRKUNGEN-(MENSCH)
Bemerkungen: REVIEW-BAND

[620] RANBY B., RABEK J.F.
PHOTODEGRADATION, PHOTOOXIDATION AND PHOTOSTABILISATION OF POLYMERS
JOHN WILEY & SONS, NEW YORK, 1975
ISBN: 0-471-70788-0
Anzahl der Stoffe: 200
Deskriptoren: ORGANISCHE STOFFE, DATEN, INFORMATIONEN, EXPERIMENTELLE METHODEN, CHEMIKALIEN INDEX, BEZEICHNUNG, SYNONYMA, DIREKTER PHOTOABBAU
Bemerkungen: DATENTYP: POLYMERE

[621] RAPPOPORT Z.
HANDBOOK AND TABLES FOR ORGANIC COMPOUND IDENTIFICATION
CRC PRESS INC., CLEVELAND, 1967
Anzahl der Stoffe: 10000
Deskriptoren: ORGANISCHE STOFFE, DATEN, CHEMIKALIEN INDEX, SYNONYMA INDEX, SYNONYMA, BEZEICHNUNG, SCHMELZPUNKT, SIEDEPUNKT, RELATIVE DICHTE
Bemerkungen: TABELLEN UEBER CHEMIKALIEN

[622] RAZNJEVIC K.
HANDBOOK OF THERMODYNAMIC TABLES AND CHARTS
MCGRAW-HILL BOOK COMPANY, NEW YORK, 1976

ISBN: 0-07-051270-1
Anzahl der Stoffe: 2000
Deskriptoren: ORGANISCHE STOFFE, ANORGANISCHE STOFFE, DATEN, CHEMIKALIEN INDEX, SYNONYMA INDEX, BEZEICHNUNG, SYNONYMA, SCHMELZPUNKT, SIEDEPUNKT, RELATIVE DICHTE, DAMPFDRUCK, THERMODYNAMISCHE DATEN
Bemerkungen: FESTSTOFFE, DAEMPFE, GASE

[623] REGEN O.
CHEMISCH-TECHNISCHE STOFFWERTE
VERLAG HARRI DEUTSCH, THUN , FRANKFURT, 1987
ISBN: 3-8171-1014-6
Anzahl der Stoffe: 300
Deskriptoren: ORGANISCHE STOFFE, ANORGANISCHE STOFFE, DATEN, BEZEICHNUNG, SYNONYMA, STRUKTURFORMEL, SUMMENFORMEL, THERMODYNAMISCHE DATEN, SCHMELZPUNKT, SIEDEPUNKT, MOLEKULARGEWICHT, MOLVOLUMEN, RELATIVE DICHTE, WASSERLOESLICHKEIT, LOESLICHKEIT IN ORGANISCHEN LOESEMITTELN, DISSOZIATIONSKONSTANTE, SONSTIGE PC-GROESSEN

[624] REID R.C., PRAUSNITZ J.M., POLING B.E.
THE PROPERTIES OF GASES AND LIQUIDS
MCGRAW-HILL BOOK COMPANY, NEW YORK, 1987
ISBN: 0-07-051799-1
Anzahl der Stoffe: 1000
Deskriptoren: ORGANISCHE STOFFE, ANORGANISCHE STOFFE, DATEN, INFORMATIONEN, THEORETISCHE METHODEN, BEZEICHNUNG, SUMMENFORMEL, SIEDEPUNKT, FLAMMPUNKT, MOLEKULARGEWICHT, MOLVOLUMEN, RELATIVE DICHTE, DAMPFDRUCK, OBERFLAECHENSPANNUNG, VISKOSITAET, WASSERDAMPFFLUECHTIGKEIT, WASSERLOESLICHKEIT, VERTEILUNGSKOEFFIZIENT, SONSTIGE PC-GROESSEN, THERMODYNAMISCHE DATEN
Bemerkungen: DATENTYP: GASE

[625] REKKER R.F.
THE HYDROPHOBIC FRAGMENTAL CONSTANT, ITS DERIVATION AND APPLICATION
A MEANS OF CHARACTERIZING MEMBRANE SYSTEMS
ELSEVIER, AMSTERDAM, 1977
ISBN: 0-444-41548-3
Anzahl der Stoffe: 250
Deskriptoren: ORGANISCHE STOFFE, ANORGANISCHE STOFFE, DATEN, INFORMATIONEN, CHEMIKALIEN INDEX, BEZEICHNUNG, SYNONYMA, VERTEILUNGSKOEFFIZIENT N-OCTANOL/WASSER, POW

[626] REYNOLDS J.E.T.
MARTINDALE
THE EXTRA PHARMACOPOEIA
THE PHARMACEUTICAL PRESS, LONDON, 1989
ISBN: 0-85369-160-6
Anzahl der Stoffe: 15000
Deskriptoren: ORGANISCHE STOFFE, DATEN, INFORMATIONEN, CHEMIKALIEN INDEX, SYNONYMA INDEX, BEZEICHNUNG, SYNONYMA, CAS-NUMMER, SUMMENFORMEL, STOFFBESCHAFFENHEIT, VERWENDUNGSART, VERWEN-

DUNGSZWECK, ANWENDUNGSMUSTER, SCHMELZPUNKT, MOLEKULARGEWICHT, RELATIVE DICHTE, WASSERLOESLICHKEIT, WASSERDAMPFFLUECHTIGKEIT, LOESLICHKEIT IN ORGANISCHENLOESEMITTELN, ABIOTISCHE ABBAUBARKEIT, AKUTE TOXIZITÄT, INHALATIV SAEUGETIER, AUGENREIZUNG SAEUGETIER, MUTAGENITÄT, CARCINOGENITÄT SAEUGETIER, METABOLISMUS SAEUGETIER, ANDERE WIRKUNGEN, AKUTE VERGIFTUNGEN, EPIDEMILOGISCHE DATEN,CHRONISCHE VERGIFTUNGEN MENSCH, HINWEISE AUFMUTAGENE/KANZEROGENE WIRKUNGEN (MENSCH)
Bemerkungen: AUCH ALS DATENBANK VORHANDEN, DATENTYP: PHARMAZEUTIKA

[627] RICE R.G.
SAFE DRINKING WATER
THE IMPAKT OF CHEMICALS ON A LIMITED RESCOURCE
LEWIS PUBLISHERS, CHELSEA, 1985
ISBN: 0-96140-320-9
Anzahl der Stoffe: 100
Deskriptoren: ORGANISCHE STOFFE, ANORGANISCHE STOFFE, DATEN, INFORMATIONEN, CHEMIKALIEN INDEX, BEZEICHNUNG, SYNONYMA, TRINKWASSER

[628] RICHARDSON M.
ENVIRONEMENT GROUP, THE ROYAL SOCIETY OF CHEMISTRY
TOXIC HAZARD ASSESSMENT OF CHEMISTRY
WHITSTABLE LITHO LTD., WHITSTABLE KENT, 1986
ISBN: 0-85186-897-5
Deskriptoren: INFORMATIONEN, SYSTEMANALYTISCHE METHODEN, ZUSAMMENFASSENDE ARBEITEN

[629] RIDDICK J.A., BURGER W.B.
TECHNIQUES OF CHEMISTRY
ORGANIC SOLVENTS, PHYSICAL PROPERTIES AND METHODS OF PURIFICATION
JOHN WILEY & SONS, NEW YORK, 1970
ISBN: 0-471-92762-0
Anzahl der Stoffe: 500
Desktiptoren: ORGANISCHE STOFFE, DATEN, INFORMATIONEN, EXPERIMENTELLE METHODEN, CHEMIKALIEN INDEX, BEZEICHNUNG, SYNONYMA, SIEDEPUNKT, RELATIVE DICHTE, DAMPFDRUCK, OBERFLÄCHENSPANNUNG, WASSERLOESLICHKEIT, DISSOZIATIONSKONSTANTE, SPEKTRALDATEN

[630] RIEDEL-DE-HAëN AG
RIEDEL-DE HAëN AG
PESTANAL
HOCHREINE PESTIZIDE UND LOESUNGSMITTEL FUER DIE RUECKSTANDSANALYTIK
RIEDEL-DE-HAëN AG, HANNOVER, 1984
Anzahl der Stoffe: 300
Deskriptoren: ORGANISCHE STOFFE, ANWENDUNGSINDEX, DATEN, BEZEICH-
Deskriptoren: ORGANISCHE STOFFE, DATEN, INFORMATIONEN, CHEMIKALIEN INDEX, SYNONYMA INDEX, BEZEICHNUNG, SYNONYMA, CAS-NUMMER, SUMMENFORMEL, STOFFBESCHAFFENHEIT, VERWENDUNGSART, VERWENDUNGSZWECK, ANWENDUNGSMUSTER, SCHMELZPUNKT, MOLEKULARGEWICHT, RELATIVE DICHTE, WASSERLOESLICHKEIT, WASSERDAMPFFLUECH-

TIGKEIT, LOESLICHKEIT IN ORGANISCHEN LOESEMITTELN, ABIOTISCHE ABBAUBARKEIT, AKUTE TOXIZITAET, INHALATIV SAEUGETIER, AUGENREIZUNG SAEUGETIER, HAUTREIZUNG SAEUGETIER, CHRONISCHE TOXIZITAET SAEUGETIER, MUTAGENITAET, CARCINOGENITAET SAEUGETIER, METABOLISMUS SAEUGETIER, ANDERE WIRKUNGEN, AKUTE VERGIFTUNGEN, EPIDEMIOLOGISCHE DATEN, CHRONISCHE VERGIFTUNGEN MENSCH, HINWEISE AUF MUTAGENE/KANZEROGENE WIRKUNGEN(MENSCH)
Bemerkungen: AUCH ALS DATENBANK VORHANDEN, DATENTYP: PHARMAZEUTIKA

[627] RICE R.G.
SAFE DRINKING WATER
THE IMPACT OF CHEMICALS ON A LIMITED RESOURCE
LEWIS PUBLISHERS, CHELSEA, 1985
ISBN: 0-96140-320-9
Anzahl der Stoffe: 100
Deskriptoren: ORGANISCHE STOFFE, ANORGANISCHE STOFFE, DATEN, INFORMATIONEN, CHEMIKALIEN INDEX, BEZEICHNUNG, SYNONYMA, TRINKWASSER

[628] RICHARDSON M.
ENVIRONMENT GROUP, THE ROYAL SOCIETY OF CHEMISTRY
TOXIC HAZARD ASSESSMENT OF CHEMISTRY
WHITSTABLE LITHO LTD., WHITSTABLE KENT, 1986
ISBN: 0-85186-897-5
Deskriptoren: INFORMATIONEN, SYSTEMANALYTISCHE METHODEN, ZUSAMMENFASSENDE ARBEITEN

[629] RIDDICK J.A., BURGER W.B.
TECHNIQUES OF CHEMISTRY
ORGANIC SOLVENTS, PHYSICAL PROPERTIES AND METHODS OF PURIFICATION
JOHN WILEY & SONS, NEW YORK, 1970
ISBN: 0-471-92726-0
Anzahl der Stoffe: 500
Deskriptoren: ORGANISCHE STOFFE, DATEN, INFORMATIONEN, EXPERIMENTELLE METHODEN, CHEMIKALIEN INDEX, BEZEICHNUNG, SYNONYMA, SIEDEPUNKT, RELATIVE DICHTE, DAMPFDRUCK, OBERFLAECHENSPANNUNG, WASSERLOESLICHKEIT, DISSOZIATIONSKONSTANTE, SPEKTRALDATEN
Bemerkungen: DATENTYP: LOESUNGSMITTEL

[630] RIEDEL-DE-HAëN AG
RIEDEL-DE HAëN AG
PESTANAL
HOCHREINE PESTIZIDE UND LOESUNGSMITTEL FUER DIE RUECKSTANDSANALYTIK
RIEDEL-DE-HAëN AG, HANNOVER, 1984
Anzahl der Stoffe: 300
Deskriptoren: ORGANISCHE STOFFE, ANWENDUNGSINDEX, DATEN, BEZEICHNUNG, SYNONYMA, CAS-NUMMER, STRUKTURFORMEL, VERWENDUNGSART, SCHMELZPUNKT, MOLEKULARGEWICHT, DAMPFDRUCK, WASSERLOESLICHKEIT
Bemerkungen: DATENTYP: LOESUNGSMITTEL, DATENTYP: PESTIZIDE

[631] RIPPEN G.
HANDBUCH UMWELTCHEMIKALIEN
STOFFDATEN - PRUEFVERFAHREN - VORSCHRIFTEN
ECOMED VERLAG, LANDSBERG/LECH, 1989
ISBN: 3-609-73210-5
Anzahl der Stoffe: 67
Deskriptoren: ORGANISCHE STOFFE, ANORGANISCHE STOFFE, DATEN, INFORMATIONEN, EXPERIMENTELLE METHODEN, THEORETISCHE METHODEN, SYSTEMANALYTISCHE METHODEN, SITUATIONSSTUDIEN, CHEMIKALIEN INDEX, OFFIZIELLE TEXTE, FORMEL INDEX, ANWENDUNGSINDEX, BEZEICHNUNG, SYNONYMA, UN-NUMMER, CAS-NUMMER, NIOSH-NUMMER, STRUKTURFORMEL, SPEKTRALDATEN, EG-NUMMER, SUMMENFORMEL, STOFFBESCHAFFENHEIT, RTECS-NUMMER, VERWENDUNGSART, ANWENDUNGSMUSTER, PRODUKTIONSVOLUMEN, ATMOSPHAERE, HYDROSPHAERE MEER, BIOSPHAERE, TRINKWASSER, PEDOSPHAERE, SEDIMENT, HYDROSPHAERE SUESSWASSER, KLAERSCHLAMM, SCHMELZPUNKT, ZUENDTEMPERATUR, SIEDEPUNKT, EXPLOSIONSPUNKT, FLAMMPUNKT, MOLEKULARGEWICHT, RELATIVE DICHTE, VISKOSITAET, DAMPFDRUCK, OBERFLAECHENSPANNUNG, WASSERLOESLICHKEIT, LOESLICHKEIT IN ORGANISCHEN LOESEMITTELN, WASSERDAMPFFLUECHTIGKEIT, LOESLICHKEIT IN FETT, DISSOZIATIONSKONSTANTE, HENRY-KONSTANTE, VERTEILUNGSKOEFFIZIENT N-OCTANOL/WASSER, POW, SONSTIGE PC-GROESSEN, BIOABBAU, ABIOTISCHE ABBAUBARKEIT, BIOAKKUMULATION, DIREKTER PHOTOABBAU, AMPHIBIEN, MOLLUSKEN, ALGE, FISCH, WUERMER, PROTOZOEN, DAPHNIA, BAKTERIEN, PFLANZEN, AKUTE ORALE TOXIZITAET SAEUGETIER, AKUTE PERCUTANE TOXIZITAET SAEUGETIER, HAUTREIZUNG SAEUGETIER, DERMALE TOXIZITAET SAEUGETIER, AUGENREIZUNG SAEUGETIER, INHALATIV SAEUGETIER, CHRONISCHE TOXIZITAET MENSCH, REPRODUKTIONSTOXIZITAET, MUTAGENITAET SAEUGETIER, CARCINOGENITAET SAEUGETIER, AKUTE VERGIFTUNGEN, CHRONISCHE VERGIFTUNGEN MENSCH, HINWEISE AUF MUTAGENE/KANZEROGENE WIRKUNGEN(MENSCH), ARBEITSSCHUTZ, MAK-WERTE, TLV-WERTE, GEFAHRENSYMBOLE,GEFAHRENBEZEICHNUNG
Bemerkungen: DATENQUELLEN FUER UMWELTCHEMIKALIEN, MIK-WERTE, ADI-WERTE, CHEMIKALIENGESETZ, EG-RICHTLINIEN, UMFANGREICHE STOFFDOSSIERS, 3. ERGAENZUNGSLIEFERUNG

[632] ROBERTS W.L., RAPP G.R., WEBER J.
ENCYCLOPEDIA OF MINERALS
VAN NOSTRAND REINHOLD COMPANY, NEW YORK, 1974
ISBN: 0-442-26820-3
Anzahl der Stoffe: 2500
Deskriptoren: ANORGANISCHE STOFFE, DATEN, INFORMATIONEN, CHEMIKALIEN INDEX, BEZEICHNUNG, SYNONYMA, PEDOSPHAERE, RELATIVE DICHTE
Bemerkungen: DATENTYP: MINERALIEN

[633] RODRICKS J.V., HESSELTINE C.W., MEHLMAN M.A.
MYCOTOXINS IN HUMAN AND ANIMAL HEALTH
PATHOTOX PUBLISHERS INC., PARK FOREST SOUTH, 1977
ISBN: 0-930376-00-5
Anzahl der Stoffe: 100
Deskriptoren: ORGANISCHE STOFFE, DATEN, INFORMATIONEN, CHEMIKALIEN INDEX, BEZEICHNUNG, SYNONYMA, AKUTE ORALE TOXIZITAET SAEUGETIER, AKUTE VERGIFTUNGEN, CHRONISCHE TOXIZITAET MENSCH, CHRONISCHE TOXIZITAET SAEUGETIER, ANDERE WIRKUNGEN, METABOLISMUS

MENSCH, EPIDEMIOLOGISCHE DATEN
Bemerkungen: WIRKUNGEN VON MYKOTOXINEN

[634] ROSS R.D.
AIR POLLUTION AND INDUSTRY
VAN NOSTRAND REINHOLD COMPANY, NEW YORK, 1972
ISBN: 0-442-27052-6
Anzahl der Stoffe: 50
Deskriptoren: ORGANISCHE STOFFE, ANORGANISCHE STOFFE, DATEN, INFORMATIONEN, BEZEICHNUNG, ATMOSPHAERE
Bemerkungen: AUSWIRKUNG DER LUFTVERSCHMUTZUNG AUF DIE UMWELT

[635] ROSS R.H., KEMP H.T., RYON M.E., HAMMONS A.S., ENSMINGER J.T.
OAK RIDGE NATIONAL LABORATORY ORNL/EIS-155
CHEMICALS TESTED FOR PHYTOTOXICITY
OAK RIDGE NATIONAL LABORATORY, OAK RIDGE, 1979
Anzahl der Stoffe: 2500
Deskriptoren: ORGANISCHE STOFFE, ANORGANISCHE STOFFE, DATEN, INFORMATIONEN, EXPERIMENTELLE METHODEN, CHEMIKALIEN INDEX, BEZEICHNUNG, SYNONYMA, CAS-NUMMER, PFLANZEN, BIOAKKUMULATION
Bemerkungen: PHYTOTOXIZITAET VON CHEMIKALIEN, GETREIDESCHAEDEN, LAUBSCHAEDEN, PHOTOSYNTHESEHEMMUNG

[636] ROSSOFF I.S.
HANDBOOK OF VETERINARY DRUGS
SPRINGER VERLAG, NEW YORK, 1974
ISBN: 0-8261-1530-6
Anzahl der Stoffe: 2000
Deskriptoren: ORGANISCHE STOFFE, DATEN, INFORMATIONEN, CHEMIKALIEN INDEX, BEZEICHNUNG, SYNONYMA, VERWENDUNGSART
Bemerkungen: DATENTYP: PHARMAZEUTIKA

[637] ROTH CARL GMBH
CARL ROTH GMBH & CO.
KREBS ERZEUGENDE STOFFE
UEBERSICHT FUER DEN PRAKTISCHEN GEBRAUCH IN BETRIEBEN UND LABORATORIEN
WISSENSCHAFTLICHE VERLAGSGESELLSCHAFT MBH, STUTTGART, 1983
ISBN: 3-8047-0747-5
Anzahl der Stoffe: 739
Deskriptoren: ORGANISCHE STOFFE, ANORGANISCHE STOFFE, SYNONYMA INDEX, DATEN, INFORMATIONEN, OFFIZIELLE TEXTE, BEZEICHNUNG, SYNONYMA, CAS-NUMMER, SCHMELZPUNKT, SIEDEPUNKT, FLAMMPUNKT, ZERSETZUNGSPUNKT, MOLEKULARGEWICHT, RELATIVE DICHTE, DAMPFDRUCK, WASSERLOESLICHKEIT, ANDERE LOESLICHKEITEN, AKUTE ORALE TOXIZITAET SAEUGETIER, INHALATIV SAEUGETIER, HAUTREIZUNG SAEUGETIER, AUGENREIZUNG SAEUGETIER, AKUTE PERCUTANE TOXIZITAET SAEUGETIER, ARBEITSSCHUTZ, GEFAHRENSYMBOLE,GEFAHRENBEZEICHNUNG, R, S-SAETZE, ENTSORGUNG, MAK-WERTE, GESUNDHEITSSCHUTZ
Bemerkungen: 1. AUFLAGE

[638] ROTH CARL GMBH & CO.
CARL ROTH GMBH & CO.
LABORCHEMICALIEN HAUPTKATALOG 85
CARL ROTH GMBH & CO., KARLSRUHE, 1985

ISBN: 3-924030-01-4
Anzahl der Stoffe: 4000
Deskriptoren: DATEN, ANORGANISCHE STOFFE, ORGANISCHE STOFFE, GRUPPENINDEX, BEZEICHNUNG, SYNONYMA, CAS-NUMMER, SUMMENFORMEL, SCHMELZPUNKT, SIEDEPUNKT, FLAMMPUNKT, MOLEKULARGEWICHT, R, S-SAETZE, SCHUTZMASSNAHMEN, LAGERUNG UND HANDHABUNG, ENTSORGUNG

[639] ROTH CARL GMBH & CO.
CARL ROTH GMBH & CO.
NATURAL SUBSTANCES - BIOCHEMICALS
STANDARTS FOR TLC, GC, HPLC
CARL ROTH GMBH & CO., KARLSRUHE, 1986
Anzahl der Stoffe: 3500
Deskriptoren: ORGANISCHE STOFFE, GRUPPENINDEX, DATEN, BEZEICHNUNG, SYNONYMA, CAS-NUMMER, SUMMENFORMEL, SCHMELZPUNKT, MOLEKULARGEWICHT, RELATIVE DICHTE, ARBEITSSCHUTZ, GEFAHRENSYMBOLE,GEFAHRENBEZEICHNUNG, R, S-SAETZE

[640] ROTH L., WELLER
GEFAEHRLICHE CHEMISCHE REAKTIONEN
ECOMED VERLAG, LANDSBERG/LECH, 1989
ISBN: 3-609-73090-0
Anzahl der Stoffe: 800
Deskriptoren: ORGANISCHE STOFFE, ANORGANISCHE STOFFE, CHEMIKALIEN INDEX, DATEN, INFORMATIONEN, OFFIZIELLE TEXTE, BEZEICHNUNG, SYNONYMA, UN-NUMMER, CAS-NUMMER, EG-NUMMER, BEILSTEIN NUMMER, UN-NUMMER, STOFFBESCHAFFENHEIT, SUMMENFORMEL, MOLEKULARGEWICHT, SCHMELZPUNKT, SIEDEPUNKT, FLAMMPUNKT, ZUENDTEMPERATUR, EXPLOSIONSPUNKT, ZERSETZUNGSPUNKT, RELATIVE DICHTE, ARBEITSSCHUTZ, SCHUTZMASSNAHMEN, LAGERUNG UND HANDHABUNG, MAK-WERTE, R, S-SAETZE, GEFAHRENSYMBOLE,GEFAHRENBEZEICHNUNG, GESUNDHEITSSCHUTZ, BRAND- UND EXPLOSIONSSCHUTZ, ENTSORGUNG, MASSNAHMEN BEI UNFAELLEN UND BRAENDEN, MASSNAHMEN NACH VERSCHUETTEN/AUSLAUFEN/GASAUSTRITT, ERSTE HILFE, GEMISCHE
Bemerkungen: CHEMISCHE ZUBEREITUNGEN

[641] ROTH L., DAUNDERER M.
GIFTLISTE
ECOMED VERLAG, LANDSBERG/LECH, 1990
ISBN: 3-609-73120-6
Anzahl der Stoffe: 12500
Deskriptoren: ORGANISCHE STOFFE, ANORGANISCHE STOFFE, DATEN, INFORMATIONEN, SITUATIONSSTUDIEN, OFFIZIELLE TEXTE, UMWELTPOLITIK, BEZEICHNUNG, SYNONYMA, CAS-NUMMER, UN-NUMMER, EG-NUMMER, AKUTE ORALE TOXIZITAET SAEUGETIER, AKUTE TOXIZITAET, HAUTREIZUNG SAEUGETIER, AUGENREIZUNG SAEUGETIER, INHALATIV SAEUGETIER, DERMALE TOXIZITAET SAEUGETIER, CHRONISCHE TOXIZITAET MENSCH, REPRODUKTIONSTOXIZITAET, TERATOGENITAET SAEUGETIER, MUTAGENITAET, CARCINOGENITAET SAEUGETIER, AKUTE VERGIFTUNGEN, CHRONISCHE VERGIFTUNGEN MENSCH, HINWEISE AUF MUTAGENE/KANZEROGENE WIRKUNGEN(MENSCH), ARBEITSSCHUTZ, TRANSPORT, KENNZEICHNUNG, SCHUTZMASSNAHMEN, LAGERUNG UND HANDHABUNG, R, S-SAETZE, MAK-WERTE, TRK-WERTE, BAT-WERTE, EXPLOSIONSKLASSE, GEFAHRENSYMBOLE,GEFAHRENBEZEICHNUNG, GESUNDHEITSSCHUTZ, BRAND- UND EXPLO-

SIONSSCHUTZ, ENTSORGUNG, MASSNAHMEN BEI UNFAELLEN UND BRAENDEN, MASSNAHMEN NACH VERSCHUETTEN/AUSLAUFEN/GASAUSTRITT, ERSTE HILFE, GIFTKLASSEN
Bemerkungen: 5.AUFLAGE, AUSFUEHRLICHER GESETZESTEIL (AUCH AUSLAND: DDR, SCHWEIZ)

[642] ROTH L.
WASSERGEFAEHRDENDE STOFFE
ECOMED VERLAG, LANDSBERG/LECH, 1989
ISBN: 3-609-73180-X
Anzahl der Stoffe: 2000
Deskriptoren: ORGANISCHE STOFFE, ANORGANISCHE STOFFE, CHEMIKALIEN INDEX, DATEN, INFORMATIONEN, EXPERIMENTELLE METHODEN, OFFIZIELLE TEXTE, BEZEICHNUNG, SYNONYMA, CAS-NUMMER, SUMMENFORMEL, STOFFBESCHAFFENHEIT, HYDROSPHAERE SUESSWASSER, FLAMMPUNKT, RELATIVE DICHTE, WASSERLOESLICHKEIT, ALGE, FISCH, DAPHNIA, BAKTERIEN, BIOABBAU, AKUTE ORALE TOXIZITAET SAEUGETIER, HAUTREIZUNG SAEUGETIER, AUGENREIZUNG SAEUGETIER, INHALATIV SAEUGETIER, REPRODUKTIONSTOXIZITAET, MUTAGENITAET SAEUGETIER, TRANSPORT, UN-NUMMER, MAK-WERTE, KENNZEICHNUNG, SCHUTZMASSNAHMEN, LAGERUNG UND HANDHABUNG, MAK-WERTE, GEFAHRENSYMBOLE,GEFAHRENBEZEICHNUNG, R, S-SAETZE
Bemerkungen: GEWAESSERGEFAEHRDUNG VON CHEMIKALIEN

[643] ROTHENBERG G.B.
PAINT ADDITIVES
RECENT DEVELOPMENTS 1978
NOYES DATA CORPORATION, PARK RIDGE, NEW JERSEY, 1978
ISBN: 0-8155-0720-8
Anzahl der Stoffe: 100
Deskriptoren: ORGANISCHE STOFFE, DATEN, INFORMATIONEN, BEZEICHNUNG, VERWENDUNGSART
Bemerkungen: DATENTYP: FARBSTOFFE

[644] ROYAL SOCIETY OF CHEMISTRY
COMMISSION OF THE EUROPEAN COMMUNITIES
ORGANO-CHLORINE SOLVENTS
HEALTH RISKS TO WORKERS
ROYAL SOCIETY OF CHEMISTRY, LONDON, 1986
ISBN: 0-85186-078-8
Anzahl der Stoffe: 10
Deskriptoren: ORGANISCHE STOFFE, DATEN, INFORMATIONEN, EXPERIMENTELLE METHODEN, BEZEICHNUNG, SYNONYMA, CAS-NUMMER, NIOSH-NUMMER, STRUKTURFORMEL, SPEKTRALDATEN, STOFFBESCHAFFENHEIT, VERWENDUNGSART, ANWENDUNGSMUSTER, PRODUKTIONSVOLUMEN, SYNTHESE, VERMARKTUNGSMENGE, ATMOSPHAERE, SCHMELZPUNKT, SIEDEPUNKT, FLAMMPUNKT, ZERSETZUNGSPUNKT, MOLEKULARGEWICHT, RELATIVE DICHTE, DAMPFDRUCK, WASSERLOESLICHKEIT, AKUTE ORALE TOXIZITAET SAEUGETIER, HAUTREIZUNG SAEUGETIER, DERMALE TOXIZITAET SAEUGETIER, AUGENREIZUNG SAEUGETIER, INHALATIV SAEUGETIER, SUBAKUTE-SUBCHRONISCHE TOXIZITAET SAEUGETIER, REPRODUKTIONSTOXIZITAET, CARCINOGENITAET SAEUGETIER, METABOLISMUS SAEUGETIER, AKUTE VERGIFTUNGEN, CHRONISCHE VERGIFTUNGEN MENSCH, HINWEISE AUF MUTAGENE/KANZEROGENE WIRKUNGEN(MENSCH), SCHUTZMASS-

NAHMEN, LAGERUNG UND HANDHABUNG, MASSNAHMEN BEI UNFAELLEN UND BRAENDEN, MASSNAHMEN NACH VERSCHUETTEN/AUSLAUFEN/GASAUSTRITT, ERSTE HILFE
Bemerkungen: HINWEIS AUF ARBEITSUNTERLAGEN, QUELLEN, GEFAEHRDETEN PERSONENKREIS, OCCUPATIONAL EXPOSURE LIMIT (OEL), NO-OBSERVED EFFECT LEVEL (MENSCH-SAEUGETIER)

[645] ROYAL SOCIETY OF CHEMISTRY
EUROPEAN DIRECTORY OF AGROCHEMICAL PRODUCTS (EDAP)
ROYAL SOCIETY OF CHEMISTRY, NOTTINGHAM, 1989
Anzahl der Stoffe: 10000
Deskriptoren: ORGANISCHE STOFFE, DATEN, INFORMATIONEN, CHEMIKALIEN INDEX, SYNONYMA, BEZEICHNUNG, SYNONYMA INDEX, CAS-NUMMER, VERWENDUNGSART, AKUTE ORALE TOXIZITAET SAEUGETIER, ANDERE WIRKUNGEN
Bemerkungen: DATENTYP: PESTIZIDE, AUCH ALS DATENBANK VORHANDEN

[646] ROYAL SOCIETY OF CHEMISTRY
FOREIGN COMPOUND METABOLISM IN MAMMALS
ROYAL SOCIETY OF CHEMISTRY, LONDON, 1981
ISBN: 0-85186-058-3 ISSN: 0300-3493
Anzahl der Stoffe: 100
Deskriptoren: ORGANISCHE STOFFE, DATEN, INFORMATIONEN, BEZEICHNUNG, SYNONYMA, SCHMELZPUNKT, SIEDEPUNKT, AKUTE ORALE TOXIZITAET SAEUGETIER, AKUTE VERGIFTUNGEN, ANDERE WIRKUNGEN, METABOLISMUS MENSCH, METABOLISMUS SAEUGETIER, CARCINOGENITAET SAEUGETIER, MUTAGENITAET SAEUGETIER, TERATOGENITAET SAEUGETIER, HINWEISE AUF MUTAGENE/KANZEROGENE WIRKUNGEN(MENSCH)
Bemerkungen: DATENTYP: PHARMAZEUTIKA, KINETIK UND METABOLISMUS VON ARZNEIMITTELN

[647] RUMACK B.H.
POISINDEX
MICROFICHE EDITION
MICROMEDEX INC., DENVER, 1989
Anzahl der Stoffe: 600
Deskriptoren: ORGANISCHE STOFFE, ANORGANISCHE STOFFE, EG-NUMMER, INFORMATIONEN, CHEMIKALIEN INDEX, BEZEICHNUNG, SYNONYMA, VERWENDUNGSART, ANDERE WIRKUNGEN, AKUTE VERGIFTUNGEN

[648] RYS P., ZOLLINGER H.
FUNDAMENTALS OF THE CHEMISTRY AND APPLICATION OF DYES
JOHN WILEY & SONS, LONDON, 1972
ISBN: 0-471-74795-5
Anzahl der Stoffe: 100
Deskriptoren: ORGANISCHE STOFFE, DATEN, INFORMATIONEN, BEZEICHNUNG, SYNONYMA, VERWENDUNGSART
Bemerkungen: DATENTYP: FARBSTOFFE, ANWENDUNG VON FARBSTOFFEN FUER TEXTILIEN

[649] RYS P., ZOLLINGER H.
LEITFADEN DER FARBSTOFFCHEMIE
VERLAG CHEMIE, WEINHEIM, 1976
ISBN: 3-527-25650-4
Anzahl der Stoffe: 100

Deskriptoren: ORGANISCHE STOFFE, DATEN, INFORMATIONEN, BEZEICHNUNG, SYNONYMA, VERWENDUNGSART
Bemerkungen: DATENTYP: FARBSTOFFE, VERWENDUNG VON FARBSTOFFEN IN TEXTILIEN

[650] SALEM H.
INHALATION TOXICOLOGY
RESEARCH METHODS, APPLICATIONS, AND EVALUATION
MARCEL DEKKER, NEW YORK, 1987
ISBN: 0-8247-7394-2
Deskriptoren: INFORMATIONEN, EXPERIMENTELLE METHODEN, OFFIZIELLE TEXTE, INHALATIV SAEUGETIER
Bemerkungen: WISSENSCHAFTLICHER HINTERGRUND, KAUM DATEN

[651] SALOMONS W., BAYNE B.L., DUURSMA E.K., FOERSTER U.
POLLUTION OF THE NORTH SEA
AN ASSESSMENT
SPRINGER VERLAG, BERLIN, 1988
ISBN: 3-540-19288-3
Anzahl der Stoffe: 100
Deskriptoren: ORGANISCHE STOFFE, ANORGANISCHE STOFFE, DATEN, INFORMATIONEN, EXPERIMENTELLE METHODEN, SYSTEMANALYTISCHE METHODEN, BEZEICHNUNG, SYNONYMA, ATMOSPHAERE, SEDIMENT, HYDROSPHAERE SUESSWASSER, HYDROSPHAERE MEER, KLAERSCHLAMM, BIOABBAU, BIOAKKUMULATION, ABIOTISCHE ABBAUBARKEIT, MOLLUSKEN, FISCH, VOEGEL, KRUSTACEEN

[652] SAMSONOV G.V.
HANDBOOK OF THE PHYSICOCHEMICAL PROPERTIES OF THE ELEMENTS
IFI/PLENUM PRESS, NEW YORK, WASHINGTON D.C., 1968
ISBN: 0-306-65126-2
Anzahl der Stoffe: 50
Deskriptoren: ANORGANISCHE STOFFE, DATEN, INFORMATIONEN, CHEMIKALIEN INDEX, BEZEICHNUNG, SCHMELZPUNKT, SIEDEPUNKT, DAMPFDRUCK, OBERFLAECHENSPANNUNG, VISKOSITAET, BRECHUNGSINDEX, THERMODYNAMISCHE DATEN, SONSTIGE PC-GROESSEN, AKUTE ORALE TOXIZITAET SAEUGETIER
Bemerkungen: ELEMENTE DES PERIODENSYSTEMS

[653] SARVETNICK H.A.
PLATISOLS AND ORGANOSOLS
VAN NOSTRAND REINHOLD COMPANY, NEW YORK, 1972
Anzahl der Stoffe: 200
Deskriptoren: ORGANISCHE STOFFE, DATEN, INFORMATIONEN, EXPERIMENTELLE METHODEN, CHEMIKALIEN INDEX, BEZEICHNUNG, SYNONYMA, HERSTELLUNG, VERWENDUNGSART, SCHMELZPUNKT, RELATIVE DICHTE
Bemerkungen: DATENTYP: POLYMERE, WEICHMACHER UND ANDERE ZUSATZSTOFFE

[654] SAWICKI E.
HANDBOOK OF ENVIRONMENTAL GENOTOXICOLOGY
ENVIRONMENTAL ASPECTS
CRC PRESS INC., CLEVELAND, 1982
ISBN: 0-8493-3401-2

Anzahl der Stoffe: 1000
Deskriptoren: ORGANISCHE STOFFE, ANORGANISCHE STOFFE, DATEN, INFORMATIONEN, CHEMIKALIEN INDEX, BEZEICHNUNG, SYNONYMA, VERWENDUNGSART, SCHMELZPUNKT, LOESLICHKEIT IN ORGANISCHEN LOESEMITTELN, CARCINOGENITAET SAEUGETIER, MUTAGENITAET SAEUGETIER
Bemerkungen: UMWELT-GENOTOXIZITAET, INFORMATIONSTYP: GENOTOXIZITAET

[655] SAX I.N.
HAZARDOUS CHEMICAL INFORMATION ANNUAL NO.1
VAN NOSTRAND REINHOLD COMPANY, NEW YORK, 1986
ISBN: 0-442-28135-8
Anzahl der Stoffe: 250
Deskriptoren: ORGANISCHE STOFFE, ANORGANISCHE STOFFE, DATEN, INFORMATIONEN, EXPERIMENTELLE METHODEN, CHEMIKALIEN INDEX, BEZEICHNUNG, SYNONYMA, CAS-NUMMER, STRUKTURFORMEL, SUMMENFORMEL, STOFFBESCHAFFENHEIT, VERWENDUNGSART, HERSTELLUNG, SCHMELZPUNKT, FLAMMPUNKT, ZUENDTEMPERATUR, MOLEKULARGEWICHT, RELATIVE DICHTE, DAMPFDRUCK, WASSERLOESLICHKEIT, LOESLICHKEIT IN ORGANISCHEN LOESEMITTELN, BIOABBAU, BIOAKKUMULATION, DIREKTER PHOTOABBAU, ABIOTISCHE ABBAUBARKEIT, ALGE, FISCH, DAPHNIA, PFLANZEN, AKUTE ORALE TOXIZITAET SAEUGETIER, AKUTE INTERTRAVENOESE TOXIZITAET SAEUGETIER, DERMALE TOXIZITAET SAEUGETIER, INHALATIV SAEUGETIER, AKUTE PERCUTANE TOXIZITAET SAEUGETIER, AKUTE INTRAPERITONEALE TOXIZITAET SAEUGETIER, HAUTREIZUNG SAEUGETIER, AUGENREIZUNG SAEUGETIER, MUTAGENITAET SAEUGETIER, CARCINOGENITAET SAEUGETIER, METABOLISMUS MENSCH, METABOLISMUS SAEUGETIER, AKUTE VERGIFTUNGEN, EPIDEMIOLOGISCHE DATEN, CHRONISCHE TOXIZITAET MENSCH, ARBEITSSCHUTZ, TRANSPORT, KENNZEICHNUNG, SCHUTZMASSNAHMEN, LAGERUNG UND HANDHABUNG, TLV-WERTE, ZUENDGRUPPE, MASSNAHMEN BEI UNFAELLEN UND BRAENDEN, MASSNAHMEN NACH VERSCHUETTEN/AUSLAUFEN/GASAUSTRITT
Bemerkungen: UMFANGREICHES DATENMATERIAL

[656] SAX J.N
DANGEROUS PROPERTIES OF INDUSTRIAL MATERIALS
VAN NOSTRAND REINHOLD COMPANY, NEW YORK, 1984
ISBN: 0-442-28304-0
Anzahl der Stoffe: 15000
Deskriptoren: ORGANISCHE STOFFE, ANORGANISCHE STOFFE, SYNONYMA INDEX, DATEN, INFORMATIONEN, BEZEICHNUNG, SYNONYMA, CAS-NUMMER, SUMMENFORMEL, NIOSH-NUMMER, SCHMELZPUNKT, SIEDEPUNKT, FLAMMPUNKT, MOLEKULARGEWICHT, RELATIVE DICHTE, WASSERLOESLICHKEIT, ANDERE LOESLICHKEITEN, TLM 96 AQUATIC TOXICITY RATING, AKUTE ORALE TOXIZITAET SAEUGETIER, INHALATIV SAEUGETIER, HAUTREIZUNG SAEUGETIER, AUGENREIZUNG SAEUGETIER, CHRONISCHE TOXIZITAET SAEUGETIER, REPRODUKTIONSTOXIZITAET, MUTAGENITAET, SCHUTZMASSNAHMEN, LAGERUNG UND HANDHABUNG
Bemerkungen: 6. AUFLAGE

[657] SAX N.I.
CANCER CAUSING CHEMICALS
VAN NOSTRAND REINHOLD COMPANY, NEW YORK, 1981
ISBN: 0-442-21919-9

Anzahl der Stoffe: 2400
Deskriptoren: ORGANISCHE STOFFE, ANORGANISCHE STOFFE, SYNONYMA INDEX, DATEN, INFORMATIONEN, OFFIZIELLE TEXTE, BEZEICHNUNG, SYNONYMA, CAS-NUMMER, NIOSH-NUMMER, CARCINOGENITAET SAEUGETIER, ARBEITSSCHUTZ
Bemerkungen: INFORMATIONSTYP: MUTAGENE UND CARCINOGENE

[658] SAX N.I.
DANGEROUS PROPERTIES OF INDUSTRIAL MATERIALS
VAN NOSTRAND REINHOLD COMPANY, NEW YORK, 1984
ISBN: 0-442-27373-8
Anzahl der Stoffe: 1000
Deskriptoren: ORGANISCHE STOFFE, ANORGANISCHE STOFFE, DATEN, INFORMATIONEN, CHEMIKALIEN INDEX, BEZEICHNUNG, SYNONYMA, SCHMELZPUNKT, SIEDEPUNKT, REPRODUKTIONSTOXIZITAET, DAMPFDRUCK, AKUTE ORALE TOXIZITAET SAEUGETIER, CHRONISCHE TOXIZITAET SAEUGETIER, CARCINOGENITAET SAEUGETIER, MUTAGENITAET SAEUGETIER

[659] SAX N.I., LEWIS R.J.
HAZARDOUS CHEMICALS DESK REFERENCE
VAN NOSTRAND REINHOLD COMPANY, NEW YORK, 1987
ISBN: 0-442-28208-7
Anzahl der Stoffe: 10000
Deskriptoren: ORGANISCHE STOFFE, ANORGANISCHE STOFFE, DATEN, INFORMATIONEN, CHEMIKALIEN INDEX, SYNONYMA INDEX, CAS-NUMMER INDEX, BEZEICHNUNG, SYNONYMA, CAS-NUMMER, NIOSH-NUMMER, STOFFBESCHAFFENHEIT, SUMMENFORMEL, SCHMELZPUNKT, SIEDEPUNKT, FLAMMPUNKT, MOLEKULARGEWICHT, RELATIVE DICHTE, DAMPFDRUCK, WASSERLOESLICHKEIT, REPRODUKTIONSTOXIZITAET, LOESLICHKEIT IN ORGANISCHEN LOESEMITTELN, TERATOGENITAET SAEUGETIER, MUTAGENITAET, MUTAGENITAET SAEUGETIER, CARCINOGENITAET SAEUGETIER, ARBEITSSCHUTZ, BRAND- UND EXPLOSIONSSCHUTZ, ENTSORGUNG, MASSNAHMEN BEI UNFAELLEN UND BRAENDEN

[660] SAX N.I.
INDUSTRIAL POLLUTION
VAN NOSTRAND REINHOLD COMPANY, NEW YORK, 1974
ISBN: 0-442-27366-5
Anzahl der Stoffe: 1000
Deskriptoren: ORGANISCHE STOFFE, ANORGANISCHE STOFFE, DATEN, INFORMATIONEN, CHEMIKALIEN INDEX, BEZEICHNUNG, SYNONYMA, VERWENDUNGSART, SCHMELZPUNKT, SIEDEPUNKT, DAMPFDRUCK, WASSERLOESLICHKEIT, FISCH, AKUTE ORALE TOXIZITAET SAEUGETIER, CHRONISCHE TOXIZITAET SAEUGETIER
Bemerkungen: WISSENSCHAFTLICHER HINTERGRUND DER UMWELTVERSCHMUTZUNG

[661] SAXENA J., FISCHER F.
HAZARD ASSESSMENT OF CHEMICALS
CURRENT DEVELOPMENTS
ACADEMIC PRESS, NEW YORK, LONDON, 1981
ISBN: 0-12-312401-8
Anzahl der Stoffe: 100
Deskriptoren: CHEMIKALIEN INDEX, ORGANISCHE STOFFE, DATEN, INFORMA-

TIONEN, EXPERIMENTELLE METHODEN, SYSTEMANALYTISCHE METHODEN, SITUATIONSSTUDIEN, BEZEICHNUNG, ATMOSPHAERE, WASSERLOESLICHKEIT, VERTEILUNGSKOEFFIZIENT N-OCTANOL/WASSER, POW, REPRODUKTIONSTOXIZITAET, MUTAGENITAET

[662] SCHEFLAN L., JACOBS M.B.
THE HANDBOOK OF SOLVENTS
VAN NOSTRAND REINHOLD COMPANY, NEW YORK, 1953
Anzahl der Stoffe: 2700
Deskriptoren: ORGANISCHE STOFFE, DATEN, INFORMATIONEN, CHEMIKALIEN INDEX, BEZEICHNUNG, SYNONYMA, VERWENDUNGSART, SCHMELZPUNKT, SIEDEPUNKT, DAMPFDRUCK, OBERFLAECHENSPANNUNG, FLAMMPUNKT, WASSERLOESLICHKEIT, LOESLICHKEIT IN ORGANISCHEN LOESEMITTELN
Bemerkungen: DATENTYP: LOESUNGSMITTEL

[663] SCHENK H.-P.
UMWELTBUNDESAMT
TABELLIERTE EINZELBESTIMMUNGEN ORGANISCHER STOFFE IN DER UMWELT
LITERATURRECHERCHE FUER DEN BEREICH DER BRD
UMWELTBUNDESAMT, BERLIN, 1986
Anzahl der Stoffe: 503
Deskriptoren: ORGANISCHE STOFFE, DATEN, INFORMATIONEN, SYSTEMANALYTISCHE METHODEN, SITUATIONSSTUDIEN, OFFIZIELLE TEXTE, UMWELTPOLITIK, CHEMIKALIEN INDEX, CAS-NUMMER INDEX, BEZEICHNUNG, SYNONYMA, CAS-NUMMER, SUMMENFORMEL, ATMOSPHAERE, HYDROSPHAERE MEER, PEDOSPHAERE, SEDIMENT, HYDROSPHAERE SUESSWASSER, KLAERSCHLAMM, BIOAKKUMULATION, FISCH, VOEGEL
Bemerkungen: 1. NACHTRAG; FB 10601023/03, HINWEIS AUF SITUATION UMWELTMONITORING UMWELTDATENBANK

[664] SCHENK H.-P.
UMWELTBUNDESAMT
TABELLIERTE PRODUKTIONSMENGEN ORGANISCHER CHEMIKALIEN
LITERATURRECHERCHE
UMWELTBUNDESAMT, BERLIN, 1986
Anzahl der Stoffe: 516
Deskriptoren: ORGANISCHE STOFFE, DATEN, INFORMATIONEN, CAS-NUMMER, BEZEICHNUNG, SYNONYMA, SUMMENFORMEL, PRODUKTIONSVOLUMEN
Bemerkungen: TABELLEN VERGLEICHEND AUS 7 PUBLIKATIONEN ZUSAMMENGESTELLT

[665] SCHICK M.J.
NONIONIC SURFACTANTS
SURFACTANT SCIENCE SERIES
MARCEL DEKKER, NEW YORK, 1967
Anzahl der Stoffe: 200
Deskriptoren: ORGANISCHE STOFFE, DATEN, INFORMATIONEN, CHEMIKALIEN INDEX, BEZEICHNUNG, SYNONYMA, VERWENDUNGSART, RELATIVE DICHTE, OBERFLAECHENSPANNUNG, WASSERLOESLICHKEIT, LOESLICHKEIT IN ORGANISCHEN LOESEMITTELN
Bemerkungen: DATENTYP: OBERFLAECHENAKTIVE MITTEL

[666] SCHIELER P.
HAZARDOUS MATERIALS
VAN NOSTRAND REINHOLD COMPANY, NEW YORK, 1976
ISBN: 0-442-27394-0
Anzahl der Stoffe: 100
Deskriptoren: ORGANISCHE STOFFE, ANORGANISCHE STOFFE, DATEN, INFORMATIONEN, BEZEICHNUNG, SYNONYMA, VERWENDUNGSART, BIOABBAU, BIOAKKUMULATION, ABIOTISCHE ABBAUBARKEIT
Bemerkungen: GEFAEHRLICHE EIGENSCHAFTEN VON INDUSTRIELLEN MATERIALEIEN

[667] SCHMAHL H.J.
MAX VON PETTENKOFER INSTITUT
DATENBLATTSAMMLUNG ANTIMIKROBIELL WIRKSAMER SUBSTANZEN
DIETRICH REIMER VERLAG, BERLIN, 1979
ISBN: 3-4960-2051-2
Anzahl der Stoffe: 97
Deskriptoren: ORGANISCHE STOFFE, ANORGANISCHE STOFFE, DATEN, INFORMATIONEN, EXPERIMENTELLE METHODEN, OFFIZIELLE TEXTE, CHEMIKALIEN INDEX, SYNONYMA INDEX, GRUPPENINDEX, BEZEICHNUNG, SYNONYMA, STRUKTURFORMEL, SUMMENFORMEL, BEILSTEIN NUMMER, STOFFBESCHAFFENHEIT, ANWENDUNGSMUSTER, SYNTHESE, SCHMELZPUNKT, SIEDEPUNKT, FLAMMPUNKT, ZERSETZUNGSPUNKT, MOLEKULARGEWICHT, BRECHUNGSINDEX, WASSERDAMPFFLUECHTIGKEIT, WASSERLOESLICHKEIT, LOESLICHKEIT IN ORGANISCHEN LOESEMITTELN

[668] SCHMIDT G.H.
PESTIZIDE UND UMWELTSCHUTZ
VIEWEG VERLAG, BRAUNSCHWEIG, 1986
ISBN: 3-528-08903-2
Anzahl der Stoffe: 250
Deskriptoren: ORGANISCHE STOFFE, ANORGANISCHE STOFFE, DATEN, INFORMATIONEN, EXPERIMENTELLE METHODEN, CHEMIKALIEN INDEX, BEZEICHNUNG, SYNONYMA, STRUKTURFORMEL, HERSTELLUNG, VERWENDUNGSART, BIOABBAU, BIOAKKUMULATION, AKUTE ORALE TOXIZITAET SAEUGETIER, CHRONISCHE TOXIZITAET SAEUGETIER, CARCINOGENITAET SAEUGETIER, MUTAGENITAET SAEUGETIER, TERATOGENITAET SAEUGETIER, NO-EFFEKT-LEVEL, METABOLISMUS SAEUGETIER, ANDERE WIRKUNGEN
Bemerkungen: DATENTYP: PESTIZIDE

[669] SCHMIDT K.-H., ROMEY I.
KOHLE-ERDOEL-ERDGAS
CHEMIE UND TECHNIK
VOGEL VERLAG, WUERZBURG, 1981
ISBN: 3-8023-0684-8
Anzahl der Stoffe: 250
Deskriptoren: ORGANISCHE STOFFE, DATEN, INFORMATIONEN, VERWENDUNGSART, ABFALLAUFKOMMEN, SCHMELZPUNKT, SIEDEPUNKT, RELATIVE DICHTE
Bemerkungen: KOHLE, ERDOEL, ERDGAS

[670] SCHNEIDER B. A.
TOXICOLOGY HANDBOOK
MAMMALIAN AND AQUATIC DATA
US ENVIRONMENTAL PROTECTION AGENCY, WASHINGTON D.C., 1979

Anzahl der Stoffe: 563
Deskriptoren: ORGANISCHE STOFFE, ANORGANISCHE STOFFE, DATEN, INFORMATIONEN, BEZEICHNUNG, SYNONYMA, STOFFBESCHAFFENHEIT, VERWENDUNGSZWECK, FISCH, DAPHNIA, KRUSTACEEN, AKUTE TOXIZITAET, AKUTE ORALE TOXIZITAET SAEUGETIER, HAUTREIZUNG SAEUGETIER, DERMALE TOXIZITAET SAEUGETIER, AUGENREIZUNG SAEUGETIER

[671] SCHNELL PUBLISHING CO.
CHEMICAL PROFILES
SCHNELL PUBLISHING COMPANY INC., NEW YORK, 1988
Anzahl der Stoffe: 20000
Deskriptoren: ORGANISCHE STOFFE, ANORGANISCHE STOFFE, DATEN, INFORMATIONEN, CHEMIKALIEN INDEX, SYNONYMA INDEX, BEZEICHNUNG, SYNONYMA, VERWENDUNGSART, HERSTELLUNG
Bemerkungen: ERSCHEINT JAEHRLICH, VERZEICHNIS DER HERSTELLER, DATENPROFILE UEBER DIE WICHTIGSTEN CHEMIKALIEN

[672] SCHOENE K., STEINHANSES J.
BESTIMMUNG DER REALEN HENRY-KONSTANTE
FRAUNHOFER-INSTITUT FUER AEROSOLFORSCHUNG, SCHMALLENBERG, 1984
Anzahl der Stoffe: 20
Deskriptoren: ORGANISCHE STOFFE, ANORGANISCHE STOFFE, DATEN, INFORMATIONEN, EXPERIMENTELLE METHODEN, SYSTEMANALYTISCHE METHODEN, BEZEICHNUNG, HENRY-KONSTANTE
Bemerkungen: METHODE ZUR BESTIMMUNG DER HENRY-KONSTANTE

[673] SCHULLER-GOETZBURG V. VON, HELMES T.C.
SRI INTERNATIONAL
EXPERTISE ON THE ENVIRONMENTAL COMPATIBILITY TESTING OF SELECTED PRODUCTS OF THE CHEMICAL INDUSTRY
RESEARCH PLAN NO. 104 01 073, SRI PROJECT 8061
SRI INTERNATIONAL, ZUERICH, 1979
Anzahl der Stoffe: 138
Deskriptoren: ORGANISCHE STOFFE, ANORGANISCHE STOFFE, DATEN, INFORMATIONEN, EXPERIMENTELLE METHODEN, CHEMIKALIEN INDEX, SYNONYMA, BEZEICHNUNG, CAS-NUMMER, VERWENDUNGSART, PRODUKTIONSVOLUMEN, SCHMELZPUNKT, SIEDEPUNKT, RELATIVE DICHTE, DAMPFDRUCK, VERTEILUNGSKOEFFIZIENT N-OCTANOL/WASSER, POW, WASSERLOESLICHKEIT, LOESLICHKEIT IN ORGANISCHEN LOESEMITTELN, OBERFLAECHENSPANNUNG, FISCH, DAPHNIA, ALGE, VOEGEL, WUERMER, BIOABBAU, BIOAKKUMULATION, ABIOTISCHE ABBAUBARKEIT, DIREKTER PHOTOABBAU, AKUTE ORALE TOXIZITAET SAEUGETIER, SUBAKUTE-SUBCHRONISCHE TOXIZITAET SAEUGETIER, CARCINOGENITAET SAEUGETIER, MUTAGENITAET SAEUGETIER, TERATOGENITAET SAEUGETIER

[674] SCHULLER-GOETZBURG VON V.
COMMISSION OF THE EUROPEAN COMMUNITIES
COLLECTION AND EVALUTION OF DATA RELATING TO THE PRODUCTION IN THE EEC OF SUBST. BELONGING TO LIST I OF DIRECTIVE 76/464/EEC
SRI INTERNATIONAL, MENLO PARK, 1980
Anzahl der Stoffe: 1441
Deskriptoren: ORGANISCHE STOFFE, DATEN, INFORMATIONEN, OFFIZIELLE TEXTE, CHEMIKALIEN INDEX, BEZEICHNUNG, CAS-NUMMER, PRODUK-

TIONSVOLUMEN, VERMARKTUNGSMENGE
Bemerkungen: HINWEISE AUF ANDERE ARBEITEN

[675] SEARLE C.E.
CHEMICAL CARCINOGENS
ACS MONOGRAPH 173
AMERICAN CHEMICAL SOCIETY, WASHINGTON D.C., 1978
ISBN: 0-8412-0226-5
Anzahl der Stoffe: 500
Deskriptoren: ORGANISCHE STOFFE, ANORGANISCHE STOFFE, DATEN, INFORMATIONEN, CHEMIKALIEN INDEX, BEZEICHNUNG, SYNONYMA, CARCINOGENITAET SAEUGETIER, HINWEISE AUF MUTAGENE/KANZEROGENE WIRKUNGEN(MENSCH)
Bemerkungen: INFORMATIONSTYP: MUTAGENE UND CARCINOGENE

[676] SEDIVEC V., FLEK J.
HANDBOOK OF ANALYSIS OF ORGANIC SOLVENTS
JOHN WILEY & SONS, NEW YORK, 1976
ISBN: 0-470-15010-6
Anzahl der Stoffe: 250
Deskriptoren: ORGANISCHE STOFFE, DATEN, INFORMATIONEN, EXPERIMENTELLE METHODEN, CHEMIKALIEN INDEX, BEZEICHNUNG, SYNONYMA, SCHMELZPUNKT, SIEDEPUNKT, RELATIVE DICHTE, DAMPFDRUCK, OBERFLAECHENSPANNUNG, WASSERLOESLICHKEIT, LOESLICHKEIT IN ORGANISCHEN LOESEMITTELN, FLAMMPUNKT, VISKOSITAET
Bemerkungen: DATENTYP: LOESUNGSMITTEL

[677] SEILER H.G., SIGEL H.
HANDBOOK ON TOXICITY OF INORGANIC COMPOUNDS
MARCEL DEKKER, NEW YORK, 1988
ISBN: 0-8247-7727-1
Anzahl der Stoffe: 103
Deskriptoren: ANORGANISCHE STOFFE, DATEN, INFORMATIONEN, EXPERIMENTELLE METHODEN, BEZEICHNUNG, STOFFBESCHAFFENHEIT, ANWENDUNGSMUSTER, PRODUKTIONSVOLUMEN, ATMOSPHAERE, HYDROSPHAERE MEER, HYDROSPHAERE SUESSWASSER, LEBENSMITTEL PFLANZLICH UND TIERISCH, TRINKWASSER, PEDOSPHAERE, SCHMELZPUNKT, MOLEKULARGEWICHT, RELATIVE DICHTE, WASSERLOESLICHKEIT, SONSTIGE PC-GROESSEN, BIOAKKUMULATION, AKUTE TOXIZITAET, CHRONISCHE TOXIZITAET SAEUGETIER, ANDERE WIRKUNGEN, AKUTE VERGIFTUNGEN, CHRONISCHE VERGIFTUNGEN MENSCH, EPIDEMIOLOGISCHE DATEN, HINWEISE AUF MUTAGENE/KANZEROGENE WIRKUNGEN(MENSCH), MAK-WERTE, BAT-WERTE, TLV-WERTE

[678] SERJEANT E.P., DEMPSEY B.
UNIVERSITY OF NEW SOUTH WALES
JONISATION CONSTANTS OF ORGANIC ACIDS IN AQUEUUS SOLUTION
CHEMICAL DATA SERIES NO.23
PERGAMON PRESS LTD, OXFORD, 1979
ISBN: 0-08-0222339-7
Anzahl der Stoffe: 5500
Deskriptoren: ORGANISCHE STOFFE, DATEN, INFORMATIONEN, EXPERIMENTELLE METHODEN, BEZEICHNUNG, SUMMENFORMEL, WASSERLOESLICHKEIT, DISSOZIATIONSKONSTANTE, THEORETISCHE METHODEN, CHEMIKALIEN INDEX, SONSTIGE PC-GROESSEN

[679] SERRES DE F., SHELBY M.L.
COMPARATIVE CHEMICAL MUTAGENESIS
PLENUM PRESS, NEW YORK, 1981
ISBN: 0-306-40930-5
Anzahl der Stoffe: 20
Deskriptoren: ORGANISCHE STOFFE, DATEN, INFORMATIONEN, EXPERIMENTELLE METHODEN, BEZEICHNUNG, MUTAGENITAET SAEUGETIER, HINWEISE AUF MUTAGENE/KANZEROGENE WIRKUNGEN(MENSCH)
Bemerkungen: INFORMATIONSTYP: MUTAGENE UND CARCINOGENE, VERGLEICHENDE RESULTATE VON MUTAGENEN AUF VERSUCHSORGANISMEN

[680] SEYMOUR R.B.
ADDITIVES FOR PLASTICS
PROCEEDINGS OF A SYMPOSIUM
ACADEMIC PRESS, NEW YORK, 1978
ISBN: 0-12-6375-01-1
Anzahl der Stoffe: 500
Deskriptoren: ORGANISCHE STOFFE, DATEN, INFORMATIONEN, CHEMIKALIEN INDEX, BEZEICHNUNG, SYNONYMA, VERWENDUNGSART, HERSTELLUNG, SCHMELZPUNKT, RELATIVE DICHTE, VISKOSITAET
Bemerkungen: DATENTYP: POLYMERADDITIVE

[681] SHAKELFORD W.M., KEITH L.H.
FREQUENCY OF ORGANIC COMPOUNDS IDENTIFIED IN WATER
EPA-600/4-76-062
EPA, ATHEN(USA), 1976
Anzahl der Stoffe: 1259
Deskriptoren: ORGANISCHE STOFFE, DATEN, INFORMATIONEN, SITUATIONSSTUDIEN, CHEMIKALIEN INDEX, BEZEICHNUNG, HYDROSPHAERE MEER, HYDROSPHAERE SUESSWASSER, TRINKWASSER

[682] SHARP D.W.A.
MIALL'S DICTIONARY OF CHEMISTY
LONGMANS , HARLOW, 1981
ISBN: 0-5823-5152-9
Anzahl der Stoffe: 3000
Deskriptoren: ORGANISCHE STOFFE, ANORGANISCHE STOFFE, DATEN, INFORMATIONEN, CHEMIKALIEN INDEX, SYNONYMA INDEX, BEZEICHNUNG, SYNONYMA, SCHMELZPUNKT, SIEDEPUNKT, RELATIVE DICHTE, SONSTIGE PC-GROESSEN

[683] SHEPARD T.H.
CATALOG OF TERATOGENIC AGENTS
THE JOHN HOPKINS UNIVERSITY PRESS, BALTIMORE, LONDON, 1980
ISBN: 0-8018-2367-6
Anzahl der Stoffe: 1076
Deskriptoren: ORGANISCHE STOFFE, ANORGANISCHE STOFFE, DATEN, INFORMATIONEN, CHEMIKALIEN INDEX, BEZEICHNUNG, SYNONYMA, TERATOGENITAET SAEUGETIER
Bemerkungen: INFORMATIONSTYP: TERATOGENITAET

[684] SHINODA K.
SOLVENT PROPERTIES OF SURFACTANT SOLUTIONS
SURFACTANT SCIENCE SERIES

MARCEL DEKKER, NEW YORK, 1967
Anzahl der Stoffe: 100
Deskriptoren: ORGANISCHE STOFFE, DATEN, INFORMATIONEN, BEZEICHNUNG, VERWENDUNGSART, WASSERLOESLICHKEIT, LOESLICHKEIT IN ORGANISCHEN LOESEMITTELN
Bemerkungen: DATENTYP: OBERFLAECHENAKTIVE MITTEL

[685] SIGMA CHEMIE GMBH
SIGMA CHEMIE GMBH
BIOCHEMICAL AND ORGANIC COMPOUNDS FOR RESEARCH AND DIAGNOSIS: CLINICAL REAGENTS
SIGMA CHEMIE GMBH, DEISENHOFEN, 1986
Anzahl der Stoffe: 65000
Deskriptoren: ORGANISCHE STOFFE, ANORGANISCHE STOFFE, BEZEICHNUNG, SYNONYMA, STOFFBESCHAFFENHEIT, VERWENDUNGSART, TRANSPORT, KENNZEICHNUNG, SCHUTZMASSNAHMEN, LAGERUNG UND HANDHABUNG

[686] SIGMA CHEMIE GMBH
BIOCHEMIKALIEN UND ORGANISCHE VERBINDUNGEN
DIAGNOSTIKA
SIGMA CHEMIE GMBH, DEISENHOFEN, 1989
Anzahl der Stoffe: 30000
Deskriptoren: ORGANISCHE STOFFE, ANORGANISCHE STOFFE, DATEN, INFORMATIONEN, CHEMIKALIEN INDEX, BEZEICHNUNG, STOFFBESCHAFFENHEIT
Bemerkungen: 13-15U. 19 25 ALS ISOTOPE

[687] SIGMA CHEMIE GMBH
BIOCHEMISCHE UND ORGANISCHE VERBINDUNGEN FUER DIE FORSCHUNG
DIAGNOSTIKA UND KLINISCHE REAGENZIEN
SIGMA CHEMIE GMBH, DEISENHOFEN, 1988
Anzahl der Stoffe: 40000
Deskriptoren: ORGANISCHE STOFFE, DATEN, INFORMATIONEN, EXPERIMENTELLE METHODEN, CHEMIKALIEN INDEX, BEZEICHNUNG, SYNONYMA, STOFFBESCHAFFENHEIT, ANORGANISCHE STOFFE, HINWEISE AUF MUTAGENE/KANZEROGENE WIRKUNGEN(MENSCH)
Bemerkungen: SPEZIALREAGENZIEN, EQUIPMENT

[688] SILCOCK H.L.
SOLUBILITIES OF INORGANIC AND ORGANIC COMPOUNDS
TERNARY AND MULTICOMPONENT SYSTEMS OF INORGANIC SUBSTANCES
PERGAMON PRESS LTD, OXFORD, 1979
ISBN: 0-08-023570-0
Anzahl der Stoffe: 2000
Deskriptoren: ANORGANISCHE STOFFE, ANWENDUNGSINDEX, DATEN, ANWENDUNGSINDEX, BEZEICHNUNG, SUMMENFORMEL, WASSERLOESLICHKEIT, FORMEL INDEX
Bemerkungen: MEHRKOMPONENTENSYSTEME:LOESLICHKEIT EINER SUBSTANZ IN WASSER, UNTER ZUSATZ EINES SALZES, REFERENZEN-INDEX, INFORMATIONSTYP: LOESLICHKEITEN

[689] SITTIG M.
PRINCETON UNIVERSITAET
HANDBOOK OF TOXIC AND HAZARDOUS CHEMICALS AND CARCINOGENS
NOYES PUBLICATIONS, PARK RIDGE, NEW JERSEY, 1985
ISBN: 0-8155-1009-8

Anzahl der Stoffe: 800
Deskriptoren: ORGANISCHE STOFFE, ANORGANISCHE STOFFE, DATEN, INFORMATIONEN, EXPERIMENTELLE METHODEN, CHEMIKALIEN INDEX, BEZEICHNUNG, SYNONYMA, CAS-NUMMER, SUMMENFORMEL, STOFFBESCHAFFENHEIT, VERWENDUNGSART, ARBEITSSCHUTZ, SCHUTZMASSNAHMEN, LAGERUNG UND HANDHABUNG, R, S-SAETZE, TLV-WERTE, GESUNDHEITSSCHUTZ, ENTSORGUNG, MASSNAHMEN BEI UNFAELLEN UND BRAENDEN, MASSNAHMEN NACH VERSCHUETTEN/AUSLAUFEN/GASAUSTRITT, ERSTE HILFE

[690] SITTIG M.
AROMATIC HYDROCARBONS
MANUFACTURE AND TECHNOLOGY
NOYES DATA CORPORATION, PARK RIDGE, NEW JERSEY, 1976
ISBN: 0-8155-0600-7
Anzahl der Stoffe: 50
Deskriptoren: ORGANISCHE STOFFE, DATEN, INFORMATIONEN, BEZEICHNUNG, HERSTELLUNG, VERWENDUNGSART
Bemerkungen: DATENTYP: PAH'S

[691] SITTIG M.
ENVIRONMENTAL SOURCES AND EMISSIONS HANDBOOK
NOYES DATA CORPORATION, PARK RIDGE, NEW JERSEY, 1975
ISBN: 0-8155-0568-X
Anzahl der Stoffe: 2500
Deskriptoren: ORGANISCHE STOFFE, ANORGANISCHE STOFFE, DATEN, INFORMATIONEN, CHEMIKALIEN INDEX, BEZEICHNUNG, SYNONYMA, ATMOSPHAERE
Bemerkungen: EMISSIONSQUELLEN, EMISSIONSFAKTOREN VON UMWELTSCHADSTOFFEN

[692] SITTIG M.
HAZARDOUS AND TOXIC EFFECTS OF INDUSTRIAL CHEMICALS
NOYES DATA CORPORATION, PARK RIDGE, NEW JERSEY, 1979
ISBN: 0-8155-0731-3
Anzahl der Stoffe: 1000
Deskriptoren: ORGANISCHE STOFFE, ANORGANISCHE STOFFE, DATEN, INFORMATIONEN, CHEMIKALIEN INDEX, BEZEICHNUNG, SYNONYMA, VERWENDUNGSART, AKUTE ORALE TOXIZITAET SAEUGETIER, AKUTE VERGIFTUNGEN, ANDERE WIRKUNGEN, CHRONISCHE TOXIZITAET MENSCH, CHRONISCHE TOXIZITAET SAEUGETIER, CHRONISCHE VERGIFTUNGEN MENSCH, ARBEITSSCHUTZ
Bemerkungen: SICHERHEIT AM ARBEITSPLATZ

[693] SITTIG M.
LANDFILL DISPOSAL OF HAZARDOUS WASTES AND SLUDGES
NOYES DATA CORPORATION, PARK RIDGE, NEW JERSEY, 1979
ISBN: 0-8155-0773-9
Anzahl der Stoffe: 1000
Deskriptoren: ORGANISCHE STOFFE, ANORGANISCHE STOFFE, DATEN, INFORMATIONEN, EXPERIMENTELLE METHODEN, SITUATIONSSTUDIEN, OFFIZIELLE TEXTE, BEZEICHNUNG, ANWENDUNGSMUSTER, ABFALLAUFKOMMEN, ABIOTISCHE ABBAUBARKEIT, DIREKTER PHOTOABBAU, AKUTE VERGIFTUNGEN, CHRONISCHE VERGIFTUNGEN MENSCH, SCHUTZMASSNAHMEN,

LAGERUNG UND HANDHABUNG, GEFAHRENSYMBOLE,GEFAHRENBEZEICHNUNG, ENTSORGUNG, MASSNAHMEN BEI UNFAELLEN UND BRAENDEN
Bemerkungen: QUELLEN Z.T. REGIERUNGSERLASS

[694] SITTIG M.
ORGANIC CHEMICAL PROCESS ENCYCLOPEDIA
NOYES DATA CORPORATION, PARK RIDGE, NEW JERSEY, 1969
ISBN: 0-8155-0285-0
Anzahl der Stoffe: 750
Deskriptoren: ORGANISCHE STOFFE, DATEN, INFORMATIONEN, CHEMIKALIEN INDEX, BEZEICHNUNG, SYNONYMA, VERWENDUNGSART, HERSTELLUNG
Bemerkungen: ORGANISCH-CHEMISCHE VERFAHREN

[695] SITTIG M.
PESTICIDE MANUFACTURING AND TOXIC MATERIALS CONTROL ENCYCLOPEDIA
NOYES DATA CORPORATION, PARK RIDGE, NEW JERSEY, 1980
ISBN: 0-8155-0814-X
Anzahl der Stoffe: 1500
Deskriptoren: ORGANISCHE STOFFE, ANORGANISCHE STOFFE, DATEN, INFORMATIONEN, EXPERIMENTELLE METHODEN, SITUATIONSSTUDIEN, CHEMIKALIEN INDEX, SYNONYMA INDEX, BEZEICHNUNG, STRUKTURFORMEL, VERWENDUNGSZWECK, HERSTELLUNG, ANWENDUNGSMUSTER, PRODUKTIONSVOLUMEN, SYNTHESE, BIOABBAU, AKUTE ORALE TOXIZITAET SAEUGETIER, CARCINOGENITAET SAEUGETIER, METABOLISMUS SAEUGETIER, ANDERE WIRKUNGEN, ADI-WERTE, HINWEISE AUF MUTAGENE/KANZEROGENE WIRKUNGEN(MENSCH), SCHUTZMASSNAHMEN, LAGERUNG UND HANDHABUNG, TLV-WERTE, ENTSORGUNG
Bemerkungen: EPA-GRENZWERTE FUER LANDWIRTSCHAFTLICHE ANWENDUNGEN, DATENTYP: PESTIZIDE

[696] SITTIG M.
PHARMACEUTICAL MANUFACTURING ENCYCLOPEDIA
NOYES PUBLICATIONS, PARK RIDGE, NEW JERSEY, 1988
ISBN: 0-8155-1144-2
Anzahl der Stoffe: 1295
Deskriptoren: ORGANISCHE STOFFE, DATEN, INFORMATIONEN, EXPERIMENTELLE METHODEN, CHEMIKALIEN INDEX, SYNONYMA INDEX, BEZEICHNUNG, SYNONYMA, CAS-NUMMER, STRUKTURFORMEL, VERWENDUNGSZWECK, ANWENDUNGSMUSTER, SYNTHESE, VERMARKTUNGSMENGE, SCHMELZPUNKT, SONSTIGE PC-GROESSEN
Bemerkungen: DATENTYP: PHARMAZEUTIKA

[697] SITTIG M.
POLLUTANT REMOVAL HANDBOOK
NOYES DATA CORPORATION, PARK RIDGE, NEW JERSEY, 1973
ISBN: 0-8155-0489-6
Anzahl der Stoffe: 150
Deskriptoren: ORGANISCHE STOFFE, ANORGANISCHE STOFFE, DATEN, INFORMATIONEN, BEZEICHNUNG, ENTSORGUNG
Bemerkungen: BESEITIGUNG UND WIEDERGEWINNUNG VON CHEMIKALIEN

[698] SITTIG M.
PRIORITY TOXIC POLLUTANTS

HEALTH IMPACTS AND ALLOWABLE LIMITS
NOYES DATA CORPORATION, PARK RIDGE, NEW JERSEY, 1980
ISBN: 0-8155-0797-6
Anzahl der Stoffe: 200
Deskriptoren: ORGANISCHE STOFFE, ANORGANISCHE STOFFE, DATEN, INFORMATIONEN, SITUATIONSSTUDIEN, CHEMIKALIEN INDEX, BEZEICHNUNG, SYNONYMA, VERWENDUNGSART, ATMOSPHAERE, HYDROSPHAERE MEER, HYDROSPHAERE SUESSWASSER, PEDOSPHAERE, SCHMELZPUNKT, SIEDEPUNKT, DAMPFDRUCK, WASSERLOESLICHKEIT, LOESLICHKEIT IN ORGANISCHEN LOESEMITTELN, VERTEILUNGSKOEFFIZIENT N-OCTANOL/WASSER, POW, BIOABBAU, BIOAKKUMULATION, DIREKTER PHOTOABBAU, FISCH, AKUTE VERGIFTUNGEN
Bemerkungen: PRIORITAERE TOXISCHE STOFFE

[699] SKEIST I.
HANDBOOK OF ADHESIVES
VAN NOSTRAND REINHOLD COMPANY, NEW YORK, 1977
ISBN: 0-442-27634-6
Anzahl der Stoffe: 200
Deskriptoren: ORGANISCHE STOFFE, ANORGANISCHE STOFFE, DATEN, INFORMATIONEN, CHEMIKALIEN INDEX, BEZEICHNUNG, VERWENDUNGSART, PRODUKTIONSVOLUMEN, RELATIVE DICHTE, LOESLICHKEIT IN ORGANISCHEN LOESEMITTELN
Bemerkungen: DATENTYP: KLEBEMITTEL

[700] SLACK A.V.
PHOSPHORIC ACID
FERTILIZER SCIENCE AND TECHNOLOGY SERIES
MARCEL DEKKER, NEW YORK, 1974
Anzahl der Stoffe: 20
Deskriptoren: ORGANISCHE STOFFE, ANORGANISCHE STOFFE, DATEN, INFORMATIONEN, BEZEICHNUNG, VERWENDUNGSART, HERSTELLUNG, ABFALLAUFKOMMEN, ENTSORGUNG
Bemerkungen: PHOSPHORSAEURE UND DEREN SALZE

[701] SLEIN M.W., SANSONE E.B.
DEGRADATION OF CHEMICAL CARCINOGENS
AN ANNOTATED BIBLIOGRAPHY
VAN NOSTRAND REINHOLD COMPANY, NEW YORK, 1980
ISBN: 0-442-24489-4
Anzahl der Stoffe: 68
Deskriptoren: ORGANISCHE STOFFE, DATEN, INFORMATIONEN, EXPERIMENTELLE METHODEN, CAS-NUMMER INDEX, BEZEICHNUNG, CAS-NUMMER, BIOABBAU, ABIOTISCHE ABBAUBARKEIT, DIREKTER PHOTOABBAU, AKUTE ORALE TOXIZITAET SAEUGETIER, CHRONISCHE TOXIZITAET MENSCH, MUTAGENITAET SAEUGETIER, CARCINOGENITAET SAEUGETIER, METABOLISMUS SAEUGETIER, HINWEISE AUF MUTAGENE/KANZEROGENE WIRKUNGEN-(MENSCH), ENTSORGUNG
Bemerkungen: AUSSAGEN BEZUEGLICH QUALITAET (Z.B. PC-EIGENSCHAFTEN)

[702] SLEIN M.W., SANSONE E.B.
DEGRADATION OF CHEMICAL CARCINOGENS
VAN NOSTRAND REINHOLD COMPANY, NEW YORK, 1980
ISBN: 0-442-24489-4
Anzahl der Stoffe: 50

Deskriptoren: ORGANISCHE STOFFE, ANORGANISCHE STOFFE, DATEN, INFORMATIONEN, BEZEICHNUNG, BIOABBAU, DIREKTER PHOTOABBAU
Bemerkungen: INFORMATIONSTYP: MUTAGENE UND CARCINOGENE

[703] SMITH E.V., SPURR J.M., FILKINS J.C., JONES J.J.
ORGANOCHLORINE CONTAMINANTS OF WINTERING DUCKS FORAGING ON DETROIT RIVER SEDIMENTS
INTERNAT ASSOC. GREAT LAKES RES., TORONTO, 1985
ISSN: 0380-1330
Anzahl der Stoffe: 14
Deskriptoren: ORGANISCHE STOFFE, DATEN, INFORMATIONEN, EXPERIMENTELLE METHODEN, FALLSTUDIEN, SITUATIONSSTUDIEN, BEZEICHNUNG, LEBENSMITTEL PFLANZLICH UND TIERISCH, HYDROSPHAERE SUESSWASSER, BIOAKKUMULATION, VOEGEL

[704] SMITH R.M., MARTELL A.E.
CRITICAL STABILITY CONSTANTS
PLENUM PRESS, NEW YORK, LONDON, 1975
ISBN: 0-306-35212-5
Anzahl der Stoffe: 1000
Deskriptoren: ORGANISCHE STOFFE, ANORGANISCHE STOFFE, DATEN, CHEMIKALIEN INDEX, BEZEICHNUNG, SYNONYMA, THERMODYNAMISCHE DATEN, SONSTIGE PC-GROESSEN, VERTEILUNGSKOEFFIZIENT

[705] SNELL F.D., SNELL C.T.
DICTIONARY OF COMMERCIAL CHEMICALS
VAN NOSTRAND REINHOLD COMPANY, PRINCETON, 1963
Anzahl der Stoffe: 4500
Deskriptoren: ORGANISCHE STOFFE, ANORGANISCHE STOFFE, DATEN, INFORMATIONEN, CHEMIKALIEN INDEX, BEZEICHNUNG, SYNONYMA, HERSTELLUNG, SCHMELZPUNKT, VISKOSITAET, WASSERLOESLICHKEIT, LOESLICHKEIT IN ORGANISCHEN LOESEMITTELN

[706] SOCIETY OF DYERS AND COLOURISTS
COLOUR INDEX
THE SOCIETY OF DYERS AND COLOURISTS, BRADFORD, 1975
Anzahl der Stoffe: 8000
Deskriptoren: ORGANISCHE STOFFE, ANORGANISCHE STOFFE, DATEN, INFORMATIONEN, CHEMIKALIEN INDEX, BEZEICHNUNG, SYNONYMA, HERSTELLUNG
Bemerkungen: DATENTYP: FARBSTOFFE, TECHNISCHE DATEN UND CHEMISCHE KONSTITUTION

[707] SODERMAN J.V.
HANDBOOK OF IDENTIFIED CARCINOGENS AND NONCARCINOGENS CARCINOGENICITY-MUTAGENICITY DATABASE
CRC PRESS INC., CLEVELAND, 1986
ISBN: 0-8493-3201-X
Anzahl der Stoffe: 1200
Deskriptoren: ORGANISCHE STOFFE, ANORGANISCHE STOFFE, DATEN, INFORMATIONEN, CHEMIKALIEN INDEX, CAS-NUMMER INDEX, BEZEICHNUNG, CAS-NUMMER, STRUKTURFORMEL, MUTAGENITAET SAEUGETIER, CARCINOGENITAET SAEUGETIER, HINWEISE AUF MUTAGENE/KANZEROGENE WIRKUNGEN(MENSCH)

Bemerkungen: INFORMATIONSTYP: MUTAGENE UND CARCINOGENE, AUCH ALS DATENBANK VORHANDEN

[708] SONNEBORN M., KAYSER D.
BGA
GESUNDHEITLICHE BEWERTUNG AUSGEWAEHLTER CHEMISCHER STOFFE
MEDIZIN VERLAG MMV, MUENCHEN, 1985
ISBN: 3-8208-1065-X
Anzahl der Stoffe: 11
Deskriptoren: ORGANISCHE STOFFE, DATEN, INFORMATIONEN, FALLSTUDIEN, SITUATIONSSTUDIEN, BEZEICHNUNG, SYNONYMA, CAS-NUMMER, STRUKTURFORMEL, SUMMENFORMEL, STOFFBESCHAFFENHEIT, VERWENDUNGSZWECK, ANWENDUNGSMUSTER, PRODUKTIONSVOLUMEN, SYNTHESE, ATMOSPHAERE, LEBENSMITTEL PFLANZLICH UND TIERISCH, TRINKWASSER, SCHMELZPUNKT, SIEDEPUNKT, FLAMMPUNKT, ZUENDTEMPERATUR, MOLEKULARGEWICHT, RELATIVE DICHTE, DAMPFDRUCK, BRECHUNGSINDEX, WASSERLOESLICHKEIT, LOESLICHKEIT IN ORGANISCHEN LOESEMITTELN, BIOABBAU, DIREKTER PHOTOABBAU, INSEKTEN, AKUTE TOXIZITAET, AKUTE ORALE TOXIZITAET SAEUGETIER, AKUTE PERCUTANE TOXIZITAET SAEUGETIER, HAUTREIZUNG SAEUGETIER, AKUTE INTRAPERITONEALE TOXIZITAET SAEUGETIER, DERMALE TOXIZITAET SAEUGETIER, INHALATIV SAEUGETIER, SUBAKUTE-SUBCHRONISCHE TOXIZITAET SAEUGETIER, CHRONISCHE TOXIZITAET SAEUGETIER, REPRODUKTIONSTOXIZITAET, TERATOGENITAET SAEUGETIER, MUTAGENITAET SAEUGETIER, CARCINOGENITAET SAEUGETIER, METABOLISMUS SAEUGETIER, ANDERE WIRKUNGEN, AKUTE VERGIFTUNGEN, EPIDEMIOLOGISCHE DATEN, CHRONISCHE VERGIFTUNGEN MENSCH, R, S-SAETZE, MAK-WERTE, TRK-WERTE, GEFAHRENSYMBOLE,GEFAHRENBEZEICHNUNG

[709] SONTAG J.M.
CARCINOGENS IN INDUSTRY AND THE ENVIRONMENT
MARCEL DEKKER, NEW YORK, 1981
ISBN: 0-8247-1021-5
Anzahl der Stoffe: 500
Deskriptoren: ORGANISCHE STOFFE, ANORGANISCHE STOFFE, DATEN, INFORMATIONEN, CHEMIKALIEN INDEX, BEZEICHNUNG, SYNONYMA, CARCINOGENITAET SAEUGETIER, HINWEISE AUF MUTAGENE/KANZEROGENE WIRKUNGEN(MENSCH)
Bemerkungen: INFORMATIONSTYP: MUTAGENE UND CARCINOGENE

[710] SORBE G.
SICHERHEITSTECHNISCHE KENNDATEN CHEMISCHER STOFFE
ECOMED VERLAG, LANDSBERG/LECH, 1989
ISBN: 3-609-73060-9
Anzahl der Stoffe: 3000
Deskriptoren: ORGANISCHE STOFFE, ANORGANISCHE STOFFE, CHEMIKALIEN INDEX, SUMMENFORMEL INDEX, DATEN, INFORMATIONEN, BEZEICHNUNG, SYNONYMA, SUMMENFORMEL, UN-NUMMER, EG-NUMMER, STRUKTURFORMEL, SCHMELZPUNKT, SIEDEPUNKT, FLAMMPUNKT, ZUENDTEMPERATUR, MOLEKULARGEWICHT, RELATIVE DICHTE, DAMPFDRUCK, ARBEITSSCHUTZ, SCHUTZMASSNAHMEN, LAGERUNG UND HANDHABUNG, ZUENDGRUPPE, EXPLOSIONSKLASSE, R, S-SAETZE, CAS-NUMMER, GEFAHRENSYMBOLE,GEFAHRENBEZEICHNUNG, MAK-WERTE, TLV-WERTE, BAT-WERTE

[711] SORENSEN J.M., ARLT W.
LIQUID-LIQUID EQUILIBRIUM DATA COLLECTION
DECHEMA CHEMISTRY DATA SERIES
DECHEMA, FRANKFURT, 1984
Anzahl der Stoffe: 500
Deskriptoren: ORGANISCHE STOFFE, ANORGANISCHE STOFFE, DATEN, INFORMATIONEN, CHEMIKALIEN INDEX, BEZEICHNUNG, SYNONYMA, WASSERLOESLICHKEIT, LOESLICHKEIT IN ORGANISCHEN LOESEMITTELN

[712] SORSA M., VAINIO H.
INSTITUT OF OCCUPATIONAL HEALTH, HELSINKI
MUTAGENS IN OUR ENVIRONMENT
PROGRESS IN CLINICAL AND BIOLOGICAL RESEARCH
ALAN R. LISS. INC., NEW YORK, 1982
ISBN: 0-8451-0109-9
Anzahl der Stoffe: 50
Deskriptoren: ORGANISCHE STOFFE, ANORGANISCHE STOFFE, DATEN, INFORMATIONEN, EXPERIMENTELLE METHODEN, SITUATIONSSTUDIEN, BEZEICHNUNG, MUTAGENITAET SAEUGETIER, CARCINOGENITAET SAEUGETIER, METABOLISMUS MENSCH

[713] SPENCER E.J.
GUIDE TO CHEMICALS USED IN CROP PROTECTION
PUBLICATION 1093, RESEARCH BRANCH AGRICULTURE CANADA
UNIVERSITY OF WESTERN ONTARIO, LONDON/ONTARIO, 1982
Anzahl der Stoffe: 1500
Deskriptoren: ORGANISCHE STOFFE, DATEN, INFORMATIONEN, CHEMIKALIEN INDEX, BEZEICHNUNG, SYNONYMA, VERWENDUNGSART, SCHMELZPUNKT, SIEDEPUNKT, DAMPFDRUCK, WASSERLOESLICHKEIT, LOESLICHKEIT IN ORGANISCHEN LOESEMITTELN, FISCH, DAPHNIA, AKUTE ORALE TOXIZITAET SAEUGETIER, CHRONISCHE TOXIZITAET SAEUGETIER
Bemerkungen: DATENTYP: PESTIZIDE

[714] SRI INTERNATIONAL
SRI INTERNATIONAL
CHEMICAL ECONOMICS HANDBOOK
CHEMICAL INFORMATION SERVICES
SRI INTERNATIONAL, MENLO PARK, 1983
Anzahl der Stoffe: 4000
Deskriptoren: ORGANISCHE STOFFE, ANORGANISCHE STOFFE, DATEN, INFORMATIONEN, CHEMIKALIEN INDEX, BEZEICHNUNG, SYNONYMA, CAS-NUMMER, VERWENDUNGSART, PRODUKTIONSVOLUMEN, HERSTELLUNG, EINFUHR/AUSFUHR, VERWENDUNGSART, SCHMELZPUNKT, AKUTE ORALE TOXIZITAET SAEUGETIER
Bemerkungen: INFORMATIONSTYP: PRODUKTIONSVOLUMEN, OEKONOMISCHER FORTSCHRITT DER CHEMISCHEN INDUSTRIE

[715] SRI INTERNATIONAL
SRI INTERNATIONAL
CHEMICALS, ORIGINS AND MARKETS
CHEMICAL INFORMATION SERVICE, MENLO PARK, 1977
Anzahl der Stoffe: 2400
Deskriptoren: ORGANISCHE STOFFE, ANORGANISCHE STOFFE, DATEN, INFORMATIONEN, CHEMIKALIEN INDEX, BEZEICHNUNG, SYNONYMA, PRODUKTIONSVOLUMEN, VERWENDUNGSART
Bemerkungen: KOMMERZIELLE WEGE VON CHEMIKALIEN IN DEN USA, INFORMATIONSTYP: PRODUKTIONSVOLUMEN

[716] SRI INTERNATIONAL
SRI INTERNATIONAL
DIRECTORY OF CHEMICAL PRODUCERS
UNITED STATES OF AMERICA
SRI INTERNATIONAL, MENLO PARK, 1988
Anzahl der Stoffe: 1000
Deskriptoren: ORGANISCHE STOFFE, ANORGANISCHE STOFFE, DATEN, INFORMATIONEN, CHEMIKALIEN INDEX, BEZEICHNUNG, SYNONYMA, CAS-NUMMER, PRODUKTIONSVOLUMEN, HERSTELLUNG
Bemerkungen: INFORMATIONSTYP: PRODUKTIONSVOLUMEN

[717] SRI INTERNATIONAL
SRI INTERNATIONAL
DIRECTORY OF CHEMICAL PRODUCERS
WESTERN EUROPE
SRI INTERNATIONAL, MENLO PARK, 1981
Anzahl der Stoffe: 1000
Deskriptoren: ORGANISCHE STOFFE, ANORGANISCHE STOFFE, DATEN, INFORMATIONEN, CHEMIKALIEN INDEX, BEZEICHNUNG, SYNONYMA, CAS-NUMMER, HERSTELLUNG, PRODUKTIONSVOLUMEN
Bemerkungen: INFORMATIONSTYP: PRODUKTIONSVOLUMEN

[718] STACEY G.S.
DEVELOPMENT OF AN ECONOMIC-BASED METHODOLOGY FOR PROJECTING FUTURE POLLUTION PROBLEMS
EPA 600/5-78/011
BATTELLE, COLUMBUS, 1978
Anzahl der Stoffe: 100
Deskriptoren: ORGANISCHE STOFFE, ANORGANISCHE STOFFE, DATEN, INFORMATIONEN, BEZEICHNUNG, THEORETISCHE METHODEN, SYSTEMANALYTISCHE METHODEN, PRODUKTIONSVOLUMEN, HERSTELLUNG
Bemerkungen: PLANUNG DES ZUKUENFTIGEN UMWELTSCHUTZES

[719] STARY J.
EQUILIBRIUM CONSTANTS OF LIQUID-LIQUID DISTRIBUTION REACTIONS PART 4: CHELATING EXTRACTANTS, CHEMICAL DATA SERIES
PERGAMON PRESS LTD, OXFORD, 1978
ISBN: 0-08-022343-5
Anzahl der Stoffe: 150
Deskriptoren: ORGANISCHE STOFFE, ANORGANISCHE STOFFE, DATEN, INFORMATIONEN, CHEMIKALIEN INDEX, BEZEICHNUNG, DISSOZIATIONSKONSTANTE
Bemerkungen: INFORMATIONSTYP: DISSOZIATIONSKONSTANTE, STABILITAETSKONSTANTEN

[720] STATISTISCHES BUNDESAMT
UMWELTINFORMATIONEN DER STATISTIK
AUSGABE 1988
W.KOHLHAMMER, MAINZ, 1988
ISBN: 3-17-003362-X
Anzahl der Stoffe: 300
Deskriptoren: ORGANISCHE STOFFE, ANORGANISCHE STOFFE, DATEN, INFORMATIONEN, SITUATIONSSTUDIEN, BEZEICHNUNG, SYNONYMA, PRODUKTIONSVOLUMEN, EINFUHR/AUSFUHR, ABFALLAUFKOMMEN, ATMOSPHAERE
Bemerkungen: VIELE UMWELTRELEVANTE DATEN

[721] STATISTISCHES BUNDESAMT WIESBADEN
PRODUKTION IM PRODUZIERENDEN GEWERBE DES IN-UND AUSLANDES
W.KOHLHAMMER VERLAG, MAINZ, 1988
Anzahl der Stoffe: 50
Deskriptoren: ORGANISCHE STOFFE, ANORGANISCHE STOFFE, DATEN, BEZEICHNUNG, VERWENDUNGSZWECK, PRODUKTIONSVOLUMEN, VERMARKTUNGSMENGE, EINFUHR/AUSFUHR

[722] STEERE N.V.
HANDBOOK OF LABORATORY SAFETY
CRC PRESS INC., CLEVELAND, 1971
Anzahl der Stoffe: 1100
Deskriptoren: ORGANISCHE STOFFE, ANORGANISCHE STOFFE, DATEN, INFORMATIONEN, CHEMIKALIEN INDEX, BEZEICHNUNG, SYNONYMA, SCHMELZPUNKT, SIEDEPUNKT, FLAMMPUNKT, ZERSETZUNGSPUNKT, DAMPFDRUCK, WASSERLOESLICHKEIT, LOESLICHKEIT IN ORGANISCHEN LOESEMITTELN, AKUTE VERGIFTUNGEN, CHRONISCHE VERGIFTUNGEN MENSCH, HINWEISE AUF MUTAGENE/KANZEROGENE WIRKUNGEN(MENSCH), ARBEITSSCHUTZ
Bemerkungen: BETONUNG DER EXPOSITION AM ARBEITSPLATZ

[723] STEINLEITNER H.-D.
BRANDSCHUTZ- UND SICHERHEITSTECHNISCHE KENNWERTE GEFAEHRLICHER STOFFE
VERLAG HARRI DEUTSCH, THUN , FRANKFURT, 1989
ISBN: 3-8171-1042-1
Anzahl der Stoffe: 5000
Deskriptoren: ORGANISCHE STOFFE, ANORGANISCHE STOFFE, DATEN, INFORMATIONEN, OFFIZIELLE TEXTE, CHEMIKALIEN INDEX, FORMEL INDEX, BEZEICHNUNG, SYNONYMA, SUMMENFORMEL, STRUKTURFORMEL, UN-NUMMER, VERWENDUNGSART, SCHMELZPUNKT, SIEDEPUNKT, FLAMMPUNKT, ZUENDTEMPERATUR, EXPLOSIONSPUNKT, ZERSETZUNGSPUNKT, ENTZUENDLICHKEIT, MOLEKULARGEWICHT, RELATIVE DICHTE, VISKOSITAET, WASSERLOESLICHKEIT, SONSTIGE PC-GROESSEN, ANDERE WIRKUNGEN, AKUTE VERGIFTUNGEN, ARBEITSSCHUTZ, TRANSPORT, MAK-WERTE, ZUENDGRUPPE, EXPLOSIONSKLASSE, GESUNDHEITSSCHUTZ, BRAND- UND EXPLOSIONSSCHUTZ, ENTSORGUNG, KENNZEICHNUNG, MASSNAHMEN BEI UNFAELLEN UND BRAENDEN, LOESCHMITTEL

[724] STEINLEITNER H.-D.
TABELLENBUCH BRENNBARER UND GEFAEHRLICHER STOFFE
STAATSVERLAG DER DDR, BERLIN, DDR, 1979
Anzahl der Stoffe: 3000

Deskriptoren: ORGANISCHE STOFFE, ANORGANISCHE STOFFE, DATEN, INFORMATIONEN, CHEMIKALIEN INDEX, BEZEICHNUNG, SYNONYMA, SCHMELZPUNKT, SIEDEPUNKT, FLAMMPUNKT, ZERSETZUNGSPUNKT, RELATIVE DICHTE, WASSERLOESLICHKEIT

[725] STEPHAN U., ELSTNER P.
FACHLEXIKON ABC TOXIKOLOGIE
VERLAG HARRI DEUTSCH, THUN , FRANKFURT, 1985
ISBN: 3-87144-880-X
Anzahl der Stoffe: 250
Deskriptoren: ORGANISCHE STOFFE, ANORGANISCHE STOFFE, DATEN, INFORMATIONEN, EXPERIMENTELLE METHODEN, ZUSAMMENFASSENDE ARBEITEN, CHEMIKALIEN INDEX, BEZEICHNUNG, SYNONYMA, STRUKTURFORMEL, SUMMENFORMEL, VERWENDUNGSART, MOLEKULARGEWICHT, FISCH, BIENE, AKUTE ORALE TOXIZITAET SAEUGETIER, DERMALE TOXIZITAET SAEUGETIER, INHALATIV SAEUGETIER, AKUTE INTERTRAVENOESE TOXIZITAET SAEUGETIER, HAUTREIZUNG SAEUGETIER, AUGENREIZUNG SAEUGETIER, ANDERE WIRKUNGEN
Bemerkungen: LEXIKON DER TOXIKOLOGIE

[726] STEPHEN H., STEPHEN T.
SOLUBILITIES OF INORGANIC AND ORGANIC COMPOUNDS
BINARY SYSTEMS
PERGAMON PRESS LTD, OXFORD, 1963
ISBN: 0-08-009924-6
Anzahl der Stoffe: 2000
Deskriptoren: ORGANISCHE STOFFE, ANORGANISCHE STOFFE, DATEN, BEZEICHNUNG, SUMMENFORMEL, LOESLICHKEIT IN ORGANISCHEN LOESEMITTELN, CHEMIKALIEN INDEX, FORMEL INDEX

[727] STEPHEN H., STEPHEN T.
SOLUBILITIES OF INORGANIC AND ORGANIC COMPOUNDS
BINARY SYSTEMS
PERGAMON PRESS LTD, OXFORD, 1963
ISBN: 0-08-009923-8
Anzahl der Stoffe: 3000
Deskriptoren: ORGANISCHE STOFFE, ANORGANISCHE STOFFE, DATEN, BEZEICHNUNG, SUMMENFORMEL, WASSERLOESLICHKEIT, LOESLICHKEIT IN ORGANISCHEN LOESEMITTELN
Bemerkungen: INFORMATIONSTYP: LOESLICHKEITEN

[728] STEPHEN H., STEPHEN T.
SOLUBILITIES OF INORGANIC AND ORGANIC COMPOUNDS
TERNARY SYSTEMS
PERGAMON PRESS LTD, OXFORD, 1963
ISBN: 0-08-009925-4
Anzahl der Stoffe: 2000
Deskriptoren: ORGANISCHE STOFFE, ANORGANISCHE STOFFE, DATEN, BEZEICHNUNG, SUMMENFORMEL, WASSERLOESLICHKEIT, LOESLICHKEIT IN ORGANISCHEN LOESEMITTELN
Bemerkungen: INFORMATIONSTYP: LOESLICHKEITEN

[729] STEPHEN H., STEPHEN T.
SOLUBILITIES OF INORGANIC AND ORGANIC COMPOUNDS

TERNARY AND MULTICOMPONENT SYSTEMS
PERGAMON PRESS LTD, OXFORD, 1963
ISBN: 0-08-009926-2
Anzahl der Stoffe: 2000
Deskriptoren: ORGANISCHE STOFFE, ANORGANISCHE STOFFE, DATEN, CHEMIKALIEN INDEX, FORMEL INDEX, BEZEICHNUNG, SUMMENFORMEL, WASSERLOESLICHKEIT, LOESLICHKEIT IN ORGANISCHEN LOESEMITTELN
Bemerkungen: INFORMATIONSTYP: LOESLICHKEITEN

[730] STERN A.C.
AIR POLLUTION
AIR POLLUTANTS, THEIR TRANSFORMATION AND TRANSPORT
ACADEMIC PRESS, NEW YORK, 1976
ISBN: 0-12-666601-6
Anzahl der Stoffe: 500
Deskriptoren: ORGANISCHE STOFFE, ANORGANISCHE STOFFE, DATEN, INFORMATIONEN, CHEMIKALIEN INDEX, BEZEICHNUNG, ATMOSPHAERE, DIREKTER PHOTOABBAU, SYSTEMANALYTISCHE METHODEN
Bemerkungen: LUFTSCHADSTOFFE, DEREN UMWANDLUNG UND DEREN TRANSPORT

[731] STERN A.C.
AIR POLLUTION
THE EFFECTS OF AIR POLLUTION
ACADEMIC PRESS, NEW JERSEY, 1977
ISBN: 0-12-666602-4
Anzahl der Stoffe: 100
Deskriptoren: ORGANISCHE STOFFE, ANORGANISCHE STOFFE, DATEN, INFORMATIONEN, EXPERIMENTELLE METHODEN, BEZEICHNUNG, ATMOSPHAERE, DIREKTER PHOTOABBAU, AKUTE ORALE TOXIZITAET SAEUGETIER, CHRONISCHE TOXIZITAET SAEUGETIER, CARCINOGENITAET SAEUGETIER, MUTAGENITAET SAEUGETIER, TERATOGENITAET SAEUGETIER

[732] STERN A.C.
AIR POLLUTION
MEASURING, MONITORING AND SURVEILLANCE OF AIR POLLUTION
ACADEMIC PRESS, NEW YORK, 1976
Anzahl der Stoffe: 100
Deskriptoren: ORGANISCHE STOFFE, ANORGANISCHE STOFFE, DATEN, INFORMATIONEN, EXPERIMENTELLE METHODEN, SITUATIONSSTUDIEN, BEZEICHNUNG, ATMOSPHAERE
Bemerkungen: STICHPROBEN UND ANALYSEN, UEBERWACHUNG DER UMGEBENDEN LUFT, UEBERWACHUNG DER QUELLEN

[733] STERN A.C.
AIR POLLUTION
ENGINEERING CONTROL OF AIR POLLUTION
ACADEMIC PRESS, NEW YORK, 1976
Anzahl der Stoffe: 100
Deskriptoren: ORGANISCHE STOFFE, ANORGANISCHE STOFFE, DATEN, INFORMATIONEN, EXPERIMENTELLE METHODEN, BEZEICHNUNG, SYSTEMANALYTISCHE METHODEN, ATMOSPHAERE
Bemerkungen: KONZEPTION ZUR KONTROLLE DER LUFTVERSCHMUTZUNG, KONTROLLMITTEL, EMISSIONEN BEI DER HERSTELLUNG VON CHEMIKALIEN

[734] STERN A.C., WOHLERS H.C.
FUNDAMENTALS OF AIR POLLUTION
ACADEMIC PRESS, NEW YORK, 1973
Anzahl der Stoffe: 50
Deskriptoren: ORGANISCHE STOFFE, ANORGANISCHE STOFFE, DATEN, INFORMATIONEN, EXPERIMENTELLE METHODEN, BEZEICHNUNG, ATMOSPHAERE, PFLANZEN, ANDERE WIRKUNGEN
Bemerkungen: LUFTVERSCHMUTZUNG, WIRKUNGEN

[735] STOCKLEY J.H.
DRUG INTERACTIONS
ALDEN PRESS, OXFORD, 1981
ISBN: 0-632-008431
Anzahl der Stoffe: 700
Deskriptoren: ORGANISCHE STOFFE, ANORGANISCHE STOFFE, DATEN, INFORMATIONEN, SITUATIONSSTUDIEN, ZUSAMMENFASSENDE ARBEITEN, BEZEICHNUNG, SYNONYMA, VERWENDUNGSART, VERWENDUNGSZWECK, METABOLISMUS MENSCH, AKUTE VERGIFTUNGEN, EPIDEMIOLOGISCHE DATEN, CHRONISCHE VERGIFTUNGEN MENSCH
Bemerkungen: DATENTYP: PHARMAZEUTIKA

[736] STONEHOUSE B.
ARCTIC AIR POLLUTION
STUDIES IN POLAR RESEARCH
CAMBRIDGE UNIVERSITY PRESS, CAMBRIDGE, 1986
ISBN: 0521-330009
Anzahl der Stoffe: 100
Deskriptoren: ORGANISCHE STOFFE, ANORGANISCHE STOFFE, DATEN, INFORMATIONEN, EXPERIMENTELLE METHODEN, SYSTEMANALYTISCHE METHODEN, SITUATIONSSTUDIEN, BEZEICHNUNG, ATMOSPHAERE

[737] STRAUSS H.J., KAUFMAN M.
HANDBOOK FOR CHEMICAL TECHNICIANS
MCGRAW-HILL BOOK COMPANY, NEW YORK, 1976
ISBN: 0-07-062164-0
Anzahl der Stoffe: 1000
Deskriptoren: ORGANISCHE STOFFE, ANORGANISCHE STOFFE, DATEN, INFORMATIONEN, CHEMIKALIEN INDEX, BEZEICHNUNG, SYNONYMA, SCHMELZPUNKT, SIEDEPUNKT, RELATIVE DICHTE, OBERFLAECHENSPANNUNG, WASSERLOESLICHKEIT, VERTEILUNGSKOEFFIZIENT N-OCTANOL/WASSER, POW, ENTSORGUNG

[738] STRUGER I.
WESELOH D.V.HALLETT D.J.MINEAU P.
ORGANOCHLORINE CONTAMINANTS IN HERING GULL EGGS FROM THE DETROIT AND NIAGARA RIVERS AND LAGINOUR BAY (1978-1982): CONTIMINANT DI-CRIMINANTS
INTERNAT ASSOC. GREAT LAKES RES., TORONTO, 1986
ISSN: 0380-1330
Anzahl der Stoffe: 26
Deskriptoren: ORGANISCHE STOFFE, DATEN, INFORMATIONEN, EXPERIMENTELLE METHODEN, FALLSTUDIEN, SITUATIONSSTUDIEN, BEZEICHNUNG, HYDROSPHAERE SUESSWASSER

[739] STUMM W., MORGAN J.J.
AQUATIC CHEMISTRY
AN INTRODUCTION EMPHASIZING CHEMICAL EQUILIBRIA IN NATURAL WATERS
JOHN WILEY & SONS, NEW YORK, 1981
ISBN: 0-471-04831-3
Anzahl der Stoffe: 250
Deskriptoren: ORGANISCHE STOFFE, ANORGANISCHE STOFFE, DATEN, INFORMATIONEN, THEORETISCHE METHODEN, CHEMIKALIEN INDEX, BEZEICHNUNG, DISSOZIATIONSKONSTANTE
Bemerkungen: THEORIE DER AQUATISCHEN CHEMIE

[740] SUEMMERMANN W., KORTE F.
GESELLSCHAFT FUER STRAHLEN UND UMWELTFORSCHUNG MUENCHEN
METHODEN ZUR VORAUSSCHAETZUNG DER BELASTUNG DER BEVOELKERUNG BAYERNS DURCH UMWELTCHEMIKALIEN
ZEITRAUM 10-20 JAHRE, GSF BERICHT OE-721
GSF, NEUHERBERG, 1983
ISSN: 0721-1694
Anzahl der Stoffe: 40
Deskriptoren: ORGANISCHE STOFFE, DATEN, INFORMATIONEN, EXPERIMENTELLE METHODEN, THEORETISCHE METHODEN, SYSTEMANALYTISCHE METHODEN, FALLSTUDIEN, SITUATIONSSTUDIEN, BEZEICHNUNG, VERWENDUNGSART, ANWENDUNGSMUSTER, PRODUKTIONSVOLUMEN, EINFUHR/AUSFUHR, VERMARKTUNGSMENGE, ATMOSPHAERE, LEBENSMITTEL PFLANZLICH UND TIERISCH, PEDOSPHAERE, HYDROSPHAERE SUESSWASSER, BIOAKKUMULATION

[741] SUESS M.J., GREFEN K., RENISCH D.W.
WORLD HEALTH ORGANIZATION
AMBIENT AIR POLLUTANTS FROM INDUSTRIAL SOURCES
A REFERENCE HANDBOOK
ELSEVIER, AMSTERDAM, 1985
ISBN: 0-444-80605-9
Anzahl der Stoffe: 200
Deskriptoren: ORGANISCHE STOFFE, ANORGANISCHE STOFFE, DATEN, INFORMATIONEN, SITUATIONSSTUDIEN, BEZEICHNUNG, SYNONYMA, ANWENDUNGSMUSTER, PRODUKTIONSVOLUMEN, SYNTHESE, ATMOSPHAERE, BIOAKKUMULATION, INHALATIV SAEUGETIER, REPRODUKTIONSTOXIZITAET, TERATOGENITAET SAEUGETIER, MUTAGENITAET SAEUGETIER, CARCINOGENITAET SAEUGETIER, AKUTE VERGIFTUNGEN, EPIDEMIOLOGISCHE DATEN, CHRONISCHE VERGIFTUNGEN MENSCH, HINWEISE AUF MUTAGENE/KANZEROGENE WIRKUNGEN(MENSCH), ENTSORGUNG

[742] SUESSMANN A., KRUSE H.
GESUNDHEITSRISIKEN DURCH THERMISCHE ZERSETZUNGPRODUKTE VON KUNSTSTOFFEN
SCHRIFTENREIHE DER UNTERSUCHUNGSSTELLE FUER UMWELTTOXIKOLOGIE DES LANDES SCHLESWIGHOLSTEIN, HEFT 10
UNTERSUCHUNGSSTELLE FUER UMWELTTOXIKOLOGIE, KIEL, 1982
ISSN: 0720-1761
Anzahl der Stoffe: 25
Deskriptoren: ORGANISCHE STOFFE, DATEN, INFORMATIONEN, BEZEICHNUNG, DIREKTER PHOTOABBAU, AKUTE VERGIFTUNGEN, CHRONISCHE

VERGIFTUNGEN MENSCH
Bemerkungen: DATENTYP: POLYMERE, ABBAUPRODUKTE VON POLYMEREN

[743] SUNSHINE J.
CRC HANDBOOK OF ANALYTICAL TOXICOLOGY
CRC PRESS INC., CLEVELAND, 1972
Anzahl der Stoffe: 1000
Deskriptoren: ORGANISCHE STOFFE, ANORGANISCHE STOFFE, DATEN, INFORMATIONEN, EXPERIMENTELLE METHODEN, CHEMIKALIEN INDEX, SYNONYMA, BEZEICHNUNG, SCHMELZPUNKT, SIEDEPUNKT, DAMPFDRUCK, DISSOZIATIONSKONSTANTE, WASSERLOESLICHKEIT, LOESLICHKEIT IN ORGANISCHEN LOESEMITTELN, DIREKTER PHOTOABBAU, AKUTE ORALE TOXIZITAET SAEUGETIER

[744] SUNSHINE J.
METHODOLOGY FOR ANALYTICAL TOXICOLOGY
CRC PRESS INC., CLEVELAND, 1975
ISBN: 0-87819-716-8
Anzahl der Stoffe: 100
Deskriptoren: ORGANISCHE STOFFE, ANORGANISCHE STOFFE, DATEN, INFORMATIONEN, EXPERIMENTELLE METHODEN, ATMOSPHAERE, HYDROSPHAERE SUESSWASSER, HYDROSPHAERE MEER

[745] SWISHER R.D.
CHEMICAL AND ENVIRONMENTAL CONSULTANT
SURFACTANT BIODEGRADATION
REVISED AND EXPANDED
MARCEL DEKKER, NEW YORK, BASEL, 1987
ISBN: 0-8247-6938-4
Anzahl der Stoffe: 200
Deskriptoren: ORGANISCHE STOFFE, ANORGANISCHE STOFFE, DATEN, INFORMATIONEN, EXPERIMENTELLE METHODEN, SYSTEMANALYTISCHE METHODEN, BEZEICHNUNG, VERWENDUNGSART, BIOABBAU

[746] TAHORI A.S.
ISRAEL INSTITUTE FOR BIOLOGICAL RESEARCH
CHEMICAL RELEASERS IN INSECTS
PROCEEDINGS OF THE 2. INTERNATIONAL IUPAC CONGRESS OF PESTICIDE CHEMISTRY
GORDON AND BREACH SCIENCE PUBLISHERS, LONDON, 1971
ISBN: 0-677-12140-4
Anzahl der Stoffe: 200
Deskriptoren: ORGANISCHE STOFFE, DATEN, INFORMATIONEN, EXPERIMENTELLE METHODEN, THEORETISCHE METHODEN, FALLSTUDIEN, SITUATIONSSTUDIEN, BEZEICHNUNG, SYNONYMA, STRUKTURFORMEL, VERWENDUNGSZWECK, BIOABBAU, ABIOTISCHE ABBAUBARKEIT, INSEKTEN
Bemerkungen: DATENTYP: PESTIZIDE

[747] TAHORI A.S.
ISRAEL INSTITUTE FOR BIOLOGICAL RESEARCH
HERBICIDES.FUNGICIDES.FORMULATION CHEMISTRY
PROCEEDINGS OF THE 2. INTERNATIONAL IUPAC CONGRESS OF PESTICIDE CHEMISTRY
GORDON AND BREACH SCIENCE PUBLISHERS, LONDON, 1972

ISBN: 0-677-12170-9
Anzahl der Stoffe: 500
Deskriptoren: ORGANISCHE STOFFE, DATEN, INFORMATIONEN, EXPERIMENTELLE METHODEN, THEORETISCHE METHODEN, FALLSTUDIEN, SITUATIONSSTUDIEN, BEZEICHNUNG, SYNONYMA, STRUKTURFORMEL, SPEKTRALDATEN, SUMMENFORMEL, VERWENDUNGSZWECK, LEBENSMITTEL PFLANZLICH UND TIERISCH, PEDOSPHAERE, SCHMELZPUNKT, MOLEKULARGEWICHT, DAMPFDRUCK, WASSERLOESLICHKEIT, LOESLICHKEIT IN ORGANISCHEN LOESEMITTELN, BIOABBAU, ABIOTISCHE ABBAUBARKEIT, DIREKTER PHOTOABBAU, FISCH, PFLANZEN, AKUTE TOXIZITAET, AKUTE ORALE TOXIZITAET SAEUGETIER, DERMALE TOXIZITAET SAEUGETIER, AUGENREIZUNG SAEUGETIER, INHALATIV SAEUGETIER, METABOLISMUS SAEUGETIER
Bemerkungen: DATENTYP: PESTIZIDE

[748] TAHORI A.S.
ISRAEL INSTITUTE FOR BIOLOGICAL RESEARCH
INSECTICIDE RESISTANCE.SYNERGISM.ENZYME INDUCTION
PROCEEDINGS OF THE 2. INTERNATIONAL IUPAC CONGRESS OF PESTICIDE CHEMISTRY
GORDON AND BREACH SCIENCE PUBLISHERS, LONDON, 1971
ISBN: 0-677-12140-7
Anzahl der Stoffe: 100
Deskriptoren: ORGANISCHE STOFFE, ANORGANISCHE STOFFE, DATEN, INFORMATIONEN, EXPERIMENTELLE METHODEN, THEORETISCHE METHODEN, FALLSTUDIEN, BEZEICHNUNG, SYNONYMA, STRUKTURFORMEL, VERWENDUNGSZWECK, BIOABBAU, ABIOTISCHE ABBAUBARKEIT, INSEKTEN, AKUTE TOXIZITAET, AKUTE ORALE TOXIZITAET SAEUGETIER, REPRODUKTIONSTOXIZITAET, TERATOGENITAET SAEUGETIER, METABOLISMUS SAEUGETIER, ANDERE WIRKUNGEN
Bemerkungen: DATENTYP: PESTIZIDE

[749] TAHORI A.S.
ISRAEL INSTITUTE FOR BIOLOGICAL RESEARCH
INSECTICIDES
PROCEEDINGS OF THE 2. INTERNATIONAL IUPAC CONGRESS OF PESTICIDE CHEMISTRY
GORDON AND BREACH SCIENCE PUBLISHERS, LONDON, 1972
ISBN: 0-677-12130-X
Anzahl der Stoffe: 250
Deskriptoren: ORGANISCHE STOFFE, DATEN, INFORMATIONEN, EXPERIMENTELLE METHODEN, THEORETISCHE METHODEN, FALLSTUDIEN, SITUATIONSSTUDIEN, BEZEICHNUNG, SYNONYMA, STRUKTURFORMEL, SUMMENFORMEL, VERWENDUNGSZWECK, SYNTHESE, BIOABBAU, ABIOTISCHE ABBAUBARKEIT, DIREKTER PHOTOABBAU, INSEKTEN, AKUTE ORALE TOXIZITAET SAEUGETIER, AKUTE PERCUTANE TOXIZITAET SAEUGETIER, AKUTE TOXIZITAET, METABOLISMUS SAEUGETIER, ANDERE WIRKUNGEN
Bemerkungen: DATENTYP: PESTIZIDE

[750] TAHORI A.S.
ISRAEL INSTITUTE FOR BIOLOGICAL RESEARCH
METHODS IN RESIDUE ANALYSIS
PROCEEDINGS OF THE 2. INTERNATIONAL IUPAC CONGRESS OF PESTICIDE CHEMISTRY
GORDON AND BREACH SCIENCE PUBLISHERS, LONDON, 1971

ISBN: 0-677-12160-1
Anzahl der Stoffe: 300
Deskriptoren: ORGANISCHE STOFFE, ANORGANISCHE STOFFE, DATEN, INFORMATIONEN, EXPERIMENTELLE METHODEN, THEORETISCHE METHODEN, SYSTEMANALYTISCHE METHODEN, FALLSTUDIEN, SITUATIONSSTUDIEN, BEZEICHNUNG, SYNONYMA, STRUKTURFORMEL, VERWENDUNGSZWECK, ATMOSPHAERE, LEBENSMITTEL PFLANZLICH UND TIERISCH, PEDOSPHAERE, HYDROSPHAERE SUESSWASSER, ABIOTISCHE ABBAUBARKEIT, BIOAKKUMULATION, AKUTE TOXIZITAET, AKUTE ORALE TOXIZITAET SAEUGETIER, METABOLISMUS SAEUGETIER

[751] TANOUE A.
PARTITION COEFFICIENT AND SOLUBILITY OF CHEMICALS
ECOLOGICAL CHEMISTRY, TOKYO, 1982
Anzahl der Stoffe: 291
Deskriptoren: ORGANISCHE STOFFE, DATEN, BEZEICHNUNG, WASSERLOESLICHKEIT, VERTEILUNGSKOEFFIZIENT N-OCTANOL/WASSER, POW
Bemerkungen: JAPANISCH/ENGLISCH, INFORMATIONSTYP: VERTEILUNGSKOEFFIZIENT

[752] TEARLE K.
INDUSTRIAL POLLUTION CONTROL
BUSINESS BOOKS LTD., LONDON, 1973
ISBN: 0-220-66225-8
Anzahl der Stoffe: 50
Deskriptoren: ORGANISCHE STOFFE, ANORGANISCHE STOFFE, DATEN, INFORMATIONEN, BEZEICHNUNG, ATMOSPHAERE, HYDROSPHAERE MEER, HYDROSPHAERE SUESSWASSER
Bemerkungen: WASSER- UND LUFTVERSCHMUTZUNG

[753] TECHNICAL ASSOCIATION OF THE PULP AND PAPER INDUSTRY
ENVIRONMENTAL CONFERENCE 1980
TAPPI PRESS, ATLANTA, 1980
Anzahl der Stoffe: 100
Deskriptoren: ORGANISCHE STOFFE, ANORGANISCHE STOFFE, DATEN, INFORMATIONEN, BEZEICHNUNG, VERWENDUNGSART, ABFALLAUFKOMMEN, ENTSORGUNG, HYDROSPHAERE MEER, HYDROSPHAERE SUESSWASSER, BIOABBAU, BIOAKKUMULATION
Bemerkungen: DATENTYP: PAPIER

[754] TECHNICAL ASSOCIATION OF THE PULP AND PAPER INDUSTRY
PAPER COATING PIGMENTS
TAPPI REPORTS AND BOOKS
TAPPI PRESS, ATLANTA, 1976
Anzahl der Stoffe: 50
Deskriptoren: ORGANISCHE STOFFE, ANORGANISCHE STOFFE, DATEN, INFORMATIONEN, BEZEICHNUNG, VERWENDUNGSART, HERSTELLUNG, PRODUKTIONSVOLUMEN, HYDROSPHAERE MEER, HYDROSPHAERE SUESSWASSER, RELATIVE DICHTE
Bemerkungen: DATENTYP: PAPIER

[755] TECHNICAL ASSOCIATION OF THE PULP AND PAPER INDUSTRY
PAPER COATING ADDITIVES
DESCRIPTION OF FUNCTIONAL PROPERTIES AND LIST OF AVAILABLE PRO-

DUCTS
TAPPI PRESS, ATLANTA, 1978
Anzahl der Stoffe: 100
Deskriptoren: ORGANISCHE STOFFE, ANORGANISCHE STOFFE, DATEN, INFORMATIONEN, BEZEICHNUNG, VERWENDUNGSART
Bemerkungen: DATENTYP: PAPIER

[756] TESTA B., JENNER P.
DRUG METABOLISM
CHEMICAL AND BIOCHEMICAL ASPECTS
MARCEL DEKKER, NEW YORK, 1976
ISBN: 0-8247-6371-8
Anzahl der Stoffe: 1000
Deskriptoren: ORGANISCHE STOFFE, DATEN, INFORMATIONEN, CHEMIKALIEN INDEX, BEZEICHNUNG, SYNONYMA, DIREKTER PHOTOABBAU, BIOABBAU
Bemerkungen: DATENTYP: PHARMAZEUTIKA

[757] THE CHEMICAL SOCIETY
FOREIGN COMPOUND METABOLISM IN MAMMANLS
A REVIEW OF THE LITERATURE PUBLISHED
ROYAL SOCIETY OF CHEMISTRY, LONDON, 1979
ISBN: 0-85186-048-6 ISSN: 0300-3493
Anzahl der Stoffe: 100
Deskriptoren: ORGANISCHE STOFFE, ANORGANISCHE STOFFE, DATEN, INFORMATIONEN, CHEMIKALIEN INDEX, VERWENDUNGSART, DAMPFDRUCK, WASSERLOESLICHKEIT, LOESLICHKEIT IN ORGANISCHEN LOESEMITTELN, BIOABBAU, BIOAKKUMULATION, ABIOTISCHE ABBAUBARKEIT, AKUTE ORALE TOXIZITAET SAEUGETIER, TERATOGENITAET SAEUGETIER, CHRONISCHE TOXIZITAET SAEUGETIER, CARCINOGENITAET SAEUGETIER, MUTAGENITAET SAEUGETIER, METABOLISMUS MENSCH, METABOLISMUS SAEUGETIER

[758] THE ENTOMOLOGICAL SOCIETY OF AMERICA
PESTICIDE HANDBOOK-ENTOMA
THE ENTOMOLOGICAL SOCIETY OF AMERICA, COLLEGE PARK,
Anzahl der Stoffe: 5000
Deskriptoren: ORGANISCHE STOFFE, ANORGANISCHE STOFFE, DATEN, INFORMATIONEN, CHEMIKALIEN INDEX, SYNONYMA INDEX, BEZEICHNUNG, SYNONYMA, VERWENDUNGSART, PRODUKTIONSVOLUMEN
Bemerkungen: DATENTYP: PESTIZIDE

[759] THE SOCIETY OF DYERS AND COLOURISTS
COLOUR INDEX
LUND HUMPHRIES, LONDON, 1971
Anzahl der Stoffe: 5000
Deskriptoren: ORGANISCHE STOFFE, ANORGANISCHE STOFFE, DATEN, INFORMATIONEN, CHEMIKALIEN INDEX, BEZEICHNUNG, SYNONYMA, STRUKTURFORMEL, SUMMENFORMEL, STOFFBESCHAFFENHEIT, VERWENDUNGSART, SYNTHESE, SCHMELZPUNKT, SIEDEPUNKT, MOLEKULARGEWICHT, WASSERLOESLICHKEIT, LOESLICHKEIT IN ORGANISCHEN LOESEMITTELN
Bemerkungen: DATENTYP: FARBSTOFFE

[760] THE SOCIETY OF DYERS AND COLOURISTS
COLOUR INDEX
INTERNATIONAL

CHARLESWORTH+CO. LTD., HUDDERSFIELD, 1987
Anzahl der Stoffe: 70000
Deskriptoren: ORGANISCHE STOFFE, ANORGANISCHE STOFFE, INFORMATIONEN, SYNONYMA INDEX, SYNONYMA, VERWENDUNGSZWECK
Bemerkungen: DATENTYP: FARBSTOFFE

[761] THE SOCIETY OF DYERS AND COLOURISTS
COLOUR INDEX
CHARLEY AND PICKERSGILL LTD., LEEDS, 1975
Anzahl der Stoffe: 1500
Deskriptoren: ORGANISCHE STOFFE, DATEN, INFORMATIONEN, SYNONYMA INDEX, ANWENDUNGSINDEX, SYNONYMA, STRUKTURFORMEL, SUMMENFORMEL, STOFFBESCHAFFENHEIT, VERWENDUNGSZWECK
Bemerkungen: DATENTYP: FARBSTOFFE

[762] THE SOCIETY OF DYERS AND COLOURISTS
COLOUR INDEX
CHARLESWORTH+CO. LTD., HUDDERSFIELD, 1982
Anzahl der Stoffe: 650
Deskriptoren: ORGANISCHE STOFFE, DATEN, INFORMATIONEN, SYNONYMA INDEX, ANWENDUNGSINDEX, SYNONYMA, STRUKTURFORMEL, SUMMENFORMEL, STOFFBESCHAFFENHEIT, VERWENDUNGSZWECK
Bemerkungen: DATENTYP: FARBSTOFFE

[763] THE SOCIETY OF DYERS AND COLOURISTS
COLOUR INDEX
CHARLESWORTH & CO. LTD., HUDDERSFIELD, 1987
Anzahl der Stoffe: 600
Deskriptoren: ORGANISCHE STOFFE, DATEN, INFORMATIONEN, SYNONYMA INDEX, ANWENDUNGSINDEX, SYNONYMA, STRUKTURFORMEL, SUMMENFORMEL, STOFFBESCHAFFENHEIT, VERWENDUNGSZWECK
Bemerkungen: DATENTYP: FARBSTOFFE

[764] THOMAS H., SHEPARD M.D.
CATALOG OF TERATOGENIC AGENTS
THE JOHN HOPKINS UNIVERSITY PRESS, BALTIMORE, LONDON, 1980
ISBN: 0-8018-2367-6
Anzahl der Stoffe: 500
Deskriptoren: ORGANISCHE STOFFE, ANORGANISCHE STOFFE, DATEN, INFORMATIONEN, CHEMIKALIEN INDEX, BEZEICHNUNG, SYNONYMA, TERATOGENITAET SAEUGETIER, HINWEISE AUF MUTAGENE/KANZEROGENE WIRKUNGEN(MENSCH)
Bemerkungen: INFORMATIONSTYP: TERATOGENITAET

[765] THOMSON J.B.
DICTIONARY OF ORGANIC COMPOUNDS
OXFORD UNIVERSITY PRESS, NEW YORK, 1975
ISBN: 0-413-60800-X
Anzahl der Stoffe: 5000
Deskriptoren: ORGANISCHE STOFFE, DATEN, INFORMATIONEN, CHEMIKALIEN INDEX, BEZEICHNUNG, SYNONYMA, VERWENDUNGSART, SCHMELZPUNKT, SIEDEPUNKT, RELATIVE DICHTE, WASSERLOESLICHKEIT, LOESLICHKEIT IN ORGANISCHEN LOESEMITTELN

[766] THOMSON PUBLICATIONS
AGRICULTURAL CHEMICALS
THOMSON PUBLISHERS, FRESNO, 1980
Anzahl der Stoffe: 10000
Deskriptoren: ORGANISCHE STOFFE, DATEN, INFORMATIONEN, CHEMIKALIEN INDEX, SYNONYMA INDEX, BEZEICHNUNG, SYNONYMA, VERWENDUNGSART, HERSTELLUNG
Bemerkungen: DATENTYP: PESTIZIDE

[767] TIMMERMANS J.
PHYSICO-CHEMICAL CONSTANTS OF PURE ORGANIC COMPOUNDS
ELSEVIER, NEW YORK, 1965
Anzahl der Stoffe: 25000
Deskriptoren: ORGANISCHE STOFFE, DATEN, CHEMIKALIEN INDEX, BEZEICHNUNG, SYNONYMA, SCHMELZPUNKT, SIEDEPUNKT, DAMPFDRUCK, OBERFLAECHENSPANNUNG, RELATIVE DICHTE, VISKOSITAET, BRECHUNGSINDEX

[768] TORIBARA T.Y., COLEMAN J.R., DAHNEKE B.E., FELDMAN J.
ENVIRONMENTAL POLLUTANTS
DETECTION AND MEASUREMENT
PLENUM PRESS, NEW YORK, 1978
ISBN: 0-306-36313-5
Anzahl der Stoffe: 100
Deskriptoren: ORGANISCHE STOFFE, ANORGANISCHE STOFFE, DATEN, INFORMATIONEN, EXPERIMENTELLE METHODEN, SITUATIONSSTUDIEN, ATMOSPHAERE, CARCINOGENITAET SAEUGETIER, MUTAGENITAET SAEUGETIER
Bemerkungen: MONITORING VON LUFTSCHADSTOFFEN

[769] TORREY S.
ADHESIVE TECHNOLOGY
NOYES DATA CORPORATION, PARK RIDGE, NEW JERSEY, 1980
Anzahl der Stoffe: 500
Deskriptoren: ORGANISCHE STOFFE, DATEN, INFORMATIONEN, OFFIZIELLE TEXTE, CHEMIKALIEN INDEX, BEZEICHNUNG, SYNONYMA, VERWENDUNGSART
Bemerkungen: DATENTYP: KLEBEMITTEL, ERSATZ VON ORGANISCHEN LOESUNGSMITTELN

[770] TOULOUKIAN Y.S.
THERMOPHYSICAL RESEARCH CENTRE
THERMOPHYSICAL PROPERTIES OF MATTER
TPRC DATA SERIES
IFI/PLENUM PRESS, NEW YORK, 1977
ISBN: 0-306-67020-8
Anzahl der Stoffe: 20000
Deskriptoren: ORGANISCHE STOFFE, ANORGANISCHE STOFFE, DATEN, INFORMATIONEN, CHEMIKALIEN INDEX, BEZEICHNUNG, SYNONYMA, SCHMELZPUNKT, SIEDEPUNKT, RELATIVE DICHTE, THERMODYNAMISCHE DATEN
Bemerkungen: STANDARDWERK FUER THERMODYNAMISCHE DATEN

[771] TRACTOR J.
CHEMICALS WHICH HAVE BEEN TESTED FOR NEUROTOXIC EFFECTS
EPA 560/1-76-005
US ENVIRONMENTAL PROTECTION AGENCY, WASHINGTON D.C., 1976

Anzahl der Stoffe: 750
Deskriptoren: ORGANISCHE STOFFE, ANORGANISCHE STOFFE, DATEN, INFORMATIONEN, CHEMIKALIEN INDEX, BEZEICHNUNG, SYNONYMA, ANDERE WIRKUNGEN
Bemerkungen: INFORMATIONSTYP: NEUROTOXIZITAET

[772] TREVETHICK R.A.
ENVIRONMENTAL AND INDUSTRIAL HEALTH HAZARDS
A PRACTICAL GUIDE
W. HEINEMANN MEDICAL BOOKS LTD., LONDON, 1976
ISBN: 0-433-32655-7
Anzahl der Stoffe: 90
Deskriptoren: ORGANISCHE STOFFE, ANORGANISCHE STOFFE, DATEN, INFORMATIONEN, CHEMIKALIEN INDEX, BEZEICHNUNG, SYNONYMA, CAS-NUMMER, VERWENDUNGSART, AKUTE ORALE TOXIZITAET SAEUGETIER, AKUTE VERGIFTUNGEN, CHRONISCHE TOXIZITAET SAEUGETIER, CHRONISCHE VERGIFTUNGEN MENSCH, ARBEITSSCHUTZ
Bemerkungen: DATENBLAETTER UEBER CHEMIKALIEN

[773] TROTMAN E.K.
DYEING AND CHEMICAL TECHNOLOGY OF TEXTILE FIBERS
CHARLES GRIFFIN & CO LTD., HIGH WYCOMBE, 1976
ISBN: 0-85264-227-X
Anzahl der Stoffe: 200
Deskriptoren: ORGANISCHE STOFFE, DATEN, INFORMATIONEN, CHEMIKALIEN INDEX, BEZEICHNUNG, SYNONYMA, VERWENDUNGSART
Bemerkungen: DATENTYP: FARBSTOFFE, TEXTILINDUSTRIE

[774] TUCKER R.E., YOUNG A.L., GRAY A.P.
HUMAN AND ENVIRONMENTAL RISKS OF CHLORINATED DIOXINS AND RELATED COMPOUNDS
PLENUM PRESS, NEW YORK, 1983
ISBN: 0-306-41170-9
Anzahl der Stoffe: 20
Deskriptoren: ORGANISCHE STOFFE, DATEN, INFORMATIONEN, BEZEICHNUNG, ATMOSPHAERE, HYDROSPHAERE MEER, HYDROSPHAERE SUESSWASSER, PEDOSPHAERE, BIOABBAU, BIOAKKUMULATION, DIREKTER PHOTOABBAU, FISCH, ALGE, DAPHNIA, CHRONISCHE TOXIZITAET SAEUGETIER, SUBAKUTE-SUBCHRONISCHE TOXIZITAET SAEUGETIER, AKUTE ORALE TOXIZITAET SAEUGETIER, CARCINOGENITAET SAEUGETIER, MUTAGENITAET SAEUGETIER, TERATOGENITAET SAEUGETIER
Bemerkungen: DIOXINE UND VERWANDTE VERBINDUNGEN

[775] TUEV RHEINLAND
AROMATEN IM ABGAS VON OTTOMOTOREN
VERLAG TUEV-RHEINLAND GMBH, KOELN, 1988
ISBN: 3-88585-502-2
Anzahl der Stoffe: 50
Deskriptoren: ORGANISCHE STOFFE, DATEN, INFORMATIONEN, EXPERIMENTELLE METHODEN, BEZEICHNUNG, ATMOSPHAERE
Bemerkungen: AROMATISCHE VERBINDUNGEN IN DER LUFT

[776] U.S. COAST GUARD
DEPARTMENT OF TRANSPORTATION

CHRIS- HAZARDOUS CHEMICAL DATA
MANNUAL 2
U.S. GOVERNMENT PRINTING OFFICE, WASHINGTON D.C., 1978
Anzahl der Stoffe: 1000
Deskriptoren: ORGANISCHE STOFFE, ANORGANISCHE STOFFE, DATEN, INFORMATIONEN, CHEMIKALIEN INDEX, BEZEICHNUNG, SYNONYMA, SCHMELZPUNKT, RELATIVE DICHTE, DAMPFDRUCK, FLAMMPUNKT, AKUTE ORALE TOXIZITAET SAEUGETIER, CHRONISCHE TOXIZITAET SAEUGETIER, CARCINOGENITAET SAEUGETIER, MUTAGENITAET SAEUGETIER, TERATOGENITAET SAEUGETIER

[777] U.S. DEPARTMENT OF HEALTH AND HUMAN SERVICES
NATIONAL TOXICOLOGICAL PROGRAM, NTP 81-43
SECOND ANNUAL REPORT ON CARCINOGENS
NATIONAL TOXICOLOGY INSTITUTE, TRIANGLE PARK, 1981
Anzahl der Stoffe: 300
Deskriptoren: ORGANISCHE STOFFE, ANORGANISCHE STOFFE, DATEN, INFORMATIONEN, BEZEICHNUNG, VERWENDUNGSART, PRODUKTIONSVOLUMEN, CARCINOGENITAET SAEUGETIER, MUTAGENITAET SAEUGETIER, HINWEISE AUF MUTAGENE/KANZEROGENE WIRKUNGEN(MENSCH)
Bemerkungen: INFORMATIONSTYP: MUTAGENE UND CARCINOGENE

[778] U.S. DEPARTMENT OF HEALTH AND HUMAN SERVICES
THIRD ANNUAL REPORD ON CARCINOGENS
NTP 82-330
U.S. DEPARTMENT OF HEALTH AND HUMAN SERVICES, WASHINGTON D.C., 1983
Anzahl der Stoffe: 75
Deskriptoren: ORGANISCHE STOFFE, ANORGANISCHE STOFFE, DATEN, INFORMATIONEN, BEZEICHNUNG, CARCINOGENITAET SAEUGETIER, HINWEISE AUF MUTAGENE/KANZEROGENE WIRKUNGEN(MENSCH)
Bemerkungen: INFORMATIONSTYP: MUTAGENE UND CARCINOGENE

[779] U.S. DEPRTMENT OF THE INTERIOR, FISH AND WILDLIFE SERVICE
BUREAU OF SPORTS FISHERIES AND WILDLIFE
COMPARATIVE DIETARY TOXICITIES OF PESTICIDES TO BIRDS
SPECIAL SCIENTIFIC REPORT - WILDLIFE NO.152
U.S. GOVERNMENT PRINTING OFFICE, WASHINGTON D.C., 1972
Anzahl der Stoffe: 89
Deskriptoren: ORGANISCHE STOFFE, DATEN, INFORMATIONEN, CHEMIKALIEN INDEX, BEZEICHNUNG, SYNONYMA, VOEGEL
Bemerkungen: DATENTYP: PESTIZIDE

[780] U.S. DEPRTMENT OF THE INTERIOR, FISH AND WILDLIFE SERVICE
BUREAU OF SPORTS FISHERIES AND WILDLIFE
LETHAL DIETARY TOXICITIES OF ENVIRONMENTAL POLLUTANTS TO BIRDS
SPECIAL SCIENTIFIC REPORT - WILDLIFE NO.191
U.S. GOVERNMENT PRINTING OFFICE, WASHINGTON D.C., 1975
Anzahl der Stoffe: 131
Deskriptoren: ORGANISCHE STOFFE, DATEN, INFORMATIONEN, CHEMIKALIEN INDEX, BEZEICHNUNG, SYNONYMA, VOEGEL
Bemerkungen: DATENTYP: PESTIZIDE

[781] U.S. ENVIRONMENTAL PROTECTION AGENCY
OFFICE OF PESTICIDES AND TOXIC SUBSTANCES
PRELIMINARY EVALUATIONS OF INITIAL TSCA SECTION 8(E) SUBSTANTIAL RISK NOTICES
EPA 560/2-83-001
EPA, WASHINGTON D.C., 1983
Anzahl der Stoffe: 100
Deskriptoren: ORGANISCHE STOFFE, ANORGANISCHE STOFFE, DATEN, INFORMATIONEN, SYSTEMANALYTISCHE METHODEN, CHEMIKALIEN INDEX, BEZEICHNUNG, SYNONYMA, CAS-NUMMER, PRODUKTIONSVOLUMEN, VERWENDUNGSART
Bemerkungen: RISIKOABSCHAETZUNG UEBER CHEMIKALIEN

[782] U.S. ENVIRONMENTAL PROTECTION AGENCY
U.S. ENVIRONMENTAL PROTECTION AGENCY
CHEMICAL HAZARD INFORMATION PROFILES (CHIP) AUG.76-AUG.78
EPA 560/11-80-011
US ENVIRONMENTAL PROTECTION AGENCY, WASHINGTON D.C., 1980
ISBN: 0-86587-056-X
Anzahl der Stoffe: 50
Deskriptoren: ORGANISCHE STOFFE, ANORGANISCHE STOFFE, DATEN, INFORMATIONEN, EXPERIMENTELLE METHODEN, BEZEICHNUNG, CAS-NUMMER, STRUKTURFORMEL, STOFFBESCHAFFENHEIT, VERWENDUNGSART, ANWENDUNGSMUSTER, PRODUKTIONSVOLUMEN, SYNTHESE, HYDROSPHAERE MEER, PEDOSPHAERE, SIEDEPUNKT, DAMPFDRUCK, WASSERLOESLICHKEIT, LOESLICHKEIT IN ORGANISCHEN LOESEMITTELN, FISCH, PFLANZEN, AKUTE ORALE TOXIZITAET SAEUGETIER, DERMALE TOXIZITAET SAEUGETIER, INHALATIV SAEUGETIER, SUBAKUTE-SUBCHRONISCHE TOXIZITAET SAEUGETIER, MUTAGENITAET SAEUGETIER, CARCINOGENITAET SAEUGETIER, METABOLISMUS SAEUGETIER, ANDERE WIRKUNGEN, AKUTE VERGIFTUNGEN, CHRONISCHE VERGIFTUNGEN MENSCH, HINWEISE AUF MUTAGENE/KANZEROGENE WIRKUNGEN(MENSCH), GESUNDHEITSSCHUTZ, TLV-WERTE

[783] U.S. ENVIRONMENTAL PROTECTION AGENCY
COMPILATION OF AIR POLLUTANT EMISSION FACTORS AP-42
PB 275525
U.S. ENVIRONMENTAL PROTECTION AGENCY, TRIANGLE PARK, 1977
Anzahl der Stoffe: 100
Deskriptoren: ORGANISCHE STOFFE, ANORGANISCHE STOFFE, DATEN, INFORMATIONEN, BEZEICHNUNG, SYNONYMA, ATMOSPHAERE
Bemerkungen: EMISSIONSDATEN, STUDIEN UEBER MATERIALBILANZEN, TECHNISCHE ABSCHAETZUNGEN

[784] U.S. ENVIRONMENTAL PROTECTION AGENCY
HAZARD INFORMATION REVIEW PROFILES
U.S. ENVIRONMENTAL PROTECTION AGENCY, WASHINGTON D.C., 1982
Anzahl der Stoffe: 500
Deskriptoren: ORGANISCHE STOFFE, DATEN, INFORMATIONEN, CHEMIKALIEN INDEX, BEZEICHNUNG, SYNONYMA, CAS-NUMMER, PRODUKTIONSVOLUMEN, AKUTE ORALE TOXIZITAET SAEUGETIER

[785] U.S. ENVIRONMENTAL PROTECTION AGENCY
INTERMEDIA PRIORITY POLLUTANTS
U.S. ENVIRONMENTAL PROTECTION AGENCY, WASHINGTON D.C., 1980

Anzahl der Stoffe: 22
Deskriptoren: ORGANISCHE STOFFE, ANORGANISCHE STOFFE, DATEN, INFORMATIONEN, BEZEICHNUNG, SYNONYMA, CAS-NUMMER, ATMOSPHAERE, HYDROSPHAERE MEER, HYDROSPHAERE SUESSWASSER, SCHMELZPUNKT, SIEDEPUNKT, RELATIVE DICHTE, WASSERLOESLICHKEIT, LOESLICHKEIT IN ORGANISCHEN LOESEMITTELN, AKUTE ORALE TOXIZITAET SAEUGETIER
Bemerkungen: DATENTYP: LOESUNGSMITTEL, DATENTYP: PESTIZIDE

[786] U.S. ENVIRONMENTAL PROTECTION AGENCY
MEASUREMENT OF LIGHT HYDROCARBONS AND OXIDANT TRANSPORT, HOUSTON AREA 1976
EPA/600/3-78/062
U.S. ENVIRONMENTAL PROTECTION AGENCY, WASHINGTON D.C., 1978
Anzahl der Stoffe: 50
Deskriptoren: ORGANISCHE STOFFE, DATEN, BEZEICHNUNG, ATMOSPHAERE
Bemerkungen: MONITORING VON LUFTSCHADSTOFFEN

[787] U.S. GOVERNMENT PRINTING OFFICE
WASTE DISPOSAL SITE SURVEY
U.S. GOVERNMENT PRINTING OFFICE, WASHINGTON D.C., 1979
Deskriptoren: ORGANISCHE STOFFE, ANORGANISCHE STOFFE, SITUATIONSSTUDIEN, ABFALLAUFKOMMEN, ENTFERNUNG DER CHEMIKALIEN, ENTSORGUNG
Bemerkungen: UNTERSUCHUNG UEBER ABFALLBESEITIGUNGSPRAKTIKEN, VERZEICHNIS VON ABFALLBESEITIGUNGSSTELLEN

[788] UMWELTBUNDESAMT
DATEN ZUR UMWELT 1988/1989
ERICH SCHMIDT VERLAG, BERLIN, 1989
ISBN: 3-503-02789-0
Anzahl der Stoffe: 250
Deskriptoren: ANORGANISCHE STOFFE, ORGANISCHE STOFFE, DATEN, INFORMATIONEN, BEZEICHNUNG, ATMOSPHAERE, HYDROSPHAERE MEER, HYDROSPHAERE SUESSWASSER, PEDOSPHAERE, ABFALLAUFKOMMEN

[789] UMWELTBUNDESAMT
DATENERFASSUNG ZU 29 STOFFEN AUS DER PRIORITY LIST DER EPA
UMWELTBUNDESAMT, BERLIN, 1981
Anzahl der Stoffe: 29
Deskriptoren: ORGANISCHE STOFFE, ANORGANISCHE STOFFE, DATEN, INFORMATIONEN, CHEMIKALIEN INDEX, BEZEICHNUNG, SYNONYMA, CAS-NUMMER, VERWENDUNGSART, PRODUKTIONSVOLUMEN, SCHMELZPUNKT, SIEDEPUNKT, FLAMMPUNKT, RELATIVE DICHTE, DAMPFDRUCK, WASSERLOESLICHKEIT, LOESLICHKEIT IN ORGANISCHEN LOESEMITTELN, DISSOZIATIONSKONSTANTE, HENRY-KONSTANTE, VERTEILUNGSKOEFFIZIENT N-OCTANOL/WASSER, POW, VISKOSITAET, OBERFLAECHENSPANNUNG, BRECHUNGSINDEX, BIOABBAU, BIOAKKUMULATION, DIREKTER PHOTOABBAU, ABIOTISCHE ABBAUBARKEIT, FISCH, DAPHNIA, ALGE, AKUTE ORALE TOXIZITAET SAEUGETIER, DERMALE TOXIZITAET SAEUGETIER, INHALATIV SAEUGETIER, HAUTREIZUNG SAEUGETIER, AUGENREIZUNG SAEUGETIER, SUBAKUTE-SUBCHRONISCHE TOXIZITAET SAEUGETIER, CARCINOGENITAET SAEUGETIER, TERATOGENITAET SAEUGETIER, MUTAGENITAET SAEUGETIER

[790] UNEP
MONITORING AND ASSESSMENT RESEARCH CENTRE
ENVIRONMENTAL DATA REPORT
BASIL BLACKWELL, OXFORD, 1987
ISBN: 0-631-15684-4
Anzahl der Stoffe: 50
Deskriptoren: ORGANISCHE STOFFE, ANORGANISCHE STOFFE, DATEN, INFORMATIONEN, FALLSTUDIEN, SITUATIONSSTUDIEN, BEZEICHNUNG, ABFALLAUFKOMMEN, ATMOSPHAERE, HYDROSPHAERE MEER, HYDROSPHAERE SUESSWASSER, LEBENSMITTEL PFLANZLICH UND TIERISCH, FISCH, VOEGEL, KRUSTACEEN, AKUTE VERGIFTUNGEN, CHRONISCHE VERGIFTUNGEN MENSCH, EPIDEMIOLOGISCHE DATEN, HINWEISE AUF MUTAGENE/KANZEROGENE WIRKUNGEN(MENSCH), ENTSORGUNG
Bemerkungen: UMWELTDATEN (ROHSTOFFE, KLIMA, TRANSPORT)

[791] UNEP, ILO, WHO
INTERNATIONAL REGISTRY OF CHEMICALS CURRENTLY BEING TESTED FOR TOXIC EFFECTS(CCTTE)
UNEP, GENF, 1988
Anzahl der Stoffe: 400
Deskriptoren: ORGANISCHE STOFFE, ANORGANISCHE STOFFE, DATEN, INFORMATIONEN, SYSTEMANALYTISCHE METHODEN, CHEMIKALIEN INDEX, BEZEICHNUNG, CAS-NUMMER, RTECS-NUMMER, VERWENDUNGSZWECK, DAPHNIA, AKUTE ORALE TOXIZITAET SAEUGETIER, DERMALE TOXIZITAET SAEUGETIER, INHALATIV SAEUGETIER, SUBAKUTE-SUBCHRONISCHE TOXIZITAET SAEUGETIER, CHRONISCHE TOXIZITAET SAEUGETIER, REPRODUKTIONSTOXIZITAET, TERATOGENITAET SAEUGETIER, MUTAGENITAET SAEUGETIER, ANDERE WIRKUNGEN

[792] UNION DES INDUSTRIES CHIMIQUES
ANNUAIRE DE L'UNION DES INDUSTRIES CHIMIQUES
UNION DES INDUSTRIES CHIMIQUES, PARIS, 1988
Anzahl der Stoffe: 10000
Deskriptoren: ORGANISCHE STOFFE, ANORGANISCHE STOFFE, DATEN, INFORMATIONEN, CHEMIKALIEN INDEX, SYNONYMA INDEX, BEZEICHNUNG, SYNONYMA, HERSTELLUNG
Bemerkungen: PRODUZENTEN , PRODUKTE UND MENGEN, ERSCHEINT JAEHRLICH

[793] UNIP, ILO, WHO
CHEMICALS CURRENTLY BEING TESTED FOR TOXIC EFFECTS
CCTTE OPERATIONS INSTRUCTIONS
UNEP/ILO/WHO, GENF, 1986
Anzahl der Stoffe: 111
Deskriptoren: ORGANISCHE STOFFE, ANORGANISCHE STOFFE, DATEN, INFORMATIONEN, FALLSTUDIEN, SITUATIONSSTUDIEN, CHEMIKALIEN INDEX, CAS-NUMMER INDEX, RTECS-NUMMER, BEZEICHNUNG, CAS-NUMMER, NIOSH-NUMMER, VERWENDUNGSART, ANWENDUNGSMUSTER, ALGE, FISCH, DAPHNIA, PFLANZEN, AKUTE ORALE TOXIZITAET SAEUGETIER, DERMALE TOXIZITAET SAEUGETIER, AKUTE INTRAPERITONEALE TOXIZITAET SAEUGETIER, INHALATIV SAEUGETIER, SUBAKUTE-SUBCHRONISCHE TOXIZITAET SAEUGETIER, CHRONISCHE TOXIZITAET SAEUGETIER, REPRODUKTIONSTOXIZITAET, MUTAGENITAET SAEUGETIER, CARCINOGENITAET SAEUGETIER, METABOLISMUS SAEUGETIER, ANDERE WIRKUNGEN, AKUTE VERGIFTUNGEN, CHRO-

NISCHE VERGIFTUNGEN MENSCH, EPIDEMIOLOGISCHE DATEN, HINWEISE AUF MUTAGENE/KANZEROGENE WIRKUNGEN(MENSCH)

[794] UNITED NATIONS
DEPARTMENT OF INTERNATIONAL ECONOMIC AND SOCIAL AFFAIRS
STATISTICAL YEARBOOK
1977 EDITION
STATISTICAL OFFICE OF THE UNITED NATIONS, NEW YORK, 1977
Anzahl der Stoffe: 1000
Deskriptoren: ORGANISCHE STOFFE, ANORGANISCHE STOFFE, DATEN, CHEMIKALIEN INDEX, BEZEICHNUNG, SYNONYMA, PRODUKTIONSVOLUMEN, EINFUHR/AUSFUHR
Bemerkungen: INFORMATIONSTYP: PRODUKTIONSVOLUMEN

[795] UNITED NATIONS
ECONOMIC COMMISSION FOR EUROPE
ANNUAL BULLETIN OF TRADE IN CHEMICAL PRODUCTS
UNO VERLAG, BONN, 1988
Anzahl der Stoffe: 100
Deskriptoren: ORGANISCHE STOFFE, ANORGANISCHE STOFFE, DATEN, INFORMATIONEN, CHEMIKALIEN INDEX, BEZEICHNUNG, SYNONYMA, PRODUKTIONSVOLUMEN, EINFUHR/AUSFUHR
Bemerkungen: ERSCHEINT JAEHRLICH, INFORMATIONSTYP: PRODUKTIONSVOLUMEN, AUCH IN FRANZOESISCH ERHAELTLICH

[796] UNITED STATES INTERNATIONAL TRADE COMMISSION
SYNTHETIC ORGANIC CHEMICALS
UNITED STATES PRODUCTION AND SALES
U.S. GOVERNMENT PRINTING OFFICE, WASHINGTON D.C., 1988
Anzahl der Stoffe: 1000
Deskriptoren: ORGANISCHE STOFFE, DATEN, CHEMIKALIEN INDEX, PRODUKTIONSVOLUMEN, VERMARKTUNGSMENGE
Bemerkungen: INFORMATIONSTYP: PRODUKTIONSVOLUMEN, ERSCHEINT JAEHRLICH

[797] UTERMARK W., SCHICKE W.
SCHMELZPUNKTTABELLEN ORGANISCHER VERBINDUNGEN
FRIEDR. VIEWEG & SOHN, BRAUNSCHWEIG, 1963
Anzahl der Stoffe: 3213
Deskriptoren: ORGANISCHE STOFFE, DATEN, CHEMIKALIEN INDEX, BEZEICHNUNG, SCHMELZPUNKT, SIEDEPUNKT, RELATIVE DICHTE, WASSERLOESLICHKEIT, LOESLICHKEIT IN ORGANISCHEN LOESEMITTELN
Bemerkungen: INFORMATIONSTYP: SCHMELZPUNKT

[798] VANDERMEULEN J.H.
BEDFORD INSTITUTE OF OCEANOGRAPHY
OIL IN FRESHWATER: CHEMISTRY, BIOLOGY, COUNTERMEASURE TECHNOLOGY
PERGAMON PRESS LTD, NEW YORK, 1987
ISBN: 0-08-031862-2
Anzahl der Stoffe: 250
Deskriptoren: ORGANISCHE STOFFE, DATEN, INFORMATIONEN, EXPERIMENTELLE METHODEN, THEORETISCHE METHODEN, SYSTEMANALYTISCHE METHODEN, FALLSTUDIEN, SITUATIONSSTUDIEN, CHEMIKALIEN INDEX,

BEZEICHNUNG, SYNONYMA, GEMISCHE, ABFALLAUFKOMMEN, PEDOSPHAERE, SEDIMENT, HYDROSPHAERE SUESSWASSER, BIOSPHAERE, MOLEKULARGEWICHT, DAMPFDRUCK, WASSERLOESLICHKEIT, BIOABBAU, BIOAKKUMULATION, ABIOTISCHE ABBAUBARKEIT, ALGE, FISCH, DAPHNIA, VOEGEL, KRUSTACEEN, FROSCHLARVEN, SCHNECKEN, AKUTE ORALE TOXIZITAET SAEUGETIER, CHRONISCHE TOXIZITAET SAEUGETIER, REPRODUKTIONSTOXIZITAET, TERATOGENITAET SAEUGETIER, MUTAGENITAET, CARCINOGENITAET SAEUGETIER

[799] VARGAFTIK N.B.
TABLES ON THE THERMOPHYSICAL PROPERTIES OF LIQUIDS AND GASES IN NORMAL AND DISSOCIATED STATES
JOHN WILEY & SONS, NEW YORK, 1975
ISBN: 0-470-90310-4
Anzahl der Stoffe: 4000
Deskriptoren: ORGANISCHE STOFFE, ANORGANISCHE STOFFE, DATEN, INFORMATIONEN, CHEMIKALIEN INDEX, BEZEICHNUNG, SYNONYMA, SCHMELZPUNKT, SIEDEPUNKT, RELATIVE DICHTE, DAMPFDRUCK, OBERFLAECHENSPANNUNG, VISKOSITAET
Bemerkungen: GASE UND FLUESSIGKEITEN

[800] VELVART J.
TOXIKOLOGIE DER HAUSHALTSPRODUKTE
VERLAG HANS HUBER, BERN, 1989
ISBN: 3-456-81717-7
Deskriptoren: ORGANISCHE STOFFE, ANORGANISCHE STOFFE, DATEN, INFORMATIONEN, SITUATIONSSTUDIEN, BEZEICHNUNG, SYNONYMA, SUMMENFORMEL, VERWENDUNGSART, AKUTE ORALE TOXIZITAET SAEUGETIER, DERMALE TOXIZITAET SAEUGETIER, INHALATIV SAEUGETIER, AKUTE VERGIFTUNGEN, CHRONISCHE TOXIZITAET MENSCH
Bemerkungen: 2. AUFLAGE

[801] VENEZIAN E.C.
PRE-SCREENING FOR ENVIRONMENTAL HAZARDS
A SYSTEM FOR SELECTING AND PRIORITIZING CHEMICALS, EPA 560/1-77/002
ARTHUR D. LITTLE INC., CAMBRIDGE, MASSACHUSETTS, 1977
Anzahl der Stoffe: 50
Deskriptoren: ORGANISCHE STOFFE, ANORGANISCHE STOFFE, DATEN, INFORMATIONEN, SITUATIONSSTUDIEN, SYSTEMANALYTISCHE METHODEN, CHEMIKALIEN INDEX, BEZEICHNUNG, SYNONYMA, VERWENDUNGSART, PRODUKTIONSVOLUMEN, ATMOSPHAERE, HYDROSPHAERE MEER, HYDROSPHAERE SUESSWASSER, DAMPFDRUCK, WASSERLOESLICHKEIT, VERTEILUNGSKOEFFIZIENT KOC, VERTEILUNGSKOEFFIZIENT N-OCTANOL/WASSER, POW
Bemerkungen: UMWELTGEFAEHRDUNGSPOTENTIALE VON CHEMIKALIEN

[802] VENKATARAMAN K.
NATIONAL CHEMICAL LABORATORY
THE CHEMISTRY OF SYNTHETIC DYES
ACADEMIC PRESS, NEW YORK, 1978
ISBN: 0-12-717008-1
Anzahl der Stoffe: 250
Deskriptoren: ORGANISCHE STOFFE, ANORGANISCHE STOFFE, DATEN, INFORMATIONEN, THEORETISCHE METHODEN, ZUSAMMENFASSENDE ARBEITEN,

SYNONYMA INDEX, BEZEICHNUNG, SYNONYMA, STRUKTURFORMEL, STOFFBESCHAFFENHEIT, VERWENDUNGSZWECK, ANWENDUNGSMUSTER, PRODUKTIONSVOLUMEN, SYNTHESE, WASSERLOESLICHKEIT, LOESLICHKEIT IN ORGANISCHEN LOESEMITTELN, SONSTIGE PC-GROESSEN, ABIOTISCHE ABBAUBARKEIT, DIREKTER PHOTOABBAU
Bemerkungen: DATENTYP: FARBSTOFFE

[803] VENTRON GMBH
ALFA-CATALOG 1986, RESEARCH CHEMICALS AND MATERIALS
EUROPEAN EDITION
VENTRON GMBH, KARLSRUHE, 1986
Anzahl der Stoffe: 6000
Deskriptoren: ORGANISCHE STOFFE, ANORGANISCHE STOFFE, GRUPPENINDEX, MG INDEX, DATEN, BEZEICHNUNG, CAS-NUMMER, SCHMELZPUNKT, SIEDEPUNKT, FLAMMPUNKT, MOLEKULARGEWICHT, RELATIVE DICHTE, REFRAKTIONSINDEX
Bemerkungen: DEUTSCH/ENGLISCH

[804] VENUGOPAL B., LUCKEY T.D.
METAL TOXICITY IN MAMMALS
CHEMICAL TOXICITY OF METALS AND METALLOIDS
PLENUM PRESS, NEW YORK, 1978
ISBN: 0-306-37177-4
Anzahl der Stoffe: 100
Deskriptoren: ANORGANISCHE STOFFE, DATEN, INFORMATIONEN, CHEMIKALIEN INDEX, BEZEICHNUNG, SYNONYMA, VERWENDUNGSART, ATMOSPHAERE, HYDROSPHAERE SUESSWASSER, HYDROSPHAERE MEER, PEDOSPHAERE, AKUTE ORALE TOXIZITAET SAEUGETIER, CHRONISCHE TOXIZITAET SAEUGETIER, ANDERE WIRKUNGEN, TERATOGENITAET SAEUGETIER, CARCINOGENITAET SAEUGETIER
Bemerkungen: DATENTYP: METALLE

[805] VEREIN DEUTSCHER INGENIEURE
WERKSTOFF-HANDBUCH
NICHTEISENMETALLE
VDI VERLAG, DUESSELDORF, 1960
Anzahl der Stoffe: 500
Deskriptoren: ANORGANISCHE STOFFE, DATEN, INFORMATIONEN, CHEMIKALIEN INDEX, BEZEICHNUNG, SYNONYMA, ATMOSPHAERE, HYDROSPHAERE MEER, HYDROSPHAERE SUESSWASSER, PEDOSPHAERE, VERWENDUNGSART, SCHMELZPUNKT, SIEDEPUNKT, DAMPFDRUCK, OBERFLAECHENSPANNUNG
Bemerkungen: DATENTYP: METALLE

[806] VERSCHUEREN K.
DEPARTMENT OF PUBLIC HEALTH AND TROPICAL HYGIENE
HANDBOOK OF ENVIRONMENTAL DATA ON ORGANIC CHEMICALS
VAN NOSTRAND REINHOLD COMPANY, NEW YORK, 1983
ISBN: 0-442-28802-6
Anzahl der Stoffe: 1500
Deskriptoren: DATEN, BEZEICHNUNG, SYNONYMA, STRUKTURFORMEL, ATMOSPHAERE, HYDROSPHAERE MEER, HYDROSPHAERE SUESSWASSER, LEBENSMITTEL PFLANZLICH UND TIERISCH, KLAERSCHLAMM, SCHMELZPUNKT, SIEDEPUNKT, MOLEKULARGEWICHT, RELATIVE DICHTE, DAMPFDRUCK, WASSERLOESLICHKEIT, ANDERE LOESLICHKEITEN, VERTEILUNGS-

KOEFFIZIENT N-OCTANOL/WASSER, POW, BIOABBAU, ALGE, FISCH, DAPHNIA, BAKTERIEN, CHRONISCHE TOXIZITAET SAEUGETIER, AKUTE ORALE TOXIZITAET SAEUGETIER, METABOLISMUS MENSCH, KRUSTACEEN, AMPHIBIEN, INSEKTEN, VOEGEL, PFLANZEN, PROTOZOEN, WUERMER, MOLLUSKEN
Bemerkungen: 2. AUFLAGE

[807] VERSINO V., ANGELETTI G.
COMMISSION OF THE EUROPEAN COMMUNITIES
PHYSICO-CHEMICAL BEHAVIOUR OF ATMOSPHERIC POLLUTANTS
PROCEEDINGS OF THE THIRD EUROPEAN SYMPOSIUM
KLUWER ACADEMIC PUBLISHERS, DORDRECHT, 1984
ISBN: 90-270-1873-3
Anzahl der Stoffe: 50
Deskriptoren: ORGANISCHE STOFFE, ANORGANISCHE STOFFE, DATEN, INFORMATIONEN, EXPERIMENTELLE METHODEN, BEZEICHNUNG, ATMOSPHAERE, SONSTIGE PC-GROESSEN, DIREKTER PHOTOABBAU
Bemerkungen: AEROSOLE

[808] VETTORAZZI G.
INTERNATIONAL REGULATORY ASPECTS FOR PESTICIDE CHEMICALS
CRC PRESS INC., BOCA RATON FLORIDA, 1982
ISBN: 0-8493-5607-5
Anzahl der Stoffe: 140
Deskriptoren: ORGANISCHE STOFFE, DATEN, INFORMATIONEN, OFFIZIELLE TEXTE, CHEMIKALIEN INDEX, BEZEICHNUNG, SYNONYMA, VERWENDUNGSART, AKUTE ORALE TOXIZITAET SAEUGETIER, SUBAKUTE-SUBCHRONISCHE TOXIZITAET SAEUGETIER, CHRONISCHE TOXIZITAET SAEUGETIER
Bemerkungen: DATENTYP: PESTIZIDE, INFORMATIONSTYP: TOXIZITAET

[809] VIEWEG R., KREKELER K.
KUNSTSTOFF-HANDBUCH
CARL HAUSER, MUENCHEN, 1975
ISBN: 3-446-103007
Anzahl der Stoffe: 100
Deskriptoren: ORGANISCHE STOFFE, DATEN, INFORMATIONEN, EXPERIMENTELLE METHODEN, CHEMIKALIEN INDEX, BEZEICHNUNG, SYNONYMA, HERSTELLUNG, SCHMELZPUNKT, SIEDEPUNKT, VISKOSITAET
Bemerkungen: DATENTYP: POLYMERE, STANDARDWERK DER POLYMERE

[810] VOGEL H.V.
CHEMIKER KALENDER
SPRINGER VERLAG, BERLIN, HEIDELBERG, 1956
Anzahl der Stoffe: 7000
Deskriptoren: ORGANISCHE STOFFE, ANORGANISCHE STOFFE, DATEN, INFORMATIONEN, CHEMIKALIEN INDEX, BEZEICHNUNG, SYNONYMA, SCHMELZPUNKT, SIEDEPUNKT, FLAMMPUNKT, RELATIVE DICHTE, DAMPFDRUCK

[811] VOGL J., HEIGL A., SCHAEFER K.
HANDBUCH DES UMWELTSCHUTZES
ECOMED VERLAG, LANDSBERG/LECH, 1989
Anzahl der Stoffe: 250
Deskriptoren: ORGANISCHE STOFFE, ANORGANISCHE STOFFE, DATEN, INFORMATIONEN, OFFIZIELLE TEXTE, SYSTEMANALYTISCHE METHODEN, SITUA-

TIONSSTUDIEN, THEORETISCHE METHODEN, ZUSAMMENFASSENDE ARBEITEN, BEZEICHNUNG, SYNONYMA, ATMOSPHAERE, HYDROSPHAERE SUESSWASSER, HYDROSPHAERE MEER, PEDOSPHAERE, SEDIMENT, TRINKWASSER, LEBENSMITTEL PFLANZLICH UND TIERISCH
Bemerkungen: STANDARDWERK DES UMWELTSCHUTZES

[812] WACKER-CHEMIE
ORGANISCHE ZWISCHENPRODUKTE
WACKER-CHEMIE, BURGHAUSEN, 1984
Anzahl der Stoffe: 220
Deskriptoren: DATEN, INFORMATIONEN, BEZEICHNUNG, SYNONYMA, STRUKTURFORMEL, VERWENDUNGSART, SCHMELZPUNKT, SIEDEPUNKT, ORGANISCHE STOFFE, ANORGANISCHE STOFFE
Bemerkungen: PRIMAERLITERATUR

[813] WADDAMS A.L.
CHEMICALS FROM PETROLEUM
JOHN WILEY & SONS, NEW YORK, 1973
Anzahl der Stoffe: 100
Deskriptoren: ORGANISCHE STOFFE, DATEN, INFORMATIONEN, CHEMIKALIEN INDEX, BEZEICHNUNG, VERWENDUNGSART
Bemerkungen: DATENTYP: PETROCHEMIKALIEN

[814] WADDAMS A.L.
CHEMISCHE PRODUKTE AUS ERDOEL
BIRKHAEUSER VERLAG, BASEL, STUTTGART, 1970
Anzahl der Stoffe: 100
Deskriptoren: ORGANISCHE STOFFE, DATEN, INFORMATIONEN, CHEMIKALIEN INDEX, BEZEICHNUNG, HERSTELLUNG, VERWENDUNGSART
Bemerkungen: DATENTYP: PETROCHEMIKALIEN

[815] WAGNER S.L.
CLINICAL TOXICOLOGY OF AGRICULTURAL CHEMICALS
NOYES DATA CORPORATION, PARK RIDGE, NEW JERSEY, 1983
ISBN: 0-8155-0930-8
Anzahl der Stoffe: 200
Deskriptoren: ORGANISCHE STOFFE, DATEN, INFORMATIONEN, CHEMIKALIEN INDEX, BEZEICHNUNG, SYNONYMA, SIEDEPUNKT, WASSERLOESLICHKEIT, LOESLICHKEIT IN ORGANISCHEN LOESEMITTELN, AKUTE ORALE TOXIZITAET SAEUGETIER, ANDERE WIRKUNGEN, CARCINOGENITAET SAEUGETIER, MUTAGENITAET SAEUGETIER, TERATOGENITAET SAEUGETIER, HINWEISE AUF MUTAGENE/KANZEROGENE WIRKUNGEN(MENSCH)
Bemerkungen: DATENTYP: PESTIZIDE

[816] WALDRON H.A.
METALS IN THE ENVIRONMENT
ACADEMIC PRESS, LONDON, 1980
ISBN: 0-12-731850-X
Anzahl der Stoffe: 500
Deskriptoren: ANORGANISCHE STOFFE, DATEN, INFORMATIONEN, CHEMIKALIEN INDEX, SITUATIONSSTUDIEN, BEZEICHNUNG, SYNONYMA, VERWENDUNGSART, PRODUKTIONSVOLUMEN, BIOABBAU, BIOAKKUMULATION, ATMOSPHAERE, HYDROSPHAERE MEER, HYDROSPHAERE SUESSWASSER, PEDOSPHAERE, AKUTE ORALE TOXIZITAET SAEUGETIER, CHRONISCHE TOXIZI-

TAET SAEUGETIER, CARCINOGENITAET SAEUGETIER, MUTAGENITAET SAEUGETIER, TERATOGENITAET SAEUGETIER
Bemerkungen: DATENTYP: METALLE

[817] WARE G.W.
PESTICIDES, THEORY AND APPLICATION
W.H. FREEMAN AND COMPANY, SAN FRANZISKO, 1978
ISBN: 0-7167-1416-7
Anzahl der Stoffe: 500
Deskriptoren: ORGANISCHE STOFFE, DATEN, INFORMATIONEN, SYSTEMANALYTISCHE METHODEN, CHEMIKALIEN INDEX, BEZEICHNUNG, SYNONYMA, VERWENDUNGSART, AKUTE ORALE TOXIZITAET SAEUGETIER, DERMALE TOXIZITAET SAEUGETIER
Bemerkungen: DATENTYP: PESTIZIDE

[818] WARREN C.E., DOUDOROFF P.
BIOLOGY AND WATER POLLUTION CONTROL
SAUNDERS COMPANY, PHILADELPHIA, 1971
ISBN: 0-7216-9120-X
Anzahl der Stoffe: 100
Deskriptoren: ORGANISCHE STOFFE, ANORGANISCHE STOFFE, DATEN, INFORMATIONEN, SITUATIONSSTUDIEN, BEZEICHNUNG, HYDROSPHAERE MEER, HYDROSPHAERE SUESSWASSER
Bemerkungen: WASSERVERSCHMUTZUNG, AQUATISCHE UMWELT

[819] WATKINSON R.J.
DEVELOPMENTS IN BIODEGRADATION OF HYDROCARBONS
APPLIED SCIENCE PUBLISHERS LTD., LONDON, 1978
ISBN: 0-85334-751-4
Anzahl der Stoffe: 100
Deskriptoren: ORGANISCHE STOFFE, ANORGANISCHE STOFFE, DATEN, INFORMATIONEN, BEZEICHNUNG, BIOABBAU
Bemerkungen: INFORMATIONSTYP: BIOABBAU

[820] WEAST R.C., ASTLE M.J.
HANDBOOK OF DATA ON ORGANIC COMPOUNDS
CRC PRESS INC., BOCA RATON FLORIDA, 1985
ISBN: 0-8493-0400-8
Anzahl der Stoffe: 25000
Deskriptoren: ORGANISCHE STOFFE, SUMMENFORMEL INDEX, STRUKTURFORMEL INDEX, SIEDEPUNKT INDEX, DATEN, BEZEICHNUNG, BEILSTEIN NUMMER, SYNONYMA, CAS-NUMMER, STRUKTURFORMEL, SCHMELZPUNKT, SIEDEPUNKT, MOLEKULARGEWICHT, RELATIVE DICHTE, WASSERLOESLICHKEIT, ANDERE LOESLICHKEITEN

[821] WEAST R.C.
HANDBOOK OF CHEMISTRY AND PHYSICS
CRC PRESS INC., CLEVELAND, 1989
ISBN: 0-8493-047063-96
Anzahl der Stoffe: 15031
Deskriptoren: ORGANISCHE STOFFE, ANORGANISCHE STOFFE, INFORMATIONEN, DATEN, CHEMIKALIEN INDEX, FORMEL INDEX, SCHMELZPUNKT INDEX, SIEDEPUNKT INDEX, MOLEKULARGEWICHT, STRUKTURFORMEL, STOFFBESCHAFFENHEIT, SCHMELZPUNKT, SIEDEPUNKT, RELATIVE DICHTE,

BRECHUNGSINDEX, WASSERLOESLICHKEIT, LOESLICHKEIT IN ORGANISCHEN LOESEMITTELN
Bemerkungen: STANDARDWERK, DEFINITIONEN UEBER DIE EINZELNEN PARAMETER

[822] WEBER L.J.
AQUATIC TOXICOLOGY
RAVEN PRESS, NEW YORK, 1982
ISBN: 0-89004-439-2
Anzahl der Stoffe: 100
Deskriptoren: ORGANISCHE STOFFE, ANORGANISCHE STOFFE, DATEN, INFORMATIONEN, BEZEICHNUNG, FISCH, CARCINOGENITAET SAEUGETIER, METABOLISMUS SAEUGETIER, ANDERE WIRKUNGEN, LEBERTOXIZITAET

[823] WEED SCIENCE SOCIETY OF AMERICA
HERBICIDE HANDBOOK OF THE WEED SCIENCE SOCIETY OF AMERICA
WEED SCIENCE SOCIETY OF AMERICA, CHAMPAIGN ILLINOIS, 1983
ISBN: 0-911733-01-9
Anzahl der Stoffe: 150
Deskriptoren: ORGANISCHE STOFFE, ANORGANISCHE STOFFE, DATEN, INFORMATIONEN, EXPERIMENTELLE METHODEN, CHEMIKALIEN INDEX, SYNONYMA INDEX, BEZEICHNUNG, SYNONYMA, STRUKTURFORMEL, SUMMENFORMEL, VERWENDUNGSART, SCHMELZPUNKT, FLAMMPUNKT, MOLEKULARGEWICHT, RELATIVE DICHTE, WASSERLOESLICHKEIT, LOESLICHKEIT IN ORGANISCHEN LOESEMITTELN, BIOABBAU, DIREKTER PHOTOABBAU, BIOAKKUMULATION, DAPHNIA, FISCH, AKUTE ORALE TOXIZITAET SAEUGETIER, DERMALE TOXIZITAET SAEUGETIER, INHALATIV SAEUGETIER, AKUTE INTRAPERITONEALE TOXIZITAET SAEUGETIER, HAUTREIZUNG SAEUGETIER, SUBAKUTE-SUBCHRONISCHE TOXIZITAET SAEUGETIER, CHRONISCHE TOXIZITAET MENSCH, AUGENREIZUNG SAEUGETIER, ARBEITSSCHUTZ, SCHUTZMASSNAHMEN, LAGERUNG UND HANDHABUNG, GESUNDHEITSSCHUTZ, MASSNAHMEN BEI UNFAELLEN UND BRAENDEN, MASSNAHMEN NACH VERSCHUETTEN/AUSLAUFEN/GASAUSTRITT, ERSTE HILFE
Bemerkungen: DATENTYP: PESTIZIDE

[824] WEED SCIENCE SOCIETY OF AMERICA
HERBICIDE HANDBOOK
WEED SCIENCE SOCIETY OF AMERICA, ILLINOIS, 1979
Anzahl der Stoffe: 200
Deskriptoren: ORGANISCHE STOFFE, DATEN, INFORMATIONEN, CHEMIKALIEN INDEX, BEZEICHNUNG, SYNONYMA, VERWENDUNGSART, SCHMELZPUNKT, DAMPFDRUCK, WASSERLOESLICHKEIT, LOESLICHKEIT IN ORGANISCHEN LOESEMITTELN, FISCH, AKUTE ORALE TOXIZITAET SAEUGETIER, SUBAKUTE-SUBCHRONISCHE TOXIZITAET SAEUGETIER, CHRONISCHE TOXIZITAET SAEUGETIER
Bemerkungen: DATENTYP: PESTIZIDE

[825] WEGLER R.
CHEMIE DER PFLANZENSCHUTZ- UND SCHAEDLINGSBEKAEMPFUNGSMITTEL
SPRINGER VERLAG, BERLIN, HEIDELBERG, NEW YORK, 1977
ISBN: 3-540-08178-X
Anzahl der Stoffe: 10000
Deskriptoren: ORGANISCHE STOFFE, ANORGANISCHE STOFFE, DATEN, INFOR-

MATIONEN, EXPERIMENTELLE METHODEN, CHEMIKALIEN INDEX, BEZEICHNUNG, SYNONYMA, VERWENDUNGSART, WASSERLOESLICHKEIT, DIREKTER PHOTOABBAU, BIOABBAU, BIOAKKUMULATION, FISCH, AKUTE ORALE TOXIZITAET SAEUGETIER, MUTAGENITAET SAEUGETIER, TERATOGENITAET SAEUGETIER, CARCINOGENITAET SAEUGETIER
Bemerkungen: DATENTYP: PESTIZIDE

[826] WEIGERT P., MUELLER J., HANS R., ZUFELDE K.P.
ZEBS
RUECKSTAENDE VON PFLANZENBEHANDLUNGSMITTELN IN LEBENSMITTELN
MITTEILUNG:ORGANOCHLORVERBINDUNGEN
DIETRICH REIMER VERLAG, BERLIN, 1983
ISBN: 3-496-02327-9 ISSN: 0172-8644
Anzahl der Stoffe: 20
Deskriptoren: ORGANISCHE STOFFE, DATEN, INFORMATIONEN, EXPERIMENTELLE METHODEN, BEZEICHNUNG, SYNONYMA, STRUKTURFORMEL, ANWENDUNGSMUSTER, LEBENSMITTEL PFLANZLICH UND TIERISCH

[827] WEISS G.
HAZARDOUS CHEMICALS DATA BOOK
NOYES DATA CORPORATION, PARK RIDGE, NEW JERSEY, 1986
ISBN: 0-8155-1072-1
Anzahl der Stoffe: 1016
Deskriptoren: ORGANISCHE STOFFE, ANORGANISCHE STOFFE, DATEN, INFORMATIONEN, CHEMIKALIEN INDEX, BEZEICHNUNG, SYNONYMA, UN-NUMMER, CAS-NUMMER, SUMMENFORMEL, STOFFBESCHAFFENHEIT, SIEDEPUNKT, FLAMMPUNKT, ZERSETZUNGSPUNKT, ZUENDTEMPERATUR, ENTZUENDLICHKEIT, MOLEKULARGEWICHT, RELATIVE DICHTE, DAMPFDRUCK, OBERFLAECHENSPANNUNG, BIOABBAU, FISCH, AKUTE ORALE TOXIZITAET SAEUGETIER, HAUTREIZUNG SAEUGETIER, DERMALE TOXIZITAET SAEUGETIER, AUGENREIZUNG SAEUGETIER, INHALATIV SAEUGETIER, CHRONISCHE TOXIZITAET MENSCH, AKUTE VERGIFTUNGEN, CHRONISCHE VERGIFTUNGEN MENSCH, HINWEISE AUF MUTAGENE/KANZEROGENE WIRKUNGEN-(MENSCH), ARBEITSSCHUTZ, TRANSPORT, KENNZEICHNUNG, SCHUTZMASSNAHMEN, LAGERUNG UND HANDHABUNG, TLV-WERTE, GESUNDHEITSSCHUTZ, MASSNAHMEN BEI UNFAELLEN UND BRAENDEN, MASSNAHMEN NACH VERSCHUETTEN/AUSLAUFEN/GASAUSTRITT, ERSTE HILFE
Bemerkungen: REAKTIVITAET

[828] WEISSERMEL K., ARPE H-J.
INDUSTRIELLE ORGANISCHE CHEMIE
VERLAG CHEMIE, WEINHEIM, 1978
ISBN: 3-527-25756-X
Anzahl der Stoffe: 100
Deskriptoren: DATEN, EXPERIMENTELLE METHODEN, BEZEICHNUNG, VERWENDUNGSART, PRODUKTIONSVOLUMEN
Bemerkungen: 2. AUFLAGE

[829] WENZL H.F.J.
CHEMICAL TECHNOLOGY OF WOOD
ACADEMIC PRESS, NEW YORK, 1970
Anzahl der Stoffe: 100
Deskriptoren: ORGANISCHE STOFFE, DATEN, INFORMATIONEN, EXPERIMEN-

TELLE METHODEN, BEZEICHNUNG, HERSTELLUNG, VERWENDUNGSART, LOESLICHKEIT IN ORGANISCHEN LOESEMITTELN, ABIOTISCHE ABBAUBARKEIT
Bemerkungen: CELLULOSE, LIGNIN, HARZE, TERPENE, FETTE, GERBSTOFFE ETC.

[830] WERNER W.
LEDERTECHNIK
VEB FACHBUCHVERLAG, LEIPZIG, 1979
Anzahl der Stoffe: 200
Deskriptoren: ORGANISCHE STOFFE, ANORGANISCHE STOFFE, DATEN, INFORMATIONEN, BEZEICHNUNG, HERSTELLUNG, VERWENDUNGSART, RELATIVE DICHTE, LOESLICHKEIT IN ORGANISCHEN LOESEMITTELN
Bemerkungen: LEDERTECHNOLOGIE

[831] WESTBERG H., ALLWINE K., ROBINSON E.
AIR POLLUTION SECTION
MEASUREMENT OF LIGHT HYDROCARBONS AND OXIDANT TRANSPORT
EPA 600/3-78-062
EPA, WASHINGTON D.C., 1978
Anzahl der Stoffe: 70
Deskriptoren: ORGANISCHE STOFFE, ANORGANISCHE STOFFE, DATEN, INFORMATIONEN, EXPERIMENTELLE METHODEN, SITUATIONSSTUDIEN, BEZEICHNUNG, VERWENDUNGSZWECK, ATMOSPHAERE

[832] WHISTLER R.L., BEMILLER J.N.
INDUSTRIAL GUMS
POLYSACCHARIDES AND THEIR DERIVATES
ACADEMIC PRESS, NEW YORK, 1973
ISBN: 0-12-746252-X
Deskriptoren: ORGANISCHE STOFFE, DATEN, INFORMATIONEN, BEZEICHNUNG, PRODUKTIONSVOLUMEN, VERWENDUNGSART, SCHMELZPUNKT, SIEDEPUNKT
Bemerkungen: DATENTYP: GUMMI

[833] WHITE-STEVENS R.
PESTICIDES IN THE ENVIRONMENT
MARCEL DEKKER, NEW YORK, 1976
ISBN: 0-8427-1782-1 **ISSN:** 0-8247-1784-8
Anzahl der Stoffe: 500
Deskriptoren: ORGANISCHE STOFFE, DATEN, INFORMATIONEN, EXPERIMENTELLE METHODEN, SAR, CHEMIKALIEN INDEX, BEZEICHNUNG, SYNONYMA, STRUKTURFORMEL, STOFFBESCHAFFENHEIT, VERWENDUNGSART, SCHMELZPUNKT, ENTZUENDLICHKEIT, RELATIVE DICHTE, DAMPFDRUCK, WASSERLOESLICHKEIT, INSEKTEN, LOESLICHKEIT IN ORGANISCHEN LOESEMITTELN, BIOABBAU, AKUTE ORALE TOXIZITAET SAEUGETIER, AKUTE INTRAPERITONEALE TOXIZITAET SAEUGETIER, AKUTE INTERTRAVENOESE TOXIZITAET SAEUGETIER, METABOLISMUS SAEUGETIER
Bemerkungen: DATENTYP: PESTIZIDE

[834] WHO
REGIONAL OFFICE FOR EUROPE
MIKROPOLLUTANTS IN RIVER SEDIMENTS
WORLD HEALTH ORGANIZATION, COPENHAGEN, 1982

ISBN: 92-890-1227-7
Anzahl der Stoffe: 50
Deskriptoren: ORGANISCHE STOFFE, ANORGANISCHE STOFFE, DATEN, INFORMATIONEN, EXPERIMENTELLE METHODEN, FALLSTUDIEN, SITUATIONSSTUDIEN, BEZEICHNUNG, TRINKWASSER, SEDIMENT, HYDROSPHAERE SUESSWASSER, BIOABBAU, BIOAKKUMULATION, HINWEISE AUF MUTAGENE/KANZEROGENE WIRKUNGEN(MENSCH)
Bemerkungen: EURO REPORTS+STUDIES NR.61

[835] WHO
WORLD HEALTH ORGANIZATION
AIR QUALITY GUIDELINES FOR EUROPE
EUROPEAN SERIES NO.23
WHO REGIONAL PUBLICATIONS, COPENHAGEN, 1987
ISBN: 92-890-1114-9 ISSN: 0378-2255
Anzahl der Stoffe: 30
Deskriptoren: ORGANISCHE STOFFE, ANORGANISCHE STOFFE, DATEN, INFORMATIONEN, EXPERIMENTELLE METHODEN, FALLSTUDIEN, SITUATIONSSTUDIEN, OFFIZIELLE TEXTE, BEZEICHNUNG, STOFFBESCHAFFENHEIT, VERWENDUNGSART, ANWENDUNGSMUSTER, PRODUKTIONSVOLUMEN, ATMOSPHAERE, LEBENSMITTEL PFLANZLICH UND TIERISCH, TRINKWASSER, DAMPFDRUCK, WASSERLOESLICHKEIT, AKUTE ORALE TOXIZITAET SAEUGETIER, SUBAKUTE-SUBCHRONISCHE TOXIZITAET SAEUGETIER, INHALATIV SAEUGETIER, CHRONISCHE TOXIZITAET SAEUGETIER, TERATOGENITAET SAEUGETIER, MUTAGENITAET, CARCINOGENITAET SAEUGETIER, METABOLISMUS SAEUGETIER, ANDERE WIRKUNGEN, AKUTE VERGIFTUNGEN, EPIDEMIOLOGISCHE DATEN, CHRONISCHE VERGIFTUNGEN MENSCH, HINWEISE AUF MUTAGENE/KANZEROGENE WIRKUNGEN(MENSCH), ARBEITSSCHUTZ

[836] WHO
WORLD HEALTH ORGANIZATION
EVALUATION OF CERTAIN FOOD ADDITIVES AND CONTAMINANTS
WORLD HEALTH ORGANIZATION, GENF, 1986
ISBN: 92-4-120733-7 ISSN: 0512-3054
Anzahl der Stoffe: 90
Deskriptoren: ORGANISCHE STOFFE, ANORGANISCHE STOFFE, DATEN, INFORMATIONEN, EXPERIMENTELLE METHODEN, SITUATIONSSTUDIEN, BEZEICHNUNG, VERWENDUNGSZWECK, LEBENSMITTEL PFLANZLICH UND TIERISCH, AKUTE TOXIZITAET, REPRODUKTIONSTOXIZITAET, TERATOGENITAET SAEUGETIER, MUTAGENITAET SAEUGETIER, CARCINOGENITAET SAEUGETIER, METABOLISMUS SAEUGETIER, ANDERE WIRKUNGEN, ADI-WERTE, HINWEISE AUF MUTAGENE/KANZEROGENE WIRKUNGEN(MENSCH)

[837] WHO
WORLD HEALTH ORGANIZATION
PESTICIDE RESIDUES IN FOOD
REPORT OF THE 1974 JOINT FAO/WHO MEETING
WORLD HEALTH ORGANIZATION, GENF, 1975
ISBN: 92-4-120574-1
Anzahl der Stoffe: 16
Deskriptoren: ORGANISCHE STOFFE, DATEN, INFORMATIONEN, EXPERIMENTELLE METHODEN, BEZEICHNUNG, VERWENDUNGSART, LEBENSMITTEL PFLANZLICH UND TIERISCH, AKUTE ORALE TOXIZITAET SAEUGETIER, CHRONISCHE TOXIZITAET SAEUGETIER, MUTAGENITAET SAEUGETIER, CAR-

CINOGENITAET SAEUGETIER
Bemerkungen: HINWEISE AUF QUELLEN, ARBEITEN, ACCEPTABLE DAILY INTAKE (MENSCH)

[838] WHO
WORLD HEALTH ORGANIZATION
RAPID ASSESSMENT OF SOURCES OF AIR, WATER, AND LAND POLLUTION
WHO OFFSET PUBLICATION NO. 62
WORLD HEALTH ORGANIZATION, GENF, 1982
ISBN: 92-4-170062-9
Anzahl der Stoffe: 100
Deskriptoren: ORGANISCHE STOFFE, ANORGANISCHE STOFFE, DATEN, INFORMATIONEN, THEORETISCHE METHODEN, SITUATIONSSTUDIEN, BEZEICHNUNG, ANWENDUNGSMUSTER, ABFALLAUFKOMMEN

[839] WHO
WORLD HEALTH ORGANIZATION
SPEZIFICATIONS FOR PESTICIDES USED IN PUBLIC HEALTH
INSECTICIDES, MOLLUSCIDES, REPELLENTS, METHODS
WORLD HEALTH ORGANIZATION, GENF, 1985
ISBN: 92-4-156084-3
Anzahl der Stoffe: 21
Deskriptoren: BEZEICHNUNG, DATEN, EXPERIMENTELLE METHODEN, FLAMMPUNKT, GEFAHRENSYMBOLE,GEFAHRENBEZEICHNUNG, INFORMATIONEN, SCHMELZPUNKT, SCHUTZMASSNAHMEN, LAGERUNG UND HANDHABUNG, SONSTIGE PC-GROESSEN, STOFFBESCHAFFENHEIT, SYNONYMA, SYNONYMA INDEX, VERWENDUNGSZWECK
Bemerkungen: DATENTYP: PESTIZIDE

[840] WHO
WORLD HEALTH ORGANIZATION
STYRENE
ENVIRONMENTAL HEALTH . CRITERIA 26
WORLD HEALTH ORGANIZATION, GENF, 1983
ISBN: 92-4-154086-9
Anzahl der Stoffe: 1
Deskriptoren: ORGANISCHE STOFFE, DATEN, EXPERIMENTELLE METHODEN, INFORMATIONEN, THEORETISCHE METHODEN, SITUATIONSSTUDIEN, BEZEICHNUNG, SYNONYMA, CAS-NUMMER, SPEKTRALDATEN, SUMMENFORMEL, STOFFBESCHAFFENHEIT, ANWENDUNGSMUSTER, PRODUKTIONSVOLUMEN, SYNTHESE, ATMOSPHAERE, LEBENSMITTEL PFLANZLICH UND TIERISCH, TRINKWASSER, HYDROSPHAERE SUESSWASSER, SIEDEPUNKT, FLAMMPUNKT, ZUENDTEMPERATUR, ENTZUENDLICHKEIT, MOLEKULARGEWICHT, RELATIVE DICHTE, DAMPFDRUCK, BRECHUNGSINDEX, WASSERDAMPFFLUECHTIGKEIT, WASSERLOESLICHKEIT, LOESLICHKEIT IN ORGANISCHEN LOESEMITTELN, SONSTIGE PC-GROESSEN, BIOAKKUMULATION, BIOABBAU, AKUTE ORALE TOXIZITAET SAEUGETIER, AKUTE PERCUTANE TOXIZITAET SAEUGETIER, DERMALE TOXIZITAET SAEUGETIER, AKUTE INTRAPERITONEALE TOXIZITAET SAEUGETIER, AUGENREIZUNG SAEUGETIER, INHALATIV SAEUGETIER, SUBAKUTE-SUBCHRONISCHE TOXIZITAET SAEUGETIER, REPRODUKTIONSTOXIZITAET, TERATOGENITAET SAEUGETIER, MUTAGENITAET SAEUGETIER, TESTDAUER LANG, CARCINOGENITAET SAEUGETIER, TESTDAUER LANG, METABOLISMUS SAEUGETIER, WIRKUNG AUF IMMUNSYSTEM, ANDERE WIRKUNGEN, EPIDEMIOLOGISCHE DATEN, CHRONISCHE TOXIZI-

TAET MENSCH, HINWEISE AUF MUTAGENE/KANZEROGENE WIRKUNGEN-(MENSCH)

[841] WHO, FAO
PESTICIDE RESIDUES IN FOOD - 1986
WORLD HEALTH ORGANIZATION, GENF, 1986
ISSN: 92-5-102502-9
Anzahl der Stoffe: 44
Deskriptoren: ORGANISCHE STOFFE, DATEN, INFORMATIONEN, EXPERIMENTELLE METHODEN, SITUATIONSSTUDIEN, BEZEICHNUNG, SYNONYMA, VERWENDUNGSZWECK, LEBENSMITTEL PFLANZLICH UND TIERISCH, PEDOSPHAERE, BIOABBAU, ABIOTISCHE ABBAUBARKEIT, DIREKTER PHOTOABBAU, BIOAKKUMULATION, FISCH, AKUTE TOXIZITAET, AKUTE ORALE TOXIZITAET SAEUGETIER, AKUTE PERCUTANE TOXIZITAET SAEUGETIER, AKUTE INTRAPERITONEALE TOXIZITAET SAEUGETIER, INHALATIV SAEUGETIER, REPRODUKTIONSTOXIZITAET, TERATOGENITAET SAEUGETIER, MUTAGENITAET, CARCINOGENITAET SAEUGETIER, METABOLISMUS SAEUGETIER, ANDERE WIRKUNGEN, AKUTE VERGIFTUNGEN, EPIDEMIOLOGISCHE DATEN, CHRONISCHE VERGIFTUNGEN MENSCH
Bemerkungen: ADI-WERTE, EG-GRENZWERTE

[842] WILHOIT R.C., ZWOLINSKI B.J.
AMERICAN INSTITUTE OF PHYSICS, NATIONAL BUREAU OF STANDARDS
PHYSICAL AND THERMODYNAMIC PROPERTIES OF ALIPHATIC ALCOHOLS
AMERICAN CHEMICAL SOCIETY, NEW YORK, 1973
ISBN: 0-88318-205-X
Anzahl der Stoffe: 722
Deskriptoren: ORGANISCHE STOFFE, DATEN, INFORMATIONEN, CHEMIKALIEN INDEX, BEZEICHNUNG, SYNONYMA, SCHMELZPUNKT, SIEDEPUNKT, DAMPFDRUCK, RELATIVE DICHTE

[843] WILLIAMS R.T
DETOXICATION MECHANISMS
THE METABOLISM OF DRUGS AND ALLIED ORGANIC COMPOUNDS
JOHN WILEY & SONS, NEW YORK, 1959
Anzahl der Stoffe: 500
Deskriptoren: ORGANISCHE STOFFE, DATEN, INFORMATIONEN, CHEMIKALIEN INDEX, BEZEICHNUNG, SYNONYMA, VERMARKTUNGSMENGE, BIOABBAU, AKUTE ORALE TOXIZITAET SAEUGETIER, AKUTE VERGIFTUNGEN, METABOLISMUS MENSCH, METABOLISMUS SAEUGETIER
Bemerkungen: DATENTYP: PHARMAZEUTIKA

[844] WILSON D.G.
HANDBOOK OF SOLID WASTE MANAGEMENT
VAN NOSTRAND REINHOLD COMPANY, NEW YORK, 1977
ISBN: 0-442-29550-2
Anzahl der Stoffe: 500
Deskriptoren: ORGANISCHE STOFFE, ANORGANISCHE STOFFE, DATEN, INFORMATIONEN, OFFIZIELLE TEXTE, CHEMIKALIEN INDEX, BEZEICHNUNG, SYNONYMA, PRODUKTIONSVOLUMEN, HYDROSPHAERE MEER, HYDROSPHAERE SUESSWASSER, PEDOSPHAERE, ABFALLAUFKOMMEN, ENTSORGUNG

[845] WINDHOLZ M., BUDAVARI S.
THE MERCK INDEX

AN ENCYCLOPEDIA OF CHEMICALS, DRUGS AND BIOLOGICALS
MERCK & CO., NEW JERSEY, 1983
ISBN: 911910-27-1
Anzahl der Stoffe: 10000
Deskriptoren: FORMEL INDEX, SYNONYMA INDEX, ORGANISCHE STOFFE, ANORGANISCHE STOFFE, DATEN, INFORMATIONEN, BEZEICHNUNG, SYNONYMA, CAS-NUMMER, SUMMENFORMEL, STRUKTURFORMEL, VERWENDUNGSART, SCHMELZPUNKT, SIEDEPUNKT, MOLEKULARGEWICHT, RELATIVE DICHTE, WASSERLOESLICHKEIT, ANDERE LOESLICHKEITEN, AKUTE ORALE TOXIZITAET SAEUGETIER
Bemerkungen: 10. AUFLAGE, 11. AUFLAGE 1989 ERSCHIENEN VGL. BUDAVARI S.

[846] WINDOM H.L., DUCE R.A.
MARINE POLLUTANT TRANSFER
D.C. HEALTH COMPANY, LEXINGTON, 1976
ISBN: 0-669-00855-9
Anzahl der Stoffe: 100
Deskriptoren: ORGANISCHE STOFFE, ANORGANISCHE STOFFE, DATEN, INFORMATIONEN, BEZEICHNUNG, ATMOSPHAERE, HYDROSPHAERE MEER, PRODUKTIONSVOLUMEN, SIEDEPUNKT, WASSERLOESLICHKEIT, BIOAKKUMULATION
Bemerkungen: SCHWERMETALLE, ERDOEL, CHLORIERTE KOHLENWASSERSTOFFE, TRANSFERWEGE

[847] WINNACKER K., KUECHLER L.
CHEMISCHE TECHNOLOGIE
CARL HAUSER, MUENCHEN, 1971
ISBN: 3-446-10348-1
Anzahl der Stoffe: 5000
Deskriptoren: ORGANISCHE STOFFE, ANORGANISCHE STOFFE, DATEN, INFORMATIONEN, EXPERIMENTELLE METHODEN, CHEMIKALIEN INDEX, BEZEICHNUNG, SYNONYMA, PRODUKTIONSVOLUMEN, HERSTELLUNG, VERWENDUNGSART, ATMOSPHAERE, HYDROSPHAERE MEER, HYDROSPHAERE SUESSWASSER, PEDOSPHAERE, SCHNECKEN, RELATIVE DICHTE
Bemerkungen: STANDARDWERK DER CHEMIE UND TECHNOLOGIE

[848] WIRTH W., GLOXHUBER C.
TOXIKOLOGIE FUER AERZTE, NATURWISSENSCHAFTLER UND APOTHEKER
GEORG THIEME VERLAG, STUTTGART, NEW YORK, 1981
ISBN: 3-13-421103-3
Anzahl der Stoffe: 500
Deskriptoren: ORGANISCHE STOFFE, ANORGANISCHE STOFFE, DATEN, INFORMATIONEN, CHEMIKALIEN INDEX, BEZEICHNUNG, SYNONYMA, VERWENDUNGSART, AKUTE ORALE TOXIZITAET SAEUGETIER, CARCINOGENITAET SAEUGETIER, MUTAGENITAET SAEUGETIER, TERATOGENITAET SAEUGETIER
Bemerkungen: ALLGEMEINE TOXIKOLOGIE

[849] WISEMAN P.
INTRODUCTION TO INDUSTRIAL ORGANIC CHEMISTRY
APPLIED SCIENCE PUBLISHERS LTD., LONDON, 1979
ISBN: 0-85334-795-6
Anzahl der Stoffe: 100
Deskriptoren: ORGANISCHE STOFFE, DATEN, INFORMATIONEN, BEZEICHNUNG, PRODUKTIONSVOLUMEN, VERWENDUNGSART, RELATIVE DICHTE

Bemerkungen: PRINZIPIEN UND PRAKTIKEN DER ANGEWANDTEN ORGANISCHEN CHEMIE

[850] WISNIAKARD J., TAMIR A.
LIQUID-LIQUID EQUILIBRIUM AND EXTRACTION
ELSEVIER, AMSTERDAM, 1981
ISBN: 0-444-41689-7
Anzahl der Stoffe: 5000
Deskriptoren: ORGANISCHE STOFFE, ANORGANISCHE STOFFE, DATEN, INFORMATIONEN, CHEMIKALIEN INDEX, BEZEICHNUNG, SYNONYMA, WASSERLOESLICHKEIT, LOESLICHKEIT IN ORGANISCHEN LOESEMITTELN

[851] WISSERMEL K., ARPE H.J.
INDUSTRIELLE ORGANISCHE CHEMIE
VERLAG CHEMIE, WEINHEIM, 1978
ISBN: 3-527-25756-X
Anzahl der Stoffe: 100
Deskriptoren: ORGANISCHE STOFFE, DATEN, INFORMATIONEN, BEZEICHNUNG, PRODUKTIONSVOLUMEN, HERSTELLUNG, VERWENDUNGSART
Bemerkungen: INFORMATIONSTYP: PRODUKTIONSVOLUMEN

[852] WISWESSER W.J.
PESTICIDE INDEX
THE ENTOMOLOGICAL SOCIETY OF AMERICA, NEW YORK, 1976
Anzahl der Stoffe: 250
Deskriptoren: ORGANISCHE STOFFE, DATEN, INFORMATIONEN, CHEMIKALIEN INDEX, BEZEICHNUNG, SYNONYMA, VERWENDUNGSART, AKUTE ORALE TOXIZITAET SAEUGETIER, DERMALE TOXIZITAET SAEUGETIER
Bemerkungen: DATENTYP: PESTIZIDE

[853] WITSCHL H.-P.
SCIENTIFIC BASIS OF TOXICOLOGY ASSESSMENT
ELSEVIER, AMSTERDAM, 1980
ISBN: 0-4444-80200-2
Anzahl der Stoffe: 50
Deskriptoren: ORGANISCHE STOFFE, ANORGANISCHE STOFFE, DATEN, INFORMATIONEN, SYSTEMANALYTISCHE METHODEN, THEORETISCHE METHODEN, BEZEICHNUNG, BIOABBAU, DIREKTER PHOTOABBAU, SAR, AKUTE ORALE TOXIZITAET SAEUGETIER, CARCINOGENITAET SAEUGETIER, MUTAGENITAET SAEUGETIER, TERATOGENITAET SAEUGETIER
Bemerkungen: WISSENSCHAFTLICHE BASIS FUER DIE TOXIZITAETSABSCHAETZUNG

[854] WITTCOFF H.A.
INDUSTRIAL ORGANIC CHEMICALS IN PERSPECTIVE
TECHNOLOGY, FORMULATION AND USE, RAW MATERIALS AND MANUFACTURE
JOHN WILEY & SONS, NEW YORK, 1980
ISBN: 0-471-03811-3
Anzahl der Stoffe: 200
Deskriptoren: ORGANISCHE STOFFE, DATEN, INFORMATIONEN, EXPERIMENTELLE METHODEN, CHEMIKALIEN INDEX, BEZEICHNUNG, SYNONYMA, HERSTELLUNG, VERWENDUNGSART
Bemerkungen: PRODUKTION UND ZUSAMMENSETZUNG VON CHEMISCHEN PRODUKTEN

[855] WOLFF M.E.
BURGER'S MEDICINAL CHEMISTRY
JOHN WILEY & SONS, NEW YORK, 1980
ISBN: 0-471-01570-9
Anzahl der Stoffe: 500
Deskriptoren: ORGANISCHE STOFFE, DATEN, INFORMATIONEN, CHEMIKALIEN INDEX, BEZEICHNUNG, SYNONYMA, VERWENDUNGSART
Bemerkungen: DATENTYP: PHARMAZEUTIKA

[856] WOLFF T.
GESELLSCHAFT FUER STRAHLEN UND UMWELTFORSCHUNG MUENCHEN
GENTOXISCHE WIRKUNGEN IN VITRO UND IN VIVO VON 2- UND 1- NITROPROPAN
GSF, NEUHERBERG, 1988
ISSN: 0721-1694
Anzahl der Stoffe: 2
Deskriptoren: ORGANISCHE STOFFE, DATEN, INFORMATIONEN, EXPERIMENTELLE METHODEN, FALLSTUDIEN, SITUATIONSSTUDIEN, ZUSAMMENFASSENDE ARBEITEN, BEZEICHNUNG, VERWENDUNGSZWECK, ANWENDUNGSMUSTER, SIEDEPUNKT, AKUTE TOXIZITAET, AKUTE ORALE TOXIZITAET SAEUGETIER, INHALATIV SAEUGETIER, CHRONISCHE TOXIZITAET SAEUGETIER, REPRODUKTIONSTOXIZITAET, TERATOGENITAET SAEUGETIER, MUTAGENITAET SAEUGETIER, TESTDAUER KURZ, CARCINOGENITAET SAEUGETIER, TESTDAUER LANG, METABOLISMUS SAEUGETIER, ANDERE WIRKUNGEN, AKUTE VERGIFTUNGEN, HINWEISE AUF MUTAGENE/KANZEROGENE WIRKUNGEN(MENSCH)

[857] WORLD HEALTH ORGANIZATION
ENVIRONMENTAL HEALTH CRITERIA
WORLD HEALTH ORGANIZATION, GENF, 1988
Anzahl der Stoffe: 35
Deskriptoren: ORGANISCHE STOFFE, ANORGANISCHE STOFFE, DATEN, INFORMATIONEN, BEZEICHNUNG, SYNONYMA, CAS-NUMMER, PRODUKTIONSVOLUMEN, VERWENDUNGSART, ATMOSPHAERE, HYDROSPHAERE MEER, HYDROSPHAERE SUESSWASSER, PEDOSPHAERE, SEDIMENT, SCHMELZPUNKT, SIEDEPUNKT, RELATIVE DICHTE, DAMPFDRUCK, WASSERLOESLICHKEIT, LOESLICHKEIT IN ORGANISCHEN LOESEMITTELN, BIOABBAU, BIOAKKUMULATION, ABIOTISCHE ABBAUBARKEIT, DIREKTER PHOTOABBAU, AKUTE ORALE TOXIZITAET SAEUGETIER, SUBAKUTE-SUBCHRONISCHE TOXIZITAET SAEUGETIER, CARCINOGENITAET SAEUGETIER, MUTAGENITAET SAEUGETIER, ANDERE WIRKUNGEN, HINWEISE AUF MUTAGENE/KANZEROGENE WIRKUNGEN(MENSCH)
Bemerkungen: DATEN PROFILE, GESUNDHEITSKRITERIEN

[858] WORLD HEALTH ORGANIZATION
RECOMMENDED HEALTH-BASED LIMITS IN OCCUPATIONAL EXPOSURE TO PESTICIDES
TECHNICAL REPORT SERIES NO. 677
WORLD HEALTH ORGANIZATION, GENF, 1982
ISSN: 92-4-120677-2
Anzahl der Stoffe: 50
Deskriptoren: ORGANISCHE STOFFE, DATEN, INFORMATIONEN, CHEMIKALIEN INDEX, BEZEICHNUNG, SYNONYMA, VERWENDUNGSART, SCHMELZPUNKT, SIEDEPUNKT, FLAMMPUNKT, RELATIVE DICHTE, DAMPFDRUCK, AKUTE

ORALE TOXIZITAET SAEUGETIER, AKUTE VERGIFTUNGEN, ANDERE WIRKUNGEN, ARBEITSSCHUTZ
Bemerkungen: DATENTYP: PESTIZIDE, BETONUNG DER EXPOSITION AM ARBEITSPLATZ

[859] WORLD HEALTH ORGANIZATION
RECOMMENDED HEALTH-BASED LIMITS IN OCCUPATIONAL EXPOSURE TO SELECTED ORGANIC SOLVENTS
TECHNICAL REPORT SERIES NO.664
WORLD HEALTH ORGANIZATION, GENF, 1981
ISSN: 92-4-120664-0
Anzahl der Stoffe: 50
Deskriptoren: ORGANISCHE STOFFE, DATEN, INFORMATIONEN, CHEMIKALIEN INDEX, BEZEICHNUNG, SYNONYMA, VERWENDUNGSART, SCHMELZPUNKT, SIEDEPUNKT, RELATIVE DICHTE, DAMPFDRUCK, FLAMMPUNKT, AKUTE ORALE TOXIZITAET SAEUGETIER, AKUTE VERGIFTUNGEN, ANDERE WIRKUNGEN, ARBEITSSCHUTZ
Bemerkungen: DATENTYP: LOESUNGSMITTEL, BETONUNG DER EXPOSITION AM ARBEITSPLATZ

[860] WORLD HEALTH ORGANIZATION
RECOMMENDED HEALTH-BASED LIMITS IN OCCUPATIONAL EXPOSURE TO HEAVY METALS
TECHNICAL REPORT SERIES NO.647
WORLD HEALTH ORGANIZATION, GENF, 1980
ISSN: 92-4-120647-0
Anzahl der Stoffe: 50
Deskriptoren: ANORGANISCHE STOFFE, DATEN, INFORMATIONEN, CHEMIKALIEN INDEX, BEZEICHNUNG, SYNONYMA, VERWENDUNGSART, SCHMELZPUNKT, SIEDEPUNKT, FLAMMPUNKT, RELATIVE DICHTE, DAMPFDRUCK, AKUTE ORALE TOXIZITAET SAEUGETIER, AKUTE VERGIFTUNGEN, ANDERE WIRKUNGEN, ARBEITSSCHUTZ
Bemerkungen: DATENTYP: METALLE, BETONUNG DER EXPOSITION AM ARBEITSPLATZ

[861] WORLD HEALTH ORGANIZATION
WHO FOOD ADDITIVES SERIES
WORLD HEALTH ORGANIZATION, GENF, 1988
Anzahl der Stoffe: 500
Deskriptoren: ORGANISCHE STOFFE, ANORGANISCHE STOFFE, DATEN, INFORMATIONEN, SYSTEMANALYTISCHE METHODEN, CHEMIKALIEN INDEX, BEZEICHNUNG, SYNONYMA, LEBENSMITTEL PFLANZLICH UND TIERISCH, METABOLISMUS MENSCH, METABOLISMUS SAEUGETIER, AKUTE ORALE TOXIZITAET SAEUGETIER, SUBAKUTE-SUBCHRONISCHE TOXIZITAET SAEUGETIER, CHRONISCHE TOXIZITAET MENSCH, CHRONISCHE TOXIZITAET SAEUGETIER, HINWEISE AUF MUTAGENE/KANZEROGENE WIRKUNGEN(MENSCH), CARCINOGENITAET SAEUGETIER, MUTAGENITAET SAEUGETIER, TERATOGENITAET SAEUGETIER
Bemerkungen: MONOGRAPHIEN UEBER LEBENSMITTELZUSATZSTOFFE, ABSCHAETZUNG DER TOXIZITAET VON LEBENSMITTELZUSATZSTOFFEN

[862] WORLD HEALTH ORGANIZATION, REGIONAL OFFICE FOR EUROPE
WORLD HEALTH ORGANIZATION, REGIONAL OFFICE FOR EUROPE
TOXICOLOGICAL APPRAISAL OF HALOGENATED AROMATIC COMPOUNDS

FOLLOWING GROUNDWATER POLLUTION
REPORT ON A WHO WORKING GROUP
WORLD HEALTH ORGANIZATION, GENF, 1980
ISBN: 92-9020-1967
Anzahl der Stoffe: 25
Deskriptoren: ORGANISCHE STOFFE, DATEN, INFORMATIONEN, EXPERIMENTELLE METHODEN, SITUATIONSSTUDIEN, BEZEICHNUNG, VERWENDUNGSART, PRODUKTIONSVOLUMEN, ATMOSPHAERE, HYDROSPHAERE SUESSWASSER, LEBENSMITTEL PFLANZLICH UND TIERISCH, TRINKWASSER, SCHMELZPUNKT, SIEDEPUNKT, DAMPFDRUCK, WASSERLOESLICHKEIT, VERTEILUNGSKOEFFIZIENT N-OCTANOL/WASSER, POW, AKUTE ORALE TOXIZITAET SAEUGETIER, INHALATIV SAEUGETIER, CHRONISCHE TOXIZITAET MENSCH, MUTAGENITAET SAEUGETIER, CARCINOGENITAET SAEUGETIER, AKUTE VERGIFTUNGEN, CHRONISCHE VERGIFTUNGEN MENSCH, TLV-WERTE, ENTSORGUNG

[863] WORTHING C.R., WALKER S.B.
THE PESTICIDE MANUAL
A WORLD COMPENDIUM
BRITISH CROP PROTECTION COUNCIL, THORNTON HEATH, 1987
ISBN: 0-948404-01-9
Anzahl der Stoffe: 800
Deskriptoren: ORGANISCHE STOFFE, ANORGANISCHE STOFFE, DATEN, INFORMATIONEN, EXPERIMENTELLE METHODEN, CHEMIKALIEN INDEX, SYNONYMA INDEX, CAS-NUMMER INDEX, FORMEL INDEX, BEZEICHNUNG, SYNONYMA, WISWESSER LINE NOTATION, VERWENDUNGSART, SCHMELZPUNKT, SIEDEPUNKT, RELATIVE DICHTE, DAMPFDRUCK, BRECHUNGSINDEX, WASSERLOESLICHKEIT, LOESLICHKEIT IN ORGANISCHEN LOESEMITTELN, DISSOZIATIONSKONSTANTE, FISCH, AKUTE ORALE TOXIZITAET SAEUGETIER, AKUTE PERCUTANE TOXIZITAET SAEUGETIER, HAUTREIZUNG SAEUGETIER, AUGENREIZUNG SAEUGETIER, REPRODUKTIONSTOXIZITAET, MUTAGENITAET, CARCINOGENITAET SAEUGETIER
Bemerkungen: 8. AUFLAGE, DATENTYP: PESTIZIDE

[864] YALKOWSKI S.H., SINKULA A.A.
PHYSICAL CHEMICAL PROPERTIES OF DRUGS
MARCEL DEKKER, NEW YORK, 1980
ISBN: 0-8247-1008-8
Anzahl der Stoffe: 200
Deskriptoren: ORGANISCHE STOFFE, DATEN, INFORMATIONEN, SYSTEMANALYTISCHE METHODEN, SAR, CHEMIKALIEN INDEX, BEZEICHNUNG, SYNONYMA, SCHMELZPUNKT, RELATIVE DICHTE, WASSERLOESLICHKEIT, LOESLICHKEIT IN ORGANISCHEN LOESEMITTELN, DISSOZIATIONSKONSTANTE, VERTEILUNGSKOEFFIZIENT N-OCTANOL/WASSER, POW
Bemerkungen: DATENTYP: PHARMAZEUTIKA

[865] ZARTNER-NYILAS G.
BUND-LAENDER ARBEITSKREIS UMWELTCHEMIKALIEN
KONTAMINATION DER UMWELT DURCH LEICHTFLUECHTIGE ALIPHATISCHE CHLORIERTE KOHLENWASSERSTOFFE
TETRACHLORETHAN TRICHLORETHEN 1.1.1-TRICHLORETHAN UND TEILWEISE DICHLORMETHAN
LANDESANSTALT FUER UMWELTSCHUTZ, KARLSRUHE, 1987
Anzahl der Stoffe: 4

Deskriptoren: ORGANISCHE STOFFE, DATEN, INFORMATIONEN, EXPERIMENTELLE METHODEN, SITUATIONSSTUDIEN, BEZEICHNUNG, STRUKTURFORMEL, SUMMENFORMEL, VERWENDUNGSART, VERWENDUNGSZWECK, ANWENDUNGSMUSTER, PRODUKTIONSVOLUMEN, SYNTHESE, EINFUHR/AUSFUHR, ATMOSPHAERE, PEDOSPHAERE, HYDROSPHAERE SUESSWASSER, LEBENSMITTEL PFLANZLICH UND TIERISCH, SIEDEPUNKT, RELATIVE DICHTE, DAMPFDRUCK, OBERFLAECHENSPANNUNG, WASSERLOESLICHKEIT, LOESLICHKEIT IN FETT, VERTEILUNGSKOEFFIZIENT N-OCTANOL/WASSER, POW, SONSTIGE PC-GROESSEN, SONSTIGE VERTEILUNGSKOEFFIZIENTEN Z.B. KD, KBIO, BIOABBAU, DIREKTER PHOTOABBAU, BIOAKKUMULATION, ALGE, FISCH, DAPHNIA, BAKTERIEN, VOEGEL, PFLANZEN, AKUTE TOXIZITAET, HAUTREIZUNG SAEUGETIER, ANDERE WIRKUNGEN, AKUTE VERGIFTUNGEN, ARBEITSSCHUTZ, TRANSPORT, KENNZEICHNUNG, SCHUTZMASSNAHMEN, LAGERUNG UND HANDHABUNG, MAK-WERTE, BRAND- UND EXPLOSIONSSCHUTZ, ENTSORGUNG, MASSNAHMEN NACH VERSCHUETTEN/AUSLAUFEN/GASAUSTRITT

[866] ZWOLINSKI B.J., WILHOIT R.C.
HANDBOOK OF VAPOR PRESSURES AND HEATS OF VAPORIZATION OF HYDROCARBONS AND RELATED COMPOUNDS
PUBLICATION NO.101
THERMODYNAMIC RESEARCH CENTER, TEXAS, 1971
ISBN: 0-85501-2511
Anzahl der Stoffe: 1000
Deskriptoren: ORGANISCHE STOFFE, DATEN, INFORMATIONEN, CHEMIKALIEN INDEX, BEZEICHNUNG, SYNONYMA, SIEDEPUNKT, DAMPFDRUCK
Bemerkungen: INFORMATIONSTYP: DAMPFDRUCK

[867] ARBEITSGEMEINSCHAFT FUER DIE REINHALTUNG DER ELBE
CHLORIERTE KOHLENWASSERSTOFFE
DATEN DER ELBE
ARGE ELBE, HAMBURG, 1983
ISSN: 0170-1282
Anzahl der Stoffe: 35
Deskriptoren: ORGANISCHE STOFFE, DATEN, INFORMATIONEN, EXPERIMENTELLE METHODEN, FALLSTUDIEN, SITUATIONSSTUDIEN, BEZEICHNUNG, SYNONYMA, STRUKTURFORMEL, SUMMENFORMEL, SEDIMENT, HYDROSPHAERE SUESSWASSER, LEBENSMITTEL PFLANZLICH UND TIERISCH, SCHMELZPUNKT, SIEDEPUNKT, RELATIVE DICHTE, WASSERLOESLICHKEIT, BIOAKKUMULATION, AKUTE ORALE TOXIZITAET SAEUGETIER, MAK-WERTE
Bemerkungen: VORKOMMEN VON CHEMIKALIEN IN DER ELBE

[868] CHEMICAL AND ENGINEERING NEWS
KEY CHEMICALS AND POLYMERS
AMERICAN CHEMICAL SOCIETY, WASHINGTON D.C., 1986
Anzahl der Stoffe: 46
Deskriptoren: ORGANISCHE STOFFE, ANORGANISCHE STOFFE, DATEN, INFORMATIONEN, CHEMIKALIEN INDEX, BEZEICHNUNG, STRUKTURFORMEL, SUMMENFORMEL, VERWENDUNGSZWECK, ANWENDUNGSMUSTER, PRODUKTIONSVOLUMEN, SYNTHESE, EINFUHR/AUSFUHR
Bemerkungen: 7.EDITION, DATENTYP: POLYMERE

[869] MERCK E. DARMSTADT
SAEUREN
SICHERHEIT IM LABOR
E. MERCK, DARMSTADT, 1989
Anzahl der Stoffe: 51
Deskriptoren: ORGANISCHE STOFFE, ANORGANISCHE STOFFE, DATEN, INFORMATIONEN, OFFIZIELLE TEXTE, CHEMIKALIEN INDEX, BEZEICHNUNG, SYNONYMA, CAS-NUMMER, UN-NUMMER, SUMMENFORMEL, MOLEKULARGEWICHT, STOFFBESCHAFFENHEIT, SCHMELZPUNKT, SIEDEPUNKT, RELATIVE DICHTE, DAMPFDRUCK, VISKOSITAET, WASSERLOESLICHKEIT, FLAMMPUNKT, ZUENDTEMPERATUR, EXPLOSIONSPUNKT, SONSTIGE PC-GROESSEN, BIOABBAU, DAPHNIA, FISCH, ALGE, AKUTE ORALE TOXIZITAET SAEUGETIER, HAUTREIZUNG MENSCH, AUGENREIZUNG MENSCH, HAUTREIZUNG SAEUGETIER, AUGENREIZUNG SAEUGETIER, AKUTE VERGIFTUNGEN, CHRONISCHE VERGIFTUNGEN MENSCH, ARBEITSSCHUTZ, SCHUTZMASSNAHMEN, LAGERUNG UND HANDHABUNG, TRANSPORT, KENNZEICHNUNG, GESUNDHEITSSCHUTZ, BRAND- UND EXPLOSIONSSCHUTZ, ENTSORGUNG, MASSNAHMEN BEI UNFAELLEN UND BRAENDEN, MASSNAHMEN NACH VERSCHUETTEN/AUSLAUFEN/GASAUSTRITT, LOESCHMITTEL, ERSTE HILFE
Bemerkungen: SICHERHEITSDATENBLAETTER, DATENTYP: SAEUREN

[870] MERCK E., DARMSTADT
LOESUNGSMITTEL
SICHERHEIT IM LABOR
E. MERCK, DARMSTADT, 1988
Anzahl der Stoffe: 57
Deskriptoren: ORGANISCHE STOFFE, DATEN, INFORMATIONEN, CHEMIKALIEN INDEX, OFFIZIELLE TEXTE, BEZEICHNUNG, SYNONYMA, CAS-NUMMER, UN-NUMMER, SUMMENFORMEL, MOLEKULARGEWICHT, STOFFBESCHAFFENHEIT, SCHMELZPUNKT, SIEDEPUNKT, RELATIVE DICHTE, DAMPFDRUCK, VISKOSITAET, WASSERLOESLICHKEIT, FLAMMPUNKT, ZUENDTEMPERATUR, EXPLOSIONSPUNKT, SONSTIGE PC-GROESSEN, TRANSPORT, BIOABBAU, FISCH, DAPHNIA, ALGE, AKUTE ORALE TOXIZITAET SAEUGETIER, AKUTE VERGIFTUNGEN, CHRONISCHE VERGIFTUNGEN MENSCH, HAUTREIZUNG SAEUGETIER, HAUTREIZUNG MENSCH, AUGENREIZUNG SAEUGETIER, AUGENREIZUNG MENSCH, ARBEITSSCHUTZ, SCHUTZMASSNAHMEN, LAGERUNG UND HANDHABUNG, GESUNDHEITSSCHUTZ, BRAND- UND EXPLOSIONSSCHUTZ, ENTSORGUNG, TRANSPORT, KENNZEICHNUNG, MASSNAHMEN BEI UNFAELLEN UND BRAENDEN, MASSNAHMEN NACH VERSCHUETTEN/AUSLAUFEN/GASAUSTRITT, LOESCHMITTEL, ERSTE HILFE
Bemerkungen: DATENBLAETTER UEBER CHEMIKALIEN, DATENTYP: LOESUNGSMITTEL

[871] MINISTERIUM FUER ERNAEHRUNG, LANDWIRTSCHAFT, UMWELT
LEITFADEN FUER DIE BEURTEILUNG UND BEHANDLUNG VON GRUNDWASSERVERUNREINIGUNGEN DURCH LEICHFLUECHTIGE CHLORKOHLENWASSERSTOFFE
HEFT 13
MINISTERIUM FUER ERNAEHRUNG, LANDWIRTSCHAFT, UMWELT , STUTTGART, 1983
Anzahl der Stoffe: 10
Deskriptoren: ORGANISCHE STOFFE, DATEN, INFORMATIONEN, BEZEICHNUNG, VERWENDUNGSART, PRODUKTIONSVOLUMEN, HYDROSPHAERE SUESSWASSER, RELATIVE DICHTE, DAMPFDRUCK, WASSERLOESLICHKEIT, OBER-

FLAECHENSPANNUNG, VERTEILUNGSKOEFFIZIENT N-OCTANOL/WASSER, POW, SONSTIGE VERTEILUNGSKOEFFIZIENTEN Z.B. KD, KBIO
Bemerkungen: CHLORKOHLENWASSERSTOFFE IM GRUNDWASSER

[872] UMWELTBUNDESAMT
COLLECTION OF MINIMUM PRE-MARKETING SETS OF DATA INCLUDING ENVIRONMENTAL RESIDUE DATA ON EXISTING CHEMICALS
UMWELTBUNDESAMT, BERLIN, 1982
Anzahl der Stoffe: 53
Deskriptoren: ORGANISCHE STOFFE, ANORGANISCHE STOFFE, DATEN, BEZEICHNUNG, SYNONYMA, CAS-NUMMER, STRUKTURFORMEL, NIOSH-NUMMER, VERWENDUNGSART, ANWENDUNGSMUSTER, PRODUKTIONSVOLUMEN, SCHMELZPUNKT, SIEDEPUNKT, MOLEKULARGEWICHT, RELATIVE DICHTE, DAMPFDRUCK, WASSERLOESLICHKEIT, DISSOZIATIONSKONSTANTE, VERTEILUNGSKOEFFIZIENT N-OCTANOL/WASSER, POW, SONSTIGE PC-GROESSEN, ABIOTISCHE ABBAUBARKEIT, BIOABBAU, DIREKTER PHOTOABBAU, BIOAKKUMULATION, ALGE, FISCH, DAPHNIA, AKUTE ORALE TOXIZITAET SAEUGETIER, DERMALE TOXIZITAET SAEUGETIER, INHALATIV SAEUGETIER, HAUTREIZUNG SAEUGETIER, AUGENREIZUNG SAEUGETIER, SUBAKUTE-SUBCHRONISCHE TOXIZITAET SAEUGETIER, REPRODUKTIONSTOXIZITAET, MUTAGENITAET SAEUGETIER

[873] VENTRON GMBH
SILICON COMPOUNDS, SILICIUM VERBINDUNGEN
VENTRON GMBH, KARLSRUHE, 1986
Anzahl der Stoffe: 1000
Deskriptoren: SUMMENFORMEL INDEX, ORGANISCHE STOFFE, DATEN, BEZEICHNUNG, SUMMENFORMEL, STRUKTURFORMEL, SIEDEPUNKT, MOLEKULARGEWICHT, RELATIVE DICHTE

2.2 Titelregister

2.3 Sachregister

Allgemeine Parameter:

Identitätsmerkmale:

Bezeichnung

Angaben zur Verwendung:

Ökonomische Daten:

Vorkommen in der Umwelt:

PC Eigenschaften:

Flammpunkt
7, 9, 10, 39, 50, 51, 55, 71, 72, 74, 76, 77, 78, 79, 98, 103, 116, 128, 129, 144, 145, 159, 160, 161, 194, 203, 223, 224, 242, 254, 256, 257, 276, 293, 302, 304, 307, 335, 361, 376, 381, 382, 390, 393, 416, 425, 436, 437, 441, 455, 464, 469, 483, 487, 496, 498, 504, 505, 516, 521, 523, 551, 554, 557, 558, 559, 561, 570, 571, 594, 618, 624, 631, 637, 638, 640, 642, 644, 655, 656, 659, 662, 667, 676, 708, 710, 722, 723, 724, 776, 789, 803, 810, 823, 827, 839, 840, 858, 859, 860

Zündtemperatur
39, 55, 70, 71, 72, 74, 76, 78, 79, 98, 102, 103, 194, 224, 254, 307, 361, 376, 381, 439, 455, 554, 557, 561, 594, 631, 640, 655, 708, 710, 723, 827, 840

Molekulargewicht
3, 7, 18, 34, 39, 41, 55, 56, 68, 70, 71, 72, 73, 74, 75, 76, 77, 78, 79, 86, 87, 98, 128, 129, 157, 159, 160, 161, 169, 170, 171, 172, 174, 184, 192, 194, 195, 198, 203, 217, 224, 248, 254, 256, 257, 259, 269, 270, 276, 307, 315, 334, 346, 355, 366, 392, 393, 415, 420, 421, 425, 436, 439, 442, 448, 452, 455, 457, 483, 504, 523, 529, 530, 541, 542, 554, 561, 566, 570, 586, 594, 618, 619, 623, 624, 626, 630, 631, 637, 638, 639, 640, 644, 655, 656, 659, 667, 677, 708, 710, 723, 725, 747, 759, 798, 803, 806, 820, 821, 823, 827, 840, 845

Relative Dichte
7, 8, 9, 17, 18, 24, 26, 32, 38, 39, 41, 44, 50, 51, 55, 56, 66, 68, 69, 70, 71, 72, 73, 74, 76, 77, 78, 79, 84, 91, 93, 98, 116, 117, 128, 129, 144, 145, 159, 160, 161, 162, 164, 172, 184, 186, 191, 194, 195, 196, 198, 215, 224, 234, 237, 239, 241, 247, 249, 251, 254, 255, 256, 257, 266, 268, 269, 270, 273, 275, 276, 277, 291, 297, 302, 303, 304, 307, 309, 320, 321, 324, 326, 332, 333, 334, 335, 343, 355, 361, 365, 368, 374, 376, 382, 388, 389, 390, 393, 394, 407, 408, 412, 416, 425, 428, 431, 436, 437, 439, 441, 442, 444, 455, 456, 467, 470, 483, 486, 487, 496, 498, 499, 504, 505, 513, 514, 521, 523, 541, 544, 547, 550, 553, 554, 557, 558, 559, 561, 570, 571, 577, 579, 582, 587, 594, 596, 597, 601, 605, 614, 618, 619, 621, 622, 623, 624, 626, 629, 631, 632, 637, 639, 640, 642, 644, 653, 655, 656, 659, 665, 669, 673, 676, 677, 680, 682, 699, 708, 710, 723, 724, 737, 754, 765, 767, 770, 776, 785, 789, 797, 799, 803, 806, 810, 820, 821, 823, 827, 830, 833, 840, 842, 845, 847, 849, 857, 858, 859, 860, 863, 864, 865

Dampfdruck
17, 26, 29, 32, 34, 38, 39, 43, 44, 47, 50, 51, 55, 56, 66, 70, 71, 72, 73, 74, 76, 77, 78, 79, 84, 90, 95, 98, 106, 116, 135, 159, 161, 162, 169, 170, 171, 173, 176, 184, 194, 196, 198, 203, 204, 205, 217, 223, 224, 226, 229, 234, 241, 242, 250, 251, 254, 257, 267, 273, 276, 277, 278, 290, 291, 298, 299, 302, 306, 307, 309, 313, 321, 326, 333, 334, 337, 343, 346, 351, 355, 361, 365, 366, 368, 370, 371, 374, 376, 381, 382, 389, 390, 394, 404, 407, 415, 416, 425, 431, 433, 437, 439, 441, 442, 448, 452, 455, 456, 467, 468, 470, 471, 472, 479, 484, 486, 487, 491, 496, 498, 501, 504, 505, 507, 510, 513, 515, 521, 529, 530, 531, 541, 557, 559, 561, 563, 566, 569, 570, 571, 577, 586, 588, 594, 596, 601, 605, 614, 617, 618, 622, 624, 629, 630, 631, 637, 644, 652, 655, 658, 659, 660, 662, 673, 676, 698, 708, 710, 713, 722, 743, 747, 757, 767, 776, 782, 789, 798, 799, 801, 805, 806, 810, 824, 827, 833, 835, 840, 842, 857, 858, 859, 860, 862, 863, 865, 866

Oberflächenspannung
2, 26, 39, 44, 50, 51, 98, 194, 196, 251, 257, 273, 276, 293, 326, 355, 365, 408, 416, 437, 475, 486, 495, 498, 499, 514, 521, 596, 624, 629, 631, 652, 662, 665, 673, 676, 737, 767, 789, 799, 805, 827, 865

Viskosität
17, 39, 50, 51, 76, 98, 159, 160, 161, 184, 194, 224, 251, 255, 256, 257, 258, 269, 270, 273, 276, 293, 326, 365, 436, 437, 444, 490, 498, 541, 550, 582, 596, 624, 631, 652, 676, 680, 705, 723, 767, 789, 799, 809

Brechungsindex
7, 39, 74, 98, 128, 129, 159, 160, 161, 184, 203, 224, 256, 257, 269, 270, 302, 326, 334, 335, 355, 365, 381, 412, 436, 499, 550, 596, 618, 619, 652, 667, 708, 767, 789, 821, 840, 863

Wasserlöslichkeit
3, 16, 17, 18, 24, 32, 34, 39, 41, 43, 44, 50, 51, 52, 53, 56, 65, 66, 68, 69, 70, 71, 72, 73, 74, 75, 76, 77, 78, 79, 86, 87, 90, 91, 98, 103, 106, 108, 112, 113, 114, 115, 116, 128, 129, 135, 157, 159, 160, 161, 162, 172, 173, 174, 176, 188, 191, 192, 194, 195, 196, 198, 203, 205, 209, 216, 217, 222, 223, 224, 227, 229, 234, 237, 241, 242, 247, 249, 250, 254, 256, 257, 273, 276, 277, 279, 281, 291, 297, 298, 299, 302, 303, 304, 306, 307, 309, 315, 317, 321, 322, 325, 326, 333, 334, 335, 337, 343, 355, 357, 365, 366, 368, 370, 371, 374, 376, 381, 389, 390, 394, 397, 407, 408, 412, 414, 415, 416, 418, 420, 421, 425, 430, 431, 433, 436, 437, 441, 442, 444, 448, 451, 452, 456, 457, 467, 468, 469, 470, 475, 476, 478, 483, 486, 487, 491, 494, 497, 501, 502, 504, 505, 507, 508, 510, 512, 514, 515, 521, 529, 531, 541, 542, 550, 552, 557, 559, 561, 563, 566, 570, 571, 572, 577, 586, 587, 588, 589, 594, 596, 601, 605, 608, 614, 618, 619, 623, 624, 626, 629, 630, 631, 637, 642, 644, 655, 656, 659, 660, 661, 662, 665, 667, 673, 676, 677, 678, 684, 688, 698, 705, 708, 711, 713, 722, 723, 724, 727, 728, 729, 737, 743, 747, 751, 757, 759, 765, 782, 785, 789, 797, 798, 801, 802, 806, 815, 820, 821, 823, 824, 825, 833, 835, 840, 845, 846, 850, 857, 862, 863, 864, 865

Löslichkeit in org. Lösemitteln
16, 17, 24, 44, 50, 51, 53, 66, 69, 70, 74, 78, 79, 87, 98, 106, 116, 128, 129, 157, 188, 191, 192, 195, 196, 205, 209, 216, 223, 224, 234, 241, 242, 247, 249, 257, 273, 276, 279, 281, 291, 302, 303, 304, 307, 309, 321, 325, 332, 333, 334, 337, 343, 370, 371, 374, 376, 381, 389, 390, 394, 407, 408, 412, 416, 430, 431, 436, 437, 441, 448, 451, 467, 469, 470, 476, 483, 486, 487, 491, 496, 497, 498, 499, 505, 507, 508, 512, 521, 541, 552, 553, 559, 561, 570, 571, 586, 587, 594, 596, 601, 605, 608, 614, 619, 623, 626, 631, 654, 655, 659, 662, 665, 667, 673, 676, 684, 698, 699, 705, 708, 711, 713, 722, 726, 727, 728, 729, 743, 747, 757, 759, 765, 782, 785, 789, 797, 802, 815, 821, 823, 824, 829, 830, 833, 840, 850, 857, 863, 864

Dissoziationskonstante
17, 42, 66, 75, 90, 128, 135, 159, 160, 161, 192, 195, 196, 209, 279, 316, 329, 366, 421, 425, 449, 459, 475, 486, 496, 587, 595, 602, 603, 604, 623, 629, 631, 678, 719, 739, 743, 789, 863, 864

Henry-Konstante
70, 71, 72, 73, 74, 77, 78, 173, 176, 217, 222, 318, 366, 405, 415, 441, 442, 452, 486, 531, 631, 672, 789

Verteilungskoeffizienten (Kow, Kd, Koc)
3, 17, 18, 39, 56, 70, 71, 72, 73, 74, 76, 77, 78, 90, 105, 112, 113, 135, 173, 217, 222, 227, 237, 250, 271, 276, 277, 299, 315, 329, 363, 366, 415, 436, 441, 442, 444, 448, 453, 486, 504, 507, 515, 529, 542, 565, 590, 607, 617, 618, 619, 625, 631, 661, 673, 698, 737, 751, 789, 801, 806, 862, 864, 865

thermodynamische Daten
26, 29, 30, 44, 66, 177, 195, 214, 622, 623, 624, 652, 704, 770

Abbau/Akkumulation:

Bioabbau/Biotische Abbaubarkeit
5, 16, 17, 18, 40, 43, 50, 56, 65, 70, 71, 72, 73, 74, 75, 76, 77, 78, 79, 80, 81, 87, 89, 107, 109, 110, 112, 113, 114, 138, 149, 162, 166, 173, 174, 175, 176, 191, 193, 198, 210, 217, 230, 233, 234, 250, 276, 286, 298, 299, 313, 315, 316, 317, 318, 319, 320, 321, 334, 366, 370, 380, 392, 397, 405, 406, 407, 415, 420, 421, 428, 432, 433, 441, 442, 444, 448, 452, 453, 459, 471, 475, 482, 486, 507, 508,

Ökotoxizität/Wirkung auf freilebende Organismen:

Toxizität (Säugetiere):

659, 668, 673, 679, 701, 707, 708, 712, 731, 741, 757, 768, 774, 776, 777, 782, 789, 791, 793, 815, 816, 825, 836, 837, 840, 848, 853, 856, 857, 861, 862

Carcinogenität
17, 18, 33, 49, 55, 70, 71, 72, 73, 74, 75, 77, 78, 79, 80, 86, 87, 96, 103, 112, 113, 114, 115, 127, 128, 146, 150, 151, 154, 157, 159, 160, 161, 173, 174, 175, 191, 201, 203, 230, 234, 240, 243, 244, 248, 253, 262, 263, 264, 274, 275, 276, 277, 278, 280, 289, 299, 307, 308, 310, 311, 315, 322, 323, 334, 336, 337, 338, 346, 347, 359, 360, 368, 369, 374, 380, 381, 389, 410, 414, 415, 418, 422, 432, 436, 438, 441, 442, 444, 448, 453, 457, 460, 466, 473, 477, 482, 485, 508, 515, 534, 535, 537, 540, 544, 556, 561, 562, 563, 567, 578, 580, 586, 589, 594, 600, 606, 616, 617, 618, 626, 631, 641, 644, 646, 654, 655, 657, 658, 659, 668, 673, 675, 695, 701, 707, 708, 709, 712, 731, 741, 757, 768, 774, 776, 777, 778, 782, 789, 793, 798, 804, 815, 816, 822, 825, 835, 836, 837, 840, 841, 848, 853, 856, 857, 861, 862, 863

Erfahrungen beim Menschen:

Metabolismus (Mensch)
5, 17, 56, 76, 159, 160, 161, 203, 230, 265, 274, 287, 296, 302, 315, 330, 337, 338, 436, 442, 459, 473, 500, 526, 527, 592, 633, 646, 655, 712, 735, 757, 806, 843, 861

akute Vergiftungen (Mensch)
16, 33, 35, 55, 70, 71, 72, 73, 75, 103, 129, 142, 149, 151, 170, 194, 206, 212, 223, 224, 230, 243, 244, 262, 263, 264, 276, 299, 307, 308, 311, 312, 322, 327, 347, 361, 368, 371, 381, 389, 419, 422, 436, 439, 442, 460, 473, 482, 504, 515, 536, 537, 540, 541, 543, 544, 551, 552, 557, 561, 570, 594, 606, 611, 616, 618, 626, 631, 633, 641, 644, 646, 647, 655, 677, 692, 693, 698, 708, 722, 723, 735, 741, 742, 772, 782, 790, 793, 800, 827, 835, 841, 843, 856, 858, 859, 860, 862, 865

Hautreizung (Mensch)
129, 159, 160, 161, 346, 455, 570, 594

Augenreizung (Mensch)
129, 159, 160, 161, 346, 455, 570, 594

epidemiologische Daten (Mensch)
33, 54, 70, 71, 72, 170, 206, 230, 260, 280, 311, 312, 322, 327, 337, 338, 358, 366, 368, 399, 436, 445, 448, 453, 457, 489, 504, 534, 540, 544, 546, 561, 594, 610, 618, 626, 633, 655, 677, 708, 735, 741, 790, 793, 835, 840, 841

chronische Vergiftungen (Mensch)
16, 33, 70, 71, 73, 129, 149, 151, 170, 206, 224, 230, 276, 280, 307, 308, 312, 322, 327, 361, 368, 381, 422, 436, 448, 460, 536, 537, 540, 541, 544, 561, 570, 594, 618, 626, 631, 641, 644, 677, 692, 693, 708, 722, 735, 741, 742, 772, 782, 790, 793, 827, 835, 841, 862

Hinweise auf mutagene/kanzerogene Wirkungen (Mensch)
33, 48, 49, 55, 70, 80, 86, 87, 96, 103, 129, 151, 157, 170, 174, 180, 197, 198, 201, 230, 243, 244, 248, 260, 262, 263, 264, 276, 299, 308, 310, 311, 312, 322, 334, 347, 368, 374, 376, 381, 389, 414, 415, 418, 422, 425, 436, 438, 442, 445, 448, 453, 457, 460, 473, 482, 504, 518, 534, 537, 540, 544, 556, 570, 573, 586, 589, 594, 606, 616, 618, 619, 626, 631, 641, 644, 646, 675, 677, 679, 687, 695, 701, 707, 709, 722, 741, 764, 777, 778, 782, 790, 793, 815, 827, 834, 835, 836, 840, 856, 857, 861

Hinweise zum Arbeitsschutz

3 Faktendatenbanken

3.1 Bibliographie

[1] ABDA-PHARMA
BUNDESVEREINIGUNG DEUTSCHER APOTHEKERVERBAENDE
Host: DIMDI
Hersteller: BUNDESVEREINIGUNG DEUTSCHER APOTHEKERVERBAENDE
ABDA
BETHOVENPLATZ 1-4
6000 FRANKFURT AM MAIN 97
Charakterisierung: ARZNEISTOFFINFORMATIONEN WIE SYNONYMAE, DERIVATE, INDIKATION, SUMMENFORMEL, CAS-NUMMER, PHYSIKALISCH-CHEMISCHE EIGENSCHAFTEN
Anzahl der Stoffe: 13000
Deskriptoren: DATEN, ORGANISCHE STOFFE, ANORGANISCHE STOFFE, INFORMATIONEN, CHEMIKALIENINDEX, SYNONYMA INDEX, CAS-NUMMERN INDEX, CAS-NR., BEZEICHNUNG, SYNONYMA, HANDELSNAME ETC., VERWENDUNGSART, SUMMENFORMEL, SCHMELZPUNKT, SIEDEPUNKT, MOLEKULARGEWICHT, BRECHUNGSINDEX, WASSERLOESLICHKEIT, LOESLICHKEIT IN ORGANISCHEN LOESEMITTELN, MAK-WERTE
Bemerkungen: ADRESSEN VON HERSTELLERN

[2] ADHEMIX
ADHEMIX
Host: TELESYSTEMES QUESTEL
Hersteller: COMMISSARIAT A L'ENERGIE ATOMIQUE
DIRECTION DES APPLICATIONS MILITAIRES
CENTRE D'ETUDES DE RIPAULT
29-33 RUE DE LA FEDERATION
75752 PARIS CEDEX 15
FRANCE
TEL.: 33-1-40561000
Charakterisierung: BESCHREIBUNGEN VON 1000 KLEBEMITTELN
Anzahl der Stoffe: 1000
Deskriptoren: ORGANISCHE STOFFE, ANORGANISCHE STOFFE, DATEN, INFORMATIONEN, BEZEICHNUNG, SYNONYMA, HANDELSNAME ETC., HERSTELLER, VISKOSITAET, SONSTIGE PC-GROESSEN
Bemerkungen: DATENTYP: KLEBSTOFFE

[3] AGRC
AGROCHEMICALS DATABANK
Host: DATA-STAR
Hersteller: THE ROYAL SOCIETY OF CHEMISTRY
THE UNIVERSITY
GB - NOTTINGHAM NG7 2RD
TEL.: 44-602-507411
TELEX: 37488
Charakterisierung: PESTIZIDE, DER ANWENDUNG UND WIRKUNG
Anzahl der Stoffe: 10000

Deskriptoren: ORGANISCHE STOFFE, ANORGANISCHE STOFFE, DATEN, INFORMATIONEN, EXPERIMENTELLE METHODEN, CHEMIKALIENINDEX, CAS-NUMMERN INDEX, BEZEICHNUNG, SYNONYMA, HANDELSNAME ETC., CAS-NR., SUMMENFORMEL, VERWENDUNGSART, HYDROSPHAERE MEER, LEBENSMITTEL - TIERISCHE UND PFLANZLICHE GEWEBE, PEDOSPHAERE, HYDROSPHAERE SUESSWASSER, SCHMELZPUNKT, SIEDEPUNKT, FLAMMPUNKT, MOLEKULARGEWICHT, RELATIVE DICHTE, DAMPFDRUCK, BRECHUNGSINDEX, WASSERLOESLICHKEIT, LOESLICHKEIT IN ORGANISCHEN LOESEMITTELN, BIOABBAU/BIOTISCHE ABBAUBARKEIT, ABIOTISCHE ABBAUBARKEIT, FISCH, BIENEN, VOEGEL, PFLANZEN, AKUTE ORALE TOXIZITAET SAEUGETIER, HAUTREIZUNG SAEUGETIER, AUGENREIZUNG SAEUGETIER, INHALATIV SAEUGETIER, SUBAKUTE-SUBCHRONISCHE TOXIZITAET SAEUGETIER, CHRONISCHE TOXIZITAET, REPRODUKTIONSTOXIZITAET, TERATOGENITAET, MUTAGENITAET, CARCINOGENITAET SAEUGETIER, METABOLISMUS MENSCH, AKUTE VERGIFTUNGEN, CHRONISCHE VERGIFTUNGEN MENSCH, HINWEISE AUF MUTAGENE/KANZEROGENE WIRKUNGEN MENSCH, MASSNAHMEN BEI UNFAELLEN UND BRAENDEN, MASSNAHMEN NACH VERSCHUETTEN/AUSLAUFEN/GASAUSTRITT, ERSTE HILFE, SYNONYMA INDEX
Bemerkungen: DATENTYP: PESTIZIDE

[4] AIR/WATER PULLUTION REPORT
AIR/WATER POLLUTION REPORT
Host: NEWSNET
Hersteller: BUSINESS PUBLISHERS INC.
951 PERSHING DRIVE
SILVER SPRING, MD 20910
USA
TEL.: 301-587-6300
Charakterisierung: LUFT- UND WASSERVERSCHMUTZUNG, U.S. UMWELTGESETZGEBUNG
Anzahl der Stoffe: 500
Deskriptoren: ORGANISCHE STOFFE, ANORGANISCHE STOFFE, DATEN, INFORMATIONEN, OFFIZIELLE TEXTE, CHEMIKALIENINDEX, SYNONYMA INDEX, BEZEICHNUNG, SYNONYMA, HANDELSNAME ETC., HYDROSPHAERE MEER, HYDROSPHAERE SUESSWASSER, ATMOSPHAERE

[5] AQUIRE
AQUATIC INFORMATION RETRIEVAL SYSTEM
Host: CIS
Hersteller: U.S. ENVIRONMENTAL PROTECTION AGENCY
OFFICE OF PESTICIDES AND TOXIC SUBSTANCES
401 M STREET, SW
MS-TS793
WASHINGTON, DC 20460
USA
TEL. 202-382-3524
Charakterisierung: TOXIKOLOGIE, WASSERWIRTSCHAFT
Anzahl der Stoffe: 4179
Deskriptoren: DATEN, INFORMATIONEN, EXPERIMENTELLE METHODEN, ORGANISCHE STOFFE, ANORGANISCHE STOFFE, CHEMIKALIENINDEX, SYNONYMA INDEX, CAS-NUMMERN INDEX, BEZEICHNUNG, SYNONYMA, HANDELSNAME ETC., CAS-NR., BIOAKKUMULATION, ALGE, DAPHNIA, FISCH

[6] ARGUS-INFUCHS
ALTSTOFFDATENBANK REGISTRIERTER GESUNDHEITS- UND UMWELTRELEVANTER STOFFE
Host: NOCH NICHT ONLINE
Hersteller: BUNDESGESUNDHEITSAMT
MAX-VON-PETTENKOFER INSTITUT
HERRN DR. M. SONNEBORN
THIELALLEE
1000 BERLIN 33
TEL.: 030-8308-1
Charakterisierung: DATENDOKUMENTATION DER ALTSTOFFE NACH DEM CHEMIKALIENGESETZ, BEURTEILUNGSHILFE FUER ALTSTOFFE
Anzahl der Stoffe: 3500
Deskriptoren: ORGANISCHE STOFFE, ANORGANISCHE STOFFE, DATEN, INFORMATIONEN, BEZEICHNUNG, SYNONYMA, HANDELSNAME ETC., CAS-NR., EG-NUMMER, UN-NUMMER, CHEMIKALIENINDEX, SYNONYMA INDEX, CAS-NUMMERN INDEX, EG-NUMMERN INDEX, UN-NUMMERN INDEX, SUMMENFORMEL, STOFFBESCHAFFENHEIT, KENNZEICHNUNG, R, S-SAETZE, PRODUKTIONSVOLUMEN, VERWENDUNGSART, SCHUTZMASSNAHMEN, LAGERUNG UND HANDHABUNG, TRANSPORT, ANDERE WIRKUNGEN, LOESCHMITTEL, MASSNAHMEN BEI UNFAELLEN UND BRAENDEN, MASSNAHMEN NACH VERSCHUETTEN/AUSLAUFEN/GASAUSTRITT, SCHMELZPUNKT, SIEDEPUNKT, FLAMMPUNKT, RELATIVE DICHTE, DAMPFDRUCK, OBERFLAECHENSPANNUNG, WASSERLOESLICHKEIT, LOESLICHKEIT IN ORGANISCHEN LOESEMITTELN, VERTEILUNGSKOEFFIZIENT, HENRY-KONSTANTE, ADSORPTIONSKOEFFIZIENT, DISSOZIATIONSKONSTANTE, AKUTE VERGIFTUNGEN, AKUTE ORALE TOXIZITAET SAEUGETIER, AUGENREIZUNG MENSCH, AUGENREIZUNG SAEUGETIER, HAUTREIZUNG MENSCH, HAUTREIZUNG SAEUGETIER, SUBAKUTE-SUBCHRONISCHE TOXIZITAET SAEUGETIER, CHRONISCHE TOXIZITAET, CHRONISCHE VERGIFTUNGEN MENSCH, CARCINOGENITAET SAEUGETIER, MUTAGENITAET, REPRODUKTIONSTOXIZITAET, TERATOGENITAET, HINWEISE AUF MUTAGENE/KANZEROGENE WIRKUNGEN MENSCH, FISCH, DAPHNIA, ALGE, BIOABBAU/BIOTISCHE ABBAUBARKEIT, BIOAKKUMULATION, ABIOTISCHE ABBAUBARKEIT, DIREKTER PHOTOABBAU, ARBEITSSCHUTZ
Bemerkungen: INFUCHS- TEILDATENBANK, NOCH NICHT ONLINE, KANN ALLEN BUNDES- UND LANDESBEHOERDEN ZUGAENGLICH GEMACHT W

[7] BAKER
J. T. BAKER COMPANY, MATERIAL SAFETY DATA SHEETS
Host: CIS
Hersteller: J. T. BAKER COMPANY
222 RED SCHOOL LANE
PHILLIPSBURG
NJ 08865
USA
TEL. 201-859-2151
Charakterisierung: CHEMIE, EIGENSCHAFTEN VON CHEMIKALIEN, ARBEITSSCHUTZ UND SICHERHEIT, GESUNDHEITSSCHUTZ
Anzahl der Stoffe: 1600
Deskriptoren: DATEN, INFORMATIONEN, ORGANISCHE STOFFE, ANORGANISCHE STOFFE, CHEMIKALIENINDEX, SYNONYMA INDEX, CAS-NUMMERN INDEX, BEZEICHNUNG, SYNONYMA, HANDELSNAME ETC., CAS-NR., UN-NUMMER, SUMMENFORMEL, NIOSH-NUMMER, RTECS-NUMMER, STOFFBE-

SCHAFFENHEIT, SCHMELZPUNKT, SIEDEPUNKT, FLAMMPUNKT, MOLEKULARGEWICHT, RELATIVE DICHTE, WASSERLOESLICHKEIT, AKUTE ORALE TOXIZITAET SAEUGETIER, DERMALE TOXIZITAET SAEUGETIER, INHALATIV SAEUGETIER, PERCUTAN SAEUGETIER, HAUTREIZUNG SAEUGETIER, AUGENREIZUNG SAEUGETIER, SUBAKUTE-SUBCHRONISCHE TOXIZITAET SAEUGETIER, CHRONISCHE TOXIZITAET, REPRODUKTIONSTOXIZITAET, TERATOGENITAET, MUTAGENITAET, CARCINOGENITAET SAEUGETIER, AKUTE VERGIFTUNGEN, CHRONISCHE VERGIFTUNGEN MENSCH, ARBEITSSCHUTZ, TRANSPORT, SCHUTZMASSNAHMEN, LAGERUNG UND HANDHABUNG, R, S-SAETZE, TLV-WERTE, EXPLOSIONSKLASSE, ZUENDGRUPPE, GESUNDHEITSSCHUTZ, BRAND- UND EXPLOSIONSSCHUTZ, ENTSORGUNG, MASSNAHMEN BEI UNFAELLEN UND BRAENDEN, ENTSORGUNG, MASSNAHMEN NACH VERSCHUETTEN/AUSLAUFEN/GASAUSTRITT, LOESCHMITTEL, ERSTE HILFE
Bemerkungen: GEMISCHE, UNFALLSCHUTZ, ARBEITSSCHUTZ

[8] BEILSTEIN
BEILSTEIN FACTURAL SEARCHING
Host: STN
Hersteller: BEILSTEIN INSTITUT FUER ORGANISCHE CHEMIE
VARRENTRAPPSTR.40-42
6000 FRANKFURT AM MAIN 90
TEL. 069-7917-258
Charakterisierung: INFORMATIONEN UEBER HETEROZYKLISCHE VERBINDUNGEN
Anzahl der Stoffe: 350000
Deskriptoren: DATEN, INFORMATIONEN, ORGANISCHE STOFFE, CHEMIKALIENINDEX, MG INDEX, SYNONYMA INDEX, SIEDEPUNKT INDEX, SCHMELZPUNKT INDEX, FORMEL INDEX, BEILSTEINNUMMERNINDEX, BEZEICHNUNG, SYNONYMA, HANDELSNAME ETC., STRUKTURFORMEL, SPEKTRALDATEN, SUMMENFORMEL, BEILSTEINNUMMER, STOFFBESCHAFFENHEIT, HERSTELLUNG, SCHMELZPUNKT, SIEDEPUNKT, MOLEKULARGEWICHT, MOLVOLUMEN, RELATIVE DICHTE, DAMPFDRUCK, OBERFLAECHENSPANNUNG, BRECHUNGSINDEX, THERMODYNAMISCHE DATEN, SONSTIGE PC-GROESSEN, THERMODYNAMISCHE DATEN
Bemerkungen: Z.ZT. NUR HETEROZYKLEN, KEINE CAS-NR. RECHERCHE MOEGLICH

[9] BIOCAS
BIOSIS/CAS REGISTRY NUMBER CONCORDANCE
Host: STN
Hersteller: CHEMICAL ABSTRACT SERVICE
2540 OLENTANGY RIVER ROAD
P.O. BOX 3012
USA - COLUMBUS, OH 43210
Charakterisierung: BIOSIS DOKUMENTENNUMMERN, CAS-NUMMERN DER ENTSPRECHENDEN ZITATE IN CA AUS DEM CA FILE
Anzahl der Stoffe: 100000
Deskriptoren: ORGANISCHE STOFFE, ANORGANISCHE STOFFE, DATEN, INFORMATIONEN, CAS-NUMMERN INDEX, CAS-NR.
Bemerkungen: CAS-Nummern für BIOSIS

[10] CCRIS
CHEMICAL CARCINOGENICITY RESEARCH INFORMATION SYSTEM
Host: CIS

Hersteller: NATIONAL LIBRARY OF MEDICINE (NLM)
MEDLARS MANAGEMENT
8600 ROCKVILLE PIKE
BETHESDA, MD 20894, USA
TEL. 301-496-6193
Charakterisierung: TOXIKOLOGIE, BIOMEDIZIN
Anzahl der Stoffe: 1269
Deskriptoren: ORGANISCHE STOFFE, ANORGANISCHE STOFFE, DATEN, INFORMATIONEN, EXPERIMENTELLE METHODEN, CHEMIKALIENINDEX, CAS-NUMMERN INDEX, SYNONYMA INDEX, BEZEICHNUNG, SYNONYMA, HANDELSNAME ETC., CAS-NR., REPRODUKTIONSTOXIZITAET, TERATOGENITAET, MUTAGENITAET, CARCINOGENITAET SAEUGETIER

[11] CDIF
CONSUMER DRUG INFORMATION FULLTEXT
Host: DIALOG
Hersteller: AMERICAN SOCIETY OF HOSPITAL PHARMACISTS (ASHP)
DATABASE SERVICE DIVISION
4630 MONTGOMERY AVENUE
BETHSDA, MD 20814, USA
USA
TEL. 301-657-3000
Charakterisierung: PHARMAZEUTIKA, PHARMAZEUTISCHE INDUSTRIE
Anzahl der Stoffe: 200
Deskriptoren: ORGANISCHE STOFFE, ANORGANISCHE STOFFE, DATEN, INFORMATIONEN, CHEMIKALIENINDEX, SYNONYMA INDEX, CAS-NUMMERN INDEX, CAS-NR., BEZEICHNUNG, SYNONYMA, HANDELSNAME ETC., VERWENDUNGSART, HAUTREIZUNG MENSCH, AUGENREIZUNG MENSCH, METABOLISMUS MENSCH, NEBENEFFEKTE MENSCH
Bemerkungen: USE: PHARMAZEUTIKA

[12] CEH
Chemical Economics Handbook
Host: ORBIT
Hersteller: SRI International
Charakterisierung: Chemische Industrie, Preise für Chemikalien
Anzahl der Stoffe: 10000
Deskriptoren: ORGANISCHE STOFFE, ANORGANISCHE STOFFE, DATEN, INFORMATIONEN, CHEMIKALIENINDEX, CAS-NUMMERN INDEX, BEZEICHNUNG, CAS-NR., EINFUHR/AUSFUHR, PRODUKTIONSVOLUMEN, HERSTELLER
Bemerkungen: INFORMATIONSTYP: PPRODUKTION

[13] CESARS
CHEMICAL EVALUATION SEARCH AND RETRIEVAL SYSTEM
Host: CIS
Hersteller: STATE OF MICHIGAN
DEPARTMENT OF NATURAL RESOURCES
OFFICE OF MATERIALS CONTROL
P.O. BOX 30028
LANSING, MI 48909
USA
TEL. 517-373-2190
Charakterisierung: TOXIKOLOGIE, CHEMIE, CHEMISCHE EIGENSCHAFTEN
Anzahl der Stoffe: 195

Deskriptoren: ORGANISCHE STOFFE, ANORGANISCHE STOFFE, DATEN, INFORMATIONEN, EXPERIMENTELLE METHODEN, CHEMIKALIENINDEX, CAS-NUMMERN INDEX, SYNONYMA INDEX, BEZEICHNUNG, SYNONYMA, HANDELSNAME ETC., CAS-NR., NIOSH-NUMMER, RTECS-NUMMER, SUMMENFORMEL, STOFFBESCHAFFENHEIT, VERWENDUNGSART, PRODUKTIONSVOLUMEN, ATMOSPHAERE, HYDROSPHAERE MEER, HYDROSPHAERE SUESSWASSER, SEDIMENT, PEDOSPHAERE, LEBENSMITTEL - TIERISCHE UND PFLANZLICHE GEWEBE, KLAERSCHLAMM, TRINKWASSER, SCHMELZPUNKT, SIEDEPUNKT, FLAMMPUNKT, MOLEKULARGEWICHT, RELATIVE DICHTE, DAMPFDRUCK, OBERFLAECHENSPANNUNG, VERTEILUNGSKOEFFIZIENT, VERTEILUNGSKOEFFIZIENT, BIOABBAU/BIOTISCHE ABBAUBARKEIT, ABIOTISCHE ABBAUBARKEIT, BIOAKKUMULATION, DIREKTER PHOTOABBAU, ALGE, FISCH, DAPHNIA, BAKTERIEN, PFLANZEN, AKUTE ORALE TOXIZITAET SAEUGETIER, DERMALE TOXIZITAET SAEUGETIER, INHALATIV SAEUGETIER, SUBAKUTE-SUBCHRONISCHE TOXIZITAET SAEUGETIER, CHRONISCHE TOXIZITAET, REPRODUKTIONSTOXIZITAET, TERATOGENITAET, MUTAGENITAET, CARCINOGENITAET SAEUGETIER, METABOLISMUS MENSCH, ARBEITSSCHUTZ, R, S-SAETZE, TLV-WERTE

[14] CHEMICAL EXPOSURE
CHEMICAL EXPOSURE
Host: DIALOG
Hersteller: SCIENCE APPLICATIONS INTERNATIONAL CORPORATION
VIRGINIA CONE
300 SOUTH TULANE AVENUE
OAK RIDGE, TN 37830, USA
USA
TEL. 615-576-6024
Charakterisierung: IDENTIFIKATION VON CHEMIKALIEN, TOXIKOLOGIE, PATHOLOGIE, GESUNDHEIT, CHEMIKALIEN IN MENSCHLICHEM UND BIOLOGISCHEM MATERIAL
Anzahl der Stoffe: 1800
Deskriptoren: ORGANISCHE STOFFE, ANORGANISCHE STOFFE, DATEN, INFORMATIONEN, EXPERIMENTELLE METHODEN, CHEMIKALIENINDEX, SYNONYMA INDEX, CAS-NUMMERN INDEX, FORMEL INDEX, BEZEICHNUNG, SYNONYMA, HANDELSNAME ETC., CAS-NR., SUMMENFORMEL, VORKOMMEN IM MENSCHLICHEN GEWEBE, PEDOSPHAERE, HYDROSPHAERE MEER, HYDROSPHAERE SUESSWASSER, BIOSPHAERE, SEDIMENT, LEBENSMITTEL - TIERISCHE UND PFLANZLICHE GEWEBE, SCHMELZPUNKT, SIEDEPUNKT, MOLEKULARGEWICHT, EPIDEMIOLOGISCHE DATEN
Bemerkungen: DATENTYP: PESTIZIDE, DATENTYP: METALLE

[15] CHEMLINE
CHEMICAL DIRECTORY ONLINE
Host: DIMDI
Hersteller: NATIONAL LIBRARY OF MEDICINE (NLM)
8600 ROCKVILLE PIKE
BETHESDA MD 20014, USA
Charakterisierung: TERMINOLOGIE CHEMISCHER SUBSTANZEN, LINEARE VERSCHLUESSELUNG VON RINGSTRUKTUREN
Anzahl der Stoffe: 700000
Deskriptoren: ORGANISCHE STOFFE, DATEN, BEZEICHNUNG, SYNONYMA, HANDELSNAME ETC., CAS-NR., SUMMENFORMEL
Bemerkungen: VERWEISE AUF ANDERE DATENBANKEN, WOERTERBUCH DER CHEMIE

[16] CHEMLIST
REGULATED CHEMICALS LISTINGS
Host: STN
Hersteller: AMERICAN PETROLEUM INSTITUTE
CENTRAL ABSTRACTING AND INDEXING SERVICE
156 WILLIAM STREET
NEW YORK, N.Y. 10038
USA
TEL.: 212-587-9668
Charakterisierung: CHEMIKALIEN, DIE IM VERZEICHNIS EPA TSCA AUFGEFUEHRT WERDEN, ENVIRONMENTAL PROTECTION AGENCY, TOXIC SUBSTANCES CONTROL ACT, MITTEILUNGEN UND ANKUENDIGUNGEN DER HERSTELLER, REAKTIONEN AUF EMPFEHLUNGEN DES ITC, INTERAGENCY TESTING COMMITTEE
Anzahl der Stoffe: 100000
Deskriptoren: ORGANISCHE STOFFE, ANORGANISCHE STOFFE, DATEN, INFORMATIONEN, OFFIZIELLE TEXTE, CHEMIKALIENINDEX, SYNONYMA INDEX, CAS-NUMMERN INDEX, BEZEICHNUNG, SYNONYMA, HANDELSNAME ETC., CAS-NR.
Bemerkungen: DIE DATENBANK HIESS FRUEHER TOXLIST

[17] CHEMNAME
CA CHEMICAL NAME DICTIONARY
Host: DIALOG
Hersteller: DIALOG INFORMATION SERVICES INC.
PALO ALTO
CA
USA
CHEMICAL ABSTRACT SERVICE
COLUMBUS, OH 43210
USA
Charakterisierung: CHEMIKALIEN, DIE MEHR ALS EINMAL IM CA ZITIERT WURDEN SEIT, 1967
Anzahl der Stoffe: 1949000
Deskriptoren: ORGANISCHE STOFFE, ANORGANISCHE STOFFE, DATEN, CHEMIKALIENINDEX, SYNONYMA INDEX, STRUKTURFORMEL INDEX, CAS-NUMMERN INDEX, FORMEL INDEX, BEZEICHNUNG, SYNONYMA, HANDELSNAME ETC., STRUKTURFORMEL, CAS-NR., SUMMENFORMEL
Bemerkungen: SIEHE CHEMZERO, CHEMSIS, STRUKTURRECHERCHE MOEGLICH, WOERTERBUCH DER CHEMIE

[18] CHEMQUEST
CHEMQUEST
Host: ORBIT
Hersteller: Molecular Design Ltd.
Charakterisierung: 60 internationale Anbieter von Forschungschemikalien
Anzahl der Stoffe: 10000
Deskriptoren: ORGANISCHE STOFFE, ANORGANISCHE STOFFE, DATEN, INFORMATIONEN, CHEMIKALIENINDEX, SYNONYMA INDEX, CAS-NUMMERN INDEX, FORMEL INDEX, HERSTELLERINDEX, BEZEICHNUNG, SYNONYMA, HANDELSNAME ETC., CAS-NR., SUMMENFORMEL, HERSTELLER
Bemerkungen: CHEMIKALIENKATALOG ONLINE

[19] CHEMSAFE
CHEMSAFE
Host: NOCH NICHT ONLINE
Hersteller: BUNDESANSTALT FUER MATERIALPRUEFUNG
PHYSIKALISCH TECHNISCHE BUNDESANSTALT
DEUTSCHE GESELLSCHAFT FUER CHEMISCHES APPARATEWESEN
CHEMISCHE TECHNIK UND BIOTECHNOLOGIE E.V. (DECHEMA)
Charakterisierung: SICHERHEITSTECHNISCHE KENNGROESSEN FUER BRAND-/EXPLOSIONSSCH, ENTWICKLUNG VON SCHAETZ- UND BERECHNUNGSVERFAHREN
Anzahl der Stoffe: 1100
Deskriptoren: ORGANISCHE STOFFE, ANORGANISCHE STOFFE, DATEN, INFORMATIONEN, BEZEICHNUNG, SYNONYMA, HANDELSNAME ETC., CAS-NR., EG-NUMMER, UN-NUMMER, CHEMIKALIENINDEX, SYNONYMA INDEX, EG-NUMMERN INDEX, UN-NUMMERN INDEX, SUMMENFORMEL, MAK-WERTE, TLV-WERTE, SCHMELZPUNKT, ZUENDTEMPERATUR, EXPLOSIONSKLASSE
Bemerkungen: DATEN SIND BEWERTET, NOCH NICHT ONLINE

[20] CHEMSIS
CHEM SINGLY INDEXED SUBSTANCES
Host: DIALOG
Hersteller: DIALOG INFORMATION SERVICES INC.
PALO ALTO
CA
USA
CHEMICAL ABSTRACT SERVICE
COLUMBUS, OH 43210
USA
Charakterisierung: CHEMIKALIEN, DIE WAEHREND EINER CI PERIODE NUR EINMAL ZITIER
Anzahl der Stoffe: 5602113
Deskriptoren: ORGANISCHE STOFFE, ANORGANISCHE STOFFE, DATEN, CHEMIKALIENINDEX, SYNONYMA INDEX, STRUKTURFORMEL INDEX, CAS-NUMMERN INDEX, FORMEL INDEX, BEZEICHNUNG, SYNONYMA, HANDELSNAME ETC., SUMMENFORMEL, CAS-NR., STRUKTURFORMEL
Bemerkungen: SIEHE CHEMNAME, CHEMZERO, STRUKTURRECHERCHE MOEGLICH, WOERTERBUCH DER CHEMIE

[21] CHEMZERO
CHEMZERO
Host: DIALOG
Hersteller: DIALOG INFORMATION SERVICES INC.
PALO ALTO
CA
USA
CHEMICAL ABSTRACT SERVICE
COLUMBUS, OH 43210
USA
Charakterisierung: CHEMIKALIEN, DIE KEINE ZITATE IM CA FILE HABEN
Anzahl der Stoffe: 1121961
Deskriptoren: ORGANISCHE STOFFE, ANORGANISCHE STOFFE, DATEN, CHEMIKALIENINDEX, SYNONYMA INDEX, STRUKTURFORMEL INDEX, FORMEL INDEX, BEZEICHNUNG, SYNONYMA, HANDELSNAME ETC., CAS-NR., CAS-NUMMERN INDEX, STRUKTURFORMEL, SUMMENFORMEL

Bemerkungen: SIEHE CHEMNAME, CHEMSIS, STRUKTURRECHERCHE MOEGLICH, WOERTERBUCH DER CHEMIE

[22] CHRIS
CHEMICAL HAZARD RESPONSE INFORMATION SYSTEM
Host: CIS
Hersteller: U.S. COAST GUARD
G-MTH-1
2100 2ND STREET, SW
WASHINGTON, DC 20593-0001
USA
TEL. 202-267-1577
Charakterisierung: PHYSIKALISCH-CHEMISCHE EIGENSCHAFTEN, ABFALLBESEITIGUNG
Anzahl der Stoffe: 1000
Deskriptoren: DATEN, INFORMATIONEN, ORGANISCHE STOFFE, ANORGANISCHE STOFFE, CHEMIKALIENINDEX, SYNONYMA INDEX, CAS-NUMMERN INDEX, BEZEICHNUNG, SYNONYMA, HANDELSNAME ETC., CAS-NR., SUMMENFORMEL, STOFFBESCHAFFENHEIT, FLAMMPUNKT, ZUENDTEMPERATUR, ENTZUENDLICHKEIT, MOLEKULARGEWICHT, RELATIVE DICHTE, DAMPFDRUCK, ABIOTISCHE ABBAUBARKEIT, FISCH, AKUTE ORALE TOXIZITAET SAEUGETIER, DERMALE TOXIZITAET SAEUGETIER, AKUTE VERGIFTUNGEN, CHRONISCHE VERGIFTUNGEN MENSCH, ARBEITSSCHUTZ, SCHUTZMASSNAHMEN, LAGERUNG UND HANDHABUNG, R, S-SAETZE, TLV-WERTE, ZUENDGRUPPE, GESUNDHEITSSCHUTZ, BRAND- UND EXPLOSIONSSCHUTZ, ENTSORGUNG, ENTSORGUNG, MASSNAHMEN BEI UNFAELLEN UND BRAENDEN, MASSNAHMEN NACH VERSCHUETTEN/AUSLAUFEN/GASAUSTRITT, LOESCHMITTEL, ERSTE HILFE
Bemerkungen: ARBEITSSCHUTZ, UNFALLSCHUTZ

[23] CNAM
CHEMICAL ABSTRACTS REGISTRY NOMENCLATURE AND STRUCTURE SEARCH
Host: DATA-STAR
Hersteller: CHEMICAL ABSTRACT SERVICE
P.O. BOX 3012
USA - COLUMBUS, OH 43210
TEL.: 001614/421/3600
TELEX: 810-482-1608
Charakterisierung: CHEMISCHE STRUKTUREN UND SUBSTANZNAMEN
Anzahl der Stoffe: 100000
Deskriptoren: ORGANISCHE STOFFE, ANORGANISCHE STOFFE, CHEMIKALIENINDEX, MG INDEX, STRUKTURFORMEL INDEX, FORMEL INDEX, BEZEICHNUNG, SYNONYMA, HANDELSNAME ETC., CAS-NR., STRUKTURFORMEL, SUMMENFORMEL, MOLEKULARGEWICHT
Bemerkungen: WOERTERBUCH DER CHEMIE

[24] CRGS
CHEMICAL REGULATIONS AND GUIDELINES SYSTEM
Host: DIALOG
Hersteller: CRC SYSTEMS INC.
4020 WILLIAMSBURG CT.
FAIRFAX, VA 22032
USA
TEL.: 703-385-0440

Charakterisierung: US GESETZE UND RICHTLINIEN AUF DEM GEBIET DER CHEMIE, FEDERAL REGISTER, PRODUKTION, LAGEUNG, TRANSPORT VON CHEMIKALIEN, GESETZE HIERZU
Anzahl der Stoffe: 3000
Deskriptoren: ORGANISCHE STOFFE, ANORGANISCHE STOFFE, DATEN, INFORMATIONEN, OFFIZIELLE TEXTE, CHEMIKALIENINDEX, SYNONYMA INDEX, CAS-NUMMERN INDEX, BEZEICHNUNG, SYNONYMA, HANDELSNAME ETC., CAS-NR.
Bemerkungen: GESCHLOSSENER FILE

[25] CSCHEM
CSCHEM
Host: STN
Hersteller: DIRECTORIES PUBLISHING COMPANY INC.
P.O. BOX 1824
CLEMSON, S.C. 29633
USA
TEL.: 803-646-7840
Charakterisierung: INFORMATIONEN UEBER CHEMISCHE PRODUKTE UND DEREN HERSTELLUNG, CHEMIKALIENKATALOG
Anzahl der Stoffe: 10000
Deskriptoren: ORGANISCHE STOFFE, ANORGANISCHE STOFFE, DATEN, INFORMATIONEN, CHEMIKALIENINDEX, SYNONYMA INDEX, BEZEICHNUNG, SYNONYMA, HANDELSNAME ETC.
Bemerkungen: IN DER DATENBANK CSCORP BEI STN SIND ADRESSEN DER HERSTELLER

[26] CSCORP
CSCORP
Host: STN
Hersteller: DIRECTORIES PUBLISHING COMPANY INC.
P.O. BOX 1824
USA CLEMSON, S.C. 29633
TEL.: (803)646-7840
Charakterisierung: VERZEICHNIS VON FIRMEN,, DIE CHEMIKALIEN UND CHEMISCHE PRODUKTE LIEFERN
Anzahl der Stoffe:
Deskriptoren: INFORMATIONEN, HERSTELLER
Bemerkungen: KEINE DATENQUELLE, ADRESSEN VON HERSTELLERN, KEINE CAS-NR. RECHERCHE MOEGLICH

[27] CTCP
CLINICAL TOXICOLOGY OF COMMERCIAL PRODUCTS
Host: CIS
Hersteller: UNIVERSITY OF ROCHESTER
MEDICAL CENTER
PHARMACOLOGY AND TOXICOLOGY
601 ELMWOOD AVENUE
ROCHESTER
NY 14642
USA

DARTMOUTH MEDICAL SCHOOL
DEPARTMENT OF PHARMACOLOGY AND TOXICOLOGY
HANOVER
NH 03755
USA
Charakterisierung: TOXIKOLOGIE
Anzahl der Stoffe: 3000
Deskriptoren: ORGANISCHE STOFFE, ANORGANISCHE STOFFE, DATEN, INFORMATIONEN, CHEMIKALIENINDEX, SYNONYMA INDEX, CAS-NUMMERN INDEX, BEZEICHNUNG, SYNONYMA, HANDELSNAME ETC., CAS-NR., VERWENDUNGSART

[28] DABAWAS
DATENBANK FUER WASSERGEFAEHRDENDE STOFFE
Host: IFW
Hersteller: INSTITUT FUER WASSERFORSCHUNG GMBH DORTMUND (IFW)
DORTMUNDer Stadtwerke AG
Zum Kellerbach 52
5840 Schwerte 6 (Geisecke)
Charakterisierung: LAGERUNG UND TRANSPORT WASSERGEFAEHRDENDER STOFFE, BEWERTUNG DES GEFAHRENPOTENTIALS, WASSERHAUSHALTSGESETZ
Anzahl der Stoffe: 20000
Deskriptoren: ORGANISCHE STOFFE, ANORGANISCHE STOFFE, DATEN, INFORMATIONEN, EXPERIMENTELLE METHODEN, OFFIZIELLE TEXTE, BEZEICHNUNG, SYNONYMA, HANDELSNAME ETC., CAS-NR., RTECS-NUMMER, MOLEKULARGEWICHT, UN-NUMMER, SUMMENFORMEL, CHEMIKALIENINDEX, CAS-NUMMERN INDEX, UN-NUMMERN INDEX, RTECS-NUMMERN-INDEX, MG INDEX, SYNONYMA INDEX, STOFFBESCHAFFENHEIT, PRODUKTIONSVOLUMEN, VERWENDUNGSART, HYDROSPHAERE MEER, HYDROSPHAERE SUESSWASSER, SCHMELZPUNKT, SIEDEPUNKT, RELATIVE DICHTE, DAMPFDRUCK, OBERFLAECHENSPANNUNG, WASSERLOESLICHKEIT, LOESLICHKEIT IN ORGANISCHEN LOESEMITTELN, FLAMMPUNKT, ENTZUENDLICHKEIT, ZUENDGRUPPE, ZUENDTEMPERATUR, VERTEILUNGSKOEFFIZIENT, HENRYKONSTANTE, DISSOZIATIONSKONSTANTE, ARBEITSSCHUTZ, HAZCHEM-CODE, KEMMLER-ZAHL, SCHUTZMASSNAHMEN, LAGERUNG UND HANDHABUNG, MAK-WERTE, TLV-WERTE, TRANSPORT, LOESCHMITTEL, MASSNAHMEN BEI UNFAELLEN UND BRAENDEN, MASSNAHMEN NACH VERSCHUETTEN/AUSLAUFEN/GASAUSTRITT, VERPAkKUNG, AKUTE VERGIFTUNGEN, AKUTE ORALE TOXIZITAET SAEUGETIER, ANDERE WIRKUNGEN, EPIDEMIOLOGISCHE DATEN, HAUTREIZUNG MENSCH, HAUTREIZUNG SAEUGETIER, AUGENREIZUNG MENSCH, AUGENREIZUNG SAEUGETIER, CHRONISCHE TOXIZITAET, CHRONISCHE VERGIFTUNGEN MENSCH, CARCINOGENITAET SAEUGETIER, MUTAGENITAET, REPRODUKTIONSTOXIZITAET, TERATOGENITAET, HINWEISE AUF MUTAGENE/KANZEROGENE WIRKUNGEN MENSCH, FISCH, DAPHNIA, ALGE, ABIOTISCHE ABBAUBARKEIT, BIOABBAU/BIOTISCHE ABBAUBARKEIT, BIOAKKUMULATION, DIREKTER PHOTOABBAU, BIOTRANSFORMATION/TOXIKOKINETIK
Bemerkungen: NOCH NICHT ONLINE, AUFTRAGSRECHERCHEN WERDEN VOM IFW DURCHGEFUEHRT, RECHERCHEN F. POLIZEI, FEUERWEHR, BUNDESBEHOERDEN KOSTENLOS

[29] DAISY
DAISY
Host: ARAMIS
Hersteller: NATIONAL INSTITUTE OF OCCUPATIONAL HEALTH
DEPARTMENT OF OCCUPATIONAL DERMATOLOGY
Charakterisierung: DERMATOLOGIE IN BEZUG AUF DIE ARBEIT IM LABOR, SCHUTZHANDSCHUHE
Anzahl der Stoffe: 500
Deskriptoren: ORGANISCHE STOFFE, ANORGANISCHE STOFFE, DATEN, INFORMATIONEN, CHEMIKALIENINDEX, SYNONYMA INDEX, BEZEICHNUNG, SYNONYMA, HANDELSNAME ETC., HAUTREIZUNG MENSCH, HAUTREIZUNG SAEUGETIER
Bemerkungen: INFORMATIONSTYP: DERMATOLOGIE

[30] DANGER DATA
DANGER DATA
Host: NOCH NICHT ONLINE
Hersteller: BOESE GMBH
POSTFACH 2110
AM DACHSBAU 9
6232 BAD SODEN 2
TEL.: 06196-25432
TELEFAX: 06196-23656
Charakterisierung: MOBILES SYSTEM FUER DEN FEUERWEHREINSATZ, ERSTMASSNAHMEN BEI EINEM UNFALL
Anzahl der Stoffe: 13500
Deskriptoren: ORGANISCHE STOFFE, ANORGANISCHE STOFFE, DATEN, INFORMATIONEN, OFFIZIELLE TEXTE, CHEMIKALIENINDEX, SYNONYMA INDEX, UN-NUMMERN INDEX, BEZEICHNUNG, SYNONYMA, HANDELSNAME ETC., UN-NUMMER, TRANSPORT, ARBEITSSCHUTZ, SCHUTZMASSNAHMEN, LAGERUNG UND HANDHABUNG, LOESCHMITTEL, MASSNAHMEN BEI UNFAELLEN UND BRAENDEN, MASSNAHMEN NACH VERSCHUETTEN/AUSLAUFEN/GASAUSTRITT
Bemerkungen: ANSCHAFFUNG DER HARDWARE IN TASCHEN-COMPUTERFORMAT, INSTALLIERTE DATENBANK MIT SPEZIELLER SOFTWARE

[31] DE HAEN DRUG DATA
DE HAEN DRUG DATA
Host: DIALOG
Hersteller: PAUL DE HAEN INTERNATIONAL, INC.
2750 SOUTH SHOESHONE STREET
ENGLEWOOD, CO 80110
USA
TEL. 800-438-0296
Charakterisierung: PHARMAZEUTISCHE INDUSTRIE, PHARMAZEUTIKA, SUBFILE: DRUGS IN USE (DIU), SUBFILE: DRUGS IN RESEARCH(DIR), SUBFILE: DRUGS IN PROSPECT (DIP)
Anzahl der Stoffe: 10000
Deskriptoren: ORGANISCHE STOFFE, ANORGANISCHE STOFFE, DATEN, INFORMATIONEN, CHEMIKALIENINDEX, SYNONYMA, HANDELSNAME ETC., CASNUMMERN INDEX, BEZEICHNUNG, SYNONYMA, HANDELSNAME ETC., CASNR., VERWENDUNGSART, HERSTELLER, ABFALLAUFKOMMEN, MOLEKULARGEWICHT, RELATIVE DICHTE, VISKOSITAET, WASSERLOESLICHKEIT, DISSOZIATIONSKONSTANTE, LOESLICHKEIT IN ORGANISCHEN LOESEMITTELN,

VERTEILUNGSKOEFFIZIENT, AKUTE ORALE TOXIZITAET SAEUGETIER, DERMALE TOXIZITAET SAEUGETIER, INHALATIV SAEUGETIER, AUGENREIZUNG SAEUGETIER, HAUTREIZUNG SAEUGETIER, SUBAKUTE-SUBCHRONISCHE TOXIZITAET SAEUGETIER, CHRONISCHE TOXIZITAET, REPRODUKTIONSTOXIZITAET, TERATOGENITAET, MUTAGENITAET, CARCINOGENITAET SAEUGETIER, METABOLISMUS MENSCH, ARBEITSSCHUTZ, SCHUTZMASSNAHMEN, LAGERUNG UND HANDHABUNG
Bemerkungen: DATENTYP: PHARMAZEUTIKA

[32] DEQUIP
DECHEMA EQUIPMENT SUPPLIERS DATA BANK
Host: STN
Hersteller: DECHEMA
DEUTSCHE GESELLSCHAFT FUER CHEMISCHES APPARATEWESEN, CHEMISCHE TECHNIK UND BIOTECHNOLOGIE E.V.
I&D INFORMATIONSSYSTEME UND DATENBANKEN
TEODOR-HEUSS-ALLEE 25
POSTFACH 970146
6000 FRANKFURT/MAIN 97
TEL.: 069-7564-0
TELEX: 412490 DCHA D
TELEFAX: 069-7564-201
Charakterisierung: PRODUKTDATENBANK UEBER HERSTELLER UND LIEFERANTEN, CHEMISCHE VERFAHRENSTECHNIK, BIOTECHNOLOGIE
Anzahl der Stoffe: 8000
Deskriptoren: ORGANISCHE STOFFE, ANORGANISCHE STOFFE, INFORMATIONEN, BEZEICHNUNG, HERSTELLER
Bemerkungen: DIE DATENBANK ENTSPRICHT DEM ACHEMA JAHRBUCH

[33] DERMAL
DERMAL ABSORPTION DATABASE
Host: CIS
Hersteller: U.S. ENVIRONMENTAL PROTECTION AGENCY
OFFICE OF PESTICIDES AND TOXIC SUBSTANCES
401 M STREET, SW
MS-TS793
WASHINGTON, DC 20460
USA
TEL. 202-382-3524
TELEX: 892758
Charakterisierung: TOXIKOLOGIE
Anzahl der Stoffe: 655
Deskriptoren: ORGANISCHE STOFFE, ANORGANISCHE STOFFE, DATEN, INFORMATIONEN, CHEMIKALIENINDEX, SYNONYMA INDEX, CAS-NUMMERN INDEX, BEZEICHNUNG, CAS-NR., SYNONYMA, HANDELSNAME ETC., AKUTE ORALE TOXIZITAET SAEUGETIER, DERMALE TOXIZITAET SAEUGETIER
Bemerkungen: INFORMATIONSTYP: DERMALE TOXIZITAETEN

[34] DIF
DRUG INFORMATION FULLTEXT
Host: CIS
Hersteller: AMERCIAN SOCIETY OF HOSPITAL PHARMACISTS (ASHP)
DATABASE SERVICE DIVISION
4630 MONTGOMERY AVENUE

BETHESDA, MD 20814, USA
USA
TEL. 301-657-3000
Charakterisierung: PHARMAZIE, PHARMAZEUTISCHE INDUSTRIE
Anzahl der Stoffe: 50000
Deskriptoren: ORGANISCHE STOFFE, ANORGANISCHE STOFFE, DATEN, INFORMATIONEN, CHEMIKALIENINDEX, SYNONYMA INDEX, CAS-NUMMERN INDEX, BEZEICHNUNG, CAS-NR., SYNONYMA, HANDELSNAME ETC., STOFFBESCHAFFENHEIT, VERWENDUNGSART, WASSERLOESLICHKEIT, LOESLICHKEIT IN ORGANISCHEN LOESEMITTELN, METABOLISMUS MENSCH, NEUROTOXIZITAET

[35] DIOGENES
DIOGENES
Host: DIALOG
Hersteller: DIOGENES
12315 WILKINS AVENUE
ROCKVILLE, MD 20852
USA
TEL.: 301-881-2100
Charakterisierung: VORSCHRIFTEN IN BEZUG AUF PHARMAZEUTIKA U. MED. GERAETE, DOKUMENTATION UND GENEHMIGUNGSVERFAHREN, NEUIGKEITEN UND NICHTPUBLIZIERTE INFORMATIONEN
Anzahl der Stoffe: 1000
Deskriptoren: ORGANISCHE STOFFE, DATEN, INFORMATIONEN, OFFIZIELLE TEXTE, CHEMIKALIENINDEX, SYNONYMA INDEX, BEZEICHNUNG, SYNONYMA, HANDELSNAME ETC., VERWENDUNGSART
Bemerkungen: DATENTYP: PHARMAZEUTIKA

[36] DIPPR
DESIGN INSTITUTE FOR PHYSICAL PROPERTY DATA
Host: STN
Hersteller: AMERICAN INSTITUTE OF CHEMICAL ENGINEERS
345 EAST 47TH STREET
NEW YORK, N.Y. 10017, USA
TEL.: (212)705-7332
Charakterisierung: INFORMATIONEN ZU STOFFINFORMATIONEN UND STOFFEIGENSCHAFTEN
Anzahl der Stoffe: 1000
Deskriptoren: ORGANISCHE STOFFE, ANORGANISCHE STOFFE, DATEN, CHEMIKALIENINDEX, MG INDEX, SIEDEPUNKT INDEX, SCHMELZPUNKT INDEX, CAS-NUMMERN INDEX, FORMEL INDEX, BEZEICHNUNG, SYNONYMA, HANDELSNAME ETC., CAS-NR., SUMMENFORMEL, SCHMELZPUNKT, SIEDEPUNKT, FLAMMPUNKT, MOLEKULARGEWICHT, RELATIVE DICHTE, DAMPFDRUCK, OBERFLAECHENSPANNUNG, VISKOSITAET, BRECHUNGSINDEX, WASSERLOESLICHKEIT, LOESLICHKEIT IN ORGANISCHEN LOESEMITTELN, SONSTIGE PC-GROESSEN
Bemerkungen: ALLE PC EIGENSCHAFTEN SIND DIREKT SUCHBAR, INFORMATIONSTYP: PC EIGENSCHAFTEN

[37] DOWM
DATABASE OF OFF-SITE WASTE MANAGEMENT
Host: CIS

Hersteller: PUBLIC DATA ACCESS INC.
NEW YORK
USA
Charakterisierung: ABFALLBESEITIGUNG, ABFALLBESEITIGUNGSANLAGEN IN DEN USA
Anzahl der Stoffe: 200
Deskriptoren: ORGANISCHE STOFFE, ANORGANISCHE STOFFE, DATEN, INFORMATIONEN, OFFIZIELLE TEXTE, CHEMIKALIENINDEX, BEZEICHNUNG, SYNONYMA, HANDELSNAME ETC., ABFALLAUFKOMMEN
Bemerkungen: KEINE CAS-NR. RECHERCHE MOEGLICH

[38] ECDIN
ENVIRONMENTAL CHEMICALS DATA AND INFORMATION NETWORK
Host: DC HOST CENTRE
Hersteller: COMMISSION OF THE EUROPEAN COMMUNITIES
JOINT RESEARCH CENTRE
ISPRA ESTABLISHMENT
I - 21020 ISPRA (VA)
TEL.: (0332)789111
TELEX: 380042/380058 EURJ
Charakterisierung: SYNONYMAA, DATEN UND GESETZE UEBER UMWELTCHEMIKALIEN
Anzahl der Stoffe: 120000
Deskriptoren: ORGANISCHE STOFFE, ANORGANISCHE STOFFE, DATEN, CAS-NR., EXPERIMENTELLE METHODEN, OFFIZIELLE TEXTE, CHEMIKALIENINDEX, CAS-NUMMERN INDEX, BEZEICHNUNG, SYNONYMA, HANDELSNAME ETC., UN-NUMMER, EG-NUMMER, SUMMENFORMEL, VERWENDUNGSART, ANWENDUNGSMUSTER, PRODUKTIONSVOLUMEN, HERSTELLUNG, EINFUHR/AUSFUHR, ABFALLAUFKOMMEN, HYDROSPHAERE MEER, LEBENSMITTEL - TIERISCHE UND PFLANZLICHE GEWEBE, TRINKWASSER, PEDOSPHAERE, SEDIMENT, HYDROSPHAERE SUESSWASSER, KLAERSCHLAMM, SCHMELZPUNKT, SIEDEPUNKT, DAMPFDRUCK, WASSERLOESLICHKEIT, LOESLICHKEIT IN ORGANISCHEN LOESEMITTELN, BIOABBAU/BIOTISCHE ABBAUBARKEIT, ABIOTISCHE ABBAUBARKEIT, BIOAKKUMULATION, FISCH, WUERMER, DAPHNIA, KRUSTACEEN, AKUTE ORALE TOXIZITAET SAEUGETIER, HAUTREIZUNG SAEUGETIER, AUGENREIZUNG SAEUGETIER, MUTAGENITAET, CARCINOGENITAET SAEUGETIER, EPIDEMIOLOGISCHE DATEN, CHRONISCHE VERGIFTUNGEN MENSCH, TRANSPORT, SCHUTZMASSNAHMEN, LAGERUNG UND HANDHABUNG, MAK-WERTE, TLV-WERTE, MASSNAHMEN BEI UNFAELLEN UND BRAENDEN, MASSNAHMEN NACH VERSCHUETTEN/AUSLAUFEN/GASAUSTRITT, ERSTE HILFE, KONZENTRATIONEN IM MENSCHLICHEN GEWEBE, VERPACKUNG, HAZCHEM-CODE, BIOTRANSFORMATION/TOXIKOKINETIK
Bemerkungen: GROSSE ANZAHL VON STOFFEN, OEKOTOX UND DEG/AKK GERINGE FELDBELEGUNG, IRPTC ABFALLPROBLEMATIK UND RECHTSVORSCHRIFTEN INKORPORIERT, ECDIN INTERNER WISSENSCHAFTLERSTAB UEBERPRUEFT DIE DATEN

[39] EDAP
EUROPEAN DIRECTORY OF AGROCHEMICAL PRODUCTS
Host: DATA-STAR
Hersteller: THE ROYAL SOCIETY OF CHEMISTRY
THE UNIVERSITY
GB - NOTTINGHAM NG7 2RD
TEL.: 44-602-507411
TELEX: 37488

Charakterisierung: VERZEICHNIS VON PESTIZIDEN, DEREN EIGENSCHAFTEN U.WIRKUNGEN
Anzahl der Stoffe: 2000
Deskriptoren: ORGANISCHE STOFFE, ANORGANISCHE STOFFE, DATEN, INFORMATIONEN, CHEMIKALIENINDEX, BEZEICHNUNG, SYNONYMA, HANDELSNAME ETC., VERWENDUNGSART, ALGE, FISCH, BIENEN, VOEGEL, AKUTE ORALE TOXIZITAET SAEUGETIER, HAUTREIZUNG SAEUGETIER, AUGENREIZUNG SAEUGETIER, INHALATIV SAEUGETIER, AKUTE VERGIFTUNGEN, CHRONISCHE VERGIFTUNGEN MENSCH, HINWEISE AUF MUTAGENE/KANZEROGENE WIRKUNGEN MENSCH
Bemerkungen: KEINE CAS-NR. RECHERCHE MOEGLICH, DATENTYP: PESTIZIDE

[40] EECDNG
EEC DANGEROUS CHEMICALS ONLINE
Host: TELESYSTEMES QUESTEL
Hersteller: EUROSYNTHESES SC
BOULEVARD LAMBERMONT 128
1030 BRUSSELS
BELGIUM
Charakterisierung: GEFAHRSTOFFE, ARBEITSSCHUTZ, GESUNDHEITSSCHUTZ, CHEMIKALIENUNFAELLE
Anzahl der Stoffe: 1200
Deskriptoren: ORGANISCHE STOFFE, ANORGANISCHE STOFFE, DATEN, INFORMATIONEN, OFFIZIELLE TEXTE, CHEMIKALIENINDEX, SYNONYMA INDEX, CAS-NUMMERN INDEX, EG-NUMMERN INDEX, BEZEICHNUNG, SYNONYMA, HANDELSNAME ETC., CAS-NR., EG-NUMMER, ARBEITSSCHUTZ, R, S-SAETZE, GEFAHRENSYMBOLE, GEFAHRENBEZEICHNUNG, MASSNAHMEN BEI UNFAELLEN UND BRAENDEN, MASSNAHMEN NACH VERSCHUETTEN/AUSLAUFEN/GASAUSTRITT
Bemerkungen: ARBEITSSCHUTZ, UNFALLSCHUTZ

[41] ENCY
ACADEMIC AMERICAN ENCYCLOPEDIA
Host: DATA-STAR
Hersteller: GROLIER ELECTRONIC PUBLISHING INC.
95 MADISON AVENUE
USA NEW YORK, N.Y. 10016
TEL.: 212-696-9750
Charakterisierung: WISSENSCHAFTLICHES LEXIKON
Anzahl der Stoffe: 500
Deskriptoren: ORGANISCHE STOFFE, ANORGANISCHE STOFFE, DATEN, INFORMATIONEN, EXPERIMENTELLE METHODEN, THEORETISCHE METHODEN, SYSTEMANALYTISCHE METHODEN, FALLSTUDIE, SITUATIONSSTUDIEN, OFFIZIELLE TEXTE, UMWELTPOLITIK, ZUSAMMENFASSENDE ARBEITEN, CHEMIKALIENINDEX, BEZEICHNUNG, SYNONYMA, HANDELSNAME ETC., PRODUKTIONSVOLUMEN, ATMOSPHAERE, HYDROSPHAERE MEER, LEBENSMITTEL - TIERISCHE UND PFLANZLICHE GEWEBE, TRINKWASSER, PEDOSPHAERE, HYDROSPHAERE SUESSWASSER, KLAERSCHLAMM, SCHMELZPUNKT, SIEDEPUNKT, FLAMMPUNKT, MOLEKULARGEWICHT, RELATIVE DICHTE, VISKOSITAET, DAMPFDRUCK, BRECHUNGSINDEX, OBERFLAECHENSPANNUNG, WASSERLOESLICHKEIT, LOESLICHKEIT IN ORGANISCHEN LOESEMITTELN, DISSOZIATIONSKONSTANTE, BIOABBAU/BIOTISCHE ABBAUBARKEIT, ABIOTISCHE ABBAUBARKEIT, DIREKTER PHOTOABBAU, HAUTREIZUNG SAEUGETIER, AUGENREIZUNG SAEUGETIER, CHRONISCHE TOXIZITAET, REPRODUKTIONSTOXIZITAET, TERATOGENITAET, CARCINOGENITAET SAEUGETIER, METABO-

LISMUS MENSCH, ARBEITSSCHUTZ, TRANSPORT, SCHUTZMASSNAHMEN, LAGERUNG UND HANDHABUNG, R, S-SAETZE

[42] ENVIROFATE
ENVIRONMENTAL FATE
Host: CIS
Hersteller: U.S. ENVIRONMENTAL PROTECTION AGENCY
OFFICE OF PESTICIDES AND TOXIC SUBSTANCES
401 M STREET, SW
MS-TS793
WASHINGTON, DC 20460
USA
TEL. 202-382-3524
TELEX: 892758
Charakterisierung: CHEMIE, TOXIKOLOGIE, CHEMIKALIEN, DIE MEHR ALS 1 MILL. POUNDS HERGESTELLT WERDEN
Anzahl der Stoffe: 450
Deskriptoren: DATEN, INFORMATIONEN, ORGANISCHE STOFFE, ANORGANISCHE STOFFE, CHEMIKALIENINDEX, CAS-NUMMERN INDEX, FORMEL INDEX, MG INDEX, SYNONYMA INDEX, BEZEICHNUNG, SYNONYMA, HANDELSNAME ETC., CAS-NR., DAMPFDRUCK, WASSERLOESLICHKEIT, HENRY-KONSTANTE, SONSTIGE PC-GROESSEN, BIOAKKUMULATION, VOLATILISATION, VERTEILUNGSKOEFFIZIENT

[43] ENVIRONMENTAL COMPLIANCE UPDATE
ENVIRONMENTAL COMPLIANCE UPDATE
Host: NEWSNET
Hersteller: HIGH TECH PUBLISHING COMPANY
10 RIDGE ROAD
RIDGE, NY 11961
USA
TEL.: 516-924-6168
TELEX: 238667 RAPID UR ATT PTD
Charakterisierung: LEGALE UND OEKONOMISCHE ASPEKTE DER TECHNISCHEN ENTWICKLUNG, UMWELTBEDINGUNGEN
Anzahl der Stoffe: 200
Deskriptoren: ORGANISCHE STOFFE, ANORGANISCHE STOFFE, DATEN, INFORMATIONEN, OFFIZIELLE TEXTE, CHEMIKALIENINDEX, BEZEICHNUNG, SYNONYMA INDEX, SYNONYMA, HANDELSNAME ETC.

[44] ENVIRONMENTAL HEALTH NEWS
ENVIRONMENTAL HEALTH NEWS
Host: HR
Hersteller: OCCUPATIONAL HEALTH SERVICES, INC.
450 SEVENTH AVENUE, SUITE 2407
NEW YORK, NEW YORK 10123
USA
TEL.: 212-967-1100
Charakterisierung: UMWELT, GESUNDHEIT, LEGALE ASPEKTE
Anzahl der Stoffe: 250
Deskriptoren: ORGANISCHE STOFFE, ANORGANISCHE STOFFE, DATEN, INFORMATIONEN, OFFIZIELLE TEXTE, CHEMIKALIENINDEX, SYNONYMA INDEX, BEZEICHNUNG, SYNONYMA, HANDELSNAME ETC., HYDROSPHAERE MEER, HYDROSPHAERE SUESSWASSER, ATMOSPHAERE, PEDOSPHAERE, AKUTE VERGIFTUNGEN, CHRONISCHE VERGIFTUNGEN MENSCH, ANDERE WIRKUNGEN

[45] EXIS
EXPERT INFORMATION SYSTEMS
Host: NOCH NICHT ONLINE
Hersteller: EXIS LIMITED
71-77 LEADENHALL STREET
LONDON EC3A 2PQ
GREAT BRITAIN
TEL.: 01-623-3456
TELEX: 884380 SPUK G
TELEFAX: 01-929-4282
Charakterisierung: TRANSPORT, HANDHABUNG UND LAGERUNG VON CHEMIKALIEN
Anzahl der Stoffe: 10000
Deskriptoren: ORGANISCHE STOFFE, ANORGANISCHE STOFFE, DATEN, INFORMATIONEN, OFFIZIELLE TEXTE, CHEMIKALIENINDEX, SYNONYMA INDEX, UN-NUMMERN INDEX, BEZEICHNUNG, SYNONYMA, HANDELSNAME ETC., UN-NUMMER, GEFAHRENSYMBOLE, GEFAHRENBEZEICHNUNG, TRANSPORT, SCHUTZMASSNAHMEN, LAGERUNG UND HANDHABUNG, BRAND- UND EXPLOSIONSSCHUTZ, ENTSORGUNG, MASSNAHMEN BEI UNFAELLEN UND BRAENDEN, MASSNAHMEN NACH VERSCHUETTEN/AUSLAUFEN/GASAUSTRITT, SCHMELZPUNKT, SIEDEPUNKT, FLAMMPUNKT, KENNZEICHNUNG
Bemerkungen: DATENBANK IST VON EXIS ALS MAGNETBAND ERHAELTLICH, NOCH NICHT ONLINE, ALLE IN DER UN-LISTE VORKOMMENDEN MATERIALIEN

[46] GEF.STOFF DB DER LAENDER
GEFAHRSTOFFDATENBANK DER LAENDER
Host: NOCH NICHT ONLINE
Hersteller: LAENDERAUSSCHUSS FUER ARBEITSSCHUTZ UND SICHERHEITSTECHNIK
LASI
Charakterisierung: SICHERHEITSKENNDATEN ZU STOFFEN, ZUBEREITUNGEN UND ERZEUGNISSE, STOFFINFORMATIONEN FUER VOLLZUGS- UND UEBERWACHUNGSORGANE
Anzahl der Stoffe: 1700
Deskriptoren: ORGANISCHE STOFFE, ANORGANISCHE STOFFE, DATEN, INFORMATIONEN, OFFIZIELLE TEXTE, BEZEICHNUNG, SYNONYMA, HANDELSNAME ETC., CAS-NR., RTECS-NUMMER, EG-NUMMER, UN-NUMMER, CHEMIKALIENINDEX, SYNONYMA INDEX, CAS-NUMMERN INDEX, RTECS-NUMMERN-INDEX, UN-NUMMERN INDEX, MOLEKULARGEWICHT, SUMMENFORMEL, HERSTELLER, STOFFBESCHAFFENHEIT, KENNZEICHNUNG, R, S-SAETZE, GEFAHRENSYMBOLE, GEFAHRENBEZEICHNUNG, MAK-WERTE, TLV-WERTE, ARBEITSSCHUTZ, PRODUKTIONSVOLUMEN, VERWENDUNGSART, SCHUTZMASSNAHMEN, LAGERUNG UND HANDHABUNG, TRANSPORT, ERSTE HILFE, SCHMELZPUNKT, SIEDEPUNKT, DAMPFDRUCK, WASSERLOESLICHKEIT, LOESLICHKEIT IN ORGANISCHEN LOESEMITTELN, OBERFLAECHENSPANNUNG, VERTEILUNGSKOEFFIZIENT, HENRY-KONSTANTE, ADSORPTIONSKOEFFIZIENT, DISSOZIATIONSKONSTANTE, ENTZUENDLICHKEIT, FLAMMPUNKT, EXPLOSIONSKLASSE, AKUTE VERGIFTUNGEN, AKUTE ORALE TOXIZITAET SAEUGETIER, HAUTREIZUNG MENSCH, HAUTREIZUNG SAEUGETIER, AUGENREIZUNG MENSCH, AUGENREIZUNG SAEUGETIER, SUBAKUTE-SUBCHRONISCHE TOXIZITAET SAEUGETIER, CHRONISCHE TOXIZITAET, CHRONISCHE VERGIFTUNGEN MENSCH, CARCINOGENITAET SAEUGETIER, MUTAGENITAET, REPRODUKTIONSTOXIZITAET, TERATOGENITAET,

HINWEISE AUF MUTAGENE/KANZEROGENE WIRKUNGEN MENSCH, ANDERE WIRKUNGEN, FISCH, DAPHNIA, BIOABBAU/BIOTISCHE ABBAUBARKEIT, ABIOTISCHE ABBAUBARKEIT
Bemerkungen: NOCH NICHT ONLINE, VOLLZUGSBEHOERDEN SOLLEN IN ZUKUNFT ZUGRIFF ERHALTEN, Z.ZT. ZUGRIFF NUR FUER FACHGRUPPENMITGLIEDER

[47] GEF.STOFFDATENBANK-BAU
GEFAHRSTOFFE IM ARBEITSSCHUTZ-GEFAHRSTOFFDATENBANK
Host: NOCH NICHT ONLINE
Hersteller: FBUNDESANSTALT FUER ARBEITSSCHUTZ UND UNFALLFORSCHUNG (BAU)
VOGELPOTHSWEG 50-52
4600 DORTMUND 17
TEL.: 0231-1763-1
Charakterisierung: ARBEITSSICHERHEIT BEIM UMGANG MIT STOFFEN, ARBEITSSCHUTZ, EINSTUFUNG, VERPACKUNG, KENNZEICHNUNG VON STOFFEN, ZUBEREITUNGEN
Anzahl der Stoffe: 2800
Deskriptoren: ORGANISCHE STOFFE, ANORGANISCHE STOFFE, DATEN, INFORMATIONEN, OFFIZIELLE TEXTE, BEZEICHNUNG, SYNONYMA, HANDELSNAME ETC., CAS-NR., RTECS-NUMMER, EG-NUMMER, MOLEKULARGEWICHT, UN-NUMMER, SUMMENFORMEL, CHEMIKALIENINDEX, SYNONYMA INDEX, CAS-NUMMERN INDEX, EG-NUMMERN INDEX, RTECS-NUMMERN-INDEX, UN-NUMMERN INDEX, HERSTELLER, STOFFBESCHAFFENHEIT, KENNZEICHNUNG, VERPACKUNG, R, S-SAETZE, GEFAHRENSYMBOLE, GEFAHRENBEZEICHNUNG, MAK-WERTE, TLV-WERTE, TRANSPORT, VERWENDUNGSART, SCHUTZMASSNAHMEN, LAGERUNG UND HANDHABUNG, ARBEITSSCHUTZ, ERSTE HILFE, MASSNAHMEN BEI UNFAELLEN UND BRAENDEN, MASSNAHMEN NACH VERSCHUETTEN/AUSLAUFEN/GASAUSTRITT, SCHMELZPUNKT, SIEDEPUNKT, RELATIVE DICHTE, DAMPFDRUCK, OBERFLAECHENSPANNUNG, WASSERLOESLICHKEIT, LOESLICHKEIT IN ORGANISCHEN LOESEMITTELN, VERTEILUNGSKOEFFIZIENT, ENTZUENDLICHKEIT, FLAMMPUNKT, ZUENDTEMPERATUR, ANDERE WIRKUNGEN, AKUTE VERGIFTUNGEN, AKUTE ORALE TOXIZITAET SAEUGETIER, HAUTREIZUNG MENSCH, HAUTREIZUNG SAEUGETIER, AUGENREIZUNG MENSCH, AUGENREIZUNG SAEUGETIER, SUBAKUTE-SUBCHRONISCHE TOXIZITAET SAEUGETIER, CHRONISCHE TOXIZITAET, CHRONISCHE VERGIFTUNGEN MENSCH, CARCINOGENITAET SAEUGETIER, MUTAGENITAET, REPRODUKTIONSTOXIZITAET, TERATOGENITAET, HINWEISE AUF MUTAGENE/KANZEROGENE WIRKUNGEN MENSCH, FISCH, DAPHNIA, BIOABBAU/BIOTISCHE ABBAUBARKEIT, ABIOTISCHE ABBAUBARKEIT, BIOAKKUMULATION, DIREKTER PHOTOABBAU
Bemerkungen: NOCH NICHT ONLINE

[48] GEFAEHRLICHE STOFFE
GEFAEHRLICHE STOFFE
Host: NOCH NICHT ONLINE
Hersteller: KEUDEL AV-TECHNIK GMBH
AM STOCKER 2
6331 WALDSOLMS
TEL.: 06085-1707
Charakterisierung: EINSATZEMPFEHLUNGEN FUER DIE FEUERWEHR, SOFORTMASSNAHMEN AM UNFALLORT, FEUERWEHR-GERECHTE DATEN
Anzahl der Stoffe: 2000

Deskriptoren: ORGANISCHE STOFFE, ANORGANISCHE STOFFE, DATEN, INFORMATIONEN, CHEMIKALIENINDEX, SYNONYMA INDEX, UN-NUMMERN INDEX, BEZEICHNUNG, SYNONYMA, HANDELSNAME ETC., UN-NUMMER, BRAND- UND EXPLOSIONSSCHUTZ, ENTSORGUNG, TRANSPORT, GEFAHRENSYMBOLE, GEFAHRENBEZEICHNUNG, SCHUTZMASSNAHMEN, LAGERUNG UND HANDHABUNG, MASSNAHMEN BEI UNFAELLEN UND BRAENDEN, MASSNAHMEN NACH VERSCHUETTEN/AUSLAUFEN/GASAUSTRITT, ERSTE HILFE, AKUTE VERGIFTUNGEN

[49] GEFAHRGUT CD-ROM
GEFAHRGUT CD-ROM
Host: SPRINGER VERLAG (CD-ROM)
Hersteller: SPRINGER VERLAG
ABTEILUNG NEUE MEDIEN
TIERGARTENSTR. 17
6900 HEIDELBERG 1
TEL.: 06221-487-457
Charakterisierung: CHEMIE, CHEMIEUNFAELLE, TOXIKOLOGIE UND MEDIZIN IM HINBLICK AUF DEN UNFALLSCHUTZ
Anzahl der Stoffe: 20000
Deskriptoren: ORGANISCHE STOFFE, ANORGANISCHE STOFFE, DATEN, INFORMATIONEN, CHEMIKALIENINDEX, SYNONYMA INDEX, CAS-NUMMERN INDEX, UN-NUMMERN INDEX, BEZEICHNUNG, SYNONYMA, HANDELSNAME ETC., CAS-NR., UN-NUMMER, SUMMENFORMEL, ARBEITSSCHUTZ, GEFAHRENSYMBOLE, GEFAHRENBEZEICHNUNG, HAZCHEM-CODE, MASSNAHMEN BEI UNFAELLEN UND BRAENDEN, MASSNAHMEN NACH VERSCHUETTEN/AUSLAUFEN/GASAUSTRITT, GESUNDHEITSSCHUTZ, BRAND- UND EXPLOSIONSSCHUTZ, ENTSORGUNG, ENTSORGUNG, SIEDEPUNKT, DAMPFDRUCK, SCHMELZPUNKT, MOLEKULARGEWICHT, FLAMMPUNKT, ZUENDTEMPERATUR, ZUENDGRUPPE
Bemerkungen: WIRD AUF CD-ROM ANGEBOTEN, ENGLISCHE VERSION EXISTIERT

[50] GEFAHRGUT DB
GEFAHRGUT-DATENBANK DER BAM
Host: NOCH NICHT ONLINE
Hersteller: BUNDESANSTALT FUER MATERIALPRUEFUNG
HERRN DR. BLUEMEL
UNTER DEN EICHEN 87
1000 BERLIN 33
TEL.: 030-8104-1
Charakterisierung: BAUMUSTERZULASSUNG FUER GEFAHRGUTTRANSPORTE, GEFAHRGUTUMSCHLIESSUNGEN, ZUSAMMENHANG STOFFEIGENSCHAFTEN-BAUANFORDERUNGEN
Anzahl der Stoffe: 3600
Deskriptoren: ORGANISCHE STOFFE, ANORGANISCHE STOFFE, DATEN, INFORMATIONEN, BEZEICHNUNG, SYNONYMA, HANDELSNAME ETC., UN-NUMMER, OFFIZIELLE TEXTE, CHEMIKALIENINDEX, SYNONYMA INDEX, UN-NUMMERN INDEX, SCHUTZMASSNAHMEN, LAGERUNG UND HANDHABUNG, VERPACKUNG, SCHMELZPUNKT, SIEDEPUNKT, DAMPFDRUCK, FLAMMPUNKT, ARBEITSSCHUTZ
Bemerkungen: CAS-NUMMERN GEPLANT, NOCH NICHT ONLINE

[51] GEFAHRGUT MERKBLAETTER ECOMED

ECOMED GEFAHRGUT MERKBLAETTER
Host: ECOMED
Hersteller: ECOMED VERLAGSGESELLSCHAFT MBH
JUSTUS-VON-LIEBIG-STR.1
8910 LANDSBERG/LECH
TEL. 08191-125-211
Charakterisierung: ARBEITSSCHUTZ, TRANSPORT
Anzahl der Stoffe: 1000
Deskriptoren: ORGANISCHE STOFFE, ANORGANISCHE STOFFE, DATEN, INFORMATIONEN, CHEMIKALIENINDEX, SYNONYMA INDEX, UN-NUMMERN INDEX, BEZEICHNUNG, SYNONYMA, HANDELSNAME ETC., UN-NUMMER, SCHUTZMASSNAHMEN, LAGERUNG UND HANDHABUNG, ARBEITSSCHUTZ, GESUNDHEITSSCHUTZ, MASSNAHMEN BEI UNFAELLEN UND BRAENDEN, MASSNAHMEN NACH VERSCHUETTEN/AUSLAUFEN/GASAUSTRITT, LOESCHMITTEL, ERSTE HILFE, TRANSPORT
Bemerkungen: WIRD AUF DISKETTE ANGEBOTEN

[52] GENETOX
GENETIC TOXICITY
Host: CIS
Hersteller:
Charakterisierung: MUTAGENITAET, CARCINOGENITAET
Anzahl der Stoffe: 2600
Deskriptoren: ORGANISCHE STOFFE, ANORGANISCHE STOFFE, DATEN, INFORMATIONEN, CHEMIKALIENINDEX, CAS-NUMMERN INDEX, MG INDEX, SYNONYMA INDEX, FORMEL INDEX, BEZEICHNUNG, SYNONYMA, HANDELSNAME ETC., CAS-NR., SUMMENFORMEL, MUTAGENITAET, REPRODUKTIONSTOXIZITAET, TERATOGENITAET, CARCINOGENITAET SAEUGETIER, MOLEKULARGEWICHT
Bemerkungen: INFORMATIONSTYP: GENOTOXIZITAETEN

[53] GFI
GMELIN FORMULA INDEX AND COMPLETE CATALOG
Host: STN
Hersteller: GMELIN-INSTITUT FUER ANORGANISCHE CHEMIE
DER MAX-PLANCK-GESELLSCHAFT
ZUR FOERDERUNG DER WISSENSCHAFTEN
VARRENTRAPPSTRASSE 40/42
6000 FRANKFURT AM MAIN 90
Charakterisierung: FORMULA INDEX: INFORMATIONEN ZUM AUFFINDEN DER ARTIKEL, UEBER EINE CHEMIKALIE IM GMELIN HANDBUCH, GMELIN COMPLETE CATALOG:, VERZEICHNIS DER BISHER GEDRUCKTEN HANDBUECHER UND, GMELIN COMPLETE CATALOG
Anzahl der Stoffe: 20000
Deskriptoren: INFORMATIONEN, MG INDEX, FORMEL INDEX, BEZEICHNUNG, SYNONYMA, HANDELSNAME ETC., CAS-NR., SUMMENFORMEL, MOLEKULARGEWICHT

[54] GIFAS
GIFTAUSKUNFTSZENTRUM
Host: DIMDI FUER TEILBEREICHE (GIFTPOOL/NOXEN)

Hersteller: BUNDESGESUNDHEITSAMT
THIELALLEE 88-92
1000 BERLIN 33
TEL.: 030-8308-1
Charakterisierung: VERGIFTUNGEN MIT HAUSHALTSCHEMIKALIEN, 1-2 MILLIONEN HAUSHALTSPRODUKTE, 20000 REZEPTUREN, VERBESSERUNG DER ERKENNUNG VON VERGIFTUNGEN, INFORMATIONS- UND BEHANDLUNGSZENTREN (IBZ)
Anzahl der Stoffe: 20000
Deskriptoren: ORGANISCHE STOFFE, ANORGANISCHE STOFFE, BEZEICHNUNG, SYNONYMA, HANDELSNAME ETC., EXPERIMENTELLE METHODEN, CAS-NR., RTECS-NUMMER, EG-NUMMER, UN-NUMMER, CHEMIKALIENINDEX, SYNONYMA INDEX, CAS-NUMMERN INDEX, EG-NUMMERN INDEX, RTECS-NUMMERN-INDEX, UN-NUMMERN INDEX, MOLEKULARGEWICHT, SUMMENFORMEL, HERSTELLER, STOFFBESCHAFFENHEIT, VERPACKUNG, MAK-WERTE, TLV-WERTE, VERWENDUNGSART, LOESCHMITTEL, ARBEITSSCHUTZ, ERSTE HILFE, SCHMELZPUNKT, SIEDEPUNKT, RELATIVE DICHTE, DAMPFDRUCK, WASSERLOESLICHKEIT, LOESLICHKEIT IN ORGANISCHEN LOESEMITTELN, DISSOZIATIONSKONSTANTE, ANDERE WIRKUNGEN, EPIDEMIOLOGISCHE DATEN, AKUTE VERGIFTUNGEN, AKUTE ORALE TOXIZITAET SAEUGETIER, HAUTREIZUNG MENSCH, HAUTREIZUNG SAEUGETIER, AUGENREIZUNG MENSCH, AUGENREIZUNG SAEUGETIER, SUBAKUTE-SUBCHRONISCHE TOXIZITAET SAEUGETIER, CHRONISCHE TOXIZITAET, CHRONISCHE VERGIFTUNGEN MENSCH, CARCINOGENITAET SAEUGETIER, MUTAGENITAET, REPRODUKTIONSTOXIZITAET, TERATOGENITAET, HINWEISE AUF MUTAGENE/KANZEROGENE WIRKUNGEN MENSCH, BIOTRANSFORMATION/TOXIKOKINETIK, ABIOTISCHE ABBAUBARKEIT
Bemerkungen: DATEN SIND Z.T. VERTRAULICH, ABGESTUFTER ZUGANG NACH RUECKSPRACHE MIT DEM BGA UEBER DIMDI, UNEINGESCHRAENKTER ZUGRIFF FUER IBZ, 500 STOFFE SIND VON DER ZUSTAENDIGEN KOMMISSION BEWERTET

[55] GROUND WATER MONITOR
GROUND WATER MONITOR
Host: NEWSNET
Hersteller: BUSINESS PUBLISHERS INC.
951 PERSHING DRIVE
SILVER SPRING, MD 20910
USA
TEL.: 301-587-6300
Charakterisierung: GESETZLICHE REGELUNGEN DEN GRUNDWASSERSCHUTZ BETREFFEND
Anzahl der Stoffe: 1000
Deskriptoren: ORGANISCHE STOFFE, ANORGANISCHE STOFFE, DATEN, INFORMATIONEN, OFFIZIELLE TEXTE, CHEMIKALIENINDEX, SYNONYMA INDEX, BEZEICHNUNG, SYNONYMA, HANDELSNAME ETC., HYDROSPHAERE SUESSWASSER
Bemerkungen: DIE DATENBANK ENTSPRICHT DEM GEDRUCKTEN WERK, GESCHLOSSENER FILE

[56] HAZARD COMMUNICATION COMPLIANCE MANUAL DATABASE
HAZARD COMMUNICATION COMPLIANCE MANUAL DATABASE
Host: HR

Hersteller: THE BUREAU OF NATIONAL AFFAIRS, INC.
ONLINE HELP DESK
1231 25TH STREET NW, ROOM S-601
WASHINGTON, DC 20037
TEL.: 202-452-4200
TELEX: 892692
Charakterisierung: NORMEN, VORSCHRIFTEN, WEGWEISER, REGELUNGEN, UMWELTGEFAHREN UND UMWELTRISIKEN
Anzahl der Stoffe: 500
Deskriptoren: ORGANISCHE STOFFE, ANORGANISCHE STOFFE, DATEN, INFORMATIONEN, OFFIZIELLE TEXTE, CHEMIKALIENINDEX, SYNONYMA INDEX, BEZEICHNUNG, SYNONYMA INDEX, KENNZEICHNUNG
Bemerkungen: ERSTELLUNG VON RECHTSSTAND-PROGRAMMEN, BEREICH UMWELTGEFAHREN

[57] HAZARDLINE
HAZARDLINE
Host: HR
Hersteller: OCCUPATIONAL HEALTH SERVICES, INC.
450 SEVENTH AVENUE, SUITE 2407
NEW YORK, NEW YORK 10123
USA
TEL.: 212-967-1100
Charakterisierung: GEFAHRSTOFFE, VORBEUGENDE, REGULATORISCHE UND GESUNDHEITSINFORMATIONEN
Anzahl der Stoffe: 4000
Deskriptoren: ORGANISCHE STOFFE, ANORGANISCHE STOFFE, DATEN, INFORMATIONEN, CHEMIKALIENINDEX, SYNONYMA INDEX, CAS-NUMMERN INDEX, OFFIZIELLE TEXTE, BEZEICHNUNG, SYNONYMA, HANDELSNAME ETC., CAS-NR., SCHMELZPUNKT, SIEDEPUNKT, FISCH, RELATIVE DICHTE, DAMPFDRUCK, WASSERLOESLICHKEIT, ARBEITSSCHUTZ, SCHUTZMASSNAHMEN, LAGERUNG UND HANDHABUNG, ERSTE HILFE, MAK-WERTE, HINWEISE AUF MUTAGENE/KANZEROGENE WIRKUNGEN MENSCH, AKUTE VERGIFTUNGEN, TRANSPORT, MASSNAHMEN BEI UNFAELLEN UND BRAENDEN, MASSNAHMEN NACH VERSCHUETTEN/AUSLAUFEN/GASAUSTRITT, ABFALLAUFKOMMEN, BRAND- UND EXPLOSIONSSCHUTZ, ENTSORGUNG
Bemerkungen: INTERNATIONALE ABDECKUNG

[58] HAZINF
HAZARDOUS CHEMICALS INFORMATION AND DISPOSAL GUIDE
Host: CIS
Hersteller:
Charakterisierung: ARBEITSSCHUTZ, UNFALLSCHUTZ
Anzahl der Stoffe: 1000
Deskriptoren: ORGANISCHE STOFFE, ANORGANISCHE STOFFE, DATEN, INFORMATIONEN, CHEMIKALIENINDEX, SYNONYMA INDEX, CAS-NUMMERN INDEX, BEZEICHNUNG, SYNONYMA, HANDELSNAME ETC., CAS-NR., SUMMENFORMEL, STOFFBESCHAFFENHEIT, SIEDEPUNKT, FLAMMPUNKT, AKUTE VERGIFTUNGEN, CHRONISCHE VERGIFTUNGEN MENSCH, ARBEITSSCHUTZ, SCHUTZMASSNAHMEN, LAGERUNG UND HANDHABUNG, GESUNDHEITSSCHUTZ, BRAND- UND EXPLOSIONSSCHUTZ, ENTSORGUNG, ENTSORGUNG, MASSNAHMEN BEI UNFAELLEN UND BRAENDEN, MASSNAHMEN NACH VERSCHUETTEN/AUSLAUFEN/GASAUSTRITT, LOESCHMITTEL, ERSTE HILFE
Bemerkungen: UNFALLSCHUTZ, ARBEITSSCHUTZ

[59] HEILBRON
HEILBRON
Host: DIALOG
Hersteller: CHAPMAN AND HALL LTD.
11 NEW FETTER LANE
LONDON EC4P 4EE, GB
TEL. 44-1-583-9855
TELEX 263398 G
Charakterisierung: CHEMIE, PHYSIKALISCH-CHEMISCHE EIGENSCHAFTEN, IDENTIFIKATION VON CHEMIKALIEN
Anzahl der Stoffe: 90000
Deskriptoren: ORGANISCHE STOFFE, ANORGANISCHE STOFFE, DATEN, INFORMATIONEN, CHEMIKALIENINDEX, MG INDEX, SYNONYMA INDEX, SIEDEPUNKT INDEX, SCHMELZPUNKT INDEX, CAS-NUMMERN INDEX, FORMEL INDEX, DISSOZIATIONSKONSTANTE INDEX, RELATIVE DICHTE INDEX, BEZEICHNUNG, SYNONYMA, HANDELSNAME ETC., CAS-NR., STOFFBESCHAFFENHEIT, SUMMENFORMEL, VERWENDUNGSART, SCHMELZPUNKT, SIEDEPUNKT, GEFRIERPUNKT, MOLEKULARGEWICHT, RELATIVE DICHTE, WASSERLOESLICHKEIT, DISSOZIATIONSKONSTANTE, LOESLICHKEIT IN ORGANISCHEN LOESEMITTELN, SONSTIGE PC-GROESSEN, AKUTE ORALE TOXIZITAET SAEUGETIER, INHALATIV SAEUGETIER, HAUTREIZUNG SAEUGETIER, AUGENREIZUNG SAEUGETIER, REPRODUKTIONSTOXIZITAET, TERATOGENITAET, MUTAGENITAET, CARCINOGENITAET SAEUGETIER, ARBEITSSCHUTZ
Bemerkungen: STANDARD NACHSCHLAGEWERK DER CHEMIE

[60] HODOC
HANDBOOK OF DATA ON ORGANIC COMPOUNDS
Host: STN
Hersteller: CRC PRESS INC.
2000 Corporate Blvd. N.W.
BOCA RATON, FLORIDA 33431
USA
tel.: 407/994-0555
Charakterisierung: ORGANISCHE CHEMIKALIEN
Anzahl der Stoffe: 25583
Deskriptoren: ORGANISCHE STOFFE, ANORGANISCHE STOFFE, DATEN, CHEMIKALIENINDEX, SYNONYMA INDEX, FORMEL INDEX, CAS-NUMMERN INDEX, SIEDEPUNKT INDEX, SCHMELZPUNKT INDEX, BEILSTEINNUMMERNINDEX, BEZEICHNUNG, SYNONYMA, HANDELSNAME ETC., CAS-NR., SUMMENFORMEL, BEILSTEINNUMMER, SCHMELZPUNKT, SIEDEPUNKT, MOLEKULARGEWICHT, RELATIVE DICHTE, WASSERLOESLICHKEIT, LOESLICHKEIT IN ORGANISCHEN LOESEMITTELN, THERMODYNAMISCHE DATEN, SPEKTRALDATEN, SONSTIGE PC-GROESSEN
Bemerkungen: AUCH ALS GEDRUCKTES DOKUMENT VORHANDEN

[61] HSDB
HAZARDOUS CHEMICALS DATABANK
Host: DIMDI
Hersteller: NATIONAL LIBRARY OF MEDICINE
TOXICOLOGY INFORMATION PROGRAMME
8600 ROCKVILLE PIKE
BETHESDA, MD 20209
USA
TEL.: 301-496-6193

Charakterisierung: GEFAHRSTOFFE, CHEMIKALIEN, TOXIKOLOGIE, DOKUMENTATION ZU ausgewählten SUBSTANZEN
Anzahl der Stoffe: 4100
Deskriptoren: ORGANISCHE STOFFE, ANORGANISCHE STOFFE, DATEN, INFORMATIONEN, EXPERIMENTELLE METHODEN, SITUATIONSSTUDIEN, OFFIZIELLE TEXTE, CHEMIKALIENINDEX, CAS-NUMMERN INDEX, SYNONYMA INDEX, BEZEICHNUNG, SYNONYMA, HANDELSNAME ETC., CAS-NR., RTECS-NUMMER, SUMMENFORMEL, STOFFBESCHAFFENHEIT, SPEKTRALDATEN, VERWENDUNGSART, PRODUKTIONSVOLUMEN, EINFUHR/AUSFUHR, ATMOSPHAERE, HYDROSPHAERE MEER, HYDROSPHAERE SUESSWASSER, PEDOSPHAERE, SEDIMENT, LEBENSMITTEL - TIERISCHE UND PFLANZLICHE GEWEBE, SCHMELZPUNKT, SIEDEPUNKT, FLAMMPUNKT, MOLEKULARGEWICHT, RELATIVE DICHTE, DAMPFDRUCK, OBERFLAECHENSPANNUNG, VOEGEL, WASSERLOESLICHKEIT, LOESLICHKEIT IN ORGANISCHEN LOESEMITTELN, DISSOZIATIONSKONSTANTE, VERTEILUNGSKOEFFIZIENT, SONSTIGE PC-GROESSEN, VOLATILISATION, BIOABBAU/BIOTISCHE ABBAUBARKEIT, ABIOTISCHE ABBAUBARKEIT, BIOSPHAERE, BIOTRANSFORMATION/TOXIKOKINETIK, BIOAKKUMULATION, DIREKTER PHOTOABBAU, FISCH, DAPHNIA, ALGE, AKUTE VERGIFTUNGEN, AKUTE ORALE TOXIZITAET SAEUGETIER, AKUTE INTERTRAVENOESE TOXIZITAET SAEUGETIER, AKUTE INTRAPERITOREALE TOXIZITAET SAEUGETIER, DERMALE TOXIZITAET SAEUGETIER, INHALATIV SAEUGETIER, HAUTREIZUNG MENSCH, HAUTREIZUNG SAEUGETIER, AUGENREIZUNG MENSCH, AUGENREIZUNG SAEUGETIER, SUBAKUTE-SUBCHRONISCHE TOXIZITAET SAEUGETIER, CHRONISCHE TOXIZITAET, CHRONISCHE VERGIFTUNGEN MENSCH, CARCINOGENITAET SAEUGETIER, MUTAGENITAET, REPRODUKTIONSTOXIZITAET, TERATOGENITAET, EPIDEMIOLOGISCHE DATEN, BIOTRANSFORMATION/TOXIKOKINETIK, HINWEISE AUF MUTAGENE/KANZEROGENE WIRKUNGEN MENSCH, ANDERE WIRKUNGEN, ARBEITSSCHUTZ, SCHUTZMASSNAHMEN, LAGERUNG UND HANDHABUNG, TLV-WERTE, EXPLOSIONSKLASSE, GESUNDHEITSSCHUTZ, CAMUTE, MASSNAHMEN BEI UNFAELLEN UND BRAENDEN, MASSNAHMEN NACH VERSCHUETTEN/AUSLAUFEN/GASAUSTRITT, ZUENDTEMPERATUR, EXPLOSIONSKLASSE, ERSTE HILFE, LOESCHMITTEL, R, S-SAETZE, KENNZEICHNUNG, TRANSPORT, BRAND- UND EXPLOSIONSSCHUTZ, ENTSORGUNG, VERPAkKUNG
Bemerkungen: NACHFOLGEDATENBANK DER TDB, DATEN SIND BEWERTET VON EINEM EXPERTENGREMIUM

[62] INFUCHS
INFORMATIONSSYSTEM FUER UMWELTCHEMIKALIEN, CHEMIE, ANLAGEN UND STOERFAELLE
Host: UMWELTBUNDESAMT
Hersteller: GUENTHER HOMMEL
Umweltbundesamt Berlin
Charakterisierung: UNFALLSCHUTZ, FEUERSCHUTZ, CHEMIEUNFAELLE
Anzahl der Stoffe: 1425
Deskriptoren: ORGANISCHE STOFFE, ANORGANISCHE STOFFE, DATEN, INFORMATIONEN, CHEMIKALIENINDEX, SYNONYMA INDEX, CAS-NUMMERN INDEX, FORMEL INDEX, BEZEICHNUNG, SYNONYMA, HANDELSNAME ETC., CAS-NR., UN-NUMMER, EG-NUMMER, SUMMENFORMEL, STOFFBESCHAFFENHEIT, SCHMELZPUNKT, SIEDEPUNKT, FLAMMPUNKT, ZUENDTEMPERATUR, DAMPFDRUCK, RELATIVE DICHTE, SONSTIGE PC-GROESSEN, FISCH, DAPHNIA, HAUTREIZUNG SAEUGETIER, AUGENREIZUNG SAEUGETIER, AKUTE VERGIFTUNGEN, CHRONISCHE VERGIFTUNGEN MENSCH, ARBEITSSCHUTZ, TRANS-

PORT, SCHUTZMASSNAHMEN, LAGERUNG UND HANDHABUNG, GEFAHRENSYMBOLE, GEFAHRENBEZEICHNUNG, GESUNDHEITSSCHUTZ, BRAND- UND EXPLOSIONSSCHUTZ, ENTSORGUNG, MASSNAHMEN BEI UNFAELLEN UND BRAENDEN, MASSNAHMEN NACH VERSCHUETTEN/AUSLAUFEN/GASAUSTRITT, LOESCHMITTEL, ERSTE HILFE
Bemerkungen: DATENBANK KOSTENLOS FUER PILOTBETRIEBTEILNEHMER BIS ENDE 198, NUR FUER PILOTBETRIEBTEILNEHMER NUTZBAR, ARBEITSSCHUTZ, UNFALLSCHUTZ

[63] IRPTC
INTERANATIONAL REGISTER OF POTENTIONALLY TOXIC CHEMICALS
Host: NOCH NICHT ONLINE
Hersteller: UNITED NATIONS
ENVIRONMENTAL PROGRAMME
16, AVENUE JEAM-TREMBLEY
PETIT-SACONNEX
CH - 1209 GENEVE
Charakterisierung: ARBEITSSCHUTZ, GESUNDHEITSSCHUTZ, UMWELTSCHUTZ, V. A. PESTIZIDE UND RECHTSVORSCHRIFTEN, INFORMATIONEN FUER UN MITGLIEDER
Anzahl der Stoffe: 7000
Deskriptoren: ORGANISCHE STOFFE, ANORGANISCHE STOFFE, DATEN, INFORMATIONEN, OFFIZIELLE TEXTE, BEZEICHNUNG, SYNONYMA, HANDELSNAME ETC., CAS-NR., RTECS-NUMMER, CHEMIKALIENINDEX, SYNONYMA INDEX, CAS-NUMMERN INDEX, RTECS-NUMMERN-INDEX, MOLEKULARGEWICHT, SUMMENFORMEL, STRUKTURFORMEL, STOFFBESCHAFFENHEIT, R, S-SAETZE, HAZCHEM-CODE, MAK-WERTE, TLV-WERTE, ARBEITSSCHUTZ, PRODUKTIONSVOLUMEN, VERWENDUNGSART, SCHMELZPUNKT, SIEDEPUNKT, RELATIVE DICHTE, OBERFLAECHENSPANNUNG, DAMPFDRUCK, WASSERLOESLICHKEIT, LOESLICHKEIT IN ORGANISCHEN LOESEMITTELN, VERTEILUNGSKOEFFIZIENT, FLAMMPUNKT, ENTZUENDLICHKEIT, EPIDEMIOLOGISCHE DATEN, AKUTE VERGIFTUNGEN, AKUTE ORALE TOXIZITAET SAEUGETIER, HAUTREIZUNG MENSCH, HAUTREIZUNG SAEUGETIER, AUGENREIZUNG MENSCH, AUGENREIZUNG SAEUGETIER, SUBAKUTE-SUBCHRONISCHE TOXIZITAET SAEUGETIER, CHRONISCHE TOXIZITAET, CHRONISCHE VERGIFTUNGEN MENSCH, CARCINOGENITAET SAEUGETIER, MUTAGENITAET, REPRODUKTIONSTOXIZITAET, TERATOGENITAET, BIOTRANSFORMATION/TOXIKOKINETIK, HINWEISE AUF MUTAGENE/KANZEROGENE WIRKUNGEN MENSCH, ANDERE WIRKUNGEN, FISCH, DAPHNIA, ALGE, BIOABBAU/BIOTISCHE ABBAUBARKEIT, BIOAKKUMULATION, ABIOTISCHE ABBAUBARKEIT, DIREKTER PHOTOABBAU, HYDROSPHAERE MEER, HYDROSPHAERE SUESSWASSER, PEDOSPHAERE, ATMOSPHAERE
Bemerkungen: GESETZE IN ORGINALSPRACHE, NOCH NICHT ONLINE, SOLL JEDOCH VON EINEM KANADISCHEN HOST 1990 ANGEBOTEN WERDEN, LEGAL FILES BEREITS IN ECDIN

[64] ISHOW
INFORMATION SYSTEM FOR HAZARDOUS ORGANICS IN WATER
Host: CIS
Hersteller: U.S. ENVIRONMENTAL PROTECTION AGENCY
OFFICE OF PESTICIDES AND TOXIC SUBSTANCES
401 M STREET, SW
MS-TS 793

WASHINGTON, DC 20460
USA
TEL. 202-382-3524
Charakterisierung: CHEMIE, PHYSIKALISCH-CHEMISCHE EIGENSCHAFTEN
Anzahl der Stoffe: 5400
Deskriptoren: ORGANISCHE STOFFE, ANORGANISCHE STOFFE, DATEN, INFORMATIONEN, CHEMIKALIENINDEX, SYNONYMA INDEX, CAS-NUMMERN INDEX, FORMEL INDEX, BEZEICHNUNG, SYNONYMA, HANDELSNAME ETC., CAS-NR., SUMMENFORMEL, STOFFBESCHAFFENHEIT, SCHMELZPUNKT, SIEDEPUNKT, DAMPFDRUCK, WASSERLOESLICHKEIT, DISSOZIATIONSKONSTANTE

[65] JANAF
JOINT ARMY-NAVY-AIR FORCE
Host: STN
Hersteller: UNITED STATES DEPARTMENT OF COMMERCE
NATIONAL BUREAU OF STANDARDS
GAITHERSBURG, MD 20899
USA
TEL.: 301-975-2526
Charakterisierung: INFORMATIONEN ZUR SUBSTANZIDENTIFIKATION, TEMPERATURABHAENGIGE EIGENSCHAFTEN, SUBSTANZZUSTAENDE, PHASENUEBERGAENGE
Anzahl der Stoffe: 1072
Deskriptoren: ORGANISCHE STOFFE, ANORGANISCHE STOFFE, DATEN, INFORMATIONEN, CHEMIKALIENINDEX, MG INDEX, FORMEL INDEX, SYNONYMA INDEX, STOFFBESCHAFFENHEIT, BEZEICHNUNG, SYNONYMA, HANDELSNAME ETC., SYNONYMA, HANDELSNAME ETC., SUMMENFORMEL, CAS-NR., CAS-NUMMERN INDEX, SCHMELZPUNKT, THERMODYNAMISCHE DATEN, SONSTIGE PC-GROESSEN
Bemerkungen: NUR CHEMIKALIEN MIT 1 ODER 2 C-ATOMEN

[66] JANSSEN
JANSSEN CHIMICA
Host: TELESYSTEMES QUESTEL
Hersteller: JANSSEN CHIMICA
TURNHOUTSEWEG 30
2340 BEERSE
BELGIUM
TEL.: 33-1-4582-6464
TELEX: 204594 TELQUES F.
TELEFAX: 33-1-45854308
Charakterisierung: CHEMIE, KATALOG UEBER CHEMISCHE PRODUKTE UND DEREN LIEFERANTEN
Anzahl der Stoffe: 11000
Deskriptoren: ORGANISCHE STOFFE, ANORGANISCHE STOFFE, DATEN, INFORMATIONEN, CHEMIKALIENINDEX, CAS-NUMMERN INDEX, MG INDEX, SYNONYMA INDEX, FORMEL INDEX, BEZEICHNUNG, SYNONYMA, HANDELSNAME ETC., UN-NUMMER, SUMMENFORMEL, RTECS-NUMMER, CAS-NR., ABFALLAUFKOMMEN, SIEDEPUNKT, FLAMMPUNKT, MOLEKULARGEWICHT, RELATIVE DICHTE, BRECHUNGSINDEX, HINWEISE AUF MUTAGENE/KANZEROGENE WIRKUNGEN MENSCH, ENTSORGUNG
Bemerkungen: CHEMIKALIENKATALOG ONLINE

[67] JURIS
JURISTISCHES INFORMATIONSSYSTEM FUER DIE BUNDESREPUBLIK DEUTSCHLAND
Host: JURIS GMBH
Hersteller: JURIS GMBH
GUTENBERGSR. 23
6600 SAARBRUECKEN
TEL.: 0681-5866-206
TELEFAX: 0681-5866 239
Charakterisierung: UMWELTSCHUTZRECHT
Anzahl der Stoffe: 1000
Deskriptoren: ORGANISCHE STOFFE, ANORGANISCHE STOFFE, DATEN, INFORMATIONEN, OFFIZIELLE TEXTE, CHEMIKALIENINDEX, CAMUTE, SYNONYMA, HANDELSNAME ETC.
Bemerkungen: RECHTSDATENBANK, AKTNZEICHEN, GERICHT, DATUM, NORMENKETTE, QUELLEN, QUERVERWEISE, ABSTRACTS

[68] KIRK-OTHMER
KIRK-OTHMER ONLINE
Host: DIALOG
Hersteller: JOHN WILEY & SONS, INC.
WILEY ELECTRONIC PUBLISHING
605 THIRD AVENUE
NEW YORK, N.Y. 10158, USA
USA
TEL. 212-850-6331
Charakterisierung: CHEMIE, PHYSIKALISCH-CHEMISCHE EIGENSCHAFTEN, WISSENSCHAFT UND TECHNOLOGIE, POLYMERE, INDUSTRIECHEMIKALIEN
Anzahl der Stoffe: 20000
Deskriptoren: DATEN, INFORMATIONEN, ORGANISCHE STOFFE, ANORGANISCHE STOFFE, EXPERIMENTELLE METHODEN, CHEMIKALIENINDEX, SYNONYMA INDEX, CAS-NUMMERN INDEX, BEZEICHNUNG, SYNONYMA, HANDELSNAME ETC., CAS-NR., SPEKTRALDATEN, VERWENDUNGSART, SUBSTITUTION, PRODUKTIONSVOLUMEN, EINFUHR/AUSFUHR, SCHMELZPUNKT, SIEDEPUNKT, FLAMMPUNKT, RELATIVE DICHTE, DAMPFDRUCK, WASSERLOESLICHKEIT, LOESLICHKEIT IN ORGANISCHEN LOESEMITTELN, SONSTIGE PC-GROESSEN, AKUTE ORALE TOXIZITAET SAEUGETIER, DERMALE TOXIZITAET SAEUGETIER, INHALATIV SAEUGETIER, HAUTREIZUNG SAEUGETIER, AUGENREIZUNG SAEUGETIER, SUBAKUTE-SUBCHRONISCHE TOXIZITAET SAEUGETIER, CHRONISCHE TOXIZITAET, ARBEITSSCHUTZ, TRANSPORT, SCHUTZMASSNAHMEN, LAGERUNG UND HANDHABUNG, TLV-WERTE, ZUENDGRUPPE, MASSNAHMEN BEI UNFAELLEN UND BRAENDEN, MASSNAHMEN NACH VERSCHUETTEN/AUSLAUFEN/GASAUSTRITT
Bemerkungen: STANDARD NACHSCHLAGEWERK DER CHEMIE, NACH ANWENDUNGSKLASSEN UNTERTEILT, ABBILDUNGEN UND STRUKTURFORMELN NICHT ONLINE VERFUEGBAR

[69] LDB
LANDESDATENBANK NORDRHEIN-WESTFALEN
Host: NOCH NICHT ONLINE
Hersteller: LDS
LANDESAMT FUER DATENVERARBEITUNG UND STATISTIK
NORDRHEIN-WESTFALEN
- UMWIS LDS -

POSTFACH 1105
4000 DUESSELDORF
TEL.: 0221-4497-525
Charakterisierung: UMWELTSCHUTZINVESTITIONEN IM PRODUZIERENDEN GEWERBE, LAGERUNGS- UND TRANSPORTUNFAELLE MIT WASSERGEFAEHRDENDEN STO, WASSERVERSORGUNG, ABFALLBESEITIGUNG, KLAERSCHLAMMVERWERTUNG
Anzahl der Stoffe: 2000
Deskriptoren: ORGANISCHE STOFFE, ANORGANISCHE STOFFE, DATEN, INFORMATIONEN, SYSTEMANALYTISCHE METHODEN, CHEMIKALIENINDEX, BEZEICHNUNG, SYNONYMA, HANDELSNAME ETC., HYDROSPHAERE SUESSWASSER, KLAERSCHLAMM, ABFALLAUFKOMMEN
Bemerkungen: STATISTIKEN IN NORDRHEIN-WESTFALEN, DIE DATENBANK IST FUER ALLE BEHOERDEN DES LANDES NRW KOSTENL, FUER EXTERNE ERFOGT EINE KOSTENPFLICHTIGE AUFTRAGSRECHERCHE

[70] MALLIN
MALLINCKRODT
Host: CIS
Hersteller: MALLINCKRODT INC.
Charakterisierung: ARBEITSSCHUTZ, UNFALLSCHUTZ
Anzahl der Stoffe: 1200
Deskriptoren: ORGANISCHE STOFFE, ANORGANISCHE STOFFE, DATEN, INFORMATIONEN, CHEMIKALIENINDEX, MG INDEX, CAS-NUMMERN INDEX, BEZEICHNUNG, SYNONYMA INDEX, SYNONYMA, HANDELSNAME ETC., CAS-NR., SUMMENFORMEL, STOFFBESCHAFFENHEIT, SCHMELZPUNKT, SIEDEPUNKT, FLAMMPUNKT, ZUENDTEMPERATUR, MOLEKULARGEWICHT, ENTZUENDLICHKEIT, RELATIVE DICHTE, DAMPFDRUCK, WASSERLOESLICHKEIT, LOESLICHKEIT IN ORGANISCHEN LOESEMITTELN, AKUTE VERGIFTUNGEN, CHRONISCHE VERGIFTUNGEN MENSCH, ARBEITSSCHUTZ, SCHUTZMASSNAHMEN, LAGERUNG UND HANDHABUNG, ZUENDGRUPPE, GESUNDHEITSSCHUTZ, BRAND- UND EXPLOSIONSSCHUTZ, ENTSORGUNG, MASSNAHMEN BEI UNFAELLEN UND BRAENDEN, MASSNAHMEN NACH VERSCHUETTEN/AUSLAUFEN/GASAUSTRITT, LOESCHMITTEL, ERSTE HILFE
Bemerkungen: SICHERHEITSDATENBLAETTER

[71] MART
MARTINDALE ONLINE, DRUG PHARMACOPEIA
Host: DATA-STAR
Hersteller: THE PHARMACEUTICAL SOCIETY OF GREAT BRITAIN
1 LAMBEREI HIGH STREET
GB LONDON SE1 7JN
TEL.: 44-1-735-9141
Charakterisierung: INFORMATIONEN UEBER ARZNEIMITTEL
Anzahl der Stoffe: 5100
Deskriptoren: ORGANISCHE STOFFE, ANORGANISCHE STOFFE, DATEN, INFORMATIONEN, CHEMIKALIENINDEX, SYNONYMA INDEX, CAS-NUMMERN INDEX, BEZEICHNUNG, SYNONYMA, HANDELSNAME ETC., CAS-NR., SUMMENFORMEL, VERWENDUNGSART, ABFALLAUFKOMMEN, ATMOSPHAERE, TRINKWASSER, SCHMELZPUNKT, SIEDEPUNKT, FLAMMPUNKT, MOLEKULARGEWICHT, RELATIVE DICHTE, VISKOSITAET, DAMPFDRUCK, BRECHUNGSINDEX, OBERFLAECHENSPANNUNG, WASSERLOESLICHKEIT, LOESLICHKEIT IN ORGANISCHEN LOESEMITTELN, DISSOZIATIONSKONSTANTE, VERTEILUNGSKOEFFIZIENT, ABIOTISCHE ABBAUBARKEIT, DIREKTER PHOTOABBAU, AKUTE

ORALE TOXIZITAET SAEUGETIER, HAUTREIZUNG SAEUGETIER, DERMALE TOXIZITAET SAEUGETIER, AUGENREIZUNG SAEUGETIER, CHRONISCHE TOXIZITAET, REPRODUKTIONSTOXIZITAET, TERATOGENITAET, MUTAGENITAET, CARCINOGENITAET SAEUGETIER, METABOLISMUS MENSCH, ANDERE WIRKUNGEN, AKUTE VERGIFTUNGEN, EPIDEMIOLOGISCHE DATEN, CHRONISCHE VERGIFTUNGEN MENSCH, ARBEITSSCHUTZ, ERSTE HILFE
Bemerkungen: DOSIERUNG UND DARREICHUNGSFORM, VORSICHTSMASSNAHMEN, GEGENMITTEL UND PHARMAKOKINETIK, DATENTYP: PHARMAZEUTIKA

[72] MERCK
MERCK INDEX ONLINE
Host: CIS
Hersteller: MERCK & COMPANY INC.
BOX 2000
R50A-22
RAHWAY, NJ 07065-09000
USA
TEL. 201-574-5894
Charakterisierung: PHARMAZIE, PHARMAZEUTISCHE INDUSTRIE
Anzahl der Stoffe: 30000
Deskriptoren: ORGANISCHE STOFFE, ANORGANISCHE STOFFE, DATEN, INFORMATIONEN, CHEMIKALIENINDEX, SYNONYMA INDEX, MG INDEX, CAS-NUMMERN INDEX, BEZEICHNUNG, CAS-NR., STRUKTURFORMEL, SUMMENFORMEL, STOFFBESCHAFFENHEIT, VERWENDUNGSART, SCHMELZPUNKT, SIEDEPUNKT, MOLEKULARGEWICHT, WASSERLOESLICHKEIT, LOESLICHKEIT IN ORGANISCHEN LOESEMITTELN, AKUTE ORALE TOXIZITAET SAEUGETIER, METABOLISMUS MENSCH, DERMALE TOXIZITAET SAEUGETIER, INHALATIV SAEUGETIER
Bemerkungen: DATENTYP: PHARMAZEUTIKA

[73] MSDS
MATERIAL SAFETY DATA SHEETS
Host: HR
Hersteller: OCCUPATIONAL HEALTH SERVICES, INC.
450 SEVENTH AVENUE, SUITE 2407
NEW YORK, NEW YORK 10123
USA
TEL.: 212-967-1100
Charakterisierung: SICHERHEITSDATENBLAETTER UEBER GEFAHRSTOFFE, ARBEITSSCHUTZ
Anzahl der Stoffe: 30000
Deskriptoren: ORGANISCHE STOFFE, ANORGANISCHE STOFFE, DATEN, INFORMATIONEN, OFFIZIELLE TEXTE, CHEMIKALIENINDEX, SYNONYMA INDEX, CAS-NUMMERN INDEX, BEZEICHNUNG, SYNONYMA, HANDELSNAME ETC., CAS-NR., SCHMELZPUNKT, SIEDEPUNKT, FLAMMPUNKT, DAMPFDRUCK, RELATIVE DICHTE, WASSERLOESLICHKEIT, ARBEITSSCHUTZ, GESUNDHEITSSCHUTZ, ERSTE HILFE, AKUTE VERGIFTUNGEN, CARCINOGENITAET SAEUGETIER, MUTAGENITAET, REPRODUKTIONSTOXIZITAET, TERATOGENITAET, HINWEISE AUF MUTAGENE/KANZEROGENE WIRKUNGEN MENSCH, MAK-WERTE, TRANSPORT, MASSNAHMEN BEI UNFAELLEN UND BRAENDEN, MASSNAHMEN NACH VERSCHUETTEN/AUSLAUFEN/GASAUSTRITT, BRAND- UND EXPLOSIONSSCHUTZ, ENTSORGUNG

[74] MULTINATIONAL ENVIRONMENTAL OUTLOOK
MULTINATIONAL ENVIRONMENTAL OUTLOOK
Host: NEWSNET
Hersteller: BUSINESS PUBLISHERS, INC.
951 PERSHING DRIVE
SILVER SPRING, MD 20910
USA
TEL.: 301-587-6300
Charakterisierung: TRENDS IM BEREICH DER UMWELT
Anzahl der Stoffe: 500
Deskriptoren: ORGANISCHE STOFFE, ANORGANISCHE STOFFE, DATEN, INFORMATIONEN, CHEMIKALIENINDEX, SYNONYMA INDEX, BEZEICHNUNG, EXPERIMENTELLE METHODEN, SYNONYMA, HANDELSNAME ETC., ATMOSPHAERE, HYDROSPHAERE MEER, HYDROSPHAERE SUESSWASSER, ABFALLAUFKOMMEN
Bemerkungen: FRUEHERER NAME: WORLD ENVIRONMENT REPORT

[75] NBSTHERMO
NATIONAL BUREAU OF STANDARDS THERMODYNAMISCHE EIGENSCHAFTEN
Host: STN
Hersteller: UNITES STATES DEPARTMENT OF COMMERCE
NATIONAL BUREAU OF STANDARDS
CHEMISTRY BUILDING
ROOM A158
GAITHERSBURG
MD 20899
TEL. 301-975-2526
Charakterisierung: SUBSTANZINFORMATIONEN, THERMODYNAMISCHE GROESSEN UEBER CHEMIKALIEN, AGGREGATZUSTAENDE
Anzahl der Stoffe: 8216
Deskriptoren: DATEN, ORGANISCHE STOFFE, ANORGANISCHE STOFFE, CHEMIKALIENINDEX, CAS-NUMMERN INDEX, FORMEL INDEX, MG INDEX, BEZEICHNUNG, SYNONYMA, HANDELSNAME ETC., SYNONYMA INDEX, CAS-NR., SUMMENFORMEL, MOLEKULARGEWICHT, THERMODYNAMISCHE DATEN, SONSTIGE PC-GROESSEN
Bemerkungen: UEBERWIEGEND ANORGANISCHE STOFFE

[76] OHMTADS
OIL AND HAZARDOUS MATERIAL/TECHNICAL ASSISTANCE DATA SYSTEM
Host: CIS
Hersteller:
Charakterisierung: UNFALLSCHUTZ, ARBEITSSCHUTZ
Anzahl der Stoffe: 1400
Deskriptoren: ORGANISCHE STOFFE, ANORGANISCHE STOFFE, DATEN, INFORMATIONEN, CHEMIKALIENINDEX, CAS-NUMMERN INDEX, SYNONYMA INDEX, BEZEICHNUNG, SYNONYMA, HANDELSNAME ETC., CAS-NR., SUMMENFORMEL, STOFFBESCHAFFENHEIT, VERWENDUNGSART, SCHMELZPUNKT, SIEDEPUNKT, FLAMMPUNKT, WASSERLOESLICHKEIT, LOESLICHKEIT IN ORGANISCHEN LOESEMITTELN, BIOABBAU/BIOTISCHE ABBAUBARKEIT, ABIOTISCHE ABBAUBARKEIT, BIOAKKUMULATION, ALGE, FISCH, DAPHNIA, AKUTE ORALE TOXIZITAET SAEUGETIER, DERMALE TOXIZITAET SAEUGETIER, INHALATIV SAEUGETIER, PERCUTAN SAEUGETIER, HAUTREIZUNG SAEUGETIER, AUGENREIZUNG SAEUGETIER, SUBAKUTE-SUBCHRONISCHE TOXIZITAET

SAEUGETIER, CHRONISCHE TOXIZITAET, REPRODUKTIONSTOXIZITAET, TERATOGENITAET, MUTAGENITAET, CARCINOGENITAET SAEUGETIER, AKUTE VERGIFTUNGEN, CHRONISCHE VERGIFTUNGEN MENSCH, ARBEITSSCHUTZ, TRANSPORT, SCHUTZMASSNAHMEN, LAGERUNG UND HANDHABUNG, TLV-WERTE, EXPLOSIONSKLASSE, ZUENDGRUPPE, GEFAHRENSYMBOLE, GEFAHRENBEZEICHNUNG, GESUNDHEITSSCHUTZ, BRAND- UND EXPLOSIONSSCHUTZ, ENTSORGUNG, ENTSORGUNG, MASSNAHMEN BEI UNFAELLEN UND BRAENDEN, MASSNAHMEN NACH VERSCHUETTEN/AUSLAUFEN/GASAUSTRITT, LOESCHMITTEL, ERSTE HILFE
Bemerkungen: ARBEITSSCHUTZ, UNFALLSCHUTZ

[77] OLGA
ONLINE GROUNDWATER ARCHIVES
Host: TNO
Hersteller: TNO
INSTITUTE OF APPLIED GEOSCIENCES
P.O. BOX 285
SCHOEMAKERSTRAAT 27
2600 AG DELFT
NL- DELFT
TEL.: 31-1569-7172
TELEX: 38071 ZPTNO N1
Charakterisierung: GRUNDWASSER MESSDATEN UEBER 20000 MESSSTATIONEN IN DEN NL, GRUNDWASSERVERSCHMUTZUNG, UEBERWACHUNG
Anzahl der Stoffe: 500
Deskriptoren: ORGANISCHE STOFFE, ANORGANISCHE STOFFE, DATEN, INFORMATIONEN, CHEMIKALIENINDEX, BEZEICHNUNG, HYDROSPHAERE SUESSWASSER, TRINKWASSER, GRUNDWASSER
Bemerkungen: GEOHYDROLOGISCHE, GEOPHYSIKALISCHE DATEN, KOORDINATEN, TECHNISCHE DATEN

[78] PDR
PHYSICIAN'S DESK REFERENCE
Host: CIS
Hersteller: MEDICAL ECONOMICS COMPANY
680 KINDERKAMACK ROAD
ORADELL
NJ 07649
USA
TEL. 201-262-3030
Charakterisierung: PHARMAZEUTISCHE INDUSTRIE, PHARMAZIE
Anzahl der Stoffe: 1800
Deskriptoren: ORGANISCHE STOFFE, ANORGANISCHE STOFFE, DATEN, INFORMATIONEN, CHEMIKALIENINDEX, SYNONYMA INDEX, BEZEICHNUNG, SYNONYMA, HANDELSNAME ETC., VERWENDUNGSART, WASSERLOESLICHKEIT, LOESLICHKEIT IN ORGANISCHEN LOESEMITTELN, VERTEILUNGSKOEFFIZIENT, ABIOTISCHE ABBAUBARKEIT, FISCH, AKUTE ORALE TOXIZITAET SAEUGETIER, DERMALE TOXIZITAET SAEUGETIER, INHALATIV SAEUGETIER, PERCUTAN SAEUGETIER, AKUTE INTRAPERITOREALE TOXIZITAET SAEUGETIER, AKUTE INTERTRAVENOESE TOXIZITAET SAEUGETIER, HAUTREIZUNG SAEUGETIER, AUGENREIZUNG SAEUGETIER, SUBAKUTE-SUBCHRONISCHE TOXIZITAET SAEUGETIER, CHRONISCHE TOXIZITAET, REPRODUKTIONSTOXIZITAET, TERATOGENITAET, MUTAGENITAET, CARCINOGENITAET SAEUGETIER, METABOLISMUS MENSCH, NEUROTOXIZITAET

Bemerkungen: KEINE CAS-NR. RECHERCHE MOEGLICH, DATENTYP: PHARMAZEUTIKA

[79] PHYTOTOX
TOXIC EFFECTS ON PLANTS
Host: CIS
Hersteller: UNIVERSITY OF OKLAHOMA
DEPARTMENT OF BOTANY AND MICROBIOLOGY
770 VAN VLEET OVAL, ROOM 135
NORMAN, OK73019
USA
TEL. 405-325-3174
Charakterisierung: TOXIKOLOGIE
Anzahl der Stoffe: 1000
Deskriptoren: ORGANISCHE STOFFE, ANORGANISCHE STOFFE, DATEN, INFORMATIONEN, CHEMIKALIENINDEX, SYNONYMA INDEX, CAS-NUMMERN INDEX, BEZEICHNUNG, SYNONYMA, HANDELSNAME ETC., CAS-NR., PFLANZEN
Bemerkungen: INFORMATIONSTYP: PHYTOTOXIZITAETEN

[80] PLAN
CHEMICAL PLANT DATABASE
Host: DATA-STAR
Hersteller: CHEM-INTELL-CHEMICAL INTELLIGENCE SERVICES
39A BOWLING GREEN LANE
UK-LONDON EC1R 0BJ
TEL.: 44-1-833 3812
Charakterisierung: NAMEN UND ANSCHRIFTEN CHEMISCHER FIRMEN, TECHNISCHE PRODUKTE DIE VON DEN FIRMEN HERGESTELLT WERDEN.
Anzahl der Stoffe: 2000
Deskriptoren: ORGANISCHE STOFFE, ANORGANISCHE STOFFE, DATEN, INFORMATIONEN, BEZEICHNUNG, SYNONYMA, HANDELSNAME ETC., CHEMIKALIENINDEX, SYNONYMA INDEX, HERSTELLER

[81] PLST
CHEM-INTELL (CHEMICAL TRADE AND PRODUCTION STATISTICS DATABASE)
Host: DATA-STAR
Hersteller: CHEM-INTELL-CHEMICAL INTELLIGENCE SERVICES
39A BOWLING GREEN LANE
UK-LONDON EC1R 0BJ
TEL.: 44-1-833 3812
Charakterisierung: PRODUKTIONSDATEN UEBER PETROCHEMIKALIEN, DUENGEMITTEL, POLYMERE UND GUMMI
Anzahl der Stoffe: 100
Deskriptoren: ORGANISCHE STOFFE, ANORGANISCHE STOFFE, DATEN, INFORMATIONEN, CHEMIKALIENINDEX, BEZEICHNUNG, SYNONYMA, HANDELSNAME ETC., PRODUKTIONSVOLUMEN, EINFUHR/AUSFUHR

[82] PNI
PHARMACEUTICAL NEWS INDEX
Host: ORBIT
Hersteller: UMI/DATA COURIER
620 SOUTH FIFTH STREET
LOUISVILLE, KY 40202
USA
TEL.: 502-582-4111

Charakterisierung: PHARMAZEUTISCHE UND KOSMETISCHE ERZEUGNISSE, MEDIZINISCHE GERAETE, GESUNDHEITSWESEN
Anzahl der Stoffe: 2000
Deskriptoren: ORGANISCHE STOFFE, ANORGANISCHE STOFFE, DATEN, INFORMATIONEN, OFFIZIELLE TEXTE, CHEMIKALIENINDEX, SYNONYMA INDEX, BEZEICHNUNG, SYNONYMA, HANDELSNAME ETC., VERWENDUNGSART, HERSTELLER
Bemerkungen: DATENTYP: PHARMAZEUTIKA

[83] PS
PRODUKTSPEZIFISCHE SCHADSTOFFE
Host: NOCH NICHT ONLINE
Hersteller: INGENIEURBUERO AGWA WASSER UND LANDSCHAFT
VAHRENWALDER STRASSE 7
3000 HANNOVER 1
TEL.: 0511-3563-472
TELEX: 923798
TELEFAX: 0511-3563100
Charakterisierung: RELEVANTE CHEMIKALIEN FUER GEWERBE- UND INDUSTRIEBETRIEBE, ZUORDNUNG ZU EINEM BETRIEBSZWEIG, BETRIEBSSPEZIFISCHE MOEGLICHKEITEN FUER CHEMIKALIEN
Anzahl der Stoffe: 500
Deskriptoren: ORGANISCHE STOFFE, ANORGANISCHE STOFFE, DATEN, INFORMATIONEN, CHEMIKALIENINDEX, SYNONYMA INDEX, BEZEICHNUNG, SYNONYMA, HANDELSNAME ETC., VERWENDUNGSART, ABFALLAUFKOMMEN
Bemerkungen: DATENBANK IST Z.ZT. IM AUFBAU, SPAETER OFFLINE GEBUEHREN PRO DOKUMENT

[84] REGISTRY
REGISTRY FILE
Host: STN
Hersteller: CHEMICAL ABSTRACT SERVICE
2540 OLENTANGY RIVER ROAD
P.O. BOX 3012
USA - COLUMBUS, OH 43210
Charakterisierung: CHEMISCHE STRUKTUREN UND SUBSTANZNAMEN
Anzahl der Stoffe: 10000000
Deskriptoren: ORGANISCHE STOFFE, ANORGANISCHE STOFFE, DATEN, INFORMATIONEN, CHEMIKALIENINDEX, MG INDEX, STRUKTURFORMEL INDEX, FORMEL INDEX, BEZEICHNUNG, SYNONYMA, HANDELSNAME ETC., CAS-NR., STRUKTURFORMEL, SUMMENFORMEL, MOLEKULARGEWICHT
Bemerkungen: GUT FUER SUMMENFORMLESUCHE, GUT FUER STRUKTURFORMELSUCHE, KEINE CAS-NR. RECHERCHE MOEGLICH, NUR SUCHE NACH SUBSTANZNAMEN, STRUKTURRECHERCHE MOEGLICH, WOERTERBUCH DER CHEMIE

[85] RTECS
REGISTRY OF TOXIC EFFECTS OF CHEMICAL SUBSTANCES
Host: CIS
Hersteller: US DEPARTMENT OF HEALTH AND HUMAN SERVICES
NATIONAL INSTITUTE FOR OCCUPATIONAL SAFETY AND HEALTH
RTECS
4676 COLUMBIA PARKWAY
CINCINNATI

OH 45226
USA
TEL. 513-533-8317
Charakterisierung: TOXIKOLOGIE
Anzahl der Stoffe: 90500
Deskriptoren: ORGANISCHE STOFFE, ANORGANISCHE STOFFE, DATEN, INFORMATIONEN, EXPERIMENTELLE METHODEN, OFFIZIELLE TEXTE, CHEMIKALIENINDEX, SYNONYMA INDEX, CAS-NUMMERN INDEX, BEZEICHNUNG, SYNONYMA, HANDELSNAME ETC., CAS-NR., NIOSH-NUMMER, RTECS-NUMMER, SUMMENFORMEL, MOLEKULARGEWICHT, AKUTE INTERTRAVENOESE TOXIZITAET SAEUGETIER, AKUTE ORALE TOXIZITAET SAEUGETIER, AKUTE INTRAPERITOREALE TOXIZITAET SAEUGETIER, PERCUTAN SAEUGETIER, DERMALE TOXIZITAET SAEUGETIER, INHALATIV SAEUGETIER, HAUTREIZUNG SAEUGETIER, AUGENREIZUNG SAEUGETIER, SUBAKUTE-SUBCHRONISCHE TOXIZITAET SAEUGETIER, CHRONISCHE TOXIZITAET, REPRODUKTIONSTOXIZITAET, TERATOGENITAET, MUTAGENITAET, CARCINOGENITAET SAEUGETIER, TLV-WERTE, WISWESSER LINE NOTATION, FISCH, DAPHNIA, ANDERE WIRKUNGEN, HINWEISE AUF MUTAGENE/KANZEROGENE WIRKUNGEN MENSCH
Bemerkungen: KEINE BEWETUNG DER DATEN, BEWERTUNG WIRD DEM NUTZER UEBERLASSEN, Z.T. AUCH WIDERSPRUECHLICHE ANGABEN

[86] SANSS
STRUCTURE AND NOMENCLATURE SEARCH SYSTEM
Host: CIS
Hersteller: CHEMICAL INFORMATION SYSTEMS INC.
7215 YORK ROAD
BALTIMORE
MD21212
USA
TEL. 301-321-8440
Charakterisierung: CHEMISCHE STRUKTUREN UND SUBSTANZNAMEN, NOMENKLATUR
Anzahl der Stoffe: 348000
Deskriptoren: DATEN, ORGANISCHE STOFFE, ANORGANISCHE STOFFE, CHEMIKALIENINDEX, CAS-NUMMERN INDEX, SYNONYMA INDEX, MG INDEX, STRUKTURFORMEL INDEX, FORMEL INDEX, BEZEICHNUNG, SYNONYMA, HANDELSNAME ETC., CAS-NR., SUMMENFORMEL, MOLEKULARGEWICHT
Bemerkungen: HINWEISE, IN WELCHEN CIS DATENBANKEN INFORMATIONEN VORLIEGEN, STRUKTURRECHERCHE MOEGLICH, WOERTERBUCH DER CHEMIE

[87] SDF
Standard Drug File
Host: ORBIT
Hersteller: Derwent Publications Ltd.
Charakterisierung: PHARMAZEUTISCHE INDUSTRIE, Pharmakologische Klassifikation von Arzneimitteln
Anzahl der Stoffe: 7500
Deskriptoren: ORGANISCHE STOFFE, ANORGANISCHE STOFFE, DATEN, INFORMATIONEN, CHEMIKALIENINDEX, SYNONYMA INDEX, BEZEICHNUNG, SYNONYMA, HANDELSNAME ETC., VERWENDUNGSART
Bemerkungen: DATENTYP: PHARMAZEUTIKA

[88] SIGEDA
SIEMENS GEFAHRSTOFF DATENBANK
Host: ECOMED
Hersteller: SIEMENS AG
ZENTRALBEREICH
PRODUKTION UND LOGISTIK
UMWELTSCHUTZ UND TECHNISCHE SICHERHEIT
POSTFACH 83 09 53
8000 MUENCHEN 83
TEL. 089-636-82418
Charakterisierung: ARBEITSSCHUTZ, ARBEITSSCHUTZ UND SICHERHEIT, BETRIEBSUNFAELLE, TRANSPORT, BETRIEBLICHE PRAXIS
Anzahl der Stoffe: 1200
Deskriptoren: ORGANISCHE STOFFE, ANORGANISCHE STOFFE, DATEN, INFORMATIONEN, EXPERIMENTELLE METHODEN, OFFIZIELLE TEXTE, CHEMIKALIENINDEX, CAS-NUMMERN INDEX, EG-NUMMER, CAS-NR., BEZEICHNUNG, SYNONYMA INDEX, SYNONYMA, HANDELSNAME ETC., EG-NUMMER, SUMMENFORMEL, STOFFBESCHAFFENHEIT, SCHMELZPUNKT, SIEDEPUNKT, FLAMMPUNKT, ZUENDTEMPERATUR, EXPLOSIONSKLASSE, ENTZUENDLICHKEIT, MOLVOLUMEN, RELATIVE DICHTE, DAMPFDRUCK, VISKOSITAET, LOESLICHKEIT IN ORGANISCHEN LOESEMITTELN, SONSTIGE PC-GROESSEN, ABIOTISCHE ABBAUBARKEIT, AKUTE VERGIFTUNGEN, EPIDEMIOLOGISCHE DATEN, CHRONISCHE VERGIFTUNGEN MENSCH, HINWEISE AUF MUTAGENE/KANZEROGENE WIRKUNGEN MENSCH, ARBEITSSCHUTZ, TRANSPORT, UN-NUMMER, SCHUTZMASSNAHMEN, LAGERUNG UND HANDHABUNG, R, S-SAETZE, MAK-WERTE, TRK-WERTE, BAT-WERTE, TLV-WERTE, EXPLOSIONSKLASSE, GESUNDHEITSSCHUTZ, BRAND- UND EXPLOSIONSSCHUTZ, ENTSORGUNG, ENTSORGUNG, MASSNAHMEN BEI UNFAELLEN UND BRAENDEN, MASSNAHMEN NACH VERSCHUETTEN/AUSLAUFEN/GASAUSTRITT, LOESCHMITTEL, ERSTE HILFE
Bemerkungen: NOCH NICHT AUF DEM MARKT, WIRD VERMARKTET DURCH DIE FIRMA VASCOM, AUSFUEHRLICHE KLASSIFIKATION IM ARBEITSSCHUTZ U. UNFALLSCHUT, NUR BLOCKWEISE ABFRAGE MOEGLICH, KEINE TOXIKOLOGIE DATEN, WIRD VOM ECOMED-VERLAG AUF DISKETTE 1989 HERAUSGEGEBEN

[89] SOLID WASTE REPORT
SOLID WASTE REPORT
Host: NEWSNET
Hersteller: BUSINESS PUBLISHERS, INC.
951 PERSHING DRIVE
SILVER SPRING, MD 20910
USA
TEL.: 301-587-6300

Charakterisierung: ASPEKTE DER UNGEFAEHRLICHEN ABFALLWIRTSCHAFT
Anzahl der Stoffe: 100
Deskriptoren: ORGANISCHE STOFFE, ANORGANISCHE STOFFE, DATEN, INFORMATIONEN, CHEMIKALIENINDEX, SYNONYMA INDEX, BEZEICHNUNG, SYNONYMA, HANDELSNAME ETC., ABFALLAUFKOMMEN, ENTSORGUNG, TRANSPORT
Bemerkungen: GEOGRAPHISCHE ABDECKUNG: USA

[90] SOLUB
AQUEOUS SOLUBILITY DATABASE
Host: CIS
Hersteller: COLLEGE OF PHARMACY
UNIVERSITY OF ARIZONA
Charakterisierung: WASSERLOESLICHKEITEN VON CHEMIKALIEN
Anzahl der Stoffe: 2600
Deskriptoren: DATEN, CHEMIKALIENINDEX, CAS-NUMMERN INDEX, SIEDEPUNKT INDEX, SCHMELZPUNKT INDEX, MG INDEX, FORMEL INDEX, BEZEICHNUNG, CAS-NR., SUMMENFORMEL, SCHMELZPUNKT, SIEDEPUNKT, MOLEKULARGEWICHT, WASSERLOESLICHKEIT, ANORGANISCHE STOFFE, ORGANISCHE STOFFE
Bemerkungen: INFORMATIONSTYP: LOESLICHKEITEN

[91] SPF
Standard Pesticide File
Host: ORBIT
Hersteller: Derwent Publications Ltd.
Charakterisierung: Pestizide und deren Klassifikation
Anzahl der Stoffe: 3900
Deskriptoren: ORGANISCHE STOFFE, ANORGANISCHE STOFFE, DATEN, INFORMATIONEN, CHEMIKALIENINDEX, SYNONYMA INDEX, BEZEICHNUNG, SYNONYMA, HANDELSNAME ETC., VERWENDUNGSART
Bemerkungen: DATENTYP: PESTIZIDE

[92] STATE CAPITALS: POLLUTION CONTROL
STATE CAPITALS: POLLUTION CONTROL
Host: NEWSNET
Hersteller: WAKEMAN/WALLWORTH INC.
P.O. BOX 1939
NEW HAVEN, CT 06509
USA
TEL.: 203-562-8518
Charakterisierung: UEBERWACHUNG UND KONTROLLE VON UMWELTVERSCHMUTZUNGEN, GESETZLICHE UND FINANZIELLE ASPEKTE
Anzahl der Stoffe: 100
Deskriptoren: ORGANISCHE STOFFE, ANORGANISCHE STOFFE, DATEN, INFORMATIONEN, OFFIZIELLE TEXTE, CHEMIKALIENINDEX, BEZEICHNUNG, ENTSORGUNG, ABFALLAUFKOMMEN, TRANSPORT, GRUNDWASSER
Bemerkungen: GEOGRAPHISCHE ABDECKUNG: USA

[93] STATE CAPITALS: WATER SUPPLY
STATE CAPITALS: WATER SUPPLY
Host: NEWSNET
Hersteller: WAKEMAN/WALLWORTH INC.
P.O.BOX 1939
NEW HAVEN, CT 06509
USA
TEL.: 203-562-8518
Charakterisierung: GESETZLICHE UND REGULATORISCHE ASPEKTE DER WASSERVERSORGUNG, WASSERWIRTSCHAFTSRECHT, GRUNDWASSERSCHUTZ
Anzahl der Stoffe: 100
Deskriptoren: ORGANISCHE STOFFE, ANORGANISCHE STOFFE, DATEN, INFORMATIONEN, OFFIZIELLE TEXTE, GRUNDWASSER
Bemerkungen: GEOGRAPHISCHE ABDECKUNG: USA

[94] STOFFE IN RV
STOFFE IN RECHTSVORSCHRIFTEN (INFUCHS)
Host: NOCH NICHT ONLINE
Hersteller: UMWELTBUNDESAMT
HERRN DR. B.O. WAGNER
BISMARCKPLATZ 1
1000 BERLIN 33
TEL.: 030-8903-1
Charakterisierung: UMWELTRELEVANTE RECHTSVORSCHRIFTEN, TRANSPARENZ DER REGELUNGEN, ERLEICHTERUNG, VOLLZUG FUER HERSTELLER, HARMONISIERUNG DEs GEFAHRSTOFF-RECHTS
Anzahl der Stoffe: 6300
Deskriptoren: ORGANISCHE STOFFE, ANORGANISCHE STOFFE, DATEN, INFORMATIONEN, BEZEICHNUNG, SYNONYMA, HANDELSNAME ETC., CHEMIKALIENINDEX, SYNONYMA INDEX, OFFIZIELLE TEXTE
Bemerkungen: INFUCHS- TEILDATENBANK, Z.ZT. NUR ZUGRIFF FUER INFUCHS NUTZER, NOCH NICHT ONLINE, KOOPERATION MIT IRPTC IN AUSSICHT

[95] SUSPECT
SUSPECT CHEMICALS SOURCEBOOK
Host: CIS
Hersteller: ROYTECH PUBLICATIONS INC.
1499 OLD BAYSHORE HIGHWAY
BURLINGAME
CA 94010
USA
TEL. 415-697-0541
Charakterisierung: CHEMISCHE INDUSTRIE, UMWELTSCHUTZ, TOXIKOLOGIE
Anzahl der Stoffe: 3780
Deskriptoren: DATEN, ORGANISCHE STOFFE, ANORGANISCHE STOFFE, INFORMATIONEN, OFFIZIELLE TEXTE, CHEMIKALIENINDEX, SYNONYMA INDEX, MG INDEX, CAS-NUMMERN INDEX, MOLEKULARGEWICHT, PRODUKTIONSVOLUMEN, CAS-NR., BEZEICHNUNG

[96] TDB
TOXICOLOGY DATA BANK
Host: DIMDI
Hersteller: NLM
Charakterisierung: IDENTIFIKATION VON CHEMIKALIEN, DATEN UEBER TOXIZITAET, PRODUKTION, ANWENDUNG, PHYSIKALISCH-CHEMISCHE EIGENSCHAFTEN, ABFALLBESEITIGUNG
Anzahl der Stoffe: 4114
Deskriptoren: ORGANISCHE STOFFE, DATEN, INFORMATIONEN, BEZEICHNUNG, SYNONYMA, HANDELSNAME ETC., CAS-NR., SUMMENFORMEL, WISWESSER LINE NOTATION, VERWENDUNGSART, PRODUKTIONSVOLUMEN, EINFUHR/AUSFUHR, VERMARKTUNGSMENGE, ABFALLAUFKOMMEN, SCHMELZPUNKT, SIEDEPUNKT, FLAMMPUNKT, MOLEKULARGEWICHT, RELATIVE DICHTE, DAMPFDRUCK, WASSERLOESLICHKEIT, ANDERE LOESLICHKEITEN, AKUTE ORALE TOXIZITAET SAEUGETIER, DERMALE TOXIZITAET SAEUGETIER, INHALATIV SAEUGETIER, HAUTREIZUNG SAEUGETIER, SUBAKUTE-SUBCHRONISCHE TOXIZITAET SAEUGETIER, AUGENREIZUNG SAEUGETIER, CHRONISCHE TOXIZITAET, REPRODUKTIONSTOXIZITAET, TERATOGENITAET, MUTAGENITAET, METABOLISMUS MENSCH, CAMUTE, TRANSPORT, TLV-WERTE, SCHUTZMASSNAHMEN, LAGERUNG UND HANDHABUNG, SYNONYMA INDEX, CAS-NUMMERN INDEX, CHEMIKALIENINDEX

Bemerkungen: GESCHLOSSENER FILE, NACHFOLGEDATENBANK IST HSDB

[97] THERMO
THERMODYNAMICS DISPLAY SYSTEM
Host: CIS
Hersteller: NATIONAL BUREAU OF STANDARDS
THERMODYNAMICS RESEARCH CENTER
Charakterisierung: THERMODYNAMISCHE GROESSEN UEBER CHEMIKALIEN
Anzahl der Stoffe: 14000
Deskriptoren: DATEN, INFORMATIONEN, CHEMIKALIENINDEX, ORGANISCHE STOFFE, ANORGANISCHE STOFFE, SYNONYMA INDEX, BEZEICHNUNG, SYNONYMA, HANDELSNAME ETC., SONSTIGE PC-GROESSEN

[98] TREK
DATENBANK TRANSPORT GEFAEHRLICHER GUETER- EINSTUFUNG UND KENNZEICHNUNG
Host: NOCH NICHT ONLINE
Hersteller: BUNDESGESUNDHEITSAMT
HERRN DR. KUNDE
THIELALLEE 88-92
1000 BERLIN 33
TEL.: 030-8308-1
Charakterisierung: GEFAHRGUT-TRANSPORTRECHT, GEFAHRSTOFFE
Anzahl der Stoffe: 1500
Deskriptoren: ORGANISCHE STOFFE, ANORGANISCHE STOFFE, DATEN, INFORMATIONEN, CHEMIKALIENINDEX, SYNONYMA INDEX, CAS-NUMMERN INDEX, OFFIZIELLE TEXTE, UN-NUMMERN INDEX , EG-NUMMERN INDEX, BEZEICHNUNG, SYNONYMA INDEX, CAS-NR., EG-NUMMER, UN-NUMMER, STOFFBESCHAFFENHEIT, DAMPFDRUCK, WASSERLOESLICHKEIT, ARBEITSSCHUTZ, R, S-SAETZE, MASSNAHMEN BEI UNFAELLEN UND BRAENDEN, MASSNAHMEN NACH VERSCHUETTEN/AUSLAUFEN/GASAUSTRITT, KENNZEICHNUNG, TRANSPORT, MAK-WERTE, TLV-WERTE, HAZCHEM-CODE, KEMMLER-ZAHL, AKUTE VERGIFTUNGEN, AKUTE ORALE TOXIZITAET SAEUGETIER, HAUTREIZUNG MENSCH, AUGENREIZUNG MENSCH, SUBAKUTE-SUBCHRONISCHE TOXIZITAET SAEUGETIER, CHRONISCHE TOXIZITAET, CHRONISCHE VERGIFTUNGEN MENSCH, CARCINOGENITAET SAEUGETIER, HINWEISE AUF MUTAGENE/KANZEROGENE WIRKUNGEN MENSCH
Bemerkungen: NOCH NICHT ONLINE

[99] TSCA
TSCA CHEMICAL SUBSTANCES INVENTORY
Host: DIALOG
Hersteller: U.S. ENVIRONMENTAL PROTECTION AGENCY
OFFICE OF PESTICIDES AND TOXIC SUBSTANCES
PUBLIC DATA BRANCH
401 M STREET, SW
TS793
WASHINGTON, DC, USA
USA
TEL. 202-382-3546
TELEX 892758
Charakterisierung: VERMARKTETE CHEMIKALIEN, DICTIONARY
Anzahl der Stoffe: 60000
Deskriptoren: ORGANISCHE STOFFE, ANORGANISCHE STOFFE, DATEN, CHEMIKALIENINDEX, CAS-NUMMERN INDEX, SYNONYMA INDEX, FORMEL INDEX,

CAS-NR., BEZEICHNUNG, SYNONYMA, HANDELSNAME ETC., SUMMENFORMEL

[100] TSCAPP
TOXIC SUBSTANCES CONTROL ACT PLANT AND PRODUCTION SEARCH SYSTEM
Host: CIS
Hersteller: U.S. ENVIRONMENTAL PROTECTION AGENCY
OFFICE OF PESTICIDES AND TOXIC SUBSTANCES
401 M STREET, SW
MS-TS 793
WASHINGTON, DC 20460
USA
TEL. 202-382-3524
TELEX: 892758
Charakterisierung: CHEMISCHE INDUSTRIE, TOXIKOLOGIE
Anzahl der Stoffe: 55000
Deskriptoren: ORGANISCHE STOFFE, ANORGANISCHE STOFFE, DATEN, INFORMATIONEN, CHEMIKALIENINDEX, SYNONYMA INDEX, CAS-NUMMERN INDEX, BEZEICHNUNG, SYNONYMA, HANDELSNAME ETC., CAS-NR., PRODUKTIONSVOLUMEN, EINFUHR/AUSFUHR, VERMARKTUNGSMENGE

[101] TSCATS
TSCA TEST SUBMISSIONS
Host: CIS
Hersteller: U.S. ENVIRONMENTAL PROTECTION AGENCY
OFFICE OF PESTICIDES AND TOXIC SUBSTANCES
401 M STREET, SW
MS-TS 793
WASHINGTON, DC 20460
USA
TEL. 202-382-3524
TELEX: 892758
Charakterisierung: CHEMISCHE INDUSTRIE, TOXIKOLOGIE
Anzahl der Stoffe: 1200
Deskriptoren: ANORGANISCHE STOFFE, ORGANISCHE STOFFE, DATEN, INFORMATIONEN, CHEMIKALIENINDEX, SYNONYMA INDEX, CAS-NUMMERN INDEX, BEZEICHNUNG, CAS-NR., SYNONYMA, HANDELSNAME ETC., ABFALLAUFKOMMEN, ATMOSPHAERE, HYDROSPHAERE MEER, HYDROSPHAERE SUESSWASSER, TRINKWASSER, ALGE, FISCH, DAPHNIA, BAKTERIEN, AKUTE ORALE TOXIZITAET SAEUGETIER, DERMALE TOXIZITAET SAEUGETIER, SUBAKUTE-SUBCHRONISCHE TOXIZITAET SAEUGETIER, CHRONISCHE TOXIZITAET, REPRODUKTIONSTOXIZITAET, TERATOGENITAET, MUTAGENITAET, CARCINOGENITAET SAEUGETIER

[102] UMCO
UMWELT CONSULT GEFAHRSTOFF-SYSTEM
Host: NOCH NICHT ONLINE
Hersteller: UMCO
UMWELT CONSULT GMBH
GEORG-WILHELM-STR. 191
2102 HAMBURG 93
TEL.: 040-7510-3366
Charakterisierung: GEFAHRSTOFFE, GEFAHRSTOFF-VERORDNUNG
Anzahl der Stoffe: 2600

Deskriptoren: ORGANISCHE STOFFE, ANORGANISCHE STOFFE, DATEN, INFORMATIONEN, OFFIZIELLE TEXTE, CHEMIKALIENINDEX, SYNONYMA INDEX, CAS-NUMMERN INDEX, EG-NUMMERN INDEX, BEZEICHNUNG, SYNONYMA, HANDELSNAME ETC., CAS-NR., EG-NUMMER, SUMMENFORMEL, FLAMMPUNKT, MOLEKULARGEWICHT, SCHMELZPUNKT, SIEDEPUNKT, ZUENDTEMPERATUR, EXPLOSIONSKLASSE, RELATIVE DICHTE, DAMPFDRUCK, WASSERLOESLICHKEIT, MAK-WERTE, TRK-WERTE, BAT-WERTE, TLV-WERTE, ARBEITSSCHUTZ, R, S-SAETZE, ENTZUENDLICHKEIT, GEFAHRENSYMBOLE, GEFAHRENBEZEICHNUNG, TRANSPORT, KEMMLER-ZAHL, AKUTE ORALE TOXIZITAET SAEUGETIER, DERMALE TOXIZITAET SAEUGETIER, INHALATIV SAEUGETIER, GESUNDHEITSSCHUTZ, BRAND- UND EXPLOSIONSSCHUTZ, ENTSORGUNG, ENTSORGUNG, MASSNAHMEN BEI UNFAELLEN UND BRAENDEN, MASSNAHMEN NACH VERSCHUETTEN/AUSLAUFEN/GASAUSTRITT, LOESCHMITTEL, ERSTE HILFE, UN-NUMMER, UN-NUMMERN INDEX, FORMEL INDEX
Bemerkungen: DATENBANK IST ALS DISKETTENVERSION VERFUEGBAR, CD-ROM VERSION IST GEPLANT, DIN SICHERHEITSDATENBLATT DIN 52900, EIGENE DATENBLAETTER KOENNEN ERSTELLT WERDEN, Ausdruck eines Sicherheitsdatenblattes mehrsprachig

[103] UMWELTMARKT BERLIN
UMWELTMARKT BERLIN
Host: NOCH NICHT ONLINE
Hersteller: TVA
TECHNOLOGIE-VERMITTLUNGS-AGENTUR E.V.
KLEISTSTR. 23-26
1000 BERLIN 30
TEL.: 030-210003-1
TELEFAX: 030-310807
Charakterisierung: BERLINER ANGEBOTE AUS DER UMWELT-TECHNIK, PRODUKTDATENBANK, LUFT- UND WASSERREINHALTUNG, ABWASSERBEHANDLUNG, BODENSCHUTZ, SCHALLSCHUTZ, ENERGIETECHIK, OEKOLOGIE
Anzahl der Stoffe: 50
Deskriptoren: ORGANISCHE STOFFE, ANORGANISCHE STOFFE, DATEN, INFORMATIONEN, CHEMIKALIENINDEX, BEZEICHNUNG, HERSTELLER
Bemerkungen: ADRESSEN, FIRMENPORTRAITS, DETAILLIERTE ANGEBOTBESCHREIBUNGEN, NOCH NICHT ONLINE

[104] VOC
VOLATILE ORGANIC CHEMICALS
Host: NOCH NICHT ONLINE
Hersteller: U. S. ENVIRONMENTAL PROTECTION AGENCY
U.S. GOVERNMENT PRINTING OFFICE
RESEACH TRIANGLE PARK
TRIANGLE PARK, NC
USA
Charakterisierung: VORKOMMEN VON VOLATILEN ORGANIKA IN DER LUFT
Anzahl der Stoffe: 320
Deskriptoren: ORGANISCHE STOFFE, DATEN, INFORMATIONEN, SITUATIONSSTUDIEN, CHEMIKALIENINDEX, CAS-NUMMERN INDEX, BEZEICHNUNG, CAS-NR., ATMOSPHAERE
Bemerkungen: INNENRAUMLUFT, AUSSENRAUMLUFT, DATENBANK IST ALS DISKETTENVERSION VERFUEGBAR

3.2 Datenbanknamensregister

3.3 Sachregister

Allgemeine Parameter:

Identitätsmerkmale:

Angaben zur Verwendung:

Ökonomische Daten:

Vorkommen in der Umwelt

PC Eigenschaften:

Schmelzpunkt
1, 3, 6, 7, 8, 13, 14, 19, 28, 36, 38, 41, 45, 46, 47, 49, 50, 54, 57, 59, 60, 61, 62, 63, 64, 65, 68, 70, 71, 72, 73, 76, 88, 90, 96, 102

Siedepunkt
1, 3, 6, 7, 8, 13, 14, 28, 36, 38, 41, 45, 46, 47, 49, 50, 54, 57, 58, 59, 60, 61, 62, 63, 64, 66, 68, 70, 71, 72, 73, 76, 88, 90, 96, 102

Flammpunkt
3, 6, 7, 13, 22, 28, 36, 41, 45, 46, 47, 49, 50, 58, 61, 62, 63, 66, 68, 70, 71, 73, 76, 88, 96, 102

Zündtemperatur
19, 22, 28, 47, 49, 61, 62, 70, 88, 102

Molekulargewicht
1, 3, 7, 8, 13, 14, 22, 23, 28, 31, 36, 41, 46, 47, 49, 52, 53, 54, 59, 60, 61, 63, 66, 70, 71, 72, 75, 84, 85, 86, 90, 95, 96, 102

Relative Dichte
3, 6, 7, 8, 13, 22, 28, 31, 36, 41, 47, 54, 57, 59, 60, 61, 62, 63, 66, 68, 70, 71, 73, 88 , 96, 102

Dampfdruck
3, 6, 8, 13, 22, 28, 36, 38, 41, 42, 46, 47, 49, 50, 54, 57, 61, 62, 63, 64, 68, 70, 71, 73, 88, 96, 98, 102

Oberflächenspannung
6, 8, 13, 28, 36, 41, 46, 47, 61, 63, 71

Viskosität
2, 31, 36, 41, 71, 88

Brechungsindex
1, 3, 8, 36, 41, 66, 71

Wasserlöslichkeit
1, 3, 6, 7, 28, 31, 34, 36, 38, 41, 42, 46, 47, 54, 57, 59, 60, 61, 63, 64, 68, 70, 71, 72, 73, 76, 78, 90, 96, 98, 102

Löslichkeit in org. Lösemitteln
1, 3, 6, 28, 31, 34, 36, 38, 41, 46, 47, 54, 59, 60, 61, 63, 68, 70, 71, 72, 76, 78, 88

Dissoziationskonstante
6, 28, 31, 41, 46, 54, 59, 61, 64, 71

Henry-Konstante
6, 28, 42, 46

Verteilungskoeffizienten (Kow, Kd, Koc)
6, 13, 28, 31, 42, 46, 47, 61, 63, 71, 78

thermodynamische Daten)
8, 60, 65, 75

Abbau/Akkumulation:

Bioabbau/Biotische Abbaubarkeit
3, 6, 13, 28, 38, 41, 46, 47, 61, 63, 76

Direkter Photoabbau
6, 13, 28, 41, 47, 61, 63, 71

Abiotische Abbaubarkeit (Hydrolyse)
3, 6, 13, 22, 28, 38, 41, 46, 47, 54, 61, 63, 71, 76, 78, 88

Bioakkumulation
5, 6, 13, 28, 38, 42, 47, 61, 63, 76

Ökotoxizität/Wirkung auf freilebende Organismen:

Alge
5, 6, 13, 28, 39, 61, 63, 76, 101

Daphnia
5, 6, 13, 28, 38, 46, 47, 61, 62, 63, 76, 85, 101

Fisch
3, 5, 6, 13, 22, 28, 38, 39, 46, 47, 57, 61, 62, 63, 76, 78, 85, 101

Toxizität (Säugetiere):

akute orale Toxizität Säugetier
3, 6, 7, 13, 22, 28, 31, 33, 38, 39, 46, 47, 54, 59, 61, 63, 68, 71, 72, 76, 78, 85, 96, 98, 101, 102

dermale Toxizität Säugetier
7, 13, 22, 31, 33, 61, 68, 71, 72, 76, 78, 85, 101, 102

inhalativ Säugetier
3, 7, 13, 31, 39, 59, 61, 68, 72, 76, 78, 85, 96, 102

Hautreizung Säugetier
3, 6, 7, 28, 29, 31, 38, 39, 41, 46, 47, 54, 59, 61, 62, 63, 68, 71, 76, 78, 85, 96

Augenreizung Säugetier
3, 6, 7, 28, 31, 38, 39, 41, 46, 47, 54, 59, 61, 62, 63, 68, 71, 76, 78, 85, 96

Subakute-subchronische Toxizität Säugetier
3, 6, 7, 13, 31, 46, 47, 54, 61, 63, 68, 76, 78, 85, 96, 98, 101

Chronische Toxizität Säugetier
3, 6, 7, 13, 28, 31, 41, 46, 47, 54, 61, 63, 68, 71, 76, 78, 85, 96, 98, 101

Reproduktionstoxizität, Teratogenität
3, 6, 7, 10, 13, 28, 31, 41, 46, 47, 52, 54, 59, 61, 63, 71, 73, 76, 78, 85, 96, 101

Mutagenität
3, 6, 7, 10, 13, 28, 31, 38, 46, 47, 52, 54, 59, 61, 63, 71, 73, 76, 78, 85, 96, 101

Carcinogenität
3, 6, 7, 10, 13, 28, 31, 38, 41, 46, 47, 52, 54, 59, 61, 63, 71, 73, 76, 78, 85, 98, 101

Erfahrungen beim Menschen:

Metabolismus (Mensch)
3, 11, 13, 31, 34, 41, 71, 72, 78, 96

akute Vergiftungen (Mensch)
3, 6, 7, 22, 28, 39, 44, 46, 47, 48, 54, 57, 58, 61, 62, 63, 70, 71, 73, 76, 88, 98

Hautreizung (Mensch)
6, 11, 28, 29, 46, 47, 54, 61, 63, 98

Augenreizung (Mensch)
6, 11, 28, 46, 47, 54, 61, 63, 98

epidemiologische Daten (Mensch)
14, 28, 38, 54, 61, 63, 71, 88

chronische Vergiftungen (Mensch)
3, 6, 7, 22, 28, 38, 39, 44, 46, 47, 54, 58, 61, 62, 63, 70, 71, 76, 88, 98

Hinweise auf mutagene/kanzerogene Wirkungen (Mensch)
3, 6, 28, 39, 46, 47, 54, 57, 61, 63, 66, 73, 85, 88, 98

Hinweise zum Arbeitsschutz

Arbeitsschutz
6, 7, 13, 22, 28, 30, 31, 40, 41, 46, 47, 49, 50, 51, 54, 57, 58, 59, 61, 62, 63, 68, 70, 71, 73, 76, 88, 98, 102

Transport
6, 7, 28, 30, 38, 41, 45, 46, 47, 48, 51, 57, 61, 62, 68, 73, 76, 88, 89, 92, 96, 98, 102

Kennzeichnung
6, 45, 46, 47, 56, 61, 98

Schutzmassnahmen, Lagerung und Handhabung
6, 7, 22, 28, 30, 31, 38, 41, 45, 46, 47, 48, 50, 51, 57, 58, 61, 62, 68, 70, 76, 88, 96

R, S-Sätze
6, 7, 13, 22, 40, 41, 46, 47, 61, 63, 88, 98, 102

MAK-Werte
1, 19, 28, 38, 46, 47, 54, 57, 63, 73, 88, 98, 102

BAT-Werte
88, 102